Günther Gugel

Gewalt und Gewaltprävention

D1725165

Günther Gugel

Gewalt und Gewaltprävention

Grundfragen, Grundlagen, Ansätze und Handlungsfelder
von Gewaltprävention
und ihre Bedeutung für Entwicklungszusammenarbeit

Unter Mitarbeit von Ana Mijic

Sektorvorhaben Bildung und Konfliktbearbeitung
Deutsche Gesellschaft für Technische Zusammenarbeit (GTZ) GmbH
Institut für Friedenspädagogik Tübingen e. V.

Impressum

Günther Gugel: Gewalt und Gewaltprävention
Grundfragen, Grundlagen, Ansätze und Handlungsfelder von Gewaltprävention
und ihre Bedeutung für Entwicklungszusammenarbeit

Unter Mitarbeit von Ana Mijic

© 2006, Institut für Friedenspädagogik Tübingen e. V.
Corrensstr. 12, 72076 Tübingen – www.friedenspaedagogik.de
2. Auflage 2007

Sektorvorhaben Bildung und Konfliktbearbeitung
Deutsche Gesellschaft für Technische Zusammenarbeit (GTZ) GmbH
Postfach 5180, 65726 Eschborn
www.gtz.de

Bundesministerium für wirtschafliche Zusammenarbeit und Entwicklung, Referat 311

Satz und Diagramme: 8421medien.de, Christoph Lang, Rottenburg a. N.
Umschlag: 8421medien.de, Christoph Lang, Rottenburg a. N.
Druck: Deile, Tübingen

Bildnachweis: S. 160: Bundesministerium für Familie, Senioren, Frauen und
Jugend; S. 232, 233: Stadt Heidelberg; S. 162: Institute for Health and
Development Communication, Houghton; S. 234: Institut für Konstruktive
Konfliktaustragung und Mediation, Hamburg; S. 235: World Health Organization;
S. 235: University of Maine.
Titelbild: Uli Reinhard / Agentur Zeitenspiegel

ISBN: 978-3-932444-15-9

Inhalt

Vorwort

Nelson Mandela schreibt im Vorwort des Weltberichtes Gewalt und Gesundheit: „Das 20. Jahrhundert wird in die Geschichte als ein Jahrhundert der Gewalt eingehen. Es hinterlässt uns das Massenvernichtungserbe einer Gewalt in noch nie da gewesenem Ausmaß, einer Gewalt, wie sie in der Geschichte der Menschheit bis dahin nicht möglich gewesen war. Doch dieses Erbe, das Ergebnis technischer Errungenschaften im Dienste von Hassideologien, ist nicht das Einzige, was wir übernehmen können oder annehmen müssen. Weniger sichtbar, doch noch weiter verbreitet, ist das Erbe des alltäglichen individuellen Leidens. Der Schmerz von Kindern, die von Menschen missbraucht werden, die sie beschützen sollten, von Frauen, die von gewalttätigen Partnern verletzt oder gedemütigt werden, von älteren Menschen, die von ihren Betreuern misshandelt werden, von Jugendlichen, die von anderen Jugendlichen tyrannisiert werden, und von Menschen aller Altersgruppen, die sich selbst Gewalt antun. (…) Kein Land, keine Stadt, kein Gemeinwesen ist immun. Doch wir sind auch nicht machtlos."[1]

Gewaltprävention ist zweifellos notwendig – doch ist sie auch machbar? Von welchen Voraussetzungen und Annahmen geht Gewaltprävention aus, auf welche gesicherten Erkenntnisse kann sie sich stützten und auf welche Erfolge verweisen? Welche Ansätze wurden erprobt und welche Erfahrungen lassen sich weitergeben? Dies sind einige der Themen und Fragen, die das Gerüst für die vorliegende Studie darstellen. Dabei wird das Feld der Gewaltprävention in seinen Grundfragen und Grundlagen skizziert und zentrale Ansätze in den wichtigsten Handlungsfeldern herausgearbeitet und diskutiert. Die Ergebnisse der Diskussion sollen einen qualifizierten und kritischen Überblick über Gewaltprävention ermöglichen.

Das verfügbare Material ist, was Praxisansätze betrifft, äußerst vielfältig, was gesicherte Erkenntnisse über die Wirksamkeit dieser Ansätze betrifft, äußerst dürftig. Der Blickwinkel der Studie ist notwendiger Weise international, wenngleich mit einem deutlichen Schwergewicht auf westliche Industrienationen (und hier besonders die bundesdeutsche Diskussion). In diesen Ländern ist die Diskussion um Gewaltprävention am weitesten entwickelt. Wo immer möglich, wurden Ergebnisse und Erkenntnisse aus Entwicklungsländern einbezogen.

Der Ausarbeitung liegt ein friedenswissenschaftlich und friedenspädagogisch ausgerichteter Ansatz zugrunde, was bedeutet, dass wir u. a. von folgenden Prämissen ausgehen:

- individuelle, gesellschaftliche und internationale Gewalt sind nicht voneinander klar zu trennen. Gewalt und Gewaltprävention haben es nicht nur mit der individuellen Verhaltensdimension zu tun, sondern vor allem auch mit gesellschaftlichen Verhältnissen.

- die gegenseitige Abhängigkeit von interpersonaler, kollektiver und staatlicher Gewalt muss von Gewaltprävention gesehen und berücksichtigt werden.

- Gewaltprävention ist als Teil eines übergreifenden gesellschaftlichen Projektes der Demokratisierung und Etablierung einer Friedenskultur zu verstehen und zu verankern.

- Gewaltprävention ist ein partizipatorisches Projekt, das nicht von oben verordnet, sondern mit den Betroffenen entwickelt werden muss. Gewaltprävention ist so gesehen kein Set von Maßnahmen, Modellen und Projekten im Nahbereich von Kindern und Jugendlichen, sondern eine gesamtgesellschaftliche Strategie der Demokratisierung und Zivilisierung.

Der öffentliche Diskurs und der wissenschaftliche Diskurs um Gewalt und Gewaltprävention klaffen weit auseinander. Der öffentlichen Diskurs ist durch Sensationsberichterstattung, Empörung und der Identifikation von eindeutigen Ursachen (die in der Regel in der Gewaltdarstellung in den Medien gefunden werden) gekennzeichnet. Der wissenschaftliche Diskurs ist vorsichtiger und abwägender und vor allem nicht eindeutig, was die Ursachenanalyse und die Präventionsvorschläge betrifft. Betroffene vor Ort wollen jedoch klare Handlungsanweisungen und müssen auch handeln können.

Im ersten Teil geht es um die Klärung der Grundlagen und des Grundverständnisses von Gewaltprävention, um so einen Analyserahmen und Bewertungskriterien für konkrete Maßnahmen zu erhalten. Hierzu gehören u. a. die Verständigung über den Gewaltbegriff, die Frage nach den Ursachen und Bedingungen von Gewalt, das spezifische Präventionsverständnis, aber auch die Einbeziehung von Ergebnissen der Genderforschung und die Diskussion des Verhältnisses von Konfliktbearbeitung und Gewaltprävention. Besonders wichtig erscheinen dabei die Berücksichtigung von Evaluationsergebnissen der Gewaltpräventionsforschung.

Im zweiten Teil werden ausgewählte Handlungsfelder ausführlich diskutiert. Hierzu gehören Familie, Schule und das kommunale Umfeld. Für jeden dieser Bereiche werden die spezifischen Problemlagen und Erfordernisse sowie vorhandene Ansätze systematisch dargestellt und wo immer möglich mit Evaluationsergebnissen konfrontiert. Handlungsmöglichkeiten in Problem- und Gewaltsituationen werden in einem gesonderten Kapitel aufgegriffen. Vor dem Hintergrund der internationalen Kampagne zur Gewaltprävention der Weltgesundheitsorganisation (WHO) und dem Bemühen, den Bereich Bildung und Erziehung (insbesondere Friedenserziehung) stärker in die Entwicklungszusammenarbeit einzubeziehen, verfolgt die Studie ebenfalls das Ziel, eine Grundlage zur Entscheidungsfindung zu liefern, welche Ansätze und Modelle für den Kontext der Entwicklungszusammenarbeit sinnvoll sein könnten. Diese Auswahl und Bewertung kann hier nur angedeutet, aber nicht abschließend vorgenommen werden. Die Ergebnisse scheinen daneben auch für die deutsche Diskussion um Gewaltprävention nützlich und anregend, wird diese doch allzu sehr innergesellschaftlich verengt geführt.

Die vorliegende Studie ist im Rahmen einer Kooperation des Instituts für Friedenspädagogik (ift) mit dem Sektorvorhaben Bildung und Konfliktbearbeitung entstanden. Das Sektorvorhaben Bildung und Konfliktbearbeitung wird von der Gesellschaft für Technische Zusammenarbeit (GTZ) im Auftrag des Bundesministeriums für wirtschaftliche Zusammenarbeit und Entwicklung (BMZ) durchgeführt. In einem vom Institut für Friedenspädagogik und dem Sektorvorhaben Bildung und Konfliktbearbeitung veranstalteten Fachgespräch im Oktober 2005, an dem 17 Fachleute teilnahmen, wurden insbesondere die Rolle von Bildung für Gewaltprävention, der Bereich „Gender und Gewalt" sowie Fragen der Wirkungsforschung und Evaluation ausführlich diskutiert. Diesem Fachgespräch verdankt die vorliegende Studie vielfältige Hinweise und Anregungen.

Die für Gewaltprävention so wichtigen Bereiche „Gewalt in Medien – Gewalt durch Medien" sowie „Gewaltprävention und Sport" wurden in diese Studien nicht aufgenommen, da sie in eigenen Ausarbeitungen erscheinen sollen. Geringfügige inhaltliche Überschneidungen zwischen einzelnen Kapiteln wurden bewusst in Kauf genommen, da damit gewährleistet ist, dass jedes Kapitel in sich abgeschlossen und auch separat gelesen werden kann.

Die Hoffnung, dass es Patentrezepte für Gewaltprävention gäbe, die entsprechend verbreitet, das Gewaltproblem beseitigen könnten, muss schon zu Beginn enttäuscht werden. Aber es gibt eine Reihe wichtiger Erkenntnisse und Erfahrungen, die begründetes und effektives Handeln ermöglichen.

Günther Gugel, Institut für Friedenspädagogik
Rüdiger Blumoer, Deutsche Gesellschaft für Technische Zusammenarbeit (GTZ) GmbH, Sektorvorhaben Bildung und Konfliktbearbeitung

1 Gewaltprävention: Analyserahmen und Bewertungskriterien

1.1 Auseinandersetzung mit Grundfragen der Gewaltprävention

Gewaltprävention fußt auf der Überzeugung, den Erfahrungen und Erkenntnissen, dass es Handlungsmöglichkeiten gegen Gewalt gibt, die der Anwendung von Gewalt vorbeugen. In diesem einführenden Kapitel sollen grundsätzliche Anfragen und Probleme an das Konzept Gewaltprävention benannt und zusammenfassend skizziert werden. Die angesprochenen Bereiche werden in späteren Kapitel ausführlich diskutiert.

1 WIE LÄSST SICH DER BEGRIFF GEWALTPRÄVENTION VERSTEHEN?

Prävention bedeutet, durch Vorbeugen spätere Kosten zu sparen, bzw. Schlimmeres zu verhindern. Dies will auch Gewaltprävention: durch rechtzeitiges Vorbeugen Gewalt verhindern. Über diese allgemeine Aussage und Gemeinsamkeit hinaus gibt es jedoch keine anerkannte Definition, was unter Gewaltprävention zu verstehen ist und wie Vorbeugung zu geschehen habe, obwohl der Begriff ständig in vielfältigen Zusammenhängen verwendet wird. Der Begriff Gewaltprävention wird nicht nur konzeptionell beschreibend, sondern auch instrumentell legitimierend eingesetzt. Der Hinweis, Gewaltprävention zu betreiben, dient der Handlungslegitimation (im Dienste der öffentlichen Sicherheit), der Forderung nach Mitteln (hier ist finanzielle Förderung dringend geboten), als auch der Produktion von Konsens (wer ist nicht für Gewaltprävention?). Geklärt ist jedoch weder der Gegenstandsbereich, noch die Methoden, oder die genauen Ziele, die mit Gewaltprävention gemeint sind. Dies wird auch deutlich, wenn, wie so oft (im deutschen Sprachgebrauch) die Begriffe Kriminalprävention und Gewaltprävention synonym gebraucht werden, ohne ihren spezifischen Bedeutungsgehalt, ihre unterschiedlichen Voraussetzungen und Ziele zu berücksichtigen. Deshalb plädiert die Weltgesundheitsorganisation dafür beide Bereiche strikt zu trennen. Gewaltprävention, wie sie weitgehend diskutiert wird, bezieht sich vor allem auf die Verhaltensbeeinflussung von Personen. Sie orientiert sich vorwiegend an Normübertretungen Jugendlicher und ist – zumindest im Kontext westlicher Industrieländer – weitgehend auf das Phänomen Jugendkriminalität ausgerichtet. Müsste aber der Begriff neben dieser individuellen Dimension, die Verhalten im Blick hat, nicht auch eine strukturell institutionelle Dimension erhalten, die die Verhältnisse, die dieses Verhalten (mit-)bedingen, berücksichtigt und darüber hinaus auch eine kulturelle, gesellschaftliche, politische Dimension, die die Legitimations- und Bedingungsebenen dieser Verhältnisse einbezieht (vgl. Kap. 1.3)?

2 BRAUCHT GEWALTPRÄVENTION EINEN KRITISCHEN GEWALTBEGRIFF?

Gewaltprävention ist davon abhängig, was unter Gewalt verstanden wird und wo die Ursachen von Gewalt gesehen werden. Im Kontext von Gewaltprävention wird Gewalt („aus pragmatischen Gründen") häufig als physische Gewalt verstanden.[2] Auch die Gutachter der unabhängigen Regierungskommission zur Bekämpfung von Gewalt hatten in ihrem Bericht von 1990 nur individuelle körperliche Gewalt im Blick.[3] Gewalt lässt sich auf die unterschiedlichste Weise definieren, es kommt immer darauf an, wer den Begriff mit welchen Interessen und zu welchem Zweck verwendet. Alltagsvorstellungen von Gewalt haben in der Regel eher beschreibenden Charakter. Solche Vorstellungen spiegeln sich auch bei Umfragen wieder, z. B. wenn gefragt wird, „ist diese Handlung für dich Gewalt?"[4] Auf die Aussage: „Jemanden sein Eigentum wegnehmen" antworteten 54 % der befragten Jugendlichen mit „ist Gewalt", 46 % mit „ist keine Gewalt". Auf die Aussage: „Jemanden mit Worten, Gesten oder Gebärden zu beschimpfen und beleidigen" antworteten 78 % der befragten Jugendlichen „ist keine Gewalt". Solche Aussagen sind losgelöst vom Kontext eigentlich nicht zu verstehen und wertlos. Abgesehen davon, dass bei solchen Fragen weder die Motive, noch die Ziele oder Folgen des Handelns einbezogen werden, wird schnell klar, Gewalt kann nur kontextgebunden verstanden werden.

Johan Galtung hat mit seiner Unterscheidung von personaler, struktureller und kultureller Gewalt heftige Diskussionen ausgelöst und gleichzeitig den Blick auf vielfältige Gewaltverhältnisse geöffnet. Obwohl die Gewaltdefinition von Galtung heftig kritisiert wird – vor allem sei sie zu weit gefasst und zu wenig operationalisierbar – ist sie für Gewaltprävention deshalb interessant, weil sie das Legitimationssystem und die äußeren Verhältnisse mit einbezieht und die gegenseitige Abhängigkeit dieser drei Bereiche (personale, strukturelle, kulturelle Gewalt) thematisiert. Die WHO hat in ihrem 2002 veröffentlichten World Report on Violence and Health eine detaillierte Typologie von Gewalt vorgelegt, in der Gewalt verstanden wird als: „Der absichtliche Gebrauch von angedrohtem oder tatsächlichem körperlichem Zwang oder physischer Macht gegen die eigene oder eine andere Person, gegen eine Gruppe oder Gemeinschaft, der entweder konkret oder mit hoher Wahrscheinlichkeit zu Verletzungen, Tod, psychischen Schäden, Fehlentwicklungen oder Deprivation führt."[5] Diese Definition umfasst zwischenmenschliche Gewalt ebenso wie selbstschädigendes oder suizidales Verhalten und bewaffnete Auseinandersetzungen zwischen Gruppen und Staaten. In ihrer Typologie von Gewalt nimmt die WHO eine Reihe wichtiger Differenzierungen vor, die für die Praxis der Gewaltprävention wichtig erscheinen. Hier kann genau verortet werden, wo einzelne Maßnahmen notwendig sind und wie weit sie reichen.

Es wird deutlich, dass verschiedene Gewaltbegriffe sich nicht unbedingt gegenseitig ausschließen müssen, sondern sich auch gegenseitig ergänzen können. Gewaltprävention braucht einen differenzierten und kritischen Gewaltbegriff. Aber nicht nur was unter Gewalt verstanden wird, sondern auch, wo die Ursachen und Funktionen von Gewalt gesehen werden, ist für die Praxis der Gewaltprävention entscheidend.[6]

Welche Vorstellung von Gewalt, ihren Ursachen und Bedingungen kommen also in den Praxis-Konzepten und Projekten zur Gewaltprävention zum Tragen? Spiegeln sie den Stand der Erkenntnisse und wissenschaftlichen Diskussion wider, oder ist dies evtl. gar nicht notwendig (vgl. Kap. 1.4).

3 GEHT DIE PRAXIS DER GEWALTPRÄVENTION VON RICHTIGEN PROBLEMANALYSEN AUS?

In der Praxis der Gewaltprävention sind die Ansätze und Modelle inzwischen nahezu unübersehbar: Die Kletterwand, der Streetworker, die Streitschlichtergruppe, das Kommunikationstraining, die Anzeigen- und Plakataktion, Mentorenprogramme, Selbstsicherheitstraining, Erziehungsratgeber, Internetangebote, Gemeinwesenentwicklung, Täter-Opfer-Ausgleich, Anti-Aggressions-Training und viele andere Modelle und Ansätze stehen weitgehend unverbunden und unvermittelt nebeneinander und beruhen oft auf unterschiedlichen Menschenbildern und Voraussetzungen und vor allem fußen sie in aller Regeln nicht auf konkreten Problemanalysen. Was den meisten Praxisansätzen fehlt, ist eine differenzierte Situations- und Problemanalyse, sowie eine Erhebung über den Ist-Zustand. Der Rückgriff auf die in den Medien transportierte Sichtweise, die „Jugendgewalt und auch die Gewalt an Schulen nehme dramatisch zu, die Gewalttäter würden dabei immer jünger und brutaler" stimmt nicht unbedingt mit der Forschungswirklichkeit überein. Die verfügbaren Statistiken (für Deutschland) über das Ausmaß an Gewalt in Form von polizeilichen Kriminalstatistiken sind für Gewaltprävention unbrauchbar, da sie Tatverdächtigen Statistiken und keine Täter Statistiken sind. Der Bundesverband der Unfallkassen in Deutschland hat in einer 2005 vorgelegten Studie das gewaltverursachte Verletzungsgeschehen an Schulen für den Zeitraum 1993–2003 untersucht und kommt zu dem Ergebnis, dass langfristige Zeitreihenbeobachtungen zur physischen Gewalt an Schulen bundesweit einen Rückgang physischer schulischer Gewalt zeigen. Auch eine zunehmende Brutalisierung sei nicht zu erkennen.[7] Dieser Trend, dass Gewalt an Schulen relativ konstant ist bzw. abnimmt, ist auch – entgegen aller Erwartungen – in langfristigen Untersuchungen über Gewalt an Schulen in den USA feststellbar.[8] Diese Problembeschreibungen sind darüber hinaus nur auf einen Teilaspekt des Problems, nämlich auf Schülergewalt, ausgerichtet und nicht auf „Gewalt an der Schule", also auch auf Gewalt, die durch Lehrerinnen und Lehrer ausgeübt, oder durch das Schulsystem mit verursacht wird. Dies bedeutet nicht, dass es keine Probleme gäbe, sondern dass Gewaltprävention nur dann gelingen kann, wenn die Probleme richtig erkannt und eingeschätzt und bewertet werden. Wie können also differenzierte und realitätsnahe Problembeschreibungen als Grundlage für gewaltpräventive Maßnahmen erstellt werden?

4 GIBT ES GESICHERTE ERKENNTNISSE ZUR WIRKUNG VON GEWALTPRÄVENTION?

Gewaltprävention arbeitet häufig theorielos und ohne Erfolgskontrolle. Sie kann jedoch nur dann effektiv sein, wenn in der Praxis auf gesicherte Erkenntnisse über Wirkfaktoren, die Gewalt verhindern können, zurückgegriffen werden kann. Das typische Präventionskonzept wird ohne Evaluation durchgeführt und zwar sowohl hinsichtlich der Voraussetzungen als auch der Planung, Umsetzung und Kontrolle. „Solange als einzige, aber doch wichtigste Rechtfertigung für ein kriminalpräventives Projekt nur die Präventionsabsicht angegeben wird, erscheint ein solches Vorgehen unökonomisch, unwissenschaftlich und letztlich unsinnig," so Andreas Ammer, Landesbeauftragter für Prävention in Rheinland-Pfalz.[9] Evaluationen sind im deutschsprachigen Raum die Ausnahme, nicht die Regel. In angelsächsischen Ländern werden vermehrt Evaluationen durchgeführt. Dennoch werden positiv evaluierte Programme nicht systematisch eingesetzt. Seit einigen Jahren liegen einige Meta-Studien zur Evaluation von Gewaltprävention vor. Hierzu gehören der „Sherman Report" (aus den USA) und das „Düsseldorfer Gutachten". In beiden Studien wurden systematisch die vorhandenen Evaluationsergebnisse einer zusammenfassenden Prüfung unter dem Aspekt, „what works?" unterzogen. Doch diese Erkenntnisse der Evaluation sind in der Praxis kaum bekannt wie z. B. die Wirkungslosigkeit von instruktionsorientierten Programmen, die Problematik von gemeinsamen Freizeitaktivitäten von auffälligen und unauffälligen Jugendlichen usw.

Statt Auseinandersetzungen mit Evaluationsergebnissen anderer Länder, werden allgemeine Aussagen wie „so früh wie möglich ansetzen", „langfristig arbeiten", „alle Bereiche einbeziehen" weitergegeben. Diese sind zweifellos richtig und wichtig, aber reichen sie aus? Sind sie nicht zu allgemein, als dass sie konkrete Handlungshinweise brächten? Es mangelt also an einem intensiven Diskurs über Qualität und Effektivität von Maßnahmen zur Gewaltprävention vor dem Hintergrund von Evaluationsergebnissen. Was ebenso fehlt, ist eine entsprechend breit angelegten Forschung zu diesem Bereich. Die Frage ist also, lassen sich relativ gesicherte Aussagen darüber machen, welche Modelle und Ansätze zur Gewaltprävention unter welchen Bedingungen Erfolg versprechend sind? Gibt es vielleicht sogar übergeordnete gesicherte Aussagen etwa zu Zusammenhängen von Demokratieentwicklung, der Qualität von Schulen oder dem vorhandenen Bildungsniveau und ihre Wirkweise auf Gewaltprävention (vgl. Kap. 1.9)?

5 LEIDET GEWALTPRÄVENTION UNTER EINER STRUKTURELLEN ÜBERFORDERUNG?

Die Anforderungen an Gewaltprävention lauten u. a. „Alle Arten von Gewalt einbeziehen", multimodal ansetzen (also Familie, Schule, Peers usw. gleichzeitig einbeziehen), die spezifischen Lebensbedingungen berücksichtigen, die Arbeit wissenschaftlich begleiten und evaluieren zu lassen, nur in Netzwerken arbeiten, die alle Lebensbereiche einbeziehen. Ist dies in der Praxis zu realisieren oder bedingt dies eine strukturelle Überforderung? Dieser umfassende Anspruch wird nochmals deutlicher, wenn man die Liste der als „häufigsten Fehler" identifizierten Unterlassungen bei der Durchführung von Gewaltprävention betrachtet. Als häufigste Fehler werden z. B. in Berichten genannt:

• Mangelnde Situationserhebung;
• mangelnde theoretische Fundierung;

- mangelnde Berücksichtigung des Zyklus der Konfliktentstehung;
- fehlende Kontinuität der Projekte;
- mangelnde Kooperation mit anderen Einrichtungen;
- mangelnde Unterstützung der Mitarbeiter;
- Überschätzung der Wirkung von einzelnen Projekten;
- mangelnde finanzielle Absicherung;
- mangelnde Berücksichtigung der Funktion der kulturellen Überzeugungen, Gepflogenheiten und Arrangements;
- mangelnde Verzahnung von gesellschaftspolitischen, wirtschaftlichen, sozialen und politischen Hilfen.

Unterlaufen diese „Fehler" nur aus Unkenntnis und persönlichen Unzulänglichkeiten, oder liegen sie im „Arbeitsvorhaben Gewaltprävention" insgesamt begründet? Nämlich deswegen, weil ein solch komplexes Vorgehen in der Praxis nur äußerst schwer zu verwirklichen ist? Aber vielleicht überfordert auch die Vorstellung gegen den „Moloch Gewalt" als Ganzes ankämpfen zu sollen, sich ihm entgegenstemmen zu müssen, was ja eine wahre Sisyphusarbeit darstellt. Wie können also realistische Ziele, die erreichbar sind, entwickelt und angegangen werden?

6 WIRD GEWALTPRÄVENTION INSTRUMENTALISIERT?

Konzepte und Maßnahmen der Gewaltprävention können auf allen Ebenen (individuell kommunal, gesellschaftlich) unter dem Vorwand der Sicherheit repressiv missbraucht bzw. instrumentalisiert werden (Einschränkung von Freiheiten, Überwachung usw.). Instrumentalisierung kann von zwei Seiten aus geschehen:

- Instrumentalisierung des Begriffes und Anspruchs. Um an finanzielle Mittel zu kommen (die es z. B. für Projekte der Gewaltprävention, nicht mehr aber für allgemeine Jugendarbeit gibt), wird die bisherige pädagogische oder psychologische Praxis einfach als Modell für Gewaltprävention umdefiniert. Geschlossene Konzepte werden entwickelt, mit Warenzeichen geschützt („Anti-Aggressions-Training", „KonfliktKultur" …), kommerzialisiert und als Ware (allerdings ohne Erfolgsgarantie) angeboten. Gewaltprävention wird auch zum Markt für die private Sicherheitsindustrie. „Sicherheit" wird zur Ware, die verkauft wird. (30 % der Schulen in den USA haben uniformierte Sicherheitskräfte, 25 % Videoüberwachung und 30 % Taschenkontrollen).[10]
- Eine andere Art von möglicher Instrumentalisierung wirkt stärker: die Einschränkung von Bürger- und Freiheitsrechten unter dem Versprechen, so Sicherheit gewährleisten zu können, als Gewaltprävention zu deklarieren. Dabei wird die Bürgerfurcht missbraucht und

Handlungsbereitschaft demonstriert, ohne Klarheit über Erfolgsaussichten zu haben. Dies wird (z. B. im kommunalen Bereich) deutlich, wenn Vorstellungen von „sauberen und ordentlichen" Innenstädten verwirklicht werden und dabei Videoüberwachung eingeführt und Randgruppen aus der Stadt gedrängt oder transportiert werden, oder wenn durch Verordnungen und Gesetze Rechte eingeschränkt werden.

Die Konzentration auf individuelle Gewalt im Rahmen von Gewaltprävention und ihre Bekämpfung lenkt zugleich von gesellschaftlichen Notlagen und staatlicher Gewalt ab. Die Etikettierung von bestimmten (unliebsamen oder lästigen) Handlungen als Gewalt (z. B. demokratische Protestformen wie Sitzblockaden) dient auch der Kriminalisierung und Verfolgung von (politischen) Gegnern oder oppositionellen Personen und Gruppen. Es wird hier sichtbar, dass zwei grundlegende Konzeptionen von Gewaltprävention konkurrieren: Ordnungspolitisch orientierte Top-Down-Strategien, die populistisch ausgerichtet oft doch nur Interessen bestimmter Bevölkerungsgruppen aufgreifen, das Problem der Kriminalität und Gewalt durch strengere Gesetze und Verordnungen, durch Überwachung, hartes Durchgreifen und harte Bestrafung in den Griff zu bekommen versuchen. Und demokratisch- partizipatorisch orientierte Ansätze, die der Erkenntnis entspringen, dass Probleme den Betroffenen gehören und diese in die Lösung verantwortlich einbezogen werden müssen. Entwicklungsbezogene, psychologisch-pädagogisch orientierte Netzwerkansätze dominieren hier. Dies betrifft durchaus nicht nur den gesellschaftlichen, sondern z. B. auch den schulischen Bereich. In den USA werden für die Schule deshalb Ansätze für „safe school" (bei denen die physische Sicherheit im Blickpunkt steht), „secure school" (bei denen es um ein Klima, das frei von Furcht ist geht – „climate is free of fear") und „orderly school" (bei denen im Verhalten Respekt voreinander zum Ausdruck kommen – „climate of respect") unterschieden. Lassen sich diese beiden Strategien, die ordnungspolitische und die demokratisch partizipatorische, koppeln oder schließen sie sich gegenseitig aus? Wie kann der Vereinnahmung von Konzepten der Gewaltprävention für missbräuchliche Ziele begegnet werden?

7 WIE MUSS GEWALTPRÄVENTION DEN GENDER-ASPEKT AUFGREIFEN?

Männer und Frauen spielen offensichtlich verschiedene Rollen in Bezug auf Gewalt. Oft wird von einer fatalen Arbeitsteilung im Geschlechterverhältnis gesprochen: „Männer sind Täter, Frauen sind

Opfer". Der Bereich der physischen Gewalt ist eindeutig eine Männerdomäne. Frauen werden systematischen Benachteiligungen und Vorenthaltung von Rechten ausgesetzt. Doch auch Frauen wenden Gewalt an, wenngleich auch in anderen Formen. Welche unterstützenden oder stabilisierenden Funktionen haben sie in Bezug auf die Gewalthandlungen von Männern? In der Frauenfriedensforschung wurde vor einigen Jahren die These von der „Mittäterschaft von Frauen" diskutiert. Nicht die Sichtweise, dass Männer und Frauen unterschiedlich agieren ist strittig, sondern wie diese Handlungsweisen erklärt werden können und was sie bedeuten.

Der Genderaspekt lenkt den Blick auch auf die gesellschaftlich, kulturell und religiös legitimierten tradierten Vorstellungen von „Mann sein" und „Frau sein". Rollendefinitionen, die beim Mann sexuelle Potenz ebenso mit einschließen wie Umgang mit Waffen, Autos und Maschinen oder aber Machtbefugnisse als Familienvorstand, die beinhalten, die eigenen Interessen und Bedürfnisse auch gegen die anderer Familienmitglieder durchzusetzen. Auch wenn diese Zuschreibungen und Rollendefinitionen zunehmend aufgeweicht werden und sie in modernen Industriegesellschaften für ein partnerschaftliches Zusammenleben keinen Platz mehr haben, so brechen sie sich doch immer wieder neu Bahn und sind in traditionell geprägten Gesellschaften dominant. Strittig ist aber – zumindest in bestimmten Kreisen – ob es sich überhaupt um Rollen handelt, oder ob hier genetische Programme ablaufen. Was bedeutet dies für Gewaltprävention? Müssen geschlechtsspezifische Maßnahmen und Modelle der Gewaltprävention entwickelt werden? Wie können diese aussehen (vgl. Kap. 1.6)?

8 WIE IST DAS VERHÄLTNIS VON KOLLEKTIVER GEWALT UND INDIVIDUELLER GEWALT?

Modelle und Maßnahmen der Gewaltprävention beziehen sich weitgehend auf den individuellen Bereich, auf die Gewalt im Alltag von Menschen. Im Kontext von Gewaltprävention werden Kinder und Jugendliche primär unter dem Aspekt von (potentiellen) Tätern gesehen (obwohl sie auch hier gleichzeitig und oft in viel größerem Maße Opfer sind). Lenkt man jedoch den Blick hin auf strukturelle und kollektive Gewalt, so zeigt sich, dass in Zeiten der Unterdrückung, der Verletzung von Menschenrechten und von bewaffneten Auseinandersetzungen nicht nur die Anwendung privater Gewalt zunimmt, sondern vor allem auch die Zahl von Gewaltopfern. Müsste sich Gewaltprävention (nicht nur im Kontext von Entwicklungszusammenarbeit) deshalb nicht gleichzeitig um die Eindämmung struktureller und kollektiver Gewalt kümmern? (Und die stillschweigend vereinbarte Arbeitsteilung, hier die Bearbeitung privater Gewalt, dort die der kollektiven Problemlagen, aufgeben?)

Wenn ein unmittelbarer Zusammenhang zwischen autoritären Regimen, Rechtlosigkeit, kollektiver Gewalt (Bürgerkriege und Kriege) und Zunahme von privater Gewalt besteht, dann muss eine wichtige gewaltpräventive Strategie sein, diese „Rahmenbedingungen" für Gewalt zu bekämpfen und auch die Gewalt, die von Staatsorganen ausgeht, zum Thema zu machen. Gerade im Kontext von Entwicklungszusammenarbeit sollte Gewaltprävention kollektive Problemlagen von Kindern und Frauen (Armut, Kinderarbeit, mangelnder Zugang zu Bildung usw.) stark im Blickfeld haben. Müsste Gewaltprävention hier nicht heißen, Betroffene vor Ausbeutung durch Gesetze, Sozialkontrakte, Selbstverpflichtungen von Firmen, öffentliche Kampagnen zu schützen – um nur ein Beispiel zu nennen? Benötigt Gewaltprävention also eine Doppelstrategie: Arbeit an den konkreten Gewaltorten (individuelles Verhalten, Familienstrukturen, Schule, Peergruppen, Gemeinwesen usw.) und Schaffung von effektiven Rahmenbedingungen: Bekämpfung von Armut, Etablierung rechtlicher Regelung usw. (vgl. Kap. 1.7)?

9 BENÖTIGT GEWALTPRÄVENTION EINEN GRÖSSEREN BEZUGSRAHMEN?

Legitimiert sich Gewaltprävention aus sich selbst („Gegen Gewalt zu sein, ist ein moralisch hochstehendes Ziel") oder muss / sollte sie in ihrem Verständnis in ein größeres (gesellschaftliches) Konzept wie Verwirklichung der Menschenrechte, Demokratieentwicklung und Zivilisierung eingebettet sein? „Gewalt gedeiht dort, wo Demokratie und Achtung vor Menschenrechten fehlen und die Regierungsgeschäfte schlecht geführt werden. Oft spricht man davon, dass eine ‚Gewaltkultur' Wurzeln schlagen kann." meint Nelson Mandela.[11]

Soll Gewaltprävention sich nicht in einem situativen ‚gegen Gewalt' erschöpfen, bedarf es eines übergeordneten Bezugsrahmens, vielleicht sogar einer Vision. Solche Bezugssysteme stellen auf einer normativen Ebene die Menschenrechte dar, auf einer politischanalytischen Ebene scheint das zivilisatorische Hexagon von Dieter Senghaas geeignet, die Maßnahmen und Notwendigkeiten von Gewaltprävention mit dem Prozess der Zivilisierung und von demokratischer Gesellschaftsentwicklung in Verbindung zu bringen. Auf einer kulturellen Ebene kann das von der UNO proklamierte Projekt der Ent-

wicklung einer Kultur des Friedens die Funktion eines Orientierungs-
rahmens erfüllen. Menschen benötigen nicht nur Strategien und Tech-
niken, sie benötigen auch Ziele und Visionen. Solche Visionen und
Bezugsrahmen haben auch die Funktion, sich selbst in einem größeren Kontext verorten zu können und den eigenen Beitrag zu diesem
größeren Ziel zu sehen. Ferner haben sie die Aufgabe, ein Bindeglied
zwischen individuellem Handeln und kollektivem Handeln, zwischen
Persönlichem und Politischem herzustellen (vgl. Kap. 1.7).

10 (WIE) KÖNNEN ERFAHRUNGEN UND ERGEBNISSE DER GEWALTPRÄVENTIONSARBEIT FÜR DEN KONTEXT VON ENTWICKLUNGSZUSAMMENARBEIT WEITERGE-GEBEN WERDEN?

Gewaltprävention der westlichen Industrieländer fußt auf spezifischen
Annahmen über typische phasenspezifische Entwicklungsverläufe
von Kindern und Jugendlichen, auf Annahmen über die Rolle von
Jugend in der Gesellschaft (z. B. Jugendgewalt als Problem von Adoleszenz), auf einer spezifischen Organisation des Zusammenlebens,
um nur einige zu nennen. Dabei spielen wissenschaftliche Erklärungsmodelle (oder auch Alltagsvorstellungen) von Pädagogik und
Psychologie, die vor dem Hintergrund westlicher Kultur entwickelt
und für diesen Kontext ausgearbeitet wurden, eine wichtige Rolle.[12]
Im Zentrum diesen Denkens steht das Individuum mit seinen Freiheitsrechten.

Können diese wissenschaftlichen Erklärungsmodelle, praktische
Ansätze und Erfahrungen von Gewaltprävention auf andere Länder
und Kulturen übertragen werden, in denen die spezifischen Voraussetzungen für diese Denkweisen fehlen, in denen auch wichtige
staatliche Funktionen nur rudimentär entwickelt sind oder in denen
auch das Gewaltmonopol des Staates nicht gesichert ist? Sind Ansätze der Gewaltprävention also kultur- und gesellschaftsgebunden
und vielleicht auch situationsspezifisch oder gibt es Teilbereiche, die
universell gelten? Muss Gewaltprävention quasi kulturspezifisch jeweils „neu" erfunden werden? Sind vorhandene Ansätze vielleicht nur
beispielhaft Ideen gebend zu verstehen, oder gibt es doch Möglichkeiten und Wege, sie situationsgerecht zu adaptieren?

1.2 Klärung der Motive und Begründungen für Gewaltprävention

„Kein Land, kein Gemeinwesen bleibt von Gewalt verschont. Bilder und Berichte von Gewalt durchdringen die Medien. Sie spielt sich auf unseren Straßen ab, in unseren vier Wänden, in Schulen, an Arbeitsplätzen und in Institutionen. Gewalt ist eine Weltgeißel, die das Gefüge von Gemeinschaften zerreißt und Leben, Gesundheit und Glück von uns allen bedroht. Jedes Jahr verlieren weltweit über 1,6 Millionen Menschen ihr Leben aufgrund von Gewalttaten. Auf jedes Gewaltopfer, das den Folgen der Gewalt erliegt, kommen zahlreiche andere, die verletzt werden und unter den unterschiedlichsten physischen, sexuellen, reproduktiven und psychischen Gesundheitsproblemen leiden. Gewalt gehört in der Altersgruppe der 15–44-Jährigen überall auf der Welt zu den Haupttodesursachen und ist unter Männern für etwa 14 % und bei den Frauen für 7 % aller Sterbefälle verantwortlich."[13]

1 MENSCHEN HABEN EIN RECHT AUF LEBEN OHNE GEWALT

Alle Menschen haben einen Anspruch auf ein Leben ohne Gewalt. In der Allgemeinen Erklärung der Menschenrechte wird ausdrücklich das Recht auf Leben, Freiheit und Sicherheit der Person, sowie das Verbot der Sklaverei, der Folter und grausamer, unmenschliche oder erniedrigender Behandlung oder Strafe formuliert. Die Achtung der Würde des Menschen, und hierzu gehören neben dem Schutz für Leib und Leben auch menschenwürdige Lebensbedingungen, ist ein unveräußerliches Recht aller Menschen. In der Erklärung zum Weltethos formuliert das Parlament der Weltreligionen dieses Recht auch als Verpflichtung zur Durchsetzung: „Wir verpflichten uns auf eine Kultur der Gewaltlosigkeit, des Respekts, der Gerechtigkeit und des Friedens. Wir werden keine anderen Menschen unterdrücken, schädigen, foltern, gar töten und auf Gewalt als Mittel zum Austrag von Differenzen verzichten. Wir müssen nach einer gerechten sozialen und ökonomischen Ordnung streben, in der jeder die gleiche Chance erhält, seine vollen Möglichkeiten als Mensch auszuschöpfen."[14] Die Friedensnobelpreisträgerin Shirin Ebadi weist ausdrücklich darauf hin, dass kulturelle Eigenheiten und eine Wertrelativität nicht zum Anlass genommen werden dürfen, die Menschenrechte zu verletzen. Man könne nicht unter Berufung auf die Religion die Einhaltung der Menschenrechte ablehnen. Denn es gebe keine Religion, die der Unterdrückung, dem Krieg, der Diskriminierung, der Ermordung unschuldiger Menschen, dem Raub nationalen Eigentums etc. zustimmt.[15] Johan Galtung führt noch weitere, er nennt sie „pragmatische", Gesichtspunkte gegen Gewalt und für Gewaltfreiheit an:[16] Erstens erzeugt Gewalt beim Opfer oder den Hinterbliebenen im Allgemeinen eine sehr einfache Rachepsychologie. Zweitens gibt es, wenn jemand Gewalt ausübt, fast immer ein Gefühl dafür, etwas Schlechtes getan zu haben. Aber ab dem Augenblick, wo Gewalt gegen den Gewalttäter (oder seine Gruppe) ausgeübt wird, ist alles in Ordnung. Und Drittens ist Gewalt nicht rückgängig zu machen. Gewalt zerstört nicht nur die Grundlagen des Zusammenlebens, die Überzeugung und das Vertrauen, dass Probleme und Konflikte gewaltfrei ausgehandelt und gelöst werden können. Sie verursacht auch physische, psychische, soziale und materielle Kosten. Gewaltprävention kann dazu beitragen, Menschenrechte zu verwirklichen und Gewalt zu verhindern und dadurch Leid zu minimieren und Kosten zu sparen.

2 KOSTEN VON GEWALT MESSEN?

Die Versuche, die Kosten interpersoneller Gewalt auch materiell zu messen und differenziert zu beziffern, sind relativ neu. Die umfassendste Studie hierzu wurde 2004 von der WHO mit dem Titel „The Economic Dimension of Interpersonal Violence"[17] vorgelegt. Die Untersuchung in Form einer Metastudie bilanziert vorhandene Daten, diskutiert die verschiedenen Arten von Kostenschätzungen und zeigt auch die methodischen Probleme solcher Studien auf.[18] Vor allem aber verdeutlicht sie, welche enormen ökonomischen Kosten durch die Folgen interpersoneller Gewalt erzeugt werden. Damit liefert sie auch ein starkes ökonomisches Argument, das neben menschenrechtlichen und ethischen Überlegungen bei der Eindämmung von Gewalt und Entwicklung von alternativen Handlungsweisen von zentraler Bedeutung sein dürfte. Die Hervorhebung der materiellen Konsequenzen von Gewalt soll – so die WHO – verdeutlichen, dass es sich in die Gewaltprävention zu investieren lohnt.[19] Der Journalist Michael Gleich wirft angesichts des Vergleichs von Kosten des Krieges mit Kosten für den Frieden die Frage auf, „verbieten sich nicht ökonomische Argumente bei einem Thema, bei dem es um Leben und Tod, um existenzielle Werte des Menschen geht? Muss die Ökonomie hier nicht schweigen und das Feld der Moral überlassen?" und er gibt auch gleich die Antwort: „Nein, muss sie nicht. (…) Doch nichts spricht dagegen, dass neben den vielen moralischen und humanitären Gründen, gegen Krieg auch noch wirtschaftliche Argumente für Frieden treten. Sie werden dadurch nicht entkräftet, sondern zusätzlich unterstützt."[20] Was hier in Bezug auf die Kosten des Krieges ausgeführt wird, trifft gleichermaßen auch auf die Kosten von Gewalt zu.

3 WELCHE KOSTEN VERURSACHT GEWALT?

Die Kosten, die durch die unterschiedlichen Formen der Gewalt erzeugt werden, lassen sich in direkte und indirekte Kosten einteilen.[21] Zu den direkten Kosten zählen im Wesentlichen die Kosten für die medizinische Versorgung, die Gerichtskosten, sowie die Kosten für Rechtsbeistand, Gefängnis und Polizei. Die indirekten Kosten berücksichtigen die Langzeitfolgen von Gewalt, sowohl für die Opfer als auch für die Täter, sowie die Gesellschaft. Diese Kosten umfassen etwa Einkommenseinbußen und verlorene Zeit, verlorene Investitionen in Humankapital, Kosten für Lebensversicherungen, Produktivitätseinbußen oder auch Verluste bezüglich externer Investitionen und Tourismus.[22]

Einige Beispiele sollen verdeutlichen, wie verschieden die Kosten eingeschätzt werden:[23] Eine 1994 durchgeführte Untersuchung des US-amerikanischen Justizministeriums, welche ausschließlich die direkten Kosten der Gewalt für die Opfer berücksichtigte und auf berichteten Gewalttaten sowie auf Umfragen des „National Crime Prevention Survey" basierte, kalkulierte die Kosten für dieses Jahr auf 1,8 Milliarden US-Dollar. Dies entspricht etwa 0,02 % des US-amerikanischen Bruttoinlandsproduktes (BIP).

Werden die indirekten Kosten mitberücksichtigt, steigen die Beträge signifikant. Eine Erhebung des „National Crime Prevention Council" von 1999 schloss die Konsequenzen für die berufliche Beschäftigung, die Produktivität der Arbeiter sowie die psychologischen Kosten mit ein. Diesen Schätzungen zufolge belaufen sich die ökonomischen Kosten der Gewalt auf 46,8 Milliarden US-Dollar. Was bereits 0,5 % des Bruttoinlandsproduktes entspricht.

Den Schätzungen einer weiteren herangezogenen Studie zufolge belaufen sich allein die Kosten, welche sich aus dem Missbrauch von Kindern ergeben auf jährlich 94 Milliarden US-Dollar (1% BIP).[24]

Miller, Fisher und Cohen führten in dem US-amerikanischen Bundesstaat Pennsylvania eine Untersuchung durch, die auf 377 000 berichteten Gewaltakten im Jahr 1993 beruhte. In ihre Schätzungen bezogen sie neben verlorenen Einkünften, psychologischen Kosten und den Zeitkosten auch Kosten für Polizei, für Gefängnisse sowie für Lebensversicherungen mit ein. Ihre Schätzungen für Pennsylvania ergaben 14,2 Milliarden US-Dollar. Auf die gesamte US-Bevölkerung übertragen ergeben sich Kosten in Höhe von ca. 329,8 Milliarden US-Dollar (3,3% des Bruttoinlandproduktes).[25]

Miller, Cohen und Wiersema schätzten die jährlichen Gesamtkosten der Opfer von interpersonaler Gewalt („personal crime") in den USA, einschließlich häuslicher Gewalt, sexueller Körperverletzung, Vergewaltigung und Kindesmissbrauch auf 507 Milliarden US-Dollar (6,5% des Bruttoinlandproduktes). Diese Schätzungen berücksichtigen auch die psychologischen Kosten von Schmerzen und Leiden.[26]

Brand und Price schätzen die Kosten der Kriminalität in Wales und England in ihrer Untersuchung auf 63,8 Milliarden US-Dollar. 63 % (40,2 Milliarden US-Dollar) dieses Betrages fallen auf die Kosten von Gewaltakten (Tötungsdelikte, Verletzungen und sexuelle Übergriffe). Diese Erhebung berücksichtigt sowohl die direkten Kosten, wie etwa für Polizei und Justiz, als auch indirekte Kosten, wie etwa die physischen und emotionalen Kosten.[27]

Die Kosten von Mobbing am Beispiel Deutschlands Für den Bereich von „Mobbing im Betrieb" wurde verschiedentlich versucht, die entstehenden Kosten zu schätzen. So gehen Schätzungen für Deutschland davon aus, dass der Arbeitsausfall eines Mobbingbetroffenen und die Minderleistung der Mobber zusammen mit dem Ausfall der Arbeitszeit von Vorgesetzten sowie der Personalabteilung, die sich mit dem Mobbingfall auseinandersetzen müssen, Kosten in Höhe von ca. 15.000 bis 50.000 Euro pro Jahr verursachen.[28] Laut Huber sollen den bundesdeutschen Betrieben fehlzeitenbedingt Kosten in Höhe von insgesamt 15 Mrd. Euro pro Jahr entstehen. Abhängig von den besonderen Umständen des konkreten Einzelfalls können die durch das Ausscheiden eines Beschäftigten entstehenden Fluktuationskosten zwischen rund 7.500 Euro (bei einem Lagerarbeiter) und ca. 20.000 Euro liegen. Der Mobbing-Report, eine Repräsentativstudie für die Bundesrepublik Deutschland[29], stellt eine aktuelle Mobbingquote (Ende 2000) der Erwerbstätigen von 2,7 % (das entspricht rund 1.053 Mio. Personen) fest. Die Mobbingquote der Erwerbstätigen im gesamten Jahr 2000 betrug 5,5 % und die Gesamt-Mobbingquote der Erwerbsfähigen 11,3 %.[30]

Auf globaler Ebene, so das Pfizer-Journal, verursachen Kriminalität und Gewalt zusammen Kosten in Höhe von 5% des Bruttosozialproduktes von Industrieländern, sowie 14% des Bruttosozialproduktes von Entwicklungsländern (low-income countries).[31] Es gibt jedoch wenige dokumentierte Schätzungen bezüglich der Kosten von Gewalt in Entwicklungs- und Schwellenländern (low and middle income countries).[32] Eine Reduzierung von Gewalt bedeutet also, dass erhebliche Mittel für andere Bereiche frei werden.

Neben den individuellen Konsequenzen (Kosten) hat die interpersonelle Gewalt eine Reihe von ökonomischen Effekten auf der Bevölkerungsebene (population level), einschließlich eines Rückgangs externer Investitionen und ein sinkendes Vertrauen in das Wirtschafts-, Rechts- und Sozialsystem der Gesellschaft. Diese Kosten von Gewalt sind also auch mit dem Phänomen Vertrauen und „Standortqualität" für Unternehmen verbunden. Es gibt wenige Schätzungen über die Höhe dieser Kosten, welche, wenn sie quantifiziert werden, die direkten Kosten interpersoneller Gewalt um ein Vielfaches übersteigen.[33]

Probleme bei Kostenschätzungen
Diese wenigen Beispiele illustrieren und verdeutlichen die Probleme der Kostenschätzungen. Unterschiedliche Definitionen von Gewalt oder das Einbeziehen oder Ausklammern verschiedener Kostenarten führen zu verschiedenen Effekten.[34] Wichtig erscheint es festzuhalten, dass in diesen Studien nur die erfassten / gemeldeten Gewalttaten beinhaltet sind (also das sog. Hellfeld). Eine große Zahl von Gewalttaten – dies betrifft im Besonderen die Gewalt zwischen Intimpartnern – bleibt jedoch unerfasst, was eine Unterschätzung der realen Gewaltakte zur Folge hat. Im Weiteren unterscheiden sich die Studien darin, aus welcher Perspektive die Kosten von Gewalt kalkuliert werden. Einzelne Studien beschränken sich auf die Kalkulation der Kosten, die von dem Opfer zu tragen sind. Die meisten Untersuchungen nehmen jedoch eine gesellschaftliche Perspektive ein. Dadurch werden prinzipiell alle Kosten berücksichtigt, d.h. die Kosten, welche von den Opfern, den Tätern, einer dritten Partei oder der Gesellschaft getragen werden müssen.[35] Einen großen Teil der durch Gewalt entstandenen und entstehenden Kosten trägt der öffentliche Sektor. Dies ist im Besonderen im Fall von mit Schusswaffen in Zusammenhang stehender Gewalt gut dokumentiert. Unterschiedliche Studien aus den USA zeigen, dass zwischen 56 und 80 Prozent der durch Schussverletzungen entstandenen Kosten entweder durch öffentliche Mittel finanziert oder gar nicht bezahlt werden.

Ein weiterer methodologischer Unterschied ergibt sich aus der Festlegung des Zeitfensters der Kalkulation. Die meisten Schätzungen wählen den Zeitraum von einem Jahr. Doch auch hier bestehen signifikante Unterschiede. So kalkulieren etwa jene Studien, welche sich auf die individuelle Ebene beschränken, typischerweise die direkten wie die indirekten lebenslangen Kosten der Opfer. Aus diesen Unterschieden – bezüglich unterschiedlicher Definitionen, des Miteinbeziehens verschiedener Typen von Kosten sowie bezüglich der methodologischen Herangehensweise – ergeben sich signifikante Unterschiede bei den Schätzungen.

4 KOSTEN FÜR GEWALTPRÄVENTION

Trotz dieser feststellbaren Unterschiede in der Definition von Gewalt, den Kostenarten, der Herangehensweise und Bezifferung der Kosten bleibt festzuhalten, dass die individuellen und gesellschaftlichen ökonomischen Kosten von Gewalt enorm sind und nur selten ins Bewusstsein gerückt werden.[36] Es gibt nur wenige Evaluationen über die ökonomischen Effekte von interpersonelle Gewalt betreffende Interventionen. Doch alle verfügbaren Erhebungen, so die WHO, kommen zu dem Ergebnis, dass die Aufwendungen für Gewaltprävention erheblich niedriger sind als die Folgekosten von interpersoneller Gewalt.[37] Eine Studie aus den USA zeigt, dass die Kosten für ein Programm zur Prävention von Kindesmissbrauch lediglich 5 % der Kosten des Kindesmissbrauchs verursacht.[38] Eine in dem US-Bundesstaat Michigan durchgeführte Untersuchung, kommt zu dem Ergebnis, dass sich die Kosten von Kindesmissbrauch und der Vernachlässigung von Kindern auf etwa eine Milliarde Dollar im Jahr belaufen. Andererseits erbrachte eine Kalkulation, dass ein Programm zur Prävention gerade dieser Form der Gewalt – das „home visits prevention programme" – 70,6 Millionen Dollar kosten würde, wenn jede Familie des Staates, die ihr erstes Kind bekommt, an diesem Programm teilnehmen würde.[39] Die Implementierung eines Waffenregistrierungsgesetzes in Kanada, um ein weiteres Beispiel zu nennen, brachte Kosten von 70 Millionen Dollar mit sich, während sich die Kosten von Schussverletzungen in Kanada jährlich auf 5,6 Milliarden belaufen.[40]

Solchen direkten Vergleichen liegt die Annahme zugrunde, dass durch Präventionsprogramme Gewalt weitestgehend beseitigt werden kann sowie, dass sich die Betroffenen an den Programmen aktiv beteiligen. Dies ist jedoch meist nicht der Fall. Dennoch zeigen solche Vergleiche, dass es durch die konsequente Anwendung von

Präventionsprogrammen erhebliche Einsparpotentiale gibt. Warum Institutionen und Gesellschaften dennoch nur wenig in Gewaltpräventionsprogramme investieren, hängt vermutlich damit zusammen, dass sich diese Kosten erst in der Zukunft auszahlen, eine „Rendite" nicht sicher ist und ein Ereignis, das aufgrund von Prävention nicht eintritt, auch keine Aufmerksamkeit verursacht.

5 GEWALT VERÄNDERT EINE GESELLSCHAFT

Das Hamburger Institut für Sozialforschung[41] weist auf einen anderen Aspekt der Kosten von Gewalt hin: „Gewalt verändert den Zustand einer Gesellschaft auf Dauer. Sie ist nicht vorbei, wenn die Waffen ruhen oder die Schlächter verurteilt sind. Gewalt hallt im Leben der Individuen wie in der Geschichte von Gesellschaften viel länger nach, als wir gemeinhin wahrhaben wollen. Sie ist aus den Köpfen und Seelen nicht wegzudenken, sie schafft sich ihre eigenen Institutionen oder durchdringt bestehende und ist mitunter bis in die Tiefenschichten des Denkens und Empfindens, des Wollens und Handelns abgelagert. Wer vergangene Lebenswelten verstehen und unserer von Gewalt durchsetzten Gegenwart die Diagnose stellen will, muss sich daher viele Fragen stellen: Welche Bedingungen müssen erfüllt sein, damit Individuen, Gruppen oder Gesellschaften sich des Mittels der Gewalt bedienen, sich ihr aus freien Stücken fügen oder sich dagegen wehren? Wer definiert die ‚Zonen der Gewalt' und: Welche Form der Gewaltausübung gilt wann als legitim, wann als illegitim? Und wie verständigen sich historische Akteure über die Definition des Legitimen bzw. Illegitimen? In welchem Verhältnis steht Gewalt im ‚privaten Bereich' zur Gewalt im ‚öffentlichen Raum'? Wann wird sie öffentlich inszeniert und zu welchem Zweck? In welcher Form und in welchem Umfang bestimmt physische Gewalt den Alltag, die Lebensweise welcher sozialer Gruppen? Welche Gewaltpraktiken werden von wem mit welcher Absicht und zu welchem Preis eingesetzt? Wie werden Gewalterfahrungen weitergegeben und in der Weitergabe transformiert?"

Vieles spricht für das Konzept der Gewaltprävention, denn in vielen anderen Bereichen hat sich inzwischen die Erkenntnis durchgesetzt, dass Vorbeugen besser ist, als die Folgen von Unterlassungen zu tragen.

1.3 Klärung des Verständnisses von Gewalt-prävention

1 DER PRÄVENTIONSGEDANKE

Der Präventionsgedanke ist so alt wie die Menschheit. Er hat mit vorausschauendem Handeln und Vorsorge treffen zu tun und will negative Folgen verhindern. Prävention bedeutet im eigentlichen Wortsinn „etwas zuvor kommen". Der Präventionsgedanke wird für weite Bereiche der Gesellschaft verwendet: Suchtprävention, Kriminalprävention, Altersvorsorge, Vorsorgeuntersuchungen im medizinischen Bereich, präventiver Verbraucherschutz usw. Dahinter steckt die Erkenntnis, dass rechtzeitiges sich Kümmern und Vorsorge treffen nicht nur Kosten senken, sondern auch „Katastrophen" verhindern kann. Doch nicht jede Vorsorge bringt entsprechende Ergebnisse. Sie muss den spezifischen Zielgruppen entsprechend konzipiert sein und darf durch anderweitige Maßnahmen nicht konterkariert werden. Dies lässt sich besonders deutlich am Beispiel der Suchtprävention zeigen, wo Aufklärungs- und Werbekampagnen für Alkohol, Zigaretten oder spezifische Psychopharmaka widersprechende Intentionen verfolgen. Hinzu kommt, dass die Förderung positiver Verhaltensentwicklung sich als günstiger herausgestellt hat als der Aufbau von Drohszenarien oder die Anwendung des Abschreckungsgedankens durch die Androhung negativer Konsequenzen.

Auch auf den Bereich der Konfliktbearbeitung und des Umgangs mit Gewalt wird der Präventionsgedanke angewendet. Der Erwerb kommunikativer und sozialer Kompetenzen verbunden mit sozialer Anerkennung wirkt sich i. d. R. positiv auf das jeweilige Konfliktverhalten aus. Die „Global Action Agenda for the Prevention of Violent Conflict" stellt fest: „It is intolerable that millions of civilians die from violent conflict at a time when the international community has the knowledge and resources for preventing it. It is unacceptable that so many of our children and young people have to grow up in a climate of fear of violence and insecurity. Yet the response of the global community is often inadequate, too late and costly. We believe that there is a better way. We call for a fundamental change in dealing with conflict: a shift from reaction to prevention. We believe that this shift is not only possible but that it is many times cheaper than responding to violence once it has escalated. Ultimately, prevention saves lives and is both more effective and less expensive than reaction." [42]

-

2 DER BEGRIFF GEWALTPRÄVENTION

In den letzten Jahren ist eine nahezu unübersehbare Fülle von Publikationen zum Bereich Gewaltprävention erschienen. Dennoch wird der Begriff Gewaltprävention in der Fachliteratur nur wenig diskutiert und auch nicht präzisiert. Aufgrund einer fehlenden allgemein akzeptierten Definition von Gewaltprävention finden sich in der Literatur viele Vermischungen von Prävention und Intervention bei Gewalthandlungen. Oft wird Intervention auch als Teil von Prävention begriffen.

Nach Günter Schatz bezeichnet der Begriff Gewaltprävention „alle institutionellen und personellen Maßnahmen, die der Entstehung von Gewalt vorbeugen bzw. diese reduzieren. Diese Maßnahmen zielen ab auf die Person selbst, auf die Lebenswelt dieser Adressaten wie auch auf den Kontext der sie tangierenden sozialen Systeme."[43] In Erweiterung des Begriffs der Kriminalprävention[44] könnte man Gewaltprävention als die Gesamtheit aller staatlichen und privaten Bemühungen, Programme und Maßnahmen definieren, die Gewalt als kulturelles und gesellschaftlichen Phänomen oder als individuelles und kollektives Ereignis verhüten, mindern oder in ihren Folgen gering halten sollen.

Die WHO definiert Gewaltprävention weiter. Sie versteht unter Gewaltprävention „to stop acts of interpersonal violence from occurring by intervening to eliminate or reduce the underlying risk factors and shore up protective factors, or to reduce the recurrence of further violence and its ill effects."[45] Ausgangspunkt ist dabei die Überzeugung: „Gewalt ist nicht unvermeidbar. Wir können viel tun sie zu bekämpfen und zu verhüten."[46]

Der Sherman-Report[47] versteht Kriminalprävention als Ergebnis und nicht als Absicht und plädiert dafür, Kriminalprävention nicht durch ihre Absichten oder Methoden, sondern durch die erreichten Ergebnisse (Folgen) zu definieren. Kriminalprävention ist dann alles, was die Zahl der Straftaten oder der Opfer verringert. Neben diesem engen Verständnis kann Kriminalprävention in einem weiteren Verständnis definiert werden als Reduktion der Risikofaktoren für Kriminalität. Zwar ist Kriminalprävention nicht identisch mit Gewaltprävention (siehe unten), aber analog dazu könnte Gewaltprävention auch als alles Verstanden werden, das – vom Ergebnis her – Gewalt reduziert, wobei die Betrachtungsweise auf feststellbaren und nachweisbaren Effekten beruht. In diesem Verständnis werden also nicht Absichten, Programme und Modelle als Gewaltprävention definiert, sondern wissenschaftlich gesicherte Resultate, mit der Konsequenz, dass Gewaltprävention sich auf wissenschaftliche Evaluation beziehen muss. Diese Sichtweise reicht jedoch u.E. nicht aus, da „Effektivität" nur eines von vielen Kriterien sein kann. Die Ziel-Mittel-Relation ist ein weiteres Kriterium. Den Rückgang von Gewalt mit „allen Mitteln" erreichen zu wollen scheint (weder unter menschenrechtlichen noch unter partizipatorischen Aspekten) legitim und tolerierbar.

3 GRUNDFRAGEN DER GEWALTPRÄVENTION

Die erste Grundfrage der Gewaltprävention ist, welche Art von Gewalt soll verhindert und eingedämmt werden (vgl. Kap. 1.4)? Soll individuelles gewalttätiges Verhalten Gegenstand von Gewaltprävention sein? Geht es um das provozierende Verhalten jugendlicher Gruppen? Geht es um die Gewalt des Staates gegen seine Bürger? Geht es um das Gewaltpotential von unwürdigen Lebensumständen oder um gewaltträchtige Ideologien, um Ausländerfeindlichkeit und Rassismus? Wird dabei Gewalt in ihren gesellschaftlichen und politischen Bezügen verstanden oder geht es um den individuellen Gewalttäter, der sämtlicher Bezüge und Kontexte sozialer, politischer und ökonomischer Art entkleidet ist.[48] Wird dabei die Botschaft der symbolischen Sprache der Gewalt verstanden und Gewalt (auch) als Indikator von Problemen und Konfliktpotential gesehen?[49] Gewaltprävention benötigt also ein differenziertes und umfassendes Gewaltverständnis. In den Ansätzen der westlichen Industriestaaten wird Gewaltprävention weitgehend als Prävention von Jugendgewalt verstanden. Dieses Verständnis scheint zu eng und einseitig. Eine zweite Grundfrage zielt auf das Wissen über Motive, Ursachen und Zusammenhängen von Gewalt. Gewaltprävention setzt voraus, dass die Gründe und Ursachen eines Verhaltens oder einer Erscheinungsform, auf die präventiv eingewirkt werden soll, bekannt sein müssen. „Denn nur wenn man weiß, warum sich ein bestimmtes Verhalten zeigt bzw. in welchem Kontext es sich darstellt, kann zielgerichtet auf diese Ursachen Einfluss genommen werden und kann versucht werden, die Erscheinungsformen zu verhindern."[50] Gerade über Ursachen und Bedingungen von Gewalt ist jedoch nur relativ wenig bekannt (vgl. Kap. 1.5).

4 MASSNAHMEN UND PROGRAMME DER GEWALT-PRÄVENTION

Die Maßnahmen und Programme der Gewaltprävention lassen sich auf vielfache Weise unterscheiden. So lässt sich eine erste Unterscheidung zwischen Verhaltensprävention und Verhältnisprävention treffen. Verhaltensprävention zielt auf die Beeinflussung des Verhaltens von Individuen und Gruppen. Verhältnisprävention zielt auf die Gestaltung gesellschaftlicher Strukturen und Rahmenbedingungen.[51] Die Weltgesundheitsorganisation unterscheidet Maßnahmen und Programme der Gewaltprävention anhand von zwei Dimensionen:

* der zeitlichen Dimension; in diesem Kontext wird dann von primärer, sekundärer und tertiärer Gewaltprävention gesprochen.[52]
* der Zielgruppen; hierbei gibt es Strategien, die sich allgemein an jedermann wenden oder aber auch Interventionen, die sich speziell an Täter und Opfer oder an „Hochrisikogruppen" wenden.

Die Einteilung in primäre, sekundäre und tertiäre Prävention berücksichtigt, an welcher Stelle das entsprechende Programm in der Kette der Risikofaktoren von „lange bevor Gewalt auftritt" bis zu „lange nachdem Gewalt aufgetreten ist" angesiedelt ist:[53]

Primäre Prävention richtet sich an alle und versucht u. a. durch die Stärkung sozialer Kompetenzen Gefährdung zu verhindern. Ein typischer Slogan hierfür ist: „Kinder stark machen". Da in diesem Bereich der Präventionsarbeit allgemeine Fähigkeiten und Fertigkeiten im kommunikativen und sozialen Bereich gefördert werden, sind viele der hier durchgeführten Projekte relativ unspezifisch und mit leicht veränderter Terminologie auch in den Bereichen der Suchtprävention oder Gesundheitserziehung zu finden. Primäre Prävention strebt generell die Verhinderung im Vorfeld an, indem sie gewaltfördernde Bedingungen und Risikofaktoren aufdeckt und verändert bzw. Kinder und Jugendliche zum adäquaten kompetenten, sozialen Umgang befähigt.

Sekundäre Prävention wendet sich an konkrete, identifizierbare, gefährdete Personen und Gruppen und greift kriminelle Gelegenheitsstrukturen auf (z. B. Verhinderung der Entstehung von Drogenmärkten durch die Polizei). Hier wird also mit einer eingegrenzteren Zielgruppe gearbeitet. Typisch sind in diesem Fall Ansätze der Jugendhilfe wie z. B. Streetwork-Projekte aber auch Anti-Aggressions-Trainings.

Tertiäre Prävention wendet sich an diejenigen, die bereits auffällig, gewalttätig oder straffällig geworden sind. Ziel ist es, eine erneute Gewalthandlung oder Straffälligkeit zu verhindern. Hierzu gehören die Resozialisierung von Strafentlassenen, der Täter-Opfer-Ausgleich, soziale Trainingskurse oder andere ambulante Angebote.

Gewaltprävention beinhaltet in diesem Verständnis also Prävention im Sinne langfristiger vorbeugender Arbeit, Interventionsstrategien zum Verhalten in aktuellen Gewalt- und Konfliktsituationen, sowie

Maßnahmen zur Konfliktregelung und Nachbearbeitung von Gewaltsituationen. Während im Bereich primärer Prävention Aufklärung und
eine „gute Erziehungs- und Bildungsarbeit" gefragt ist, die prinzipiell
von „allen" ausgeübt werden kann, sind in den Bereichen sekundärer und tertiärer Prävention spezifische Kenntnisse erforderlich, die
i. d. R. durch eigenständige Trainings und Zusatzqualifikationen erworben werden (z. B. für die Bereiche Mediation, Anti-Aggression-
Training oder Täter-Opfer-Ausgleich).

    Je nach theoretischer Orientierung und Schwerpunktbildung impli-
zieren die Aktivitäten der Gewaltprävention Veränderungen sowohl
im personalen als auch im kommunikativen und interaktiven Bereich
von Individuen.[54] Angestrebte praktische Ziele der Gewaltpräventionsprogramme sind in der Regel die Stärkung des Selbstkonzeptes,
die Reflexion des eigenen Selbst und Stärkung der Persönlichkeit,
die Ausbildung sozialer Wahrnehmung, die Schaffung von Konfliktfähigkeit, kontrolliertes Handeln sowie die Vermittlung sozialer
Kompetenzen. Langfristig werden eine Vermeidung von Straffälligkeit sowie die Akzeptanz sozialer Normen durch sozial integriertes
Verhalten der Adressaten angestrebt. Zu selten zielen Gewaltpräventionsprogramme auf die Lebenswelt der Adressaten und deren
sozialen Kontext ab und damit auf sozialstrukturelle und institutionelle Veränderungen. Ein wesentliches Ziel der Gewaltprävention ist
auch der Schutz der Allgemeinheit vor Gewalttaten und potentiellen
Straftätern. Die meisten Programme und Maßnahmen der Gewaltprävention favorisieren dabei ein personenbezogenes Arbeiten, das
mit Unterstützung der Gruppe und durch gruppenpädagogische Aktivitäten Veränderungsprozesse des Einzelnen anstrebt. Anders der
Ansatz der WHO. Hier zielen die Maßnahmen auf Veränderungen
auf der individuellen Ebene, der Beziehungsebene, dem kommunalen Umfeld und der Gesellschaft.[55] Maßnahmen der Gewaltprävention werden oft durchgeführt, um zu dokumentieren, dass etwas
geschieht. Vielfältige Aktivitäten sind jedoch nicht gleichbedeutend
mit optimaler Wirksamkeit. Gewaltprävention muss deshalb speziell
unter dem Aspekt der Wirksamkeit geplant und durchgeführt werden
– hierauf weist die WHO besonders hin: „Programms, therefore, are
planned activities directed towards bringing about specified changes
in a target group or population (Owen 1999). Features that characte-
rize programmes, are:
• clearly defined goals and objectives;
• intended beneficiaries (the target group);
• some measures of success;

- programme components (i. e. the means to achieve the goals)
- programme infrastructure;
- a humane resource base;
- stakeholders with a direct or indirect interest in the programme;
- a specific context (or setting)."[56]

5 NOTWENDIGE KLÄRUNGEN

5.1 WISSENSCHAFTLICHE DISZIPLIN ODER PRAXIS-ANSATZ?

Handelt es sich bei Gewaltprävention um eine wissenschaftliche (Teil-) Disziplin (einen wissenschaftlichen Ansatz) oder um ein Praxiskonzept? Diese Frage kann nicht ohne weiteres beantwortet werden. Fest steht, dass es eine Reihe von Forschungsvorhaben gibt, die unmittelbare Relevanz für die Praxis der Gewaltprävention besitzen. Hierzu zählen Ergebnisse der Kriminologie und Viktimologie, der Kommunikationswissenschaft (in Bezug auf die Verbesserung sozialer Kompetenzen), der Psychologie (insbesondere der psychologischen Aggressionsforschung), der Sozialpsychologe (insbesondere der Kleingruppenforschung und der Vorurteilsforschung), der Erziehungswissenschaften (in Bezug auf Auswirkungen von Erziehungsverhalten), der Gemeindesoziologie (etwa in Bezug auf Städtebau), der Friedens- und Konfliktforschung (insbesondere in Bezug auf Eskalation und Deeskalation von Konflikten). Bereits diese Aufzählung der Bezugswissenschaften macht deutlich, dass Gewaltprävention ihre Grundlagen und Erkenntnisse aus vielen verschiedenen Wissenschaftsbereichen bezieht, also interdisziplinär verankert ist. Für die Praxis der Gewaltprävention ist es wichtig, dass diese sich auf ein wissenschaftliches Fundament stellt, d.h. von Alltagsannahmen zu fundierten geprüften Aussagen und Handlungsstrategien kommt und diese auch einer Evaluation unterzieht. Die WHO betont dieses Vorgehen in ihrer internationalen Kampagne zur Gewaltprävention und hebt hervor, dass sowohl ihr Konzept als auch ihre Vorgehensweisen auf wissenschaftlichen Grundlagen beruhen und wissenschaftlichen Kriterien genügen würden. Dies kann nur von den wenigsten Praxisansätzen zur Gewaltprävention gesagt werden. Denn vorfindbare Gewaltprävention stellt sich primär als praxeologisches Handeln dar. Der Wissenschaftsbezug von Gewaltprävention ist jedoch nicht erst bei einer notwendigen Evaluation herzustellen, sondern bereits bei der Planung, Implementierung und Begleitung. Feld- und Aktionsforschung scheinen hierfür die geeigneten Ansätze zu sein.

Für die wissenschaftliche Fundierung von Gewaltprävention scheint wichtig und unabdingbar, über ein ausgewiesenes und umfassendes Verständnis von Gewalt zu verfügen. In der Praxis der Gewaltprävention wird es in den jeweiligen Projekten meist nur möglich sein, einzelne Segmente der verschiedenen Gewalttypen zu bearbeiten. Umso wichtiger ist die Vernetzung und Verzahnung verschiedener Projekte, um so einen umfassenden Zugriff zu ermöglichen. Ohne den Rückgriff auf wissenschaftliche Begleitung und Evaluation bleibt Gewaltprävention reines „Social Engineering".

5.2 KRIMINALPRÄVENTION UND/ODER GEWALT-PRÄVENTION?

„Gewaltprävention ist zunächst die Verhütung von Gewaltkriminalität. Sie ist die Vorbeugung von Mord, Totschlag, Vergewaltigung, Raub, Erpressung und Körperverletzung. Gewaltprävention ist daher Teil der Kriminalprävention",[57] so die Bundesjusitzmisterin der Bundesrepublik Deutschland, Zypries. Mit diesem Verständnis ordnet sie Gewaltprävention dem Bereich der Kriminalitätsbekämpfung zu und reduziert sie zugleich auf den Deliktbereich der Gewaltkriminalität. Diese Sichtweise scheint zu eng, wenngleich häufig die Begriffe und Bereiche Gewaltprävention und Kriminalprävention synonym verwendet werden. Dies ist jedoch irreführend und verschleiert mehr, als es zur Klärung beiträgt. Der WHO Guide zur Implementierung von Gewaltprävention[58] plädiert deshalb entschieden dafür, dass Gewaltprävention von Kriminalprävention unterschieden werden muss. Denn Kriminalprävention orientiert sich an der Verhinderung von Straftatbeständen. Hierzu gehören für den Jugendbereich wesentlich die Delikte Kaufhausdiebstahl und Schwarzfahren (Erschleichung von Beförderungsleistungen). Es geht hier primär um die Etablierung von gesetzeskonformem Verhalten. Kriminalpräventive Ansätze sehen gewalttätiges Verhalten vor allem auf der individuellen Ebene unter dem Aspekt der Übertretung von Normen und Androhung von Strafe. Dieser Ansatz ist für den Bereich der primären Gewaltprävention ungeeignet. Hinzu kommt, dass viele Delikte, die unter Strafe stehen, nichts mit Gewalt zu tun haben, während andererseits viele Gewaltformen nicht von der Strafjustiz erfasst werden. Dennoch ist in der Praxis der Gewaltprävention – unter Berücksichtigung des jeweiligen Verständnisses – eine Kooperation von Polizei, Jugendhilfe, Gemeinwesenarbeit nicht nur sinnvoll sondern auch notwendig.

5.3 ORDNUNGSPOLITISCH ODER PARTIZIPATIV?

Trotz weitgehender Einigkeit über die Notwendigkeit von Gewaltprävention und deren übergeordneten Zielen lassen sich doch idealty-
pisch zwei grundlegend verschiedene Ansätze unterscheiden, die
ihre Entsprechung auf nahezu allen Ebenen und Bereichen der Gewaltprävention haben und sich sowohl in der Gesetzgebung als auch
in der praktischen Durchführung von Gewaltprävention unterscheiden, nämlich ordnungspolitisch orientierte und demokratisch-partizipatorisch orientierte Ansätze: Ordnungspolitisch orientierte Ansätze,
die gemeinhin oft auch als repressiv bezeichnet werden, versuchen
das Problem der Kriminalität und Gewalt durch strengere Gesetze
und Verordnungen, durch Überwachung, hartes Durchgreifen und
harte Bestrafung in den Griff zu bekommen. Schlagworte wie „Zero
Tolerance" sind Teil der Diskussion. Demokratisch-partizipatorisch
orientierte Ansätze entspringen der Erkenntnis, dass Probleme den
Betroffenen gehören und diese in die Lösung verantwortlich einbezogen werden müssen. Dabei geht es darum, ihre eigenen Fähigkeiten
und Fertigkeiten durch unterstützende Angebote zu entwickeln und
zu begleiten.

Letztlich liegen diesen Ansätzen verschiedene Sicherheitskonzepte und Sicherheitsbegriffe zugrunde. Bei einem ordnungspolitisch orientierten traditionellen Sicherheitsbegriff geht es um Schutz
vor Gewalt und Kriminalität, bei dem der Staat und seine Organe die
Akteure sind, die Bürger Objekte, die es zu schützen gilt. Technische
Sicherheitskonzepte dominieren hier. Bei demokratisch-partizipatorischen Ansätzen geht es neben dem unmittelbaren Schutz vor Gewalt vor allem um die Beseitigung der Ursachen von Gewalt. Hierbei
kommen auch Phänomene wie Armut oder Arbeitslosigkeit in das
Blickfeld. Die Akteure sind Individuen, Gruppen und Gemeinschaften,
die aber auf staatlicher Ebene Unterstützung und Begleitung brauchen. Die Einhaltung von Menschenrechten, die Entwicklung von
Demokratie, wirtschaftlicher Wohlfahrt und sozialer Gerechtigkeit
korrespondieren mit der Etablierung gewaltfreier Handlungsalternativen auf der Verhaltensebene. In dieser Sichtweise sind individuelles Verhalten, soziale Situation und gesellschaftliche Verhältnisse
miteinander verbunden. So verstandene Gewaltprävention findet
ihre politische Entsprechung in der Entwicklung des Projektes „Human Security" und hat damit auch einen gesellschaftlich politischen
Fokus[59] (vgl. Kap 1.7).

5.4 GEWALTPRÄVENTION UND KONFLIKT-BEARBEITUNG – KONFLIKTBEARBEITUNG ALS GEWALT-PRÄVENTION

Im letzten Jahrzehnt hat der Bereich der konstruktiven Konfliktbearbeitung verstärkt Aufmerksamkeit erfahren. Ansätze der Mediation und des Konfliktmanagements wurden aufgegriffen und werden zunehmend breit angewendet. Auffallend ist jedoch, dass die beiden Bereiche „konstruktive Konfliktbearbeitung" und Gewaltprävention oft wenig miteinander kooperieren und wenig Durchlässigkeit zeigen. Im Kontext von Konfliktbearbeitung spielt das Phänomen Gewalt praktisch keine Rolle. Während umgekehrt auch Gewaltprävention zu wenig den Bereich des gewaltfreien Umgangs mit Konflikten aufgreift. Dabei ist leicht nachzuvollziehen, dass wer sich mit Konfliktbearbeitung und Konfliktmanagement beschäftigt, das Phänomen „Gewalt" nicht außer Acht lassen kann. Nicht nur, weil Konflikte permanent in der Gefahr sind, zu eskalieren und damit in eine gewaltförmige Austragungsform abzugleiten, sondern weil konstruktive Konfliktbearbeitung immer auch als Beitrag zur Gewaltprävention verstanden werden kann. Dennoch unterscheiden sich beide Handlungsstrategien in ihrer Vorgehensweise und an verschiedenen Punkten auch in ihren Denkansätzen. Im Zentrum der Gewaltprävention steht das Phänomen „Gewalt", das es einzudämmen bzw. zu verhindern gilt. Im Zentrum konstruktiver Konfliktbearbeitung steht die Kultivierung einer Streitkultur, also die Ermöglichung von Interessenausgleich mittels kommunikativer Verfahren. Es handelt sich also um zwei unterschiedliche Denk- und Handlungsansätze, die sich gegenseitig ergänzen und positiv beeinflussen können.

Wechselt man den Fokus von der Ausrichtung des Zurückdrängens und Verhinderns der Gewalt auf den der Ermöglichung und Förderung konstruktiven sozialen Zusammenlebens und der konstruktiven Konfliktbearbeitung, so eröffnen sich zusätzliche produktive Handungsmöglichkeiten. Gewalt wird dabei nicht primär als isoliertes Phänomen, sondern als Element im Rahmen eines Konfliktgeschehens verstanden. Es erscheint also plausibel und sinnvoll, beide Bereiche ergänzend zu betrachten und Ansätze und Programme der konstruktiven Konfliktbearbeitung ergänzend zu den genuinen Ansätzen der Gewaltprävention zu berücksichtigen (vgl. Kap. 1.8).

GEWALT-PRÄVENTION	KONSTRUKTIVE KONFLIKTBEARBEITUNG
Gewalt ist sozial schädlich und vermeidbar.	Konflikte sind Bestandteile des (Zusammen-) Lebens, ein konstruktiver Umgang damit soll ermöglicht werden.
Gewalt ist moralisch nicht akzeptabel.	Konflikte sind notwendig und positiv.
Gewalt hat viele Ursachen und viele Ausdrucksformen.	Gewalt wird im Rahmen einer Konflikteskalation angewendet und als Teil der Konfliktdynamik verstanden.
Die Anwendung von Gewalt soll verhindert werden.	Es geht um ein konstruktives Verständnis von Konflikten und ihre gewaltfreie Austragung.
Ansatzpunkt: Wodurch wird Gewalt eingedämmt und überflüssig?	Ansatzpunkt: Welche konstruktiven Möglichkeiten gibt es, Interessen durchzusetzen?

6 GRUNDSÄTZE DER GEWALTPRÄVENTION

Aus den Erfahrungen mit Praxisprojekten zur Gewaltprävention wurden eine Reihe allgemeiner Grundsätze formuliert, die als Orientierungshilfe gelten können. Für die WHO ist es dabei klar, dass die Primärprävention von Gewalt Vorrang erhalten sollte, d. h. die Maßnahmen sollten bewirken, dass es gar nicht erst zu Gewalt kommt. Viele unterschiedliche Sektoren und Organisationen sollten in die Präventionsarbeit einbezogen werden, wobei die Evaluierung dieser Arbeit ein untrennbarer Bestandteil aller Programme sein muss.[60] Zu den allgemeinen Grundsätzen gehören:

Alle Formen von Gewalt thematisieren: Die Problembeschreibung darf sich nicht nur auf jugendliche Täter reduzieren, sondern muss latente und manifeste Formen ebenso wie personale, strukturelle und kulturelle Formen von Gewalt einbeziehen. Es muss eine genaue Problembeschreibung, Analyse und Datenerhebung erfolgen.

Orientierung an Forschungsergebnissen und theoretischen Erkennt-nissen: Ohne einen theoretischen Bezugsrahmen und ohne Berück-sichtigung vorhandener Forschungsergebnisse scheinen Projekte der Gewaltprävention wenig erfolgreich zu sein. Dennoch wird diese „Selbstverständlichkeit" nur wenig berücksichtigt: „Bei der Analyse des stetig wachsenden Angebotes an kriminalpräventiven Bemü-hungen zeigt sich eine große methodische und inhaltliche Vielfalt, der häufig der theoretische Überbau fehlt oder auch nur ein Rückbezug auf eine Ausgangs- oder Arbeitshypothese."[61]

So früh wie möglich beginnen: Strategien, die sich auf Verhaltens-beeinflussung beziehen, sollten möglichst im frühen Kindesalter an-setzen, um so mithelfen zu können, prosoziale Verhaltensweisen zu entwickeln. Je früher Programme ansetzen, desto effektiver ihre Wir-kung.[62]

Langfristigkeit: Wer kurzfristige Erfolge erwartet, könnte enttäuscht werden. Langer Atem, Geduld, Ruhe, Ausdauer sind wichtig. Wie jede präventive Arbeit zeitigt auch Gewaltprävention oft erst langfris-tig Erfolge. Dies steht häufig im Widerspruch Problemdruck kurzfristig zu beseitigen. Notwendig ist aber „strategisches, nachhaltiges und langfristiges Denken und Handeln statt reaktiver kurzfristiger und kurzsichtiger Maßnahmen."[63]

Differenzierungen vornehmen: Für unterschiedliche (Risiko-) Grup-pen und Problemlagen müssen differenzierte Angebote und Ansätze entwickelt werden. Des Weiteren ist stets der Genderaspekt zu be-rücksichtigen, ebenso wie die Lebensaltersstufen.

Positives Verhalten verstärken: Nicht nur die Problemfälle, die ag-gressiven und gewalttätigen Jugendlichen im Blickfeld haben, son-dern auch die „Normalen". Prosoziales Verhalten zu fördern, ist eine Grundlage von Gewaltprävention.

Soziale Kompetenz der Bürger stärken: Die aktive, verantwortungs-volle Beteiligung der betroffenen Bürgerinnen und Bürger an der Pla-nung und Durchführung von Gewaltprävention ist ein Schlüssel zu ihrem Erfolg.

Multifunktionale Mehrebenen-Strategien: Maßnahmen und Vorha-ben, die sich nur auf einen Bereich beziehen, sind weitgehend wir-kungslos. Ansätze, die verschiedene Lebensbereiche und Sozialisa-tionseinflüsse ansprechen und miteinander verknüpfen erscheinen wirkungsvoller. Die gesellschaftliche und politische Ebene sollte im-mer mitbedacht werden.

Gemeinsam handeln, Netzwerke bilden: Einzelprojekte sowie Einzel-kämpfertum und isolierte Projekte überfordern und sind oft wirkungslos. Gemeinsames, abgestimmtes Vorgehen, das ganze Regionen einschließt, ist notwendig.

Evaluation als Teil des Projektes: Ammer weist darauf hin, dass das „typische Präventionskonzept ohne Evaluation durchgeführt wird, mithin sowohl hinsichtlich der Umsetzung der geplanten Aktivitäten, der Erreichung der angestrebten Ziele, wie auch in der Bestimmung der Wirkungsprozesse unscharf und beliebig bleibt, zusätzlich erschwert durch eine nicht differenzierte Begrifflichkeit."[64]

Die Grenzen von Gewaltprävention berücksichtigen: Tiefsitzende soziale Problemlagen sind mit Präventionsarbeit nicht zu beseitigen. Hinzu kommt, dass selbst optimal geplante Projekte in der Regel zunächst zu einer Zunahme von Problemen (bzw. der Problemwahrnehmung) führen können, was häufig zu Frustration und einer vorzeitigen Beendigung von Projekten führt.[65] Bei den Akteuren als auch den Betroffenen sollten deshalb Kenntnisse über Projektverläufe und deren Wirkungen vorhanden sein.

7 HANDLUNGSEBENEN DER GEWALTPRÄVENTION

Die Weltgesundheitsorganisation sieht entsprechend ihrem ökologischen Modell folgende konkrete Handlungsebenen:[66]

Auf den Einzelnen bezogene Ansätze: Bei dem Versuch, von Einzelpersonen ausgehende Gewalt zu verhindern, verfolgt man in erster Linie zwei Ziele. Erstens sollen Kinder und Jugendliche zu gesundheitsförderlichen Einstellungen und Verhaltensweisen erzogen werden, was ihnen in ihrem Entwicklungsprozess Schutz bietet. Zweitens will man beim einzelnen Menschen, der bereits gewalttätig geworden ist oder Gefahr läuft, sich selbst ein Leid anzutun, einen Einstellungs- und Verhaltenswandel bewirken. Insbesondere soll sichergestellt werden, dass Menschen ihre Meinungsverschiedenheiten und Konflikte austragen können, ohne dabei auf die Ausübung von Gewalt zurückzugreifen.

Gegen Beziehungsdefizite gerichtete Ansätze: Diese Ansätze konzentrieren sich hauptsächlich darauf, die Art der Beziehungen zu beeinflussen, die Opfer und Täter mit den Menschen eingehen, zu denen sie den engsten zwischenmenschlichen Kontakt haben. Ganz typisch richtet man dabei das Augenmerk auf familiäre Probleme, beispielsweise Ehekonflikte, fehlende Gefühlsbindung zwischen Eltern und Kindern, Disziplinschwierigkeiten oder mangelnde Beaufsichtigung der Kinder, sowie auf den negativen Einfluss von Gleichaltrigen.

Auf die Gemeinschaft bezogene Anstrengungen: Der Versuch, Gewalt in der Gemeinschaft zu verhindern, setzt vornehmlich bei der

Bewusstseinsarbeit an. Die Öffentlichkeit muss diese Probleme offen debattieren, die Bürger müssen selbst reagieren lernen. Außerdem muss man die sozialen und materiellen Ursachen von Gewalt im Nahbereich der Menschen beseitigen und dafür sorgen, dass die Opfer Fürsorge und Unterstützung erfahren.

Gesellschaftliche Ansätze: Gesellschaftliche Ansätze zur Bekämpfung von Gewalt konzentrieren sich auf kulturelle, soziale und wirtschaftliche Faktoren und auf die Frage, wie diese unterschiedliche Umfelder und ganze Gemeinschaften prägen.

8 PRINZIPIELLE VORGEHENSWEISEN BEI DER UMSETZUNG VON GEWALTPRÄVENTION

So verschieden die Ansätze der Gewaltprävention auch sind, so umfasst Gewaltprävention doch eine Reihe klar identifizierbarer Gemeinsamkeiten in der Verankerung, Ausrichtung und Umsetzung. Eine prinzipielle Vorgehensweise in der Implementierung der Gewaltprävention könnte so aussehen:

1. Die Orientierung an einem klaren Wertesystem, das sich auf Menschenrechte sowie auf religiöse oder humane Werte bezieht.

2. Die Kodierung und klare Regelung dieser Werte in der Verfassung und von Gesetzen (auf nationaler Ebene) oder entsprechenden Erlassen und Vereinbarungen auf Organisations- und Verbandsebene (Schulvereinbarungen, Betriebsvereinbarungen usw.).

3. Unterstützung der Umsetzung dieser Regelungen durch gezielte Informations- und Hilfsangebote staatlicher und freier Träger (NGOs). Diese umfassen Informationsangebote (Öffentlichkeitsarbeit), Qualifizierungsangebote, Bereitstellung von Mitteln und Ressourcen, Unterstützung und Schaffung von Strukturen.

4. Aus- und Weiterbildung von Multiplikatoren sowie von interessierten oder betroffenen Personen im Sinne der Verbesserung der fachlichen Kompetenz, der Kommunikationsfähigkeit, der Problemlöse- und Konfliktlösefähigkeit. Dies geschieht durch öffentliche und freie Träger oder kommerziell ausgerichtete Einrichtungen. Diese Maßnahmen unterstützen und fördern die Eigeninitiativen und Eigenkräfte.

5. Aufbau und Angebot eines professionellen Hilfe / Helfersystems. Hierzu gehören Koordinations- und Beratungsstellen, therapeutische Einrichtungen sowie Einrichtungen der Streitschlichtung, Konfliktvermittlung und des Opferschutzes. Diese Maßnahmen greifen, wenn Selbsthilfeaktivitäten nicht mehr ausreichen und Dritte eingeschaltet werden müssen.

6. Angebote und Arbeit in allen drei Präventionsbereichen: der primären, sekundären und tertiären Gewaltprävention.

7. Angebot kleinräumiger, zielgruppen- und geschlechterspezifischer Ansätze. Konkrete gewaltpräventive Ansätze müssen jeweils neu auf die aktuelle Situation und spezifischen Gegebenheiten vor Ort angepasst werden.

8. Umsetzung der Präventionsmaßnahmen im Rahmen partizipatorischer Prozesse und nicht durch dirigistische Maßnahmen oder Verordnungen von oben.

9. Koordination und Vernetzung der Aktivitäten auf allen Ebenen. Innerhalb von Institutionen durch sog. Gewaltpräventionsberater. Lokal und regional durch sog. Präventionsräte. Überregional und national durch entsprechende Zusammenschlüsse und Netzwerke.

10. Unterstützende Maßnahmen durch die Förderung von Demokratie und einer Kultur des Friedens. Gewaltpräventive Maßnahmen sind dann glaubwürdig, wenn sie nicht primär ordnungspolitischen Überlegungen entspringen, sondern wenn durch die gesamtgesellschaftliche Ausrichtung und Diskussion der Wert des Lebens und der gewaltfreien Konfliktlösungen verdeutlicht und praktiziert wird.

9 SPEZIFIKA DER INTERNATIONALEN DISKUSSION UM GEWALTPRÄVENTION

Die internationale Diskussion, wie sie etwa im Rahmen der WHO geführt wird, unterscheidet sich in einigen wesentlichen Punkten von der in Industriestaaten (insbesondere auch der bundesdeutschen): Im Verständnis und den Ansätzen zur Gewaltprävention in Industriestaaten steht die individuelle Gewalt, insbesondere von Kindern und Jugendlichen im Vordergrund. Diese werden dabei vor allem unter dem Aspekt der (potentiellen Täterschaft) gesehen. Es geht um den Schutz der Allgemeinheit vor Einzeltätern und (jugendlichen) Gruppen. Dabei dominieren eindeutig psychologische und pädagogische Ansätze. Das Phänomen Alltagsgewalt bzw. interpersonelle Gewalt wird deutlich getrennt von kollektiver Gewalt gesehen. Eine Abstimmung der verschiedenen Ansätze und die Umsetzung einer elaborierten Strategie der Gewaltprävention findet zu wenig statt. Die wissenschaftliche Evaluation der Arbeit ist unterentwickelt. Gewaltprävention kann sich in Industrieländern meist auf relativ gute gesetzliche Grundlagen beziehen, die z. B. weitgehend Körperstrafen verbieten, Geschlechtergleichheit (wenigstens formal) festschreiben und die Menschenrechte anerkennen. Schutzrechte des Bürgers vor dem Staat sind (wenigstens formal) weitgehend vorhanden. Der

Schutz einzelner oder von Gruppen vor staatlichen und halbstaatlichen Übergriffen, also die Schutzrechte des Bürgers vor dem Staat sind in Industriestaaten kein Thema von Gewaltprävention. Internationale Kampagnen, wie sie z. B. von der WHO initiiert wurden, haben deshalb einen größeren Blickwinkel. Hier wird die Notwendigkeit der Zusammenarbeit und des Austausches von Daten stark betont. Es wird die Überwachung der Einhaltung von internationalen Abkommen und Verträgen zum Schutze der Menschenrechte gefordert und gefördert. Es wird ein Zusammenhang zwischen dem internationalen Drogen- und Waffenhandel und Gewaltprävention hergestellt. Die Verknüpfung und die enge Verbindung von Alltagsgewalt und kollektiver Gewalt wird hervorgehoben. Ansätze und Vorhaben werden streng nach ihrer Wirksamkeit beurteilt. Die WHO stellt jedoch auch wichtige Lücken in Forschung und Praxis fest:[67] So seien bislang nur wenige Ansätze gründlich auf ihre Wirksamkeit bewertet worden. Die Evaluation müsse deshalb bei allen Aktivitäten einen höheren Stellenwert erhalten. Im Vergleich zu den Maßnahmen der Sekundär- und Tertiärprävention seien nicht genügend Programme auf die Primärprävention ausgerichtet. Programme, die bei Charakter- oder Beziehungsfaktoren ansetzen, würden im Vergleich zu auf die Gemeinschaft und Gesellschaft abzielenden Programme unterbetont. In Entwicklungsländern müssten dringend sehr viel mehr Präventionsprogramme aufgebaut oder an vorhandenen Gegebenheiten angepasst, erprobt und ausgewertet werden. Dies um so mehr, da die meisten Programme zur Verhütung von Gewalt für Industrieländer aufgestellt und auch erprobt wurden.

Im Kontext von sich entwickelnden Gesellschaften sind häufig sich überlappende und überschneidene Problembereiche aus dem privaten Umfeld mit den sozialen und politischen Entwicklungen festzustellen. So kommen z. B. zum Problembereich der häuslichen Gewalt die Bewältigung von eigenen Gewalterfahrungen in Diktaturen, autoritären Regimen oder im Unabhängigkeitskampf hinzu. Das Vorhandensein von oder der leichte Zugang zu Kleinwaffen, verbunden mit einem schwachen staatlichen Gewaltmonopol und mangelnder Erfahrung in ziviler Konfliktbearbeitung, sind oft zusätzliche Prädikatoren für Gewalt (und Ansätze für Gewaltprävention).

In Industrie- wie auch in Entwicklungsländern wird der Bereich der kulturellen Gewalt, wie Galtung es formuliert, im Rahmen von Gewaltprävention viel zu wenig aufgegriffen. Gerade in diesem Bereich geht es jedoch um das Zusammenspiel von „Mentalitätsbeständen", Verhaltensformen und politischer Kultur, also um die Fragen, welche

„überlieferten Orientierungen und Mentalitätsbestände begünstigen Gewaltbefürwortung, Gewaltbereitschaft und Gewaltanwendung" und „welche Faktoren tragen zur Entstehung und Tradierung gewaltbegünstigender Orientierungen bei?"[68] Dass dieser Bereich zu wenig Berücksichtigung findet mag mehrere Gründe haben: Politische Kultur wird oft als „natürlich" und alternativlos erfahren. Veränderungen in diesem Bereich sind nur sehr schwer und nur langfristig zu erreichen, da hier Gewohnheiten und „Rechte" infrage gestellt werden. Es bedarf hier einer intensiven Überzeugungs- und Lobbyarbeit im gesellschaftlichen und politischen Bereich, die nur gut organisierte Verbände und Parteien leisten können.

Notwendig erscheint eine Erweiterung und Ergänzung des vorfindbaren Verständnisses von Gewaltprävention um die Dimension einer Konflikt- und Streitkultur, verstanden als Kern einer Kultur des Friedens und verbunden mit dem zentralen Verständnis von Gewaltfreiheit als allgemeines Lebensprinzip, das es in allen Lebensbereichen auszudifferenzieren und zu konkretisieren gilt. Ein Verständnis von Gewaltprävention, das „nur" darauf ausgerichtet ist, unerwünschtes Verhalten zu verhindern reicht nicht aus. Nur wenn mit Gewaltprävention positive Zielsetzungen und Entwicklungen verknüpft werden können, kann sie letztlich ihr Potential entfalten.

Council of Europe Responses to Violence in Everyday Life in a Democratic Society EU Aktion Confronting Everyday Violence in Europe Twelve Policy Principles

In order to respond to everyday violence in a comprehensive and co-ordinated manner, every country should develop and implement a national policy which sets out the major elements of activities against violence and their co-ordination at different levels. An integrated national policy for reducing everyday violence should be inspired by the following principles for which a wide consensus is emerging at the European level:

- Integrated approach: violence in everyday life necessitates a comprehensive and co-ordinated response applied through the thematic, horizontal, vertical and strategic integration of national prevention policy and its implementation at all levels;
- Systematic reliance on partnerships: an integrated response to everyday violence should be based on partnerships of all the

people and institutions involved in reducing violence, in order to pool resources and share responsibility.

- Democratic accountability and participation of civil society: responses to violence should be accountable to citizens' democratically elected representatives at all levels and involve the active participation of civil society.
- Preventive approach: in the first place violence should be prevented before it takes place but when violence occurs its consequences should be minimised.
- Victim-oriented approach: satisfactory support, care and protection of victims should be used as essential standards for planning, implementing and evaluating responses to violence.
- Offender-oriented prevention: rehabilitation of offenders, their eventual reintegration into society and the prevention of recidivism should be taken as serious aims in a comprehensive prevention policy.
- Developing the use of mediation: mediation as a non-violent and restorative means of preventing and solving conflicts should be promoted while its scope of application, methods and ethics should be clarified.
- Giving priority to local prevention programmes: sufficient priority and resources should be given to local partnerships for the prevention of violence.
- Planning and continuous evaluation: responses to violence should be carefully planned based on situational analyses, adequately documented and continuously evaluated through evidence-based criteria.
- Sustainability: prevention programmes should be designed and resourced for sufficiently long periods of time to ensure that the targeted impact can be reached and sustained.
- Training for all partners: people working in violence prevention partnerships should receive training or guidance to match the skills required in their tasks.
- Interdisciplinary research policy: interdisciplinary research into violence should be supported in order to generate an adequate knowledge base for policy development and practice.

http://www.coe.int/t/e/Integrated_Projects/violence/09_Final_Report/IP2%28 2004%2928ERevFinalReport.asp#P96_1652

1.4 Verständigung über das Verständnis von Gewalt

Die Verhinderung und Reduzierung von Gewalt ist Gegenstandsbereich von Gewaltprävention. Doch was unter Gewalt genau zu verstehen ist, wird in diesem Kontext nur unzureichend diskutiert und geklärt. Es gibt weder eine Verständigung über den Gewaltbegriff noch über Gewaltphänomene noch darüber, wie diese erfasst werden sollen. Gewaltprävention setzt jedoch ein differenziertes Verständnis von Gewalt voraus. Wer sich mit Gewaltprävention beschäftigt, muss klären was in diesem Kontext unter Gewalt verstanden werden soll, wie und wodurch Gewalt entsteht und welche Strategien und Vorgehensweisen zur Eindämmung und Verhinderung von Gewalt sinnvoll sind.

1 DIE SCHWIERIGKEITEN EINER BEGRIFFS-BESTIMMUNG

„Gewalt" ist ein Phänomen, das nicht klar definiert und abgegrenzt ist, weder in der Wissenschaft, noch im Alltag. In der öffentlichen Diskussion werden oft verschiedene Dinge gleichzeitig als Gewalt bezeichnet: Beschimpfungen, Beleidigungen, Mobbing, Gewaltkriminalität (Raub- und Morddelikte), Vandalismus, gewalttätige Ausschreitungen bei Massenveranstaltungen, fremdenfeindliche Gewalt gegen Menschen, Gewalt zwischen „Streetgangs" (Bandenkriege), politisch motivierte Gewalt, von Befreiungsbewegungen oder staatlichen Sicherheitskräften bis zu militärischen Operationen. Hinzu kommt, dass viele Mythen und falsche Auffassungen über das tatsächliche Ausmaß von kollektiver und personaler Gewalt und die Betroffenheit spezifischer Bevölkerungsgruppen im Umlauf sind. So sind z. B. – wie der Human Security Report 2005 ausweist – Männer und nicht Frauen am stärksten von physischer Gewalt betroffen oder es kommen jedes Jahr mehr Menschen durch Suizid als durch Kriege ums Leben.[69]

Weder im Bereich der Wissenschaft noch in Gesellschaft und Politik gibt es eine Übereinkunft darüber, was unter Gewalt verstanden werden soll. Im Endgutachten der unabhängigen Regierungskommission der Bundesrepublik Deutschland zur Verhinderung und Bekämpfung von Gewalt von 1990 führt dies zu dem Resümee: „Aus der Diskussion über den Inhalt des Gewaltbegriffes hat sich bisher kein allgemeingültiges, von allen gesellschaftlichen Gruppen und Wissenschaftsrichtungen getragenes Gewaltverständnis herausgebildet. Eine mangels einer wertneutralen Begriffsbildung notwendige Übereinkunft über einen Gewaltbegriff war bis heute nicht möglich."[70] Die WHO kommt in ihrem Weltbericht „Gewalt und Gesundheit" 2002 zur gleichen Einschätzung: „Gewalt ist ein äußerst diffuses und komplexes Phänomen, das sich einer exakten wissenschaftlichen Definition entzieht und dessen Definition eher dem Urteil des Einzelnen überlassen bleibt. Die Vorstellung von akzeptablen und nicht akzeptablen Verhaltensweisen und die Grenzen dessen, was als Gefährdung empfunden wird, unterliegen kulturellen Einflüssen und sind fließend, da sich Wertvorstellungen und gesellschaftliche Normen ständig wandeln."[71] Der Europarat vermerkt im Schlussbericht des Projektes „Responses to Violence in Everyday Life in a Democratic Society" (2002–2004): „The Group of Experts opted for a pragmatic apporach by leaving it to each of the Council's correspondents to decide what constituted violence."[72]

Der Begriff „Gewalt" ist jedoch nicht nur schwer zu fassen, unscharf und unpräzise, er hat darüber hinaus auch (zumindest im deutschen Sprachraum) verschiedene Bedeutungsinhalte: Er ist eine Bezeichnung für Staatsgewalt und deren Träger, benennt Verfügungs- und Besitzverhältnisse und stellt eine Kennzeichnung für Gewaltanwendung als physische Verletzung und Zwangseinwirkung auf Personen dar.[73] Im englischen Sprachgebrauch wird dagegen klar unterschieden zwischen „Power" als neutrale Fähigkeit etwas zu tun, bzw. etwas zu bewirken und „Violence" als problematische Ausübung physischer Stärke mit dem Ziel, Personen zu verletzen oder Sachen zu schädigen. Darüber hinaus wurde und wird der Begriff Gewalt in gesellschaftlichen Auseinandersetzungen immer auch als Kampfbegriff durch Etikettierung von Verhalten zur Ausgrenzung und Verfolgung unliebsamer Personen und Gruppen verwendet.

Der wissenschaftliche Diskurs ist in hohem Maße spezialisiert und leidet oft unter dem Fehlen von fundierten und gesicherten Aussagen. Mehrere Theoriestränge stehen weitgehend unverbunden nebeneinander (etwa im Bereich der Aggressionsforschung). Ein Grund hierfür ist wohl die Tatsache, dass es bei dem Phänomen Gewalt nicht um wertneutrale Betrachtungen gehen kann, sondern immer auch Wertentscheidungen eine Rolle spielen. Denn je nachdem, ob ein enger oder weiter Gewaltbegriff verwendet wird, lässt sich eine Gesellschaft als „eher gewaltarm" oder als „eher gewalthaltig/gewalttätig" klassifizieren. Je nach dem, ob die Ursachen und Bedingungen von Gewalt eher beim Individuum oder in gesellschaftlichen Lebenslagen gesehen werden, werden unterschiedliche Verantwortlichkeiten angesprochen. Der wissenschaftliche Diskurs über Gewalt macht sich oft an einem „engen" oder „weiten" Gewaltverständnis fest. Wobei vielfach vor einer Ausweitung des Gewaltbegriffes gewarnt wird, da damit sämtliche unliebsamen Entwicklungen und Erscheinungen als Gewalt etikettiert und damit auch moralisch bewertet und legitim verfolgt werden könnten. Immer wieder wird darauf hingewiesen, dass für dieses Feld noch ein großer Forschungsbedarf vorhanden sei.

Gewaltprävention hat also mit dem Dilemma zu tun, dass sie einerseits auf vorfindbare Gewalt reagieren muss, andererseits aber nur wenig oder kaum auf präzise Analysen, Beschreibungen und Definitionen ihres Gegenstandsbereiches zurückgreifen kann. Um einen praktikablen Ausweg zu finden, grenzen viele Projekte oder Ansätze der Gewaltprävention Gewalt auf den Bereich der physischen Gewaltanwendung ein. Dies erscheint in der Praxis der Gewaltprävention für die Durchführung konkreter Projekte vor Ort als legitim und sinnvoll. Für die wissenschaftliche Betrachtung und Theorieentwicklung im Rahmen von Gewaltforschung stellt es jedoch eine unzulässige Einengung und Vereinfachung dar. So stellt Hügli z. B. im Bereich der soziologischen Forschung dieselbe Tendenz der Reduktion fest, wenngleich mit einer anderen Begründung: „es gibt in der heutigen soziologischen Forschung eine Tendenz, die körperliche Gewalt, den körperlichen Schmerz und das körperliche Leiden der Opfer zum einzigen Gegenstand der Gewaltforschung zu machen. Als Hauptbegründungen dafür werden ins Feld geführt: die Singularität der körperlichen Schädigung aufgrund der fehlenden Möglichkeit, aus dem eigenen Leib fliehen zu können, und der Umstand, dass als letzte Drohung bei aller Gewalt immer die leibliche Verletzung steht."[74] Gegen eine solche Reduktion der Gewalt auf körperliche Gewalt gibt es allerdings auch Einspruch, denn „was überhaupt als körperliche Gewalt gilt, hängt primär auch davon ab, wie wir den Leib selber interpretieren, das heißt vom kulturellen Kontext, von geschlechtsspezifischen, religiösen, politischen und sonstigen Vorstellungen und Deutungen."[75]

Doch es gibt noch weitere Gründe, die gegen eine Reduktion von Gewalt auf physische Gewalt sprechen: Weil Gewaltprävention sich gegen alle Formen von Gewalt wenden muss, weil sonst Gewalt nur unzureichend erklärt werden kann, und da sonst bestimmte Gewaltphänomene nicht erfasst werden können, wie z. B. das Phänomen der gegenseitigen Beeinflussung und Stabilisierung verschiedener Formen der Gewalt. Dominique Bodin weist in einem Hintergrundpapier für die regionale Konsultation für die UN-Studie „Violence against Children" ausdrücklich auf diese Konsequenzen hin: „In the first place, the use of a more restrictive definition – physical violence – does not clarify the dynamics of violence and in fact masks the process whereby it emerges. This amounts to falsifying the interpretation of violence. (…) This approach to violence is important because it is decisive. What can be done about verbal violence, and how can we report on it, if we have only a restricted definition of violence? How can we report on physical violence if we are not interested in the part played earlier by verbal violence or moral harassment in the emergence of such physical violence? Also, what is to be done about racist and xenophobic manifestations when they do not reach the stage of physical attack? How can we discuss the place of women, who are the victims of violence but who sometimes instigate it without taking part physically?" [76]

2 GEWALTBEGRIFFE

Die Definition von Gewalt sollte einerseits möglichst umfassend alle Phänomene der Gewalt einschließen, andererseits aber noch präzise genug sein, um Gewaltphänomene von anderern Ereignissen abgrenzen zu können. Gewalt bedeutet umgangssprachlich Schädigung und Verletzung von Personen oder Sachen. Der Begriff „Gewalt" wird dabei häufig auch synonym zu dem Begriff „Aggression" gebraucht, bzw. als Teilmenge von Aggression verstanden. Dies rührt daher, dass sich die Begriffe Aggression und Gewalt nicht klar voneinander trennen lassen. Mit Aggression werden häufig minder schwere Verletzungen oder die Übertretung von sozialen Normen verstanden, während mit Gewalt schwere Verletzungen und Übertretung von Geboten und Gesetzen bezeichnet werden. In diesem Verständnis ist Aggression dann eine Vorform von Gewalt. Allerdings beinhaltet der Begriff Aggression immer auch positive Lebenskräfte und Energien. Deshalb unterscheidet Erich Fromm zwischen „gutartiger Aggression" als positive Kraft und „bösartiger Aggression" als spezifische menschliche Leidenschaft zu zerstören und absolute Kontrolle über ein Lebewesen zu haben. Die bösartige Aggression bezeichnet er als Destruktion.[77] Während der Begriff Aggression aus der Psychologie stammt, wird Gewalt in verschiedenen Fachdisziplinen verwendet und jeweils spezifisch definiert, u. a. in der Soziologie, Friedens- und Konfliktforschung, Rechtswissenschaft, Religionswissenschaft, Staatstheorie. Im Folgenden werden drei Ansätze einer Bestimmung von Gewalt vorgestellt, die vielfältige Gewaltphänomene einbeziehen und die weit über den wissenschaftlichen Bereich hinaus Relevanz erlangt haben.

2.1 DER GEWALTBEGRIFF VON JOHAN GALTUNG

Die Diskussion in den Sozialwissenschaften, insbesondere der Friedens- und Konfliktforschung, wurde in den letzten 30 Jahren stark vom Gewaltbegriff Johan Galtungs geprägt. Ende der 1960er Jahre hat Johan Galtung die Unterscheidung von personaler und struktureller Gewalt in die Diskussion eingeführt und Anfang der 90er Jahre durch den Begriff der kulturellen Gewalt ergänzt.[78] Gewalt liegt nach Galtung dann vor, wenn Menschen so beeinflusst werden, dass ihre tatsächliche körperliche und geistige Verwirklichung geringer ist als ihre mögliche Verwirklichung. Bei personaler Gewalt sind Opfer und Täter eindeutig identifizierbar und zuzuordnen. Strukturelle Gewalt produziert ebenfalls Opfer. Aber nicht Personen, sondern spezifische organisatorische oder gesellschaftliche Strukturen und Lebensbedingungen sind hierfür verantwortlich. Mit kultureller Gewalt werden Ideologien, Überzeugungen, Überlieferungen, Legitimationssysteme beschrieben, mit deren Hilfe direkte oder strukturelle Gewalt ermöglicht und gerechtfertigt, d.h. legitimiert werden.

Das Dreieck der Gewalt

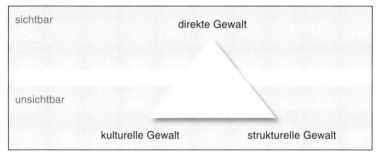

Galtung sieht einen engen Zusammenhang zwischen diesen Gewaltformen: „Direkte Gewalt, ob physisch und/oder verbal, ist sichtbar. Doch menschliche Aktion kommt nicht aus dem Nichts; sie hat ihre Wurzeln. Zwei davon wollen wir andeuten: eine auf Gewalt basierende Kultur (...) und eine Struktur, die selbst gewalttätig ist, indem sie repressiv und ausbeuterisch ist."[79] Galtung beschreibt das Dreieck der Gewalt (personale, strukturelle, kulturelle) als Teufelskreis, der sich selbst stabilisiert, da gewalttätige Kulturen und Strukturen direkte Gewalt hervorbringen und reproduzieren.[80] Galtungs Gewaltverständnis wurde oft kritisiert, vor allem die damit verbundene Ausweitung und die mangelnden Schärfe des Begriffs sowie die mangelnde Operationalisierbarkeit.[81] Dennoch bleibt als wichtige Erkenntnis, dass es nicht ausreicht Gewalt, lediglich als zwischenmenschliche Handlung – als Verhalten – zu begreifen. Es müssen auch religiöse, kulturelle und gesellschaftliche Legitimationssysteme und auch gesellschaftliche Strukturen berücksichtigt werden, wenn es darum geht, Gewalt als komplexes Phänomen zu verstehen.

2.2 BESTIMMUNG EINER GEWALTTÄTIGEN INTER-AKTION – PETER IMBUSCH

Imbusch erschließt die Bedeutung des Gewaltbegriffs mit Hilfe systematischer Fragen. „Geht man zunächst einmal von einem engen Gewaltbegriff aus, der sich auf den Kernbereich von Gewalt bezieht, dann lässt sich Gewalt grundlegend über sieben Fragen erschließen, die zugleich auf unterschiedliche Bedeutungselemente des Begriffs verweisen:"[82]

1. Wer übt Gewalt aus? Dies ist die Frage nach dem / den Täter/n.
2. Was geschieht, wenn Gewalt ausgeübt wird? Dies ist die Frage nach den Tatbeständen und den Abläufen einer als Gewalt verstandenen Handlung.
3. Wie wird Gewalt ausgeübt? Dies ist die Frage nach Art und Weise der Gewaltausübung und den dabei eingesetzten Mitteln.
4. Wem gilt die Gewalt? Dies ist die Frage nach den menschlichen Opfern von Gewalt, denjenigen, die Gewalt erfahren, erleiden oder erdulden müssen.
5. Warum wird Gewalt ausgeübt? Dies ist die Frage nach den allgemeinen Ursachen und konkreten Gründen von Gewalt.
6. Wozu wird Gewalt ausgeübt? Dies ist die Frage nach Zielen, Absichten, Zwecken und möglichen Motiven von Gewalt.
7. Weshalb wird Gewalt ausgeübt? Dies ist die Frage nach den Rechtfertigungsmustern und Legitimationsstrategien von Gewalt.

Anhand dieser Fragen lässt sich ein komplexes Modell konstruieren, das die neuere sozialwissenschaftliche Gewaltforschung kennzeichnet. In einem zweiten Schritt untersucht Imbusch die verschiedenen Anwendungsebenen von Gewalt, um dadurch die verschiedenen Definitionsbestandteile herauszuarbeiten. Er greift dabei auf Galtungs grundlegende Unterscheidung von direkter, struktureller und kultureller Gewalt zurück und fügt die institutionelle Gewalt hinzu. Wichtig ist seine Berücksichtigung von Gewalt im übertragenen Sinne und Gewalt im ritualisierten Sinne, die das zentrale Bedeutungsfeld der Gewalt flankieren. Imbusch strukturiert so die unterschiedlichen Dimensionen des Gewaltbegriffs und veranschaulicht sie in einem Schaubild:

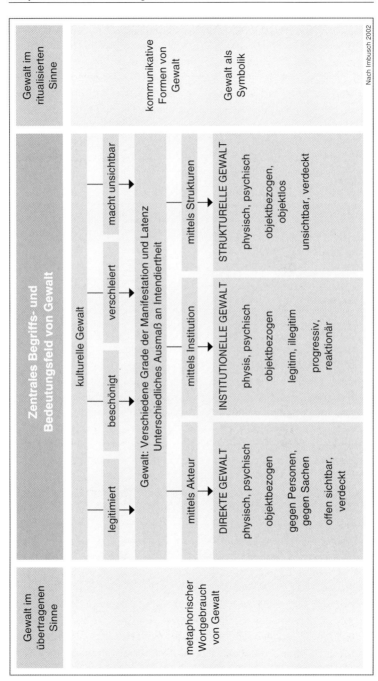

Zentrales Begriffs- und Bedeutungsfeld von Gewalt

Gewalt im übertragenen Sinne

Gewalt im ritualisierten Sinne

Nach Imbusch 2002

kulturelle Gewalt

legitimiert — beschönigt — verschleiert — macht unsichtbar

Gewalt: Verschiedene Grade der Manifestation und Latenz
Unterschiedliches Ausmaß an Intendiertheit

mittels Akteur — mittels Institution — mittels Strukturen

DIREKTE GEWALT

physisch, psychisch

objektbezogen

gegen Personen, gegen Sachen

offen sichtbar, verdeckt

INSTITUTIONELLE GEWALT

physis, psychisch

objektbezogen

legitim, illegitim

progressiv, reaktionär

STRUKTURELLE GEWALT

physisch, psychisch

objektbezogen, objektlos

unsichtbar, verdeckt

kommunikative Formen von Gewalt

Gewalt als Symbolik

metaphorischer Wortgebrauch von Gewalt

Vor dem Hintergrund dieser Systematik entwickelt er eine Typologie von Gewaltphänomen, die er in individuelle Gewalt, kollektive Gewalt und staatliche Gewalt unterteilt. Obwohl er damit alle Bereiche vom Individuum bis zum staatlichen Handeln einbezieht, bleibt diese Typologie in ihrer Füllung rudimentär und skizzenhaft. Imbusch geht es darum, die Komplexität und Geschichtlichkeit des Gewaltbegriffes aufzuzeigen: „Gewalt ist also ein äußerst vielschichtiger Begriff, der vorschnellen Bewertungen entzogen sein sollte."[83] Dies gilt um so mehr, als die Wirkungen von Gewalt kontextabhängig zu beurteilen sind. Mit diesem Modell gelingt es Imbusch überzeugend die Vielschichtigkeit und die verschiedenen Dimensionen des Gewaltbegriffs aufzuzeigen und in Beziehung zu setzen.

2.3 DER GEWALTBEGRIFF DER WELTGESUNDHEITS-ORGANISATION

Die WHO hat in ihrem 2002 veröffentlichen „World Report on Violence and Health" eine detaillierte Typologie von Gewalt vorgelegt, in der Gewalt verstanden wird als: „Der absichtliche Gebrauch von angedrohtem oder tatsächlichem körperlichem Zwang oder physischer Macht gegen die eigene oder eine andere Person, gegen eine Gruppe oder Gemeinschaft, die entweder konkret oder mit hoher Wahrscheinlichkeit zu Verletzungen, Tod, psychischen Schäden, Fehlentwicklungen oder Deprivation führt."[84] („The intentional use of physical force or power, threatened or actual, against oneself, another person, or against a group or community, that either results in or has a high likelihood of resulting in injury, death, psychological harm, maldevelopment or deprivation.")

Diese Definition umfasst zwischenmenschliche Gewalt ebenso wie selbstschädigendes oder suizidales Verhalten und bewaffnete Auseinandersetzungen zwischen Gruppen und Staaten. Eine konkrete Typologie von Gewalt bietet einen analytischen Bezugsrahmen und identifiziert konkrete Ansatzpunkte für Gewaltprävention. Sie gliedert Gewalt in drei Kategorien, die darauf Bezug nehmen, von wem die Gewalt ausgeht bzw. zwischen wem Gewalt stattfindet: Gewalt gegen die eigene Person, interpersonelle Gewalt und kollektive Gewalt. Als Gewalt gegen die eigene Person gelten suizidales Verhalten und Selbstschädigung. Die interpersonelle Gewalt gliedert sich in Gewalt in der Familie und unter Intimpartnern sowie in von Mitgliedern der Gemeinschaft ausgehende Gewalt. Kollektive Gewalt bezeichnet die gegen eine Gruppe oder mehrere Einzelpersonen gerichtete instrumentalisierte Gewaltanwendung durch Menschen, die sich als Mitglieder einer anderen Gruppe begreifen und damit politische, wirtschaftliche oder gesellschaftliche Ziele durchsetzen wollen. Hierunter zählen auch Bürgerkriege und Kriege.

Typologie der Gewalt

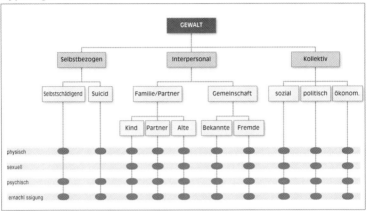

WHO: World Report on Violence and Health. Geneva 2002

Das Gewaltverständnis der WHO erscheint z. Z. am differenziertesten und am weitesten entwickelt. Es setzt sich zudem als akzeptierter Gewaltbegriff bei internationalen Organisationen oder Gremien zunehmend durch. So greift die UNICEF in ihrer UN-Studie „Violence against Children" auf den Gewaltbegriff der WHO zurück und auch der Europarat nimmt in seinem „Integrated Project Responses to Violence in Everyday Life" in Teilbereichen Bezug auf den WHO-Bericht. Die Gewaltbegriffe von Galtung, Imbusch und der WHO sind nicht alternativ zu sehen, sondern ergänzen sich gegenseitig. So erscheint es wichtig, der WHO-Typologie insbesondere die Dimension der kulturellen Gewalt hinzuzufügen bzw. deren Bedeutung stärker zu betonen. Darüber, warum im Gewaltverständnis der WHO diese Dimension keine Eigenständigkeit besitzt, kann nur spekuliert werden. Da die WHO als Unterorganisation der Vereinten Nationen auf die Unterstützung aller Länder angewiesen ist, sind Definitionen – anders als bei Veröffentlichungen von Einzelpersonen – immer auch Kompromissformeln, sodass hier anzunehmen ist, dass die von der WHO entwickelte Typologie von Gewalt den größtmöglich zu erzielenden inhaltlichen Konsens darstellt.

3 DIFFERENZIERUNGEN

Um Gewalt sinnvoll fassen zu können, ist auch die Frage der Motivation und Intention zu berücksichtigen und der Kontext, in dem sie ausgeübt wird, zu erfassen. Hügli schlägt deshalb die Unterscheidung von „Gewalt ausüben" im Sinne eines intentionalen Handelns und „Gewalt verursachen" im Sinne von Gewalt „aus Versehen oder Irrtum" zufügen vor. Er unterscheidet drei Formen von Gewaltausübung:[85] Die beabsichtigte Gewaltausübung, die als einziges Ziel die Verletzung des anderen hat. Man könnte sie als „Akt der feindseligen Gewaltausübung" bezeichnen. Die instrumentelle Ausübung von Gewalt, die nicht primär gegen den anderen, sondern auf ein anderes Ziel hin gerichtet ist: Jemand wird nicht geschlagen oder getötet um ihn zu treffen, sondern weil er zufälligerweise im Wege steht. Die in Kauf genommene Verletzung des anderen, das heißt die weder mittelbar noch unmittelbar beabsichtigte, aber voraussehbare Nebenfolge eines Tuns, zum Beispiel die Tat eines Autorasers, der ein Kind überfährt. Diese Unterscheidung scheint für Gewaltprävention äußert relevant, da sie verdeutlicht, dass nicht so sehr Handlungen, sondern vielmehr die Absichten und Motive den eigentlichen Ansatzpunkt für Gewaltprävention darstellen sollten.

In der gesellschaftlichen Realität gibt es besondere Gewaltbereiche und Formen von Gewalt, die der Aufmerksamkeit bedürfen, so z. B.

Sexuelle Gewalt: Die Schädigung und Verletzung eines anderen durch erzwungene intime Körperkontakte oder andere sexuelle Handlungen (z. B. Vergewaltigung, Kindersex, Kinderprostitution).

Frauenfeindliche Gewalt: Tritt in Form von physischer, psychischer, verbaler oder sexueller Gewaltausübung auf. Frauen werden dabei als Individuum oder Gruppe diskriminiert und verletzt, z. B. durch die Vergewaltigung im Krieg und/oder im Zivilleben; durch die Abbildung in Medien als Lustobjekte.

Fremdenfeindliche Gewalt: Wird als physische, psychische und verbale Aktion ausgeübt und dient der Schädigung und Verletzung eines anderen Menschen (oder einer Menschengruppe) aufgrund seiner ethnischen Zugehörigkeit.

Gewalt gegen Kinder: Physische oder psychische Gewalt durch Eltern oder Erziehungspersonen gegen Kinder. Kinder sind weltweit gesehen die Gruppe, die am stärksten unter Gewalt (häus-

licher Gewalt aber auch Kriegsgewalt) leidet.
Jugendgewalt: Meint die von Jugendlichen ausgeübte Gewalt. Dem Phänomen der Jugendgewalt wird in der Öffentlichkeit und den Medien die größte Aufmerksamkeit gewidmet.
Gewalt in Medien: Meint die exzessive Gewaltdarstellung in den Medien (TV, Video, Computerspiele). Diskutiert werden hier (in der Öffentlichkeit, aber auch in den Fachwissenschaften oft unter jugendschützerischen Aspekten) die Gefahren, die für die Entwicklung von Kindern und Jugendlichen mit dem „ungezügelten Konsum" verbunden sind.

4 FRAGEN

Trotz aller Differenzierungen bleiben noch offene Fragen:
* Wo sollen die Grenzen der Gewaltdefinition gezogen werden?[86]
* Wo fängt Gewalt an und wo hört sie auf? Was stabilisiert sie und was provoziert sie?
* Wie ist das Verhältnis von Gewalthandlung und Gewaltakzeptanz zu bestimmen? Wie ist die Duldung, Billigung, Propagierung und Stimulanz von Gewalt zu bewerten?
* Setzt Gewalt ein aktives Tun voraus oder kann auch eine unterlassene Handlung Gewalt darstellen?
* Wenn das Gewaltverständnis keineswegs wertfrei ist, wie und zu welchem Zweck finden dann Instrumentalisierungen statt?
* Ist die Androhung von Gewalt bereits eine Form von Gewalt?
* Darf man Gewalt androhen, um „schlimmere" Gewalt zu vermeiden?
* (Wie) lässt sich Gewalt legitimieren oder ist sie immer (moralisch) verwerflich?
* Wie wirkt sich das Vorhandensein verschiedener Gewaltbegriffe bei verschiedenen Bevölkerungsteilen und verschiedenen Altersgruppen (z. B. Erwachsene – Kinder und Jugendliche) aus?
* Wie lässt sich erkennen, von welchem Gewaltverständnis, warum und mit welchen Konsequenzen ausgegangen wird?
* Welche psychischen, sozialen und gesellschaftlichen Funktionen erfüllt Gewalt?
* Wenn Gewalt als Sprache und Kommunikationsmittel verstanden wird, wie können dann ihre Botschaften entschlüsselt werden?
* Wie ist das Verhältnis von individueller, kollektiver und staatlicher Gewalt zu verstehen?

5 GEWALTDISKURSE

Parallel, aber nicht völlig unabhängig von der wissenschaftlichen Diskussion, lassen sich im gesellschaftlichen Bereich mehrere Gewaltdiskurse identifizieren, die jeweils von Teilen der Gesellschaft geführt werden. Diese Diskurse beinhalten ein Ringen um Legitimität, Verantwortlichkeit und Grenzen von individuellem und staatlichem Handeln.

1. Ein erster Diskurs ist geprägt von der Frage der Legitimität von Gewalt zur Erlangung von Teilhabe an der Staatsmacht bzw. zur Beseitigung von autoritären oder diktatorischen Herrschern. Diskutiert wird, ob Gewalt ein legitimes und effektives Mittel zur Befreiung von Unterdrückung und Gesellschaftsveränderung sein kann.

2. Ein zweiter Diskurs findet über die Notwendigkeit und Ausprägung von Staatsgewalt (staatlichem Gewaltmonopol) statt, wobei der Staat in der Rolle des Akteurs ist. Dabei geht es um die Frage der erlaubten und gebotenen, tolerierten oder gar geforderten Gewaltanwendung des Staates gegenüber bzw. zum Schutz seiner Bürger. Umgang mit Minderheiten und Fragen der Repression und Toleranz spielen dabei eine zentrale Rolle. Von besonderem Interesse ist auch, wo der Staat die Grenzen seiner Gewaltanwendung und deren Legitimation zieht. Die Diskussion um die Anwendung der Sharia oder auch der Todesstrafe sind Beispiele hierfür.

3. Ein dritter Diskurs berührt das gesellschaftliche Handeln und betrifft die Frage der legalen und illegalen sowie der legitimen und illegitimen Gewalt durch Personen und Gruppen im Alltag. Dabei geht es auch um Aspekte der Rechtssetzung und der Rechtsprechung. Dieser Diskurs berührt z. B. Fragen der aktiven Sterbehilfe ebenso wie die elterliche Gewalt gegen Kinder (verstanden als legitimes Züchtigungsrecht oder als Misshandlung) oder auch die Einstufung gewaltfreier Protestformen (Versammlungen, Demonstrationen) als legitime, gewaltfreie Mittel der gesellschaftlichen Auseinandersetzung oder als Gewaltanwendung.

4. Ein wichtiger Teil des gesellschaftlichen Gewalt-Diskurses ist der Mediendiskurs. Dieser ist gekennzeichnet durch Zuspitzung und Dramatisierung und hat sich in vielen Fällen von der gesellschaftlichen Realität gelöst und eine eigene Medienrealität geschaffen. Fiktionale und nonfiktionale Darstellungsformen sowie die Berichterstattung dienen dabei der Unterhaltung und auch der Information. Sie haben jedoch immer auch die Funktion, Leser zu binden und Einschaltquoten zu erzielen. Gegenstand dieses Diskurses ist auch die Frage nach der Mitverantwortung der Medien für Gewalthandlungen.

5. *Im internationalen Kontext findet ein weiterer Gewaltdiskurs um die Frage der legitimen Anwendung von kollektiver Gewalt zum Schutze von Menschenrechten oder zur Ermöglichung demokratischer Entwicklungen statt.* Unter dem Stichwort von „humanitären Interventionen" dürfen (oder müssen?) Staaten oder Staatenbündnisse – mit oder ohne Billigung des UN-Sicherheitsrates – militärisch in andere Länder eingreifen, wenn Menschenrechte massiv verletzt oder demokratische Entwicklungen unterbunden werden?

Heitmeyer und Hagan weisen auf die Probleme und Fallstricke der Gewaltdiskussion hin. Sie beschreiben sechs Thematisierungsfallen von Gewalt:[87]

1. Die Umdeutungsfalle: Gewalt wird personalisiert, pathologisiert oder biologisiert.
2. Die Skandalisierungsfalle: Spektakuläres Gewaltvokabular dient der öffentlichen Aufmerksamkeit.
3. Die Inflationsfalle: Die Gewaltdiskussion wird derart ausgedehnt, dass der Eindruck allgegenwärtiger Gewalt entsteht.
4. Die Moralisierungsfalle: Betroffenheitsrhetorik unterscheidet klar zwischen Gut und Böse, und folgt einem einfachen „Täter-Opfer-Schema".
5. Die Normalitätsfalle: Die Gewalt bestimmter Gruppen wird als natürlich begriffen und verharmlost.
6. Die Reduktionsfalle: Die vielschichtigen Gewaltphänomene werden durch einfache Erklärungen oder als Persönlichkeitsmerkmal beschrieben.

6 FAZIT

Der Gewaltbegriff ist nicht eindeutig und nicht einfach fassbar. Definitionen von Gewalt sind immer auch interessengeleitet. Gewalt ist in dreifacher Weise kontextgebunden: historisch, geografisch und kulturell. Was an einem Ort und zu einer bestimmten Zeit als Gewalt bezeichnet und erlebt wird, gilt nicht unbedingt für andere Zeiten und andere Orte. Gewalt ist kein einheitliches, singuläres Phänomen, sondern nur in der Vielfalt seiner Formen als solche zu begreifen. Dennoch benötigt Gewaltprävention einen Gewaltbegriff, der ein umfassendes Verständnis von Gewalt ermöglicht und die vielfältigen Formen und Ebenen von Gewalt einschließt. Der Rückgriff auf und die Aktzeptanz eines gemeinsamen Verständnisses von Gewalt erscheint für Gewaltprävention, die gesamtgesellschaftlich und international kooperieren und sich vernetzen will, unabdingbar. Die Konsequenz einer mangelnden Verständigung über den Bedeutungsgehalt von Gewalt ist, dass keine gemeinsamen Strategien gegen Gewalt entwickelt werden können, da bereits die Grundlage, nämlich eine detaillierte Datenerhebung über Gewaltvorkommen nicht möglich ist bzw. vorhandene Daten nicht verglichen werden können. Denn nur mit einem gemeinsam akzeptierten Gewaltbegriff können auch gemeinsame gesetzliche Regelungen gegen Gewalt geschaffen und entsprechende Präventionsprogramme implementiert werden.

Wie schwer dies in der Praxis der internationalen Zusammenarbeit ist, zeigt der Schlussbericht des Europarates über das Projekt „Responses to Violence in Everyday life in a Democratic Society" (2002–2004): Die Vertreter der Länder konnten sich nicht nur nicht auf ein gemeinsames Verständnis von Gewalt einigen, sondern mussten auch feststellen, dass in den einzelnen Ländern ein unterschiedliches Verständnis von Gewaltkriminalität vorhanden ist und stellten deshalb die Forderung auf, dass es hilfreich wäre, wenigstens die kriminologischen Kategorien, die unter den Begriff Gewaltkriminalität zu fassen sind, zu spezifizieren, damit eine Vergleichbarkeit zwischen den Ländern hergestellt werden kann.[88]

Zur Zeit hat das Gewaltverständnis der WHO die größten Chancen, international als Grundlage für Gewaltprävention akzeptiert zu werden.

1.5 Orientierung am Stand der Forschung über Gewalt

Warum sind Menschen aggressiv und gewalttätig? Sigmund Freud meint, man muss sehen, „dass der Mensch nicht ein sanftes, liebebedürftiges Wesen ist, das sich höchstens, wenn angegriffen, auch zu verteidigen vermag, sondern dass er zu seinen Triebbegabungen auch einen mächtigen Anteil von Aggressionsneigungen rechnen darf. Infolgedessen ist ihm der Nächste nicht nur möglicher Helfer und Sexualobjekt, sondern auch eine Versuchung, seine Aggression an ihm zu befriedigen, seine Arbeitskraft ohne Entschädigung auszunützen, ihn ohne seine Einwilligung sexuell zu gebrauchen, sich in den Besitz seiner Habe zu setzen, ihn zu demütigen, ihm Schmerzen zu bereiten, zu martern und zu töten. Homo homini lupus; wer hat nach all den Erfahrungen des Lebens und der Geschichte den

Mut, diesen Satz zu bestreiten?" [89] Dies fällt in der Tat schwer, wenn man sich das gesamte Ausmaß von aggressiven und gewalttätigen Verhaltensweisen vor Augen hält. Doch sollte sogleich auch vor vorschnellen Bewertungen und Zuschreibungen gewarnt werden. Denn nach wie vor ist relativ wenig über die Ursachen und Bedingungen von Aggression und Gewalt bekannt. Wurden in den letzten dreißig Jahren eine Reihe von sich zum Teil widersprechenden, zum Teil ergänzenden Aggressionstheorien diskutiert, so hat sich seit Mitte der 80er Jahre das wissenschaftliche und gesellschaftliche Interesse vor allem auf die Phänomene der „Gewalt in Medien" sowie der „neuen Jugendgewalt" als Folge der Modernisierung konzentriert.[90] Gleichgültig, wie man die Frage nach den Ursachen der Aggression beantwortet, festzuhalten bleibt, dass der Mensch zumindest die Fähigkeit und die Ausstattung zu aggressivem und gewalttätigem Verhalten besitzt.

Fragen

- Gibt es eine biologisch-genetische Prädisposition zur Gewalt?
- Ist Gewalt unvermeidbar, kann also nicht abgeschafft werden?
- Welche psychischen, sozialen und gesellschaftlichen Funktionen erfüllt Gewalt?
- Wenn Gewalt als Sprache und Kommunikationsmittel verstanden wird, wie können dann ihre Botschaften entschlüsselt werden?
- Gibt es einen Kreislauf von selbst erlittener und selbst angewendeter Gewalt?
- Welche Folgen hinterlässt Gewalt bei den Opfern, welche bei den Tätern?
- Wie ist das Verhältnis von individueller, kollektiver und staatlicher Gewalt?

1 PSYCHOLOGISCHE VORSTELLUNGEN ÜBER DIE ENTSTEHUNG VON AGGRESSION UND GEWALT

Verhalten wahrzunehmen schließt immer auch ein, sich Gedanken über mögliche Erklärungen zu machen. Gerade im Bereich der Aggression existieren eine Reihe von Alltagstheorien („der Mensch ist eben von Grund auf böse", „Kriege und Gewalt hat es schon immer gegeben" usw.), die die Funktion haben, das eigene Weltbild (und damit verbunden auch das eigene psychische Gleichgewicht) aufrecht zu erhalten. Deshalb ist die Frage nach den Vorstellungen über

Aggressionsentstehung immer auch eine Anfrage an das dahinterliegende Menschen- und Weltbild. Die Aggressionsforschung der letzten 50 Jahre hat sich vor allem mit drei grundlegenden Modellen beschäftigt: der Triebtheorie, der Frustrations-Aggressions-Theorie und den Lerntheorien.

1.1 TRIEBTHEORIEN

Die Triebtheorien stammten aus dem Bereich der tierischen Verhaltensforschung und nehmen auch beim Menschen einen genetisch determinierten Aggressionstrieb an.[91] Jeder Mensch verfügt zwar über die Fähigkeiten aggressiv zu werden, doch daraus kann kein biologisch bedingter Aggressionstrieb abgeleitet werden. Denn weder ist im menschlichen Organismus eine solche Triebquelle auszumachen, noch ist menschliches Verhalten instinkt- oder triebgesteuert. Mit der Annahme eines Triebs ist zudem nur schwer zu erklären, warum Menschen über lange Epochen und in verschiedenen Kulturen ohne Aggressionen auskommen. Der Grad der Aggressivität ist sowohl von Mensch zu Mensch, als auch von Kultur zu Kultur sehr verschieden. Hinzu kommt, dass Aggression in aller Regel nicht als spontanes Verhalten hervorbricht, sondern zumeist instrumentell im Dienste von Bedürfnissen und Interessen eingesetzt wird. Die Triebtheorie der Aggression erfreut sich (trotz ihrer wissenschaftlichen Unhaltbarkeit) immer noch einer gewissen Beliebtheit,[92] da sie sowohl eine moralische Entlastung bietet (für Verhalten, das nicht steuerbar ist, kann auch keine Verantwortung übernommen werden) als auch auf einem klaren Weltbild beruht.

1.2 FRUSTRATIONS-AGGRESSIONS-THEORIE

Eine Forschungsgruppe in den USA, die als sog. „Frustrations-Aggressions-Theoretiker"[93] bekannt wurden, veröffentlichte 1939 ihre Theorie, nach der Aggression stets eine Folge von Frustration sei, wenngleich, wie später zugestanden wurde, nicht jede Frustration zwangsläufig zu Aggressionen führen müsse. Je größer die Frustration, desto größer sei auch die Aggressionstendenz. Da ein Leben ohne Frustrationen nicht möglich sei, seien auch Aggressionen prinzipiell nicht abschaffbar. Gegen diese Vorstellungen wird kritisch eingewendet, dass sie den Zusammenhang von Frustration und Aggression nicht erklären kann.[94] Die Annahme eines direkten Zusammenhangs zwischen Frustration und Aggression wird durch Ergebnisse der Forschung nicht gestützt.[95] Warum reagieren Menschen auf Frustrationen scheinbar mit Aggressionen? Ist dieser Zusam-

menhang gelernt, so kann er auch wieder umgelernt werden. Unklar
ist auch, warum andere Einflüsse außer den Frustrationen nicht zu
Aggressionen führen sollen. Hinzu kommt, dass das, was als Frustration zu bezeichnen ist, sich nicht objektiv (deutlich) beschreiben lässt.
Dies führt dazu, dass die Autoren einfach alles, was zu Aggressionen
führt, als „Frustration" bezeichnen. Damit werden die Aussagen jedoch unbrauchbar. Zwar kann die Frustrations-Aggressions-Theorie
keinen Allgemeingültigkeitsanspruch aufweisen, sie weist jedoch, vor
allem als Langzeitmodell gedacht, auf einen möglichen Zusammenhang zwischen einengenden, frustrierenden Lebensverhältnissen
und verstärkter Aggressionsneigung hin.

1.3 LERNTHEORIEN
Für Lerntheoretiker ist Aggression ein Verhalten wie jedes andere und
deshalb ebenso wie dieses auch durch einen Lernprozess erworben.
Diese Annahme geht davon aus, dass der Mensch von Natur aus
nicht festgelegt ist und im Sozialisationsprozess die ihn kennzeich-
nenden Verhaltensweisen erlernt. Lernen kann auf verschiedene Art
und Weise erfolgen: So tritt z. B. Verhalten, das zum Erfolg führt, also
positive Konsequenzen hat, öfters auf als anderes Verhalten. Wenn
mit Aggression Bedürfnisse befriedigt oder Ziele erreicht werden
können, so ist die Wahrscheinlichkeit, dass solche Verhaltensweisen
wieder angewendet werden, relativ groß. Komplexere Lernvorgän-
ge sowie das plötzliche Auftreten fertiger Verhaltensmuster können
durch „Lernen am Erfolg" nicht erklärt werden. Hierzu ist es notwendig auf das sog. „Modelllernen" zurückzugreifen. Durch die Verhal-
tensbeobachtung von Modellpersonen (oder Situationen) kann der
„Beobachter" neue Verhaltensweisen erwerben, über die er bislang
nicht verfügt hat. Im Bereich der Aggression kann die Beobachtung
aggressiver Modellpersonen auch die eigene Hemmschwelle für die
Anwendung herabsetzen. Die Beobachtung allein reicht jedoch noch
nicht für eine Verhaltensübernahme aus. Das Modell muss attraktiv
und nachahmenswert sein, sodass sich das Kind damit identifiziert.
Des Weiteren muss das beobachtete Verhalten ein Bedürfnis befriedigen, bzw. positive Konsequenzen zeigen. Aggressives Verhalten
braucht dabei nicht sofort übernommen zu werden, es kann auch als
langfristiger Effekt erst nach Monaten – völlig getrennt von der Beob-
achtungssituation – auftreten.
    Der Sozialforscher Bandura kommt vor diesem Hintergrund zu dem
Schluss, dass „Gesellschaften, die anerkannte aggressive Vorbilder
(Modelle) bieten, wahrscheinlich aggressive Kinder hervorbringen wer-

den."[96] Die erzieherische Konsequenz daraus wäre: „Wer Aggression eindämmen will, muss verhindern, dass die Menschen durch soziales Lernen aggressive Verhaltensmuster erwerben. Kinder dürfen nicht belobigt oder sonst wie belohnt werden, wenn sie sich selber aggressiv verhalten. Aggression darf sich niemals lohnen."[97] Das Problem der Lerntheoretiker besteht darin, dass der Erwerb von Verhalten all zu sehr auf Reiz-Reaktions-Verbindungen (beim Lernen am Erfolg) verkürzt wird. Lerntheorien können zwar plausibel machen, dass aggressives Verhalten durch Lernprozesse veränderbar ist, nicht jedoch, warum verschiedene Menschen auf die gleichen aggressiven Modelle offenbar sehr unterschiedlich reagieren oder warum z. B. Frauen aggressive Reize offenbar anders verarbeiten als Männer.

1.4 PSYCHOLOGISCHE THEORIEN

greifen zu kurz Psychologische Aggressionstheorien greifen deshalb als umfassende Erklärungsansätze für die Entstehung oder Verfestigung von aggressivem Verhalten zu kurz, weil sie:

- gesamtgesellschaftliche Entwicklungen und Einflüsse auf das Verhalten nur unzureichend berücksichtigen;
- häufig nur punktuelle und situativ isolierte Aggressionshandlungen betrachten, ohne die lebensgeschichtliche Dimension, die „Sozialisation zur Gewaltanwendung" mit einzubeziehen;
- häufig monokausale Erklärungsansätze sind, die den vielfältigen und vielschichtigen Einflüssen von Erziehung, Gruppen, Institutionen, Medien, Situationen usw. nicht gerecht werden.

Erklärungsversuche für aggressives und gewalttätiges Verhalten müssen also verstärkt die gesamtgesellschaftlichen Problemlagen und Entwicklungen, die verschiedenen Sozialisationseinflüsse sowie die Dynamik von Konflikten und deren Austragung berücksichtigen. Hinzu kommt, dass der in diesen Theorien verwendete Aggressions- und Gewaltbegriff überdacht werden muss. Bei den psychologischen Aggressionstheorien ist dieser weitgehend individuumzentriert und hat somit Aggressionshandlungen, die direkt von einzelnen Personen ausgehen im Blick. Aggression und Gewalt sind jedoch nicht nur individuelle Phänomene, sondern – insbesondere bei Jugendlichen – vor allem Gruppenphänomene und können auch zu kollektiven Handlungsmustern werden oder auf kollektiven Legitimationsmustern beruhen, wie gerade kollektive Gewaltakte (z. B. Bürgerkriege) immer wieder zeigen. Des Weiteren bieten solche Aggressionstheorien auch keine Hinweise auf Ursachen und Ausformungen struktureller und kultureller Gewalt.

2 SOZIALPSYCHOLOGISCHE ERKENNTNISSE

2.1 AGGRESSION UND STRAFE

Körperstrafen („körperliche Züchtigung"/Corporal Punishment) als erlebte Gewalt durch enge Bezugspersonen zerstören nicht nur das Vertrauen zwischen Eltern/Erzieher und Kindern, sondern stehen in einem engem Zusammenhang zur späteren eigenen Gewaltanwendung. Eine Studie des Bundesministeriums für Familie, Senioren, Frauen und Jugend zeigt: „Wer Gewalt erfährt, neigt eher dazu, selbst Gewalt auszuüben. Jeder dritte Jugendliche mit einer gewaltbelasteten Erziehung berichtet über eine eigene leichte Gewalttätigkeit – dies ist im Vergleich dazu nur bei jedem 15. Jugendlichen mit einer körperstrafenfreien Erziehung der Fall. Jeder Vierte, der selbst Gewalt erfährt, schlägt andere mit Fäusten; jeder Fünfte hat jemanden verprügelt. Unter gewaltfrei Erzogenen gaben dies nur jeweils 7 bzw. 6 Prozent an. Die eigene Gewalttätigkeit, aggressives Verhalten und mangelnde Konfliktfähigkeit führen bei jugendlichen Gewalttätern dazu, dass sie doppelt so häufig wie andere selbst Opfer von Gewalt werden."[98] Wer als Kind Gewalt erlebt, wird diese als Erwachsener eher anwenden als andere. Schulen, in denen Körperstrafen angewendet werden, haben ein geringeres Bildungsniveau und berichten über mehr Vandalismus, Schulgewalt und höhere Abbrecherquoten.[99] Eine Studie des kriminologischen Forschungsinstituts Niedersachsen formuliert den Zusammenhang: „Die Neigung zu Feindseligkeitszuschreibungen der Jugendlichen steigt systematisch mit der Häufigkeit und Intensität elterlicher Gewalt in der Kindheit. Je häufiger bzw. intensiver die Befragten in ihrer Kindheit der Gewalt seitens ihrer Eltern ausgesetzt waren, desto positiver bewerten sie selbst die Anwendung von Gewalt. Die Konfliktkompetenz Jugendlicher ist um so niedriger, je stärker ausgeprägt elterliche Gewalterfahrungen in der Kindheit waren."[100]

2.2 AGGRESSION UND GESCHLECHT[101]

„Gewalt ist männlich" und „Männer sind aggressiver als Frauen." Bei allen körperlichen Formen aggressiven Verhaltens sind Männer eindeutig als Täter erheblich öfter beteiligt. Frauen nehmen bei Gewaltakten eher (wenn auch nicht ausschließlich) die Opferrolle ein. Doch dies ist noch kein Beleg dafür, dass Männer tatsächlich aggressiver sind. Denn ebenso gut ist es möglich, dass Frauen nur andere, subtilere Formen anwenden oder ihre Aggressionshandlungen weniger nach außen als vielmehr gegen sich selbst gerichtet sind. Trotz

dieses Einwandes ist heute unter Entwicklungspsychologen nicht
die These strittig, dass es Geschlechtsunterschiede im aggressiven
Verhalten gibt, sondern die, wodurch diese zustande kommen. Verschiedene Autoren nehmen biologisch festgelegte Unterschiede an,
da Männer in allen Kulturen aggressiver als Frauen seien. Andere
Autoren bringen diese Unterschiede in Verbindung mit geschlechts-
rollenspezifischen Erwartungen und Sozialisationseinflüssen. Von
Jungen werden aggressive Handlungen erwartet und sogar belohnt,
während zum Rollenverständnis der Mädchen eher Hilfsbereitschaft
und Sanftmut gehören. Eine weitere Erklärungsebene darf nicht unberücksichtigt bleiben: Frauen kämpfen nicht selbst; sie lassen kämpfen. Sie projizieren eigene Aggressions- und Gewaltbedürfnisse auf
Männer (den Ehemann, den Freund), die dann für sie stellvertretend
handeln. Frauen unterstützen dabei häufig die Handelnden, feuern
sie an, legitimieren ihr Tun. Als „Gegenleistung" erhalten diese Anerkennung und Bewunderung. Frauen sind dann die Trösterinnen und
Helferinnen.[102]

2.3 AGGRESSION UND GRUPPEN

Die Zugehörigkeit zu bestimmten Gruppen, die Gewalt akzeptieren,
und das damit verbundene Bemühen, den Normen der Gruppe Gel-
tung zu verschaffen, um sich so die Zugehörigkeit und die Anerkennung der anderen Mitglieder zu erwerben, kann vor allem für Kinder
und Jugendliche problematisch sein und schwerwiegende Folgen
nach sich ziehen. Erkenntnisse der Kleingruppenforschung zeigen,
dass bereits jede „normale" Gruppe in sich eine Dynamik beinhaltet,
die für die einzelnen Mitglieder nur schwer (oder kaum) steuerbar
und korrigierbar ist. Insbesondere drei Mechanismen, die in allen
Kleingruppen feststellbar sind, wirken dabei zusammen.[103] Erstens
tendiert jede Gruppe dazu, abweichende Meinungen und Haltungen
möglichst gering zu halten. Extreme Abweichungen werden, wenn
sie sich nicht in die Gruppe integrieren lassen, ausgestoßen. Dieser
Mechanismus ist für das Zusammenhalten der Gruppe wesentlich. Er
führt jedoch dazu, dass tendenziell alles Fremde und Andersartige
aus dem Leben der Gruppe ausgeschlossen bzw. von vornherein abgewehrt wird.

Eine zweite Erkenntnis der Gruppendynamik basiert auf der Bindung der gruppenspezifischen Aggression durch die Aufstellung einer eindeutigen Rangordnung (Hackordnung). In jeder Gruppe gibt
es klare Führungspositionen, die Gefolgschaft sowie die Außen-
seiterrollen (die vom Gruppenclown bis zum Sündenbock reichen).

Diese Binnendifferenzierung der Gruppe beinhaltet zweifellos auch ein undemokratisches bzw. repressives Element. Des Weiteren haben die Ergebnisse der Kleingruppenforschung gezeigt, dass jede Gruppe sich auch in der Abgrenzung zu anderen Gruppen definiert. Der gemeinsame Gegner, den es zu bekämpfen gilt und gegen den alle Gruppenmitglieder zusammenhalten, hat für den Gruppenbestand und den Gruppenzusammenhalt eine zentrale Funktion. Dieser „Gegner" kann in der Herausforderung der äußeren Natur bestehen; aber je nach der historischen und geographischen Situation können natürlich auch Menschen bzw. andere Gruppen als Feinde markiert werden.

„Zu diesen drei Gesetzen der Aggressionslenkung in Gruppen tritt als ein allgemein verstärkendes Prinzip noch die Erkenntnis hinzu, dass ihre innere Psychodynamik um so krasser und ungehemmter wirken muss, je stärker die Gruppe sich von innen oder außen bedroht fühlt, je größer also der Faktor der Angst ist. Unter dem Druck der Angst wird die Gruppe den Kampf gegen die gemeinsame Gefahr, gegen den Gegner, in den Mittelpunkt ihres Interesses rücken; um so mehr wird sie sich daher um einen starken Führer scharen, um so unerbittlicher wird sie gegen die zersetzende Energie der Abweichler vorgehen und die Omegas (alle, die nicht den Gruppenführer unterstützen, d.V.) unterdrücken, um so energischer wird sie auf die Vernichtung des Gegners drängen."[104] Das eigene Selbstwertgefühl, kann in Gruppen so durch Identifikation mit deren Normen stabilisiert werden. Dabei wird gleichzeitig die Angst, alleine nicht bestehen zu können, bzw. keine Sicherheiten und Orientierungspunkte zu haben, kompensiert. Auf den engen Zusammenhang zwischen der Mitgliedschaft in einer Gewalt akzeptierenden Peergruppe im Jugendalter und eigenen Gewalthandlungen ist in der Forschung immer wieder hingewiesen worden: „Es zeigt sich, dass Jugendgewalt maßgeblich mit davon beeinflusst wird, welche Auffassungen, Einstellung und Normen Gleichaltrige vertreten und was sie tatsächlich tun."[105]

Nolting weist mit recht auf die gravierenden Unterschiede zwischen individueller und kollektiver Aggression hin:[106] „Individuelle Aggression und die Beteiligung an kollektiver Aggression sind psychologisch nicht gleichzusetzen, weil bei kollektiver Aggression der Einzelne ganz anderen situativen Einflüssen ausgesetzt ist, nämlich dem stimulierenden Verhalten anderer Personen. Diese Einflüsse machen es möglich, dass Menschen Dinge tun, die sie als Einzelne vermutlich niemals tun würden."

INDIVIDUELLE AGGRESSION	KOLLEKTIVE AGGRESSION
Einzelne Person als Aggressor	Mehrere kooperierende Personen als Aggressoren
Meist gegen einzelne Person gerichtet	Meist gegen anderes Kollektiv gerichtet, zuweilen gegen Einzelne
Aggressor und Opfer kennen einander in der Regel	Aggressor und Opfer kennen einander häufig nicht, bleiben auch oft anonym
Aggression ist eigen motiviert (aktiv oder reaktiv)	Aggression ist bei vielen Beteiligten „fremd motiviert" (Befehl, Vorbild, Belohnung usw.)
Häufig Hemmungen durch Angst vor Strafe und persönliche Einstellung	Hemmungen oft vermindert durch Anonymität, Verantwortungsverteilung, Gruppenideologie, Propaganda
Selbständige Entscheidung, Ausführung der „Gesamthandlung"	Entscheidungen oft über Befehlsstrukturen, geteilte oder diffuse Verantwortung, Arbeitsteilung
Lernen in „normaler" Sozialisation	Bei organisierten Kollektiven vielfach systematische Schulung für Gewaltausübung
Gewalt wird als ultima ratio im politischen Bereich akzeptiert.	Konflikte können grundsätzlich ohne Gewalt bearbeitet werden.
Verhinderung von Destruktion.	Wahrnehmung der Chancen für Veränderungen, die Konflikte beinhalten.

Nolting 1993

2.4 AGGRESSION UND GEHORSAM

Die Erfahrungen im Hitler-Faschismus haben gezeigt, dass aggressive und gewalttätige Handlungen wesentlich auch auf einer individuellen Gehorsamsbereitschaft basieren. Seit Mitte der 50er Jahre des letzten Jahrhunderts werden die Bedingungen von „Autoritätsgehorsam" systematisch untersucht. Am bekanntesten sind dabei die Experimente von Stanley Milgram.[107] In diesen Experimenten wird die Autorität durch einen Versuchsleiter eines psychologischen Experiments dargestellt, der der Versuchsperson den Auftrag gibt, dem Opfer eine Prüfung abzunehmen und ihm dabei bei falschen Antworten Elektroschocks zu verabreichen. Der Versuchsperson wird mitgeteilt, der Auftrag sei wissenschaftlich legitimiert, der Forscher wolle wissen, ob Strafe – in Form von Elektroschocks – Lernerfolge verbessere. Wenn die Versuchsperson bereit ist 30 Schocks – ansteigend von 15 bis 450 Volt – auszuteilen, wird sie von Milgram als gehorsam qualifiziert. Dabei muss man wissen, dass Elektroschocks ab ca. 120 Volt tödlich sind. In Milgrams Experimenten (1963) erwiesen sich 65 % der Teilnehmerinnen und Teilnehmer als gehorsam. Versuche vom Typ „Autoritätsgehorsam" wurden von Milgram, aber auch von zahlreichen anderen Forscherinnen und Forschern seither in verschiedenen Ländern und unterschiedlichen Zeiträumen öfters wiederholt und auch variiert, wobei die Ergebnisse relativ konstant blieben und auch praktisch keine Unterschiede zwischen Männern und Frauen auftraten. Ein hoher Prozentsatz der Versuchspersonen (zwischen 60 und 70 Prozent) ist bereit, auf die Aufforderung von Autoritätspersonen hin, andere massiv zu schädigen.

Die Forscher folgern daraus, dass der Prozentsatz gehorsamer Versuchspersonen offensichtlich eine kulturübergreifende konstante Gegebenheit ist. Diese hohe Gehorsamsrate wird auf drei Ursachen zurückgeführt:

- Auf den Status des Versuchsleiters (Wissenschaftler), der höher ist als der des Opfers.
- Auf den direkten Einfluss, den der Versuchsleiter auf die Versuchsperson ausübt, während mit dem Opfer nur indirekt Kontakt aufgenommen werden kann.
- Auf die konstante Haltung des Versuchsleiter, der das gesamte Experiment über bei seiner Haltung, das Schockverfahren fortzusetzen bleibt, und die Versuchsperson laufend auffordert, mit der Bestrafung weiterzumachen und sich nicht um das Opfer zu kümmern.

Hinzu kommt, dass die Versuchspersonen die Verantwortung für ihr

Handeln dem Versuchsleiter zuschrieben und bei sich selbst keine Verantwortung sahen. Die Milgram-Experimente zeigen, dass unter bestimmten Umständen ein Großteil der Menschen offensichtlich bereit ist, Gewalt anzuwenden.

2.5 AGGRESSION UND MEDIEN

Medien lassen den Zuschauer nicht gänzlich unbeeinflusst. Dennoch kann von einer direkten Gewaltübernahme nach dem Medienkonsum nicht ausgegangen werden. Ein kausaler Zusammenhang zwischen Gewaltkonsum und Gewalthandeln wird heute in der Medienwirkungsforschung nicht gesehen. Die einzige Ausnahme: Berichterstattung über Suizide hat offensichtlich als Auslöser weitere Suizide zur Folge.[108] Die „Gewaltkommission" der Bundesregierung kommt zu folgender Einschätzung: „Da Gewaltdarstellungen nur bei wenigen Beobachtern eine direkte Gewalt auslösende Wirkung haben, sind Nachahmungstaten oft ohnehin gewaltorientierter Menschen wohl nicht das eigentliche Problem der Gewalt in den Medien."[109] In der Medienwirkungsforschung werden nicht die kurzfristigen und direkten, d.h. linearen Folgen des Konsums von gewalthaltigen Medieninhalten (im fiktionalen und non-fiktionalen Bereich von Bildschirmmedien) hervorgehoben, sondern die verstärkende Wirkung wenn extensiver Konsum von Gewaltmedien auf entsprechend vorhandene Einflüsse (Elternhaus, Peers, Schule) treffen. Dabei müssen starke Differenzierungen in Bezug auf Geschlecht, Lebensalter und Medieninhalte vorgenommen werden. Ekelerregende Darstellungen von Horrorfilmen können z. B. bei kleinen Kindern schockähnliche Reaktionen bis zu psychische Traumatisierungen auslösen. Für das Erlernen von Gewalt gilt, so Kunczik, „dass zunächst 1. die unmittelbare familiäre Umwelt, sowie 2. die Subkultur bzw. die Gesellschaft in der man lebt, die Quellen sind, aus denen aggressives Verhalten erlernt wird. Erst an dritter Stelle treten die massenmedial angebotenen aggressiven Modelle hinzu. Es scheint so zu sein, dass Gewaltdarstellungen auf die Mehrheit der Betrachter keine oder nur schwache Effekte haben, aber bei bestimmten Problemgruppen womöglich starke Wirkungen zeigen."[110] Uneins sind sich die Medienwirkungsforscher, ob gewaltbelastete Kinder und Jugendliche vermehrt Gewaltdarstellungen in Medien konsumieren, oder ob der Gewaltkonsum zu einer erhöhten Aggressionsbereitschaft beiträgt. Medieninhalte werden auch als Angebote verstanden, deren Rezeption durch die eigene soziale Position sowie lebensweltliche Erfahrungen beeinflusst wird. Die Wirkung dieser Rezeption kann beim gleichen Medieninhalt sehr unterschied-

lich ausfallen: „von Gewaltrechtfertigung bis zur Gewaltablehnung".[111]
Eine besondere Betrachtung bedarf die Berichterstattung über
Gewalt(taten). Es hat sich gezeigt, dass u. a. allein die Anwesenheit
von Fernsehjournalisten Menschen dazu bewegen kann, sich durch
außergewöhnliche Aktionen (z. B. Gewalt) in Szene zu setzen,[112]
oder dass die Berichterstattung über fremdenfeindliche Gewaltakte
(zumindest in Deutschland) weitere Straftaten stimuliert hat.[113]

2.6 SITUATIVE FAKTOREN

Spezifische situative Faktoren können das Auftreten von Gewalt begünstigen oder gar provozieren. Hierzu gehört der Einfluss von Alkohol und Drogen, die Verfügbarkeit von Waffen, die Einschätzung
der Situation als ausweglos, Zuschauer, die auf Gewaltanwendung
hoffen oder gar dazu drängen, eskalierende nonverbale und verbale Ausdrucksformen, mangelnde Verfügbarkeit von deeskalierenden
Strategien usw. Die Bedeutung solcher situativer Faktoren wurde
lange Zeit unterschätzt. Sie weisen jedoch darauf hin, dass sich aggressives und gewalttätiges Verhalten unabhängig von persönlichen
Verhaltenseigenschaften aus der Konstellation spezifischer Situationen heraus entwickeln kann.

2.7 INTEGRATIVE THEORIEANSÄTZE

Obwohl die Ergebnisse der Sozialpsychologie eine Reihe von Er-
klärungszusammenhängen für das Phänomen Aggression liefern
können, reichen auch diese immer noch nicht aus, die vielfältigen
Motivationen und Formen für aggressives und gewalttätiges Verhalten gänzlich zu erhellen. Weitere Erklärungsebenen sind notwendig. Hinzu kommt, dass in der psychologischen und sozialpsycho-
logischen Forschung Gewaltforschung bislang kein eigenständiges
Fachgebiet ist. Es wird angenommen, dass die Ergebnisse der Aggressionsforschung auch auf Gewalthandlungen übertragbar sind.
Da keine zusammenhängende Theorie der Gewalt existiert, sind nur
Ergebnisse einzelner Variablen und Zusammenhänge verfügbar.[114]
Moderne Theorien und Modelle gehen nicht mehr von linearen oder
direkten Ursache-Wirkungszusammenhängen bei der Entstehung
von Gewalt aus, sondern von einem komplexen Zusammenspiel vielfältiger Einzelelemente, bei dem insbesondere auch gesamtgesellschaftliche Prozesse, wie z. B. die soziale Desintegration in modernen Gesellschaften, eine wichtige Rolle spielen.[115] Bei der Analyse
dieses Zusammenspiels kommen zunehmend sog. Belastungs- und
Risikofaktoren ins Blickfeld, die das Auftreten von spezifischen ge-

walttätigen Verhaltensweisen begünstigen. „Traditionelle Gewaltver-
ständnisse, die der Gewalt noch mit einfachen Kausalmodellen im
Sinne eines direkten Ursachen-Wirkungszusammenhangs einer oder
weniger Schlüsselvariablen habhaft werden wollten, sind deshalb seit
einiger Zeit gegenüber adäquateren Prozessmodellen zurückgetre-
ten, die sowohl die objektiven Bedingungen wie auch die subjektiven
Deutungen einer Konfliktsituation einbeziehen und die aus den Res-
triktionen und Randbedingungen sich ergebenden unterschiedlichen
Freiheitsgrade für individuelles oder kollektives Gewalthandeln berücksichtigen. Damit sind zugleich neue Anwendungsbereiche der
sozialwissenschaftlichen Gewaltforschung verbunden gewesen, die
sich jetzt stärker für Was- und Wie-Fragen und generell für die Ge-
waltdynamiken interessieren als für Warum-Fragen nach den Ursachen, Anlässen und Entstehungszusammenhängen von Gewalt."[116]

Gewalttätiges Verhalten ist auch abhängig von:

* Situationen
* Motiven und Zielen
* Orten
* Konsum von Alkohol
* Verfügbarkeit von Waffen
* sozialen Zusammenhängen (Gruppen, Zuschauern)
* Gehorsambereitschaft
* allgemeinen Werten und Normen
* begleitenden Aktivitäten (Raub, Erpressung)
* Verfügbarkeit alternativer Handlungsoptionen

3 FUNKTIONALE ASPEKTE VON AGGRESSION UND GEWALT

Eine andere Betrachtungsweise bietet der Aspekt der Funktionen von
Aggression und Gewalt. Aggressives und gewalttätiges Verhalten ist
nicht (nur) ziellos und sinnlos, sondern erfüllt auch spezifische Aufgaben und hat auch spezifische Funktionen. Eibel-Eibesfeldt weist
in seiner Humanethologie darauf hin, dass Aggression der Verteidigung von Besitz und sozialer Bindungen dient (territoriale Aggression), dass sie bei Abweichung von Normen angewendet wird (Norm
erhaltende Aggression) oder zur Verteidigung von Rangpositionen
eingesetzt wird. „Wir weisen noch einmal ausdrücklich darauf hin,
dass aggressives Verhalten als ‚Werkzeughandlung' in den Dienst

sehr verschiedener Aufgaben gestellt werden kann und grundsätzlich eine Strategie darstellt, mit deren Hilfe ein Widerstand, der sich einer zielstrebigen Handlung entgegen stellt überwunden werden kann. Das Verhalten kann demnach ebenso dazu verhelfen, einen Rivalen abzuschlagen und damit einen Geschlechtspartner zu gewinnen, als auch einen Platz zu erobern oder zu behaupten."[117] Eibel-Eibesfeldt weist auch auf die Bedeutung aggressiven Verhaltens im Zusammenhang mit dem Schutz der Nachkommenschaft hin. „Brutverteidigung" sei ein altes Erbe. Eine in der Funktion oft nicht erkannte für den heranwachsenden Menschen höchst wichtige Form der Aggression sei die erkundende oder explorative Aggression, da sie die Frage an die soziale Umwelt beinhaltet, „was darf ich tun, wo liegen die Grenzen?". Unterbleibt die Antwort, dann eskaliert die Anfrage.[118] Eibel-Eibesfeldt sieht in der Aggression – obwohl zur Interessendurchsetzung als problematisches Mittel anzusehen – in vielen Bereichen als wichtiges Instrument der Problembewältigung, denn „wer eine Person so konditionieren wollte, dass sie nicht mehr ärgerlich oder zornig werden kann, der nähme ihr die Möglichkeit, sich zu wehren."[119]

Für den Bereich der Jugendgewalt wurden diese Überlegungen von Eibel-Eibesfeldt immer wieder bestätigt. Jugendgewalt wird von verschiedenen Forschern als ein spezifisches Übergangsphänomen in der Jugendphase betrachtet. „Jugend" ist und war schon immer eine Phase der Rebellion und Abgrenzung, des Erprobens und Grenzen Überschreitens, der Unsicherheit und Ichfindung, des Talentsuchens und der Anfragen an die Gesellschaft. Gewalt hat in der Jugendphase immer etwas mit dem Verhältnis zur Gesellschaft zu tun, mit nicht gelingender Integration, mit fehlenden sozialen Räumen, mit fehlenden beruflichen-sozialen Perspektiven und oft mit dem Scheitern an der gegebenen gesellschaftlichen Realität. Gewalt wird dabei von Jugendlichen auch als spezifische Kommunikationsform verstanden. Eine Betrachtung der Funktionen von Jugendgewalt kann dabei auch erste Anhaltspunkte für Präventionsstrategien bieten. Gewalt wird in den wenigsten Fällen sinnlos angewandt, auch, wenn es auf den ersten Blick so erscheinen mag. Sie erfüllt verschiedene psychische und physische Funktionen, macht aufmerksam und hilft bei der Selbstinszenierung. Dabei geht es immer wieder auch um kollektive Verhaltens- und Deutungsmuster. Nur wenn die gruppenspezifischen Identitätskonstrukte ins Blickfeld kommen, kann eine adäquate Gegenposition aufgebaut werden. Jugendliche Aggression stellt Fragen und in ihnen sind auch soziale Botschaften versteckt. So wird Jugendgewalt oft als Kommunikationsmittel, als Demonstration von Männlichkeit, als Mittel gegen Langeweile aber auch als Gegengewalt oder als politisch instrumentalisierte Gewalt angewendet.

Jugendliche Delinquenz und Dissozialität
Lösel und Blieseler unterscheiden zwischen jugendtypischer Delinquenz und gravierender und längerfristiger Dissozialität. Das delinquente Verhalten ist hauptsächlich ein Ausdruck von Statuspassagen in der Entwicklung. Die Jugendlichen verhalten sich temporär delinquent, weil es sich für sie in subjektiven Kosten-Nutzen-Bilanzen auszahlt. Das abweichende Verhalten hat z. B. dann eine positive Funktion, wenn es dazu beiträgt, sich von den Eltern und anderen Autoritäten zu lösen, den Selbstwert zu bestätigen und jugendtypische Ziele zu erreichen. Delinquente Jugendliche werden zeitweise nachgeahmt, weil sie Bedürfnisse nach Autonomie, Abenteuer und Statussymbolen ausleben. Während bei der jugendtypischen Dissozialität temporäre Entwicklungsprobleme und Einflüsse der Peer-Gruppe die wichtigsten Ursachen sind, gibt es bei der schwerwiegenden und relativ dauerhaften Form von Dissozialität wesentlich mehr Risiken.
Vgl. Friedrich Lösel / Thomas Blieseler: Aggression und Delinquenz unter Jugendlichen. München / Neuwied 2003.

4 DAS ZUSAMMENSPIEL VIELFÄLTIGER FAKTOREN

4.1 DAS ÖKOLOGISCHE MODELL DER WHO
Die Weltgesundheitsorganisation weist in ihrem „World Report on Violence and Health" darauf hin, dass Gewalt ein außerordentlich komplexes Phänomen ist, das in der Wechselwirkung zahlreicher biologischer, sozialer, kultureller, wirtschaftlicher und politischer Faktoren wurzelt. Die WHO entwickelt deshalb ein sog. „Ökologisches Modell" zur Erklärung der Gewaltursachen, das dem vielschichtigen Charakter der Gewalt Rechnung tragen soll. Dieses Modell verknüpft verschiedene Ursachenstränge als Erklärungsansatz und ist zugleich ein Analyseinstrument, um konkrete Gewaltvorkommen besser verstehen zu können. „Das Modell fand zunächst Ende der 1970er Jahre Eingang in die Forschung zum Thema Kindesmissbrauch, wurde danach von anderen Bereichen der Gewaltforschung übernommen und wird als konzeptionelles Instrument ständig weiterentwickelt. Seine Stärke liegt in der Trennschärfe, die es ermöglicht, die Unzahl

der die Entstehung von Gewalt bestimmenden Einflussfaktoren zu unterscheiden, wobei es zugleich einen Verständnisrahmen für die Wechselwirkung dieser Faktoren liefert".[120]

Ökologisches Erklärungsmodell der Entstehung von Gewalt der WHO[121]

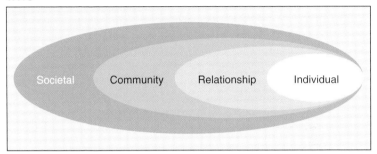

Das mit vier Ebenen arbeitende Modell ist hilfreich für die Ergründung der das Verhalten beeinflussenden Faktoren oder von Faktoren, die das Risiko zum Gewalttäter oder Gewaltopfer zu werden, erhöhen.[122]

- Auf der ersten Ebene werden die biologischen Faktoren und persönlichen Entwicklungsfaktoren erfasst, die einen Einfluss darauf haben, wie sich der *einzelne Mensch* verhält und ihn mit erhöhter Wahrscheinlichkeit zum Gewaltopfer oder -täter werden lassen. Beispiele für Faktoren, die sich messen oder zurückverfolgen lassen, sind demographische Kennzeichen (Alter, Bildungsstand, Einkommen), psychische Störungen oder Persönlichkeitsstörungen, Substanzenmissbrauch und früheres Aggressionsverhalten oder die Erfahrung, misshandelt oder missbraucht worden zu sein.
- Die zweite Schicht ist die *Beziehungsebene*, auf der die engen zwischenmenschlichen Beziehungen zu Familie, Freunden, Intimpartnern, Gleichaltrigen, Kollegen u. a. auf die Frage hin untersucht werden, inwieweit sie das Risiko, zum Gewaltopfer oder -täter zu werden, erhöhen. Unter Jugendlichen können beispielsweise gewaltbereite Freunde die Gefahr, dass ein junger Mensch zum Gewaltopfer oder -täter wird, verstärken.
- Auf der dritten Ebene geht es um die soziale Beziehungen stiftenden Umfelder der *Gemeinschaft* wie Schulen, Arbeitsplätze und Nachbarschaften sowie um die für die jeweiligen Settings charakteristischen, Gewalt fördernden Risikofaktoren. Das Risiko auf

dieser Ebene wird beispielsweise durch Faktoren wie Wohnmobilität beeinflusst (d. h. ob die Bewohner der unmittelbaren Nachbarschaft sehr sesshaft sind oder häufig umziehen), aber auch durch Bevölkerungsdichte, hohe Arbeitslosigkeit oder die Existenz eines Drogenmarktes am Ort.

• Bei der vierten Ebene richtet sich der Blick auf die *gesellschaftlichen Faktoren* im weiteren Sinne, die ein Gewalt förderndes oder ihr abträgliches Klima schaffen. Dazu gehören die Verfügbarkeit von Waffen sowie soziale und kulturelle Normen. Eine solche Norm ist beispielsweise, wenn das Elternrecht gegenüber dem Wohl des Kindes Vorrang genießt, oder wenn Selbstmord als persönliche Entscheidung und nicht als verhütbare Gewalttat begriffen wird, wenn die männliche Vorherrschaft gegenüber Frauen und Kindern fest verwurzelt ist, die übertriebene polizeiliche Gewaltanwendung gegenüber Bürgern auf Zustimmung stößt und / oder politische Konflikte gefördert werden. Ein gesellschaftlicher Faktor im weiteren Sinne ist auch eine Gesundheits-, Wirtschafts- und Bildungspolitik, die wirtschaftliche und soziale Verteilungsungerechtigkeiten in der Gesellschaft festschreibt.

Das ökologische Modell trägt also zur Klärung der Gewaltursachen und ihrer komplizierten Wechselwirkungen bei, macht aber auch deutlich, dass auf mehreren Ebenen gleichzeitig gehandelt werden muss, wenn Gewalt verhindert werden soll.

4.2 KUMULIERTE RISIKOFAKTOREN

Auch Friedrich Lösel betont das Zusammenspiel vielfältiger Faktoren. Insbesondere unterscheidet er zwei Gruppen von Einflüssen:[123] Bio-psycho-soziale Bedingungen für eine erhöhte Gewaltbereitschaft und situative Bedingungen der Gewaltauslösung und Verstärkung. Lösel spricht nicht von Ursachen, sondern von „empirisch bewährten Risikofaktoren für die Gewaltbereitschaft" und benennt diese überblicksartig:

Biologische/Biosoziale Risiken: Männliches Geschlecht, genetische Disposition (Erbanlagen), Schwangerschaftsrisiken (fötales Alkoholsyndrom), Geburtskomplikationen (Mangelgeburt), geringes Erregungsniveau (Pulsrate), Neurotransmitter-Dysfunktion (Serotonin), hormonelle Faktoren (Testosteron, Cortisol).

Familiäre Risikofaktoren: Fehlende elterliche Wärme, Vernachlässigung, Kindesmisshandlung, ungünstiger Erziehungsstil (aggressiv, sehr streng, lax inkonsistent), elterliche Konflikte, geringer Zusammenhalt, Scheidung/Trennung, frühe Schwangerschaft, Armut, Kriminalität der Eltern, Devianz fördernde elterliche Einstellungen.

Frühe Persönlichkeits- und Verhaltensrisiken: Schwieriges Temperament, Impulsivität, Hyperaktivität-Aufmerksamkeitsdefizit, Risikobereitschaft und Stimulierungsbedürfnis, Intelligenz- und Sprachdefizite, Bindungsdefizite, früher Beginn dissozialen und aggressiven Verhaltens, Verhaltensprobleme in verschiedenen Kontexten (Familie, Kindergarten, Schule).

Schulische Risiken: Leistungsprobleme, geringe Bindung an die Schule, Schulschwänzen, häufiger Schulwechsel, geringes schulisches Engagement der Eltern, ungünstiges Erziehungsklima in der Schule und Klasse, kein Schulabschluss.

Risiken in der Gleichaltrigen-Gruppe: Wenig prosoziale Kontakte/ Freunde, Anschluss an delinquente Cliquen, Bandenmitgliedschaft, lokale Konzentration devianter Jugendlicher (z. B. in Freizeitreinrichtungen), Nachahmung und Verstärkung devianter Lebensstile.

Risiken in den Denkweisen: Einstellungen und Überzeugungen, die Devianz begünstigen, Aggression fördernde soziale Informationsverarbeitung (z. B. Feindseligkeitsattribution), Defizite in der Empathie und in sozialen Problemlösungen, Probleme im Selbstwerterleben (gering oder fragil überhöht), subkulturelle Identifikation.

Risiken im Lebensstil: Wenig strukturiertes Freizeitverhalten, intensiver Konsum von Gewalt in den Medien, Alkoholmissbrauch, Gebrauch illegaler Drogen, Probleme in der beruflichen Ausbildung, anderes Risikoverhalten (z. B. im Straßenverkehr, im Sexualbereich).

Risiken in der Gemeinde/Nachbarschaft: Armut, Konzentration von Problemfamilien (z. B. Sozialhilfeempfängern), desorganisierte Nachbarschaft, Verfügbarkeit von Waffen, Kontext von Gewalt, Drogen und ethnischen Problemen.

Jeder dieser Risikofaktoren für sich genommen hängt nur relativ schwach mit aggressivem und gewalttätigem Verhalten zusammen, kumuliert steigt jedoch das Risiko erheblich. Dies bedeutet für Gewaltprävention: „Maßnahmen müssen so angelegt sein, dass sie Risiken in einzelnen Bereichen vermindern und protektive Mechanismen stärken. Indem einzelne Glieder aus der Entwicklungskette herausgebrochen werden, verringert sich die Wahrscheinlichkeit der Gewaltbereitschaft.[124]

4.3 WIE AUS „NORMALEN MENSCHEN" TÄTER WERDEN

Was bei WHO und Lösel zunächst noch abstrakt und wissenschaftlich klingt, wird bei Welzer anschaulich und gewinnt politische Brisanz. Auch Welzer erweitert den Blick von Individuen und Kleingruppen auf größere soziale Einheiten und gesellschaftliche Entwicklungen. Seine Betrachtungen sind nicht auf einzelne isolierte Gewalttaten und Täter konzentriert, sondern auf kollektive Gewalthandlungen, in deren Kontext „normale Bürger" zu Tätern werden. Er arbeitet in seiner Studie „Täter" eindrucksvoll und anschaulich die Mechanismen heraus, „wie aus ganz normalen Menschen Massenmörder werden".[125] Dieser Prozess vollzieht sich mit einer ungeheuren Dynamik und oft in äußerst kurzer Zeit in mehreren Stufen, bei denen zunehmend für normal und akzeptabel gehalten wird, was zu Beginn des Prozesses noch als unmenschlich und unakzeptabel gegolten hat.[126]

Einen ersten Kreis des Tatzusammenhangs bildet ein gesellschaftlicher Prozess, in dem die radikale Ausgrenzung von anderen zunehmend als positiv betrachtet wird und der schließlich das Tötungsverbot in ein Tötungsgebot verwandelt. Dieser Kreis schafft eine dynamische gesellschaftliche Deutungsmatrix, die den individuellen normativen Orientierungen und ihren Veränderungen einen Rahmen gibt. Er ist für die Analyse von Täterhandeln deswegen von Bedeutung, weil die Entscheidungen für das eigene Handeln nicht rein situativ und individuell getroffen werden, sondern immer auch an diesen größeren Rahmen gebunden sind. Die soziale Situation und ihre Deutung durch einen Akteur bilden einen zweiten, inneren Kreis des Tatzusammenhangs. Denn Situationen werden grundsätzlich interpretiert, bevor eine Schlussfolgerung gezogen und eine Entscheidung für das eigenen Handeln (oder Nichthandeln) getroffen wird. In solche Interpretationsprozesse gehen gesellschaftlich dominante Normen ebenso ein wie situativ gebildete Gruppennormen, sozialisierte Werthaltungen, religiöse Überzeugen, vorangegangene Erfahrungen, Wissen, Kompetenz, Gefühle usw. Erst, wenn dieser Kreis für eine gegebene Tat beschrieben werden kann, öffnet sich analytisch der Raum für die Betrachtung eines dritten, nun eher individuellen Kreises des Geschehens: die Einschätzung des eigenen Handlungsspielraums durch den jeweiligen Akteur. Ein solcher Spielraum ist nicht einfach objektiv gegeben; er ist davon abhängig, ob und wie ein Akteur ihn wahrnimmt, welche möglichen Konsequenzen er bei der Entscheidung für diese oder jene Option (mitschießen oder „sich drücken" oder sich verweigern etc.) erwartet, bevor er sich schließlich für eine entscheidet.

Eine Tat spielt sich also in verschiedenen Kontexten ab, die von der gesellschaftlichen bis zur individuellen Ebene zu unterscheiden sind. Welzer zeigt, wie die verschiedenen Ebenen bei der Ausübung kollektiver Gewalt zusammenwirken und wie dennoch Spielräume für individuelles Handeln bleiben. Entscheidend für seine Analyse ist die Erkenntnis, dass es keine sog. „Täterpersönlichkeiten" gibt, sondern es ganz normale Menschen (ohne psychische Auffälligkeiten) waren und sind, die zu Mördern werden können. Gewalthandeln, so Welzer, hat eine Geschichte und sich wiederholende Aspekte und Gewalthandeln vollzieht sich in Prozessen, die man beschreiben kann. Damit bietet Welzer einen Erklärungsrahmen für kollektive Gewaltprozesse, in dem viele Theorieelemente ihren Platz finden können. Er zeigt gleichzeitig auch wie irrig die Annahme ist, dass „normale" Menschen vor der Anwendung von Gewalt gefeit seien.

5 FAZIT

Die Aggressions- und Gewaltforschung bietet eine Vielzahl von Erklärungsmodellen und Theorien, wobei die meisten nur über eine geringe Reichweite und Plausibilität verfügen. Ungeklärt ist dabei, welche Relevanz diese Ergebnisse für die Situation in Entwicklungsländern haben. Büttner bezweifelt, ob die westlich orientierten psychologischen, soziologischen und pädagogischen Forschungen ohne Weiteres auf andere Kulturkreise übertragbar sind.[127]

Für die Praxis der Gewaltprävention sind jedoch gesicherte Erklärungsansätze über Zusammenhänge der Gewaltentstehung notwendig, um bei den entsprechenden Präventionsprogrammen gezielt ansetzen zu können. Forschungsergebnisse der Sozialpsychologie zeigen gut dokumentierte und abgesicherte Zusammenhänge, die unmittelbar handlungsrelevant sind. Der Zusammenhang von Aggression und Strafe weist z. B. auf die Notwendigkeit eines generellen Verbots der körperlichen Züchtigung durch Lehrer, Erzieher und Eltern hin, verbunden mit entsprechenden unterstützenden Programmen. Ebenso müssen für delinquente Gruppen spezifische Programme entwickelt und zur Verfügung gestellt werden. Dem Phänomen des Autoritätsgehorsams muss durch eine Erziehung zur Ichstärke und Selbständigkeit und der Entwicklung von Zivilcourage entgegengewirkt werden. Die Berücksichtigung der vielfältigen Funktionen und Botschaften von Gewalt (u. a. Männlichkeitsbeweis oder Kommunikationsmittel) ermöglicht es, diese im positiven Sinne aufzugreifen und alternative Rollenbilder und Handlungsweisen anzubieten.

Da die Ursachen von Gewalt äußerst vielschichtig sind und individuelle Gesichtspunkte ebenso wie familiäre, gruppenbezogene und gesellschaftliche einbezogen werden müssen, geht es darum, das spezifische Zusammenspiel dieser Bereiche zu erfassen. Das ökologische Erklärungsmodell der WHO ist hierfür ein nützliches Instrument.

1.6 Berücksichtigung relevanter Ergebnisse aus der Genderforschung

„Gender" bezeichnet das kulturell typische soziale Geschlecht bzw. die soziale Konstruktion von Geschlecht sowie die Beziehung zwischen den Geschlechtern.[128] Im Folgenden soll es um den Zusammenhang zwischen Gender, also der kulturspezifischen sozialen Geschlechterrolle und Gewalt gehen. Es gilt damit den Fragen nachzugehen, inwieweit Frauen und Männer Opfer von Gewalt sind, wie sich die unterschiedlichen Formen der Gewalt auf die Geschlechter verteilen, d.h. welche Form der Gewalt mehrheitlich von Männern, welche von Frauen angewendet wird – sowie welcher Form von Gewalt Männer bzw. Frauen mehrheitlich ausgesetzt sind. In einem dritten Abschnitt sollen verschiedene theoretische Ansätze, welche die (empirisch nachweisbaren qualitativen und quantitativen Differenzen) zwischen Männergewalt und Frauengewalt zu erklären versuchen, in ihren Grundannahmen vorgestellt werden. Der vierte Abschnitt widmet sich den Konsequenzen für die Gewaltprävention im Kontext der internationalen Entwicklungszusammenarbeit.

1 MÄNNER UND FRAUEN ALS OPFER VON GEWALT

1.1 GEWALT GEGEN FRAUEN

1993 deklarierten die Vereinten Nationen Gewalt gegen Frauen erstmals als Menschen-rechtsverletzung.[129] Unter „Gewalt gegen Frauen" wird dabei verstanden „any act of gender-based violence that results in, or is likely to result in physical, sexual or psychosocial harm or suffering to women, including threats of such acts, coercion or arbitrary deprivation of liberty, whether occuring in public or in private life".[130] Der gefährlichste Ort für Frauen ist das eigene Zuhause. Die häusliche Gewalt „überschreitet alle Grenzen von Nationen, Kulturen, Klassen und Ethnien. In Deutschland wird jede vierte Frau zumindest einmal in ihrem Leben Opfer häuslicher Gewalt; in Äthiopien ist es fast jede zweite (…) In Uganda werten 70 Prozent aller Männer und 90 Prozent aller Frauen das Schlagen der Ehefrau als legitimes Mittel zur Konfliktlösung".[131] Der Weltgesundheitsorganisation (WHO) zufolge werden weltweit zwischen 10 und 50 Prozent aller Frauen zum Opfer häuslicher Gewalt oder einer Vergewaltigung, wobei die Täter meist Verwandte, Freunde oder Bekannte sind.[132] Ein Drittel aller Selbstmorde von Frauen und 60 Prozent aller Morde an Frauen stehen in Verbindung mit häuslicher Gewalt.[133] „Frauen sind der Misshandlung durch ihre Intimpartner besonders in Gesellschaften ausgesetzt, in denen zwischen Männern und Frauen deutliche Ungleichheit herrscht, die Geschlechterrollen streng festliegen, kulturelle Normen unabhängig von den Gefühlen der Frau das Recht des Mannes auf ehelichen Geschlechtsverkehr unterstützen und dieses Verhalten gesellschaftlich nur geringfügig geahndet wird. Diese Faktoren machen es für eine Frau unter Umständen schwierig oder gefährlich, aus einer von Misshandlung geprägten Beziehung auszubrechen, wobei Frauen jedoch auch dadurch keineswegs Sicherheit finden. Zuweilen geht die Gewalt weiter und kann sich sogar noch verstärken, wenn eine Frau ihren Partner verlassen hat. Dieses Muster findet man in vielen Ländern".[134] Weil sich der Staat nicht in so genannte Privatangelegenheiten einmischen will, sind die gesetzlichen Regelungen hier oftmals unzureichend: „Die Unterscheidung in „privat" und „öffentlich" verhinderte lange Zeit, dass häusliche Gewalt genauso als Menschenrechtsverletzung anerkannt wurde, wie die öffentlich begangenen Straftaten der Vergewaltigung, Folter und Mord".[135]

Sexuelle Gewalt

Die Opfer sexueller Gewalt[136] sind in erster Linie Frauen und Mädchen, die Täter sind meist Männer und Jungen.[137] Sexuelle Gewalt tritt, so die WHO, eher dort auf, wo die „ungebrochene Überzeugung herrscht, dass Männer ein Recht auf Sex haben, wo die Geschlechterrollen strenger sind und in Ländern, in denen auch häufig andere Formen von Gewalt verübt werden".[138] Wie viele Kinder weltweit dem sexuellen Missbrauch zum Opfer fallen, ist unbekannt. Dem „World Report on Violence and Health" der WHO zufolge, weisen Forschungsergebnisse jedoch darauf hin, dass in etwa 20 Prozent der Frauen und fünf bis zehn Prozent der Männer in ihrer Kindheit sexuell missbraucht wurden.[139]

Female Genital Mutilation (FGM)

Weltweit sind schätzungsweise 130 Millionen Frauen von Genitalverstümmelungen („Female Genital Mutilation" (FGM)), einer Form der sexuellen Gewalt, betroffen und jährlich erhöht sich diese Zahl um etwa zwei Millionen Mädchen. FGM wird in 28 afrikanischen Staaten, sowie im Jemen, Oman und in Indonesien praktiziert und auch von einem Teil von Einwanderern in Industrieländern fortgeführt.[140] Neben verschiedenen Komplikationen, die auch zum Tode führen können, werden als Langzeitfolgen die Schädigungen der reproduktiven und sexuellen Gesundheit, Infektionsgefahr und die Beeinträchtigung des psychischen Wohlbefindens benannt. Zudem wird FGM als ein Grund für den vorzeitigen Schulabbruch von Mädchen angesehen.[141]

Menschenhandel

Als eine weitere sehr verbreitete Form der Gewalt im Besonderen gegen Frauen gilt der weltweite Menschenhandel und die damit verbundene Zwangsprostitution. Die Dimensionen des Menschenhandels seien inzwischen mit dem des illegalen Waffen- und Drogenhandels vergleichbar bzw. stellen diese mit geschätzten jährlichen Verdiensten in Höhe von 7 Milliarden Dollar in den Schatten, wobei der größte Teil dieses „Milliardengeschäfts" weltweit mit der Ausbeutung von Frauen und Kindern gemacht werde.[142] Etwa eine halbe Million Frauen und Mädchen aus Entwicklungs- und Transformationsländern werden jährlich allein nach Westeuropa geschleust und meist sexuell ausgebeutet.[143]

Frauen als Opfer kriegerischer Gewalt

Dem UNHCR zufolge handelt es sich bei etwa 80 Prozent der Flüchtlinge aus Krisen- und Kriegsgebieten um Frauen und Kinder, welche von kriegerischen Auseinandersetzungen aufgrund ihres Status und ihres Geschlechts besonders schwer betroffen sind. Verschiedentlich wird darauf hingewiesen, dass inzwischen die Zivilbevölkerung – darunter vorwiegend Frauen und Kinder – die Mehrzahl (ca. 80 Prozent) der Kriegsopfer ausmacht. Der im Oktober 2005 erschienene „Human Security Report" stellt dieses jedoch in Frage: Die Zahl der direkt oder indirekt getöteten Männer in Kriegen sei Schätzungen zufolge – genaue Zahlen liegen nicht vor – höher als die der Frauen.[144] Der Verweis auf das (besondere) Leiden der Frauen im Krieg soll in der Regel die Aufmerksamkeit darauf lenken, die Frauen als Opfer von Kriegen nicht zu vergessen, aber auch darauf, dass die Gewalt gegen Frauen im Krieg oft andere Formen annimmt.[145] „While an estimated one hundred million people died in war over the last century, men and women often died different deaths and were tortured and abused in different ways – sometimes for biological reasons, sometimes psychological or social. While more men are killed in war, women often experience violence, forced pregnancy, abduction and sexual abuse and slavery. Their bodies, deliberately infected with HIV/AIDS or carrying a child conceived in rape, have been used as envelopes to send messages to the perceived ‚enemy'. The harm, silence and shame women experience in war is pervasive; their redress, almost non-existent. The situation of women in armed conflict has been systematically neglected."[146] Die systematische Vergewaltigung von Frauen und Mädchen wird immer wieder gezielt als Waffe eingesetzt, so etwa während des Zweiten Weltkrieges in Korea, während des Unabhängigkeitskrieges in Bangladesch und bei bewaffneten Auseinandersetzungen in Algerien, Indien (Kaschmir), Indonesien, Liberia, Ruanda, Uganda und im ehemaligen Jugoslawien.[147] Unter anderem die Kopplung der „Ehre des Mannes" an die Unversehrtheit der Frau lässt sexuelle Gewalt gegen Frauen zum Kriegsmittel werden. So wird etwa die systematische Massenvergewaltigung vor allem muslimischer Frauen in Bosnien und Herzegowina in erster Linie auf dieses Denkmuster zurückgeführt. Sie dienten der Erniedrigung des Feindes, d.h. der Väter, Männer und Söhne, welchen es nicht möglich war ihre Frauen zu schützen.[148] Schätzungen zufolge wurden in Bosnien-Herzegowina während des Krieges zwischen 10 000 und 60 000 Frauen von Soldaten vergewaltigt. In einer UN-Studie wird die Zahl der Vergewaltigten in Ruanda – Vergewaltigung als Aids-Waffe – auf zwischen 16 000 und 250 000 geschätzt.

Ehrenmorde

Die Kopplung von „männlicher Ehre" unter anderem an die Unversehrtheit der Frau lässt jährlich tausende von Mädchen und Frauen zu Opfern tödlicher Gewalt durch Familienmitglieder werden („Ehrenmorde"). Um die Familienehre wieder herzustellten, werden Frauen und Mädchen, vor allem aus islamischen Kulturen, aufgrund unterschiedlichster „Vergehen", wie etwa den Bruch von Normen auf Grund einer unehelichen Schwangerschaft oder auch wenn sie Opfer einer Vergewaltigung wurden, von Vätern, Brüdern oder Onkeln umgebracht. Auch die westlichen Industriestaaten werden von dieser Form der Gewalt gegen Frauen nicht geschont, wie die jüngsten Ereignisse um eine in Deutschland lebende Türkin zeigen: Sie wollte sich von ihrem Mann scheiden lassen und wurde aufgrund ihres „deutschen" Lebensstils von ihren Brüdern ermordet. Eine Studie über den Tod von Frauen in Ägypten brachte zu Tage, dass 47 % der insgesamt getöteten Frauen nach einer Vergewaltigung von einem Verwandten umgebracht wurden.[149]

Vernachlässigung, Missbrauch und Mord von Witwen und älteren Frauen

In Kulturen, in denen Frauen gesellschaftlich weniger angesehen sind, werden ältere Frauen häufig Opfer von Gewalt. Sterben ihre

Männer, werden sie als Witwe von der Familie aufgegeben und wird ihnen ihr Besitz weggenommen. So werden beispielsweise in der Vereinigten Republik Tansania jedes Jahr etwa 500 alte Frauen der Hexerei bezichtigt und ermordet.[150] In vielen Ethnien werden Witwen auch vom Bruder des verstorbenen Mannes als „Nebenfrau" missbraucht.[151]

Frauen als Opfer struktureller und kultureller Gewalt
Neben der direkten Gewalt (physisch, psychisch und sexuell) gilt es strukturelle Gewalt gegen Frauen zu thematisieren, welche verschiedentlich als eine Ursache der direkten Gewalt gegen Frauen und Mädchen angesehen wird. Zur strukturellen Gewalt im Geschlechterverhältnis lassen sich etwa das Einkommensgefälle zwischen Männern und Frauen, die Unterrepräsentation von Frauen in gehobenen Positionen, aber auch der erschwerte Zugang zur Bildung zählen (Machtgefälle zwischen den Geschlechtern).[152] „Aus den ungleichen Zugangsmöglichkeiten zu Bildung, Wohnung, Nahrung, Erwerbstätigkeit und öffentlichen Ämtern resultiert die mangelnde Beteiligung von Frauen an Politik und Entscheidungsprozessen. Dadurch entgehen ihnen wichtige Chancen um die strukturellen Ursachen geschlechtsspezifischer Diskriminierung zu ihren Gunsten zu verändern".[153]

Sowohl die direkte als auch die strukturelle Gewalt gegen Frauen unterliegt in vielen Fällen einer kulturellen Legitimation. Die kulturelle Gewalt – der dritte Gewalttypus des Dreiecks nach Johan Galtung – trägt zur ideologischen und kognitiven Berechtigung der direkten und strukturellen Gewalt bei (vgl. Kap. 1.3). Das Machtgefälle zwischen Mann und Frau und die Benachteiligung von Frauen in vielen Bereichen wird als eine zentrale Ursache für die Gewalt gegen Frauen angeführt: „Gewaltanalysen gehen vom Zusammenwirken mehrerer Faktoren aus, die das individuelle Risiko für Frauen und Mädchen erhöhen, Opfer von Gewalt zu werden: Geringe Wertschätzung von Frauen in der Gesellschaft, ausgeprägte familiäre und gesellschaftliche Machtverhältnisse, wirtschaftliche Abhängigkeit der Frau, Akzeptanz von Gewalt als Mittel zur Konfliktlösung, niedrige Hemmschwelle für die Anwendung von Gewalt."[154]

Formen von Gewalt im weiblichen Lebenszyklus[155]

PRÄNATAL
• Geschlechtsselektive Befruchtung
• Geschlechtsselektive Abtreibung

SÄUGLING
• Tötung weiblicher Säuglinge
• Ungleicher Zugang zu Ernährung und medizinischer Versorgung
• Vernachlässigung

KINDHEIT
• Genitalverstümmelung
• Inzest und sexueller Missbrauch
• Ungleicher Zugang zu Ernährung, medizinischer Versorgung und Bildung
• Kinderarbeit und Kinderprostitution

JUGEND
• Heirat in Verbindung mit Entführung und Vergewaltigung
• Verheiratung aus ökonomischen Gründen
• Geschlechtsverkehr aus ökonomischen Gründen
• Sexuelle Belästigung und sexueller Missbrauch auf dem Schulweg, zu Hause oder am Arbeitsplatz
• Verweigerung der sexuellen Selbstbestimmung
• Zwangsprostitution

REPRODUKTIVES ALTER
• Psychischer und physischer Missbrauch durch Partner und Angehörige
• Vergewaltigung in der Ehe
• Mitgiftverbrechen und -morde, Ehrenmorde
• Zwangsprostitution
• Sexuelle Belästigung und sexueller Missbrauch am Arbeitsplatz
• Missbrauch und Vergewaltigung von Frauen mit Behinderungen
• Verfolgung von Lesben
• Missbrauch und Benachteiligung von jungen Witwen

HOHES ALTER
• Missbrauch von Witwen
• Vernachlässigung älterer Frauen

1.2 GEWALT GEGEN MÄNNER

Gewalt ist unter Männern zwischen 15 und 44 Jahren für etwa 14 Prozent aller Sterbefälle verantwortlich (bei Frauen für etwa 7 Prozent).[156] Physische Gewalt hat, nicht nur die Täterschaft betreffend, ein „männliches Gesicht".[157] Dem „World Report on Violence and Health" ist zu entnehmen, dass Jungen bzw. junge Männer zwischen 15 und 29 weltweit am häufigsten Opfer von Tötungsdelikten sind (19,4 pro 100.000), gefolgt von Männern zwischen 30 und 44 Jahren. Mit zunehmendem Alter sind die Raten bei Männern rückläufig. Bei Frauen dagegen beträgt die Rate in allen Altersgruppen, außer bei den 5–14 jährigen (2 pro 100.000) ungefähr 4 pro 100.000.[158] Das Risiko, Opfer von Gewalthandlungen zu werden, sei für Männer in der Kindheit und Jugend sehr viel größer, als im Erwachsenenleben, so die Studie „Gewalt gegen Männer" des BMFSFJ. Lediglich etwa 14% der im Rahmen dieser Untersuchung befragten Männer gaben an, „keine Gewaltwiderfahrnisse in dieser Lebensphase" gemacht zu haben. In der Mehrheit der Fälle wird über körperliche und physische Gewalt berichtet.[159] Seit Mitte der 1980er Jahre sind die Opferzahlen männlicher 14 bis 18-Jähriger in Deutschland um etwa ein Zehnfaches angestiegen (die der Mädchen um etwa das Fünffache).[160]

Männer als Opfer kriegerischer Gewalt

„Im Kriege sprach und spricht man von ‚Verlusten', wenn von gefallenen Männern die Rede ist, die ‚Opfer' sucht man bei den Frauen, Kindern und den Alten in der Zivilbevölkerung"[161]. Aktuelle Studien, so z. B. der „Human Security Report", gehen davon aus, dass die Zahl der Männern, die kriegerischen Auseinandersetzungen zum Opfer fallen, höher sind, als die der Frauen. Die neue Form der Kriege führe zwar zu einer Zunahme der Opferzahlen in der Zivilbevölkerung doch häufig werden die Zahlen der Opfer überschätzt. Dass Männer in der Regel häufiger Opfer kriegerischer Gewalt sind, ist zum einen auf die Gelegenheitsstruktur zurückzuführen: Das Militär sowie paramilitärische Regierungen sind in erster Linie eine „Männerdomäne". Andererseits wird kriegerische Gewalt auch gezielt gegen Männer gerichtet. Ein eindringliches Beispiel hierfür sind die gezielten Massaker an den bosnjakischen Männern in Srebrenica 1995.

Selbstmorde bei Männern

Auch die Suizidraten sind, trotz erheblicher Länderdifferenzen, bei Männern in der Regel höher als bei Frauen. Das Verhältnis von männlichen zu weiblichen Selbstmorden reicht von 1 : 1 in China bis zu 10:1 in Puerto Rico.[162] Verschiedenen Studien zufolge sterben mehr Männer durch Selbstmord als im Krieg.

Männer als Opfer sexueller Gewalt
Die meisten Opfer von Vergewaltigungen sind zwar Frauen und Mädchen, doch auch Männer und Jungen fallen sexueller Gewalt zum Opfer: Die Vergewaltigung von Männern und Jungen durch Männer als auch junger Männer vor allem durch ältere Frauen ist ein erkanntes Problem[163] aber bislang wenig erforscht. Systematische Untersuchungen der Vergewaltigung von Männern durch Männer liegen nur für Gefängnisse vor.[164]

Männer als Opfer häuslicher Gewalt
Erhebungen zufolge werden Jungen häufiger geschlagen oder überhaupt körperlich bestraft als Mädchen (während Mädchen jedoch stärker der Gefahr ausgesetzt sind, Opfer von Kindstötung, sexuellem Missbrauch und Vernachlässigung zu werden (vgl. oben)).[165] Unterschiedliche Studien – Arne Hoffmann spricht von insgesamt 95 wissenschaftlichen Forschungsberichten, 79 empirischen Studien und 16 vergleichenden Analysen in kriminologischen, soziologischen und medizinischen Fachzeitschriften aus den USA, Kanada, England, Dänemark, Neuseeland und Südafrika[166] – zeigen, dass die Opfer von Gewalt in Beziehungen entweder zu gleichen Teilen beide Partner oder hauptsächlich der Mann ist. Hoffmann zieht den Schluss, dass häusliche Gewalt weiblich ist. Ob die Ergebnisse dieser ausschließlich in westlichen Industrieländern erhobenen Studien sich auch auf Entwicklungs- und Transformationsländer übertragen lassen, scheint fraglich. Zweifel ergeben sich vor allem im Hinblick auf die Übertragbarkeit auf Gesellschaften mit ausgeprägten patriarchalen Strukturen. Im Weiteren ist anzumerken, dass sich die von Frauen und von Männern angewandte physische Gewalt im Hinblick auf ihre Intensität z.T. erheblich unterscheidet.

Einen weiteren Aspekt der Gewalt gegen Männer gilt es zu thematisieren: Männer werden auch dadurch zu Opfern von Gewalt, weil sie durch strukturelle oder kulturelle Faktoren zur Anwendung von Gewalt „genötigt" werden. Man denke hierbei etwa an die „Brüder", welche die Ehre ihrer Familien verteidigen müssen oder an zahlreiche Kämpfer in Kriegen, welchen keine andere Möglichkeit gelassen wird, als an den Kampfhandlungen teilzunehmen.

2 MÄNNER UND FRAUEN ALS TÄTER

2.1 „MÄNNLICHE GEWALT"

Unumstritten ist sowohl in der öffentlichen als auch in der wissenschaftlichen Debatte, dass zumindest körperliche Gewalt – weltweit – überwiegend „männlich" ist. Schätzungen zufolge liegt das Verhältnis bei bis zu 90:10.[167] Im Besonderen junge Männer sind dabei weitaus häufiger Täter körperlicher Gewalt als Frauen.[168] So kommt etwa eine Untersuchung des Bundesministeriums für Familie, Senioren, Frauen und Jugend (BMFSFJ) zu dem Ergebnis, dass „sowohl in der Öffentlichkeit und Freizeit, als auch in der Schule und Ausbildung (…) in der überwiegenden Mehrheit männliche Täter benannt" werden. Im Gegensatz dazu seien männliche und weibliche Täter und Täterinnen – zumindest in den westlichen Industriestaaten – innerfamiliär fast gleichgewichtig verteilt.[169] Der Studie der WHO zufolge deuten verschiedene Forschungsergebnisse darauf hin, dass Frauen ihre Kinder häufiger körperlich bestrafen als Männer. Es wird gleichzeitig jedoch eingeräumt, dass der Grund hierfür in der Gelegenheitsstruktur angelegt ist. Wenn diese körperliche Gewalt gegen Kinder zu schweren oder tödlichen körperlichen Verletzungen führt, sind häufiger Männer die Täter. Auch hinter dem sexuellen Missbrauch von Kindern stehen weitaus wahrscheinlicher Männer.[170] Beim sexuellen Missbrauch von Mädchen seien dabei 90 Prozent der Täter männlich, beim sexuellen Missbrauch von Jungen zwischen 63 und 86 Prozent.[171] Gewalt in der Schule betreffend, seien Jungen – Selbstberichten zufolge – in etwa drei- bis viermal häufiger Täter von harten physischen Gewalthandlungen als Mädchen. Dieselbe Erhebung führte aber auch zu dem Ergebnis, dass Jungen signifikant häufiger Opfer von Gewalthandlungen sind.[172] Physische Gewalt ist also, sowohl was die Opfer als auch die Täter angeht, in erster Linie „männlich".

2.2 „WEIBLICHE GEWALT"

Dies kann jedoch nicht als ein Beleg dafür herangezogen werden, dass Jungen bzw. Männer aggressiver sind als Frauen. Mädchen bzw. Frauen bevorzugen oft andere, verdeckte bzw. indirekte Formen von Gewalt – häufig auch nach innen, auf sich selbst gerichtete Gewalt.[173] Letztere, auch als Autoaggression bezeichnete Gewaltform, manifestiert sich etwa in Selbstverletzungen, Essstörungen und psychischen Erkrankungen.[174] Untersuchungen über Gewalt an der Schule führten zu der These, dass sich Mädchen typischerweise subtilerer Formen von Gewalt bedienen: „Ein Vergleich indirekter Aggressionsstrategien ergibt, dass Mädchen eher als Jungen zu Strategien greifen, die psychischen Schaden anrichten (...), und die als sozial schädigende Verhaltensweisen interpretiert werden können".[175] Gewalt betreffend wurde vielfach eine „geschlechtsspezifische Arbeitsteilung" identifiziert. Die (indirekte) Ausübung der Gewalt von Frauen bezieht sich nicht nur auf die von Frauen bzw. Mädchen „bevorzugte" Form der psychischen oder gegen sich selbst gerichteten Gewalt (Magersucht gilt als eine Ausprägung solcher, gegen sich selbst gerichteter Gewalt). Frauen projizieren, so die These, eigene Aggressions- und Gewaltbedürfnisse auf Männer, die dann für sie stellvertretend handeln. Dieser Aspekt wurde vor allem in verschiedenen Studien zur Untersuchung rechtsextremer Gewalt herausgearbeitet. Im Besonderen junge Frauen fungieren hier in der Regel als Unterstützerinnen, als „Cheerleader" und legitimieren die Gewalt durch Anerkennung und Bewunderung ihrer „Helden".[176] In solchen Gruppierungen trete die Vorstellung des traditionellen Geschlechterverhältnisses besonders deutlich zu Tage. So schreibt etwa Hilke Oltmann: „Zwar stellt man fest, dass Mädchen und junge Frauen gegenüber Gewalt als Konfliktlösungsform, vor allem, wenn sie gegen Personen gerichtet ist, zurückhaltender sind; ein wesentlicher Punkt, nämlich wie sich Mädchen verhalten, wenn Jungen Gewalt gegen sie oder andere ausüben, wird aber nicht berücksichtigt. Akzeptieren sie hier nicht Gewalt in einer anderen, spezifisch weiblichen Form, bzw. projizieren sie nicht eigene – nicht gelebte Gewalt und Aggressivitätsbedürfnisse auf Männer, indem sie diese ‚siegen, durchgreifen und kämpfen' lassen, um so eine scheinbare Aufwertung, um Geborgenheit und Schutz zu erfahren?"[177] Verschiedene Statistiken verzeichnen in den letzten 25 Jahren eine Zunahme der Frauenkriminalität im Allgemeinen, aber auch der durch Frauen begangenen Gewaltkriminalität – etwa das Phänomen brutaler Mädchengangs.[178] Die Zunahme der physischen Gewaltanwendung durch Frauen wird teilweise auf die Orientierung an männlichen Verhaltensmustern bzw. auf die Nachahmung männlichen Verhaltens zurückgeführt, als „verquere Emanzipation" oder als Abwehr erfahrener Abwertungen interpretiert.[179]

Dennoch kann im Großen und Ganzen an der These festgehalten werden, dass Frauen nicht in gleichem Maße auf offene, äußere Gewalt „angewiesen" zu sein scheinen wie Männer, Männer wiederum „ihre" Gewalt für aber auch an Frauen demonstrieren.[180] Die Bedeutung der Rolle der Frau als „Cheerleaderin" darf jedoch nicht übersehen werden.

2.3 GENDER UND KRIEG

Lange Zeit wurde davon ausgegangen, dass Krieg eine reine „Männersache" ist. Die aktive Rolle der Frauen in gewaltsamen Konflikten – als Kriegstreiberinnen, Täterinnen und Kriegsgewinnlerinnen, aber auch als Friedensschafferinnen und „Überlebenskünstlerinnen" – trat erst spät ins Bewusstsein.[181] Den Völkermord in Ruanda betreffend wurde etwa festgestellt, dass Frauen meist Opfer, doch auch „auf allen Ebenen" als Täterinnen beteiligt gewesen seien und einige hätten sogar mit eigener Hand getötet.[182] Auch in anderen Regionen Afrikas, wie auch Lateinamerikas ist die aktive Teilnahme der Frauen an gewaltsamen Auseinandersetzungen kein Ausnahmephänomen. Als einen weiteren Aspekt gilt es hervorzuheben, dass Frauen in Phasen kriegerischer Auseinandersetzungen häufig die „traditionell männlichen Verantwortungen und Aufgaben" übernehmen „und so mit der alten gesellschaftlichen Ordnung" brechen.[183]

Häufig fehlen präzise Angaben über die Rolle (bzw. Funktion) der Frauen im Krieg. Dies führt zum einen dazu, dass die Interessen und die Bedürfnisse von ehemaligen Kämpferinnen bei Reintegrationsmaßnahmen, so Reimann, nicht adäquat berücksichtigt werden. Zum anderen vermitteln undifferenzierte Darstellungen ein „stereotypes Bild" von Frauen als Opfer von Kriegen – als hilflose und passive Wesen.[184]

In Zeiten kriegerischer Auseinandersetzungen wird Gewalt als „legitimes" Mittel gedeutet, um bestimmte Ziele zu erreichen. Ehemalige Kämpfer, ob sie nun in staatlichen oder nicht-staatlichen Gruppierungen organisiert waren, erleiden nach Beendigung der Kampfhandlungen, „in der Phase der Reintegration und Demobilisierung eine tiefe „Männlichkeitskrise", oft einhergehend mit Alkoholmissbrauch, häuslicher Gewalt, Vergewaltigung und Selbstmord".[185] Nach den kriegerischen Auseinandersetzungen richten sie die Gewalt – nun nicht mehr legitimiert – gegen sich selbst oder gegen andere Menschen, häufig aus ihrem familiären Umfeld.

3 ERKLÄRUNGSANSÄTZE FÜR DIE GESCHLECHTS-SPEZIFISCHE AUFTEILUNG VON GEWALT

Die Suche nach Erklärungen für die Geschlechterdiskrepanz beim Thema Gewalt führt vor allem zu sozialisationstheoretischen Ansätzen. Die Bedeutung biologischer Faktoren wird in der Regel nicht gänzlich geleugnet, doch scheint eine kausale Erklärung männlicher Gewaltbereitschaft unter Rückgriff auf unterschiedliche Hormonverteilung usw. in eine Sackgasse zu führen – vor allem in Anbetracht der oben exemplarisch angeführten Formen der Gewalt von Frauen. In sozialisationstheoretischen Ansätzen dagegen, kann der soziale, aber auch der kulturelle Kontext angemessener berücksichtigt werden.

Nach Lothar Böhnisch verweist „Männergewalt" auf die Bedeutung, die Gewalt in der männlichen Lebensbewältigung hat. Er stellt die These auf, dass diese Bedeutung in der Struktur der Logik der männlichen Sozialisation angelegt ist.[186] Seiner sozialisations-theoretischen Argumentation zufolge stellt sich in der, durch geschlechtshierarchische Arbeitsteilung charakterisierten, modernen Industriegesellschaft der sozialisatorische Prozess der Erlangung der männlichen Geschlechtsidentität problematisch dar. Dadurch dass Väter in der Regel abwesend sind, werden die Schwächen und Nöte des Vaters für den Jungen kaum sichtbar. Dadurch erlangt der Junge ein einseitiges Vaterbild, welches durch die „medial ästhetisierten ‚starken' Männerbilder" zur „Idolisierung" des Mannseins und zur Antipathie gegenüber den Schwachen führt. Ein ähnliche Argumentation findet sich bei Lenz; „Die verschiedenen Lebensbereiche, in welchen Männer vorwiegend Verletzungserfahrungen machen bzw. gemacht haben, verlaufen entlang der für ihre Entwicklung relevanten Sozialisationsinstanzen wie Herkunftsfamilie, Gleichaltrigengruppe, Schule, Bundeswehr, Partnerschaft und Beruf. Deren offener Lehrplan lautet: „Männer werden systematisch dazu konditioniert, Schmerzen zu ertragen (…) Sie lernen so ihre Empfindungen von Verletzungen und das Leiden daran zu verbergen. Der Satz ‚Ein Indianer kennt keinen Schmerz' scheint noch immer aktuell zu sein".[187]

Mädchen erhalten demgegenüber, durch die Beziehung zur Mutter (welche ihren Jungen auch zum Mann erziehen möchte) eher die Möglichkeit der Geschlechteridentifikation. Darüber hinaus erhielten Mädchen aber auch eher restriktive und eher negative Geschlechtszuschreibungen und werden in ihrem Verhalten eher kontrolliert und beschränkt.[188] „Bei Jungen und Mädchen", so Böhnisch, „fallen die Möglichkeiten der Geschlechtsidentifikation auseinander. Bei Jungen finden sich Defizite in der Möglichkeit der Geschlechtsidentifikation, dagegen aber eine breite Palette an öffentlichen, ‚äußeren' Verhaltensmöglichkeiten, bei Mädchen ist dieses Verhältnis eher umgekehrt."[189] Nicht nur innerfamiliär mangelt es für Jungen an der Möglichkeit der Geschlechtsidentifikation (Erzieherinnen und Grundschullehrerinnen). Diese fehlende Geschlechtsidentifikation birgt zusammen mit der daraus folgenden Idolisierung des Männerbildes – Böhnisch zufolge – die Gefahr einer ständigen Überforderung männliches Idealverhalten zu zeigen, wobei die Gewalt als extreme Form des Bewältigungshandelns angesehen wird.

John Hagan widmet sich im Rahmen seiner Power-Control-Theorie unter anderem dem Zusammenhang von Gewalt und Geschlecht.[190] Wie auch Böhnisch geht Hagen von einer doppelten Schichtung der Familie aus: nach Alter und Geschlecht, wobei der Frau, welche im Wesentlichen soziale Kontrolle über die Kinder ausübt, die Aufgabe zukommt sicherzustellen, dass diese Struktur reproduziert werden: „Das heißt, dass bei männlichen Kindern Unternehmungsgeist, Durchsetzungsfähigkeit, Mut, Risikobereitschaft, ja Aggressivität gefördert und sich daraus u. U. ergebende problematische, weil abweichende Verhaltensweisen, zumindest innerhalb gewisser Grenzen toleriert, ja vielleicht sogar erwartet werden. Für weibliche Kinder werden dagegen Konformität und Anpassung positiv sanktioniert und abweichende Tendenzen streng überwacht und konsequent negativ sanktioniert".[191] Die Tätigkeit der Eltern sei für die Ausprägung dieser unterschiedlichen Sozialisationsmuster von nicht zu unterschätzender Relevanz. Je ähnlicher die berufliche Stellung und damit gleichberechtigter die beiden Elternteile, desto weniger ausgeprägt ist die „differenzielle Sozialisation" und desto ähnlicher müssten die Deliquenzbelastungen beider Geschlechter sein.

4 KONSEQUENZEN FÜR GEWALTPRÄVENTIVE ANSÄTZE IM KONTEXT DER ENTWICKLUNGSZUSAMMENARBEIT

Das Themenfeld „Gender und Gewalt" darf nicht ohne weiteres auf den Bereich „Gewalt gegen Frauen" eingeschränkt werden. Wie oben gezeigt wurde, sind die Opfer der meisten Gewalttaten Männer. Doch stellt „Gewalt gegen Frauen" die Bemühungen um Gewaltprävention im Kontext der Entwicklungszusammenarbeit vor eine besondere Herausforderung: Während die Gleichberechtigung zwischen Mann und Frau in den Industrieländern sehr weit fortgeschritten ist, zeigt sich in vielen Gesellschaften dieser Welt, dass ein Mangel an Gleichberechtigung der Geschlechter Frauen zu Opfern – häufig kulturell oder religiös legitimierter – struktureller und direkter Gewalt werden lassen. Ein wirksamer Schutz von Frauen und Mädchen vor Gewalt und die Durchsetzung erfolgreicher Gewaltprävention ist ohne gesellschaftlichen Wandel nicht möglich: Die Strategien müssen dabei auf verschiedenen Ebenen ansetzen:

- Auf internationaler Ebene gilt es, Rechtnormen zu setzen, welche die Gewalt gegen Frauen als Menschenrechtsverletzung kennzeichnen.

Handlungsfelder und Interventionsebenen[192]

MIKROEBENE = Zielgruppe	MESOEBENE = Institutionen und Organisationen	MAKROEBENE = Staat und Politik
• Unterstützung und Beratung von Gewaltopfern • Rechtsberatung und Rechtsbeistand • Aufklärung von Frauen (Empowerment Programme) • Förderung von Selbsthilfe unter Betroffenen • Stärkung von Bündnissen gegen Gewalt gegen Frauen • Sensibilisierung lokaler/traditioneller Autoritäten • Zusammenarbeit zwischen modernen und traditionellen Autoritäten • Abbau aggressiver Handlungsmuster bei Jugendlichen und Männern • Stärkung von Selbstbewusstsein sowie Verhandlungs- und Durchsetzungsfähigkeit von Mädchen (girl-power-/life-skills-Programme)	• Aus- und Fortbildung strategischer Berufsgruppen: EntscheidungsträgerInnen, Polizei, RichterInnen, Gesundheitspersonal, JournalistInnen, LehrerInnen • Förderung von Analysen und Aktionsforschung • Stärkung von staatlichen Institutionen und Beratungskapazität von NRO • Vernetzung von Hilfs- und Beratungsangeboten • Förderung von Lobbyorganisationen, Abschaffung von FGM, etc. • Verbesserung der Präsenz von Instanzen der Rechtsdurchsetzung und ihrer Dienstleistungen (Polizei, Strafjustiz, Zivil- und Familiengerichte) • Stärkung von koordiniertem Vorgehen und Allianzen von Justiz, Polizei, kommunalen Einrichtungen und lokalen Autoritäten	• Integration von Gewaltprävention in relevante Politiken; Sicherheit, Recht, Frauen/Gender, Gesundheit, Bildung, Jugend, Good Governance • Umsetzung internationaler Abkommen und Aktionspläne zur rechtlichen Gleichstellung der Geschlechter und Beseitigung der Gewalt gegen Frauen • Anpassung von religiösem und Gewohnheitsrecht an moderne Rechtsnormen • Strafgesetzgebung gegen häusliche und sexuelle Gewalt • Aufbau von Daten- und Informationssystemen, nationale Statistik • Erreichung nationaler Evaluierungs- und Monitoringsysteme

4.1 SCHAFFUNG EINES EINDEUTIGEN RECHTLICHEN RAHMENS AUF INTERNATIONALER EBENE[193]

Die Ungleichheit zwischen den Geschlechtern, Gewalt gegen Frauen bzw. die Diskriminierung von Frauen wird in vielen Ländern durch eine unzureichende Gesetzgebung erleichtert. Das erste internationale Dokument, das die Gleichberechtigung zwischen den Geschlechtern anerkennt, ist die Allgemeine Menschenrechtserklärung. Doch vor allem der 12. Artikel wird oft kritisiert. In ihm steht festgehalten: „Niemand darf willkürlich Eingriffen in sein Privatleben, seine Familie, seine Wohnung und seinen Schriftverkehr oder Beeinträchtigungen seiner Ehe oder seines Rufes ausgesetzt werden". Dieser Artikel wurde von vielen Staaten wiederholt dazu genutzt, Gewalt gegen Frauen, welche größtenteils im privaten Raum stattfindet, außerhalb ihres Zuständigkeitsbereiches zu definieren.

Die Verabschiedung des Übereinkommen zur Beseitigung jeder Form der Diskriminierung der Frau (Convention on the Elimination of all Forms of Discrimination against Women – CEDAW) im Jahre 1979[194] brachte im Hinblick auf die Trennung von privat und öffentlich eine entscheidende Wende. In diesem bis heute als Höhepunkt der Entwicklung von Menschenrechtsinstrumenten für Frauen bezeichneten Dokument, sind Handlungsanweisungen an die Staaten festgehalten, welche sich auch auf den privaten Bereich erstrecken. Obwohl es von mehr Staaten unterzeichnet wurde als der Zivilpakt und der Sozialpakt, unterliegt es den meisten Vorbehalten, welche sich zu meist auf die Verpflichtung zu Abhilfemaßnahmen oder auf das Ehe- und das Familienrecht beziehen.[195] Der Schwerpunkt dieses Dokumentes liegt auf der Verurteilung aller Formen der geschlechtsspezifischen Diskriminierung und verpflichtet die Staaten zu einer aktiven Herstellung der Gleichberechtigung – gegebenenfalls unter zur Hilfenahme der so genannten positiven Diskriminierung. Gewalt gegen Frauen war in der CEDAW nicht von Relevanz. Auf der Wiener Menschenrechtskonferenz von 1993 wurde Gewalt gegen Frauen erstmals schwerpunktmäßig thematisiert. Von besonderer Bedeutung ist dabei, dass sich in der daraus entstandenen UN-Erklärung über die Beseitigung von Gewalt gegen Frauen, der Schutz der Frauen vor Gewalt explizit auch auf die Privatsphäre, einschließlich der Ehe und Familie, bezieht. Als ein weiteres wichtiges internationales Dokument gilt das UN-Protokoll zur Bekämpfung von Menschenhandel, sowie die Einrichtung des Internationalen Strafgerichtshofes, welcher auch geschlechtsspezifische Verbrechen verfolgt. Kriegsverbrechen an Frauen waren lange Zeit nicht Gegenstand des allgemeinen

Völkerrechts. Erst die Mandate der Tribunale für Ruanda und Jugoslawien enthielten Gewalt gegen Frauen als Tatbestände. Die vierte Weltfrauenkonferenz in Peking von 1995 sowie ihr Nachfolgeprozess stellen einen weiteren wichtigen Schritt auf internationaler Ebene dar. Die Pekinger Aktionsplattform richtet mit ihren zwölf strategischen Aktionsbereichen Handlungsanforderungen an Regierungen, internationale Organisationen sowie internationale und nationale NGOs. 2000, im Rahmen einer Sondersitzung der UN-Generalversammlung zur Bewertung der Umsetzung der Aktionsplattform, wurden Fortschritte im Bereich der Bildung, der Gesundheitsversorgung und der Abschaffung von Frauen diskriminierenden Gesetzen verzeichnet. Rückschritte jedoch im Bereich der Armut und der Gewalt gegen Frauen. Das Abschlussdokument der Generalversammlung benennt erstmals Genitalbeschneidung, Ehrenmorde, Zwangsarbeit sowie Vergewaltigung in der Ehe als Gewalt gegen Frauen und als Menschenrechtsverletzung.

Die internationalen Abkommen verpflichten die Vertragsstaaten, sofern sie die Konventionen unterschrieben haben (die Beschlüsse der UN-Menschenrechtskonvention und Frauenrechtskonvention gelten für alle Mitgliedstaaten der Vereinten Nationen), ihre Verfassungen und Gesetze den internationalen Standards entsprechend anzupassen. Die Verankerung der internationalen Konventionen in der nationalen Gesetzgebung erwies und erweist sich als ein langfristiger Prozess. Dieser Prozess wird von unterschiedlichen Instrumenten zur Überwachung der Umsetzung der Konventionen begleitet. Verschiedene internationale und nationale NGOs spielen hierbei eine bedeutende Rolle: so können etwa NGOs mit Beraterstatus bei der UNO alternative Berichte zur Umsetzung des Zivil- und Sozialpaktes sowie der CEDAW-Konvention vorlegen, bei den Sitzungen der Sachverständigenausschüsse anwesend sein und mündliche Eingaben machen.

4.2 UMSETZUNG DER KONVENTIONEN

Der Prozess der Umsetzung der Konventionen ist eingebettet in die jeweiligen politischen, kulturellen und gesellschaftlichen Kontexte.[196] Die Mindestvoraussetzung für Fortschritte in der Praxis, so Wölte, sind der politische Wille von Regierungen, die Existenz zivilgesellschaftlicher Initiativen sowie politischer Druck.

Das Wissen um bestehende Rechte erhöhen und den Zugang zu Rechtsinstanzen erleichtern Ein wesentlicher Schritt besteht darin, das Wissen um bestehende Rechte zu erhöhen. Die Gesetzgebung bleibt weitgehend unbekannt, wenn sie nicht von umfassenden Auf-

klärungsprojekten begleitet wird. Die Wahrnehmung der Rechte wird
außerdem durch mangelnde Möglichkeiten des Zugangs zu entsprechenden Rechtsinstanzen erschwert.

Menschenrechtserklärung in einem Basisbildungs-
programm im Senegal

Das Village Empowerment Program der NRO Tostan im konserva-
tiven Süden Senegals ist ein gemeindenahes Post-Alphabetisierungs-
programm. Für Frauen eröffnet die grundlegende Information über
die ihnen zustehenden kodifizierten Rechte gemäß der modernen
Verfassung jenseits der traditionellen Praxis neue, bisher ungeahnte
Perspektiven. In Rollenspielen, mit traditionellen Liedern und Reimen
oder in Diskussionen werden Alltagsprobleme sichtbar gemacht und
gemeinsam nach angemessenen Lösungen gesucht. Dazu gehören
häusliche Gewalt, Konflikte in polygamen Ehen, die Angst vor HIV/
AIDS und die Genitalverstümmelung von Mädchen. Die Stärke und
der Erfolg des Ansatzes liegt in der Vermittlung von praxisrelevantem
Wissen mit interaktiven Lehrmethoden. In Lernpatenschaften mit
Ehemännern und anderen Familienmitgliedern werden die Inhalte des
Kurses in der Familie und durch Einbeziehung der Dorfältesten in den
Gemeinden bekannt. In öffentlichen Zeremonien haben Gemeinden
erklärt, gesundheitsgefährdende Praktiken, wie z. B. Genitalverstümmelung von Mädchen, aufzugeben und physische Gewalt an Frauen
und Mädchen im häuslichen Bereich zu sanktionieren. Der Ansatz
wird aufgrund seines Erfolgs bereits in anderen Ländern angewendet. Dazu hat Tostan andere NROs aus Burkina Faso, Mali und dem
Sudan ausgebildet.

Vgl. Anna Erdelmann/Inge Baumgarten: Gewalt gegen Frauen und Mädchen be-
enden. Abbau und Prävention geschlechtsspezifischer Gewalt als Beitrag zum
Schutz der Menschenrechte und zur Entwicklung. GTZ. Eschborn 2202, S. 21.

Das Problem des Zugangs zu Recht sei jedoch auf einer zu hohen
Ebene angesetzt, so eine Studie der GTZ. Hindernisse stellten vielmehr „fehlende Kenntnisse über Verwaltungsvorschriften und Ver-
waltungszuständigkeiten, unbekannter Aufenthalt des Streitgegners
und Korruption. Dazu kommt die Identifikation der Frauen mit den
geltenden sozialen Normen, so dass sie lieber auf das Einklagen ihrer Rechte verzichten, als einen Konflikt öffentlich zu machen und
Schande über die Familie zu bringen."[197]

Rechtsberatung durch Parajuristinnen und Juristen

2000 veröffentlichte das Sektorvorhaben „Rechts- und Sozialpolitische Beratung für Frauen" der GTZ einen Bericht, mit dem Ziel die Durchführung von Rechtsberatung durch Parajuristen und Juristinnen zu beschreiben und zu bewerten. Mit der finanziellen Unterstützung durch das Sektorvorhaben bildete die NGO „Comité Africain pour le Droit et le Développement" (CADD) in den Jahren 1998/99 in der Region Fatick (Senegal) 30 Parajuristinnen (Laienjuristinnen) aus. Der Bericht „Rechtsberatung durch Parajuristinnen in Senegal" stellt die Ergebnisse eines Gutachtereinsatzes im Februar 2000 dar: „Es sollte kritisch überprüft werden, ob und inwieweit der Einsatz von Parajuristinnen zur Verbesserung der Rechtsstellung und der verstärkten Durchsetzung von Rechtsansprüchen von Frauen führen kann". Die Berichterstatter kommen zu folgendem Ergebnis: Rechtsberatung durch ParajuristInnen bietet den Frauen einen besseren Rechtszugang als anwaltliche Vertretung. ParajuristInnen können die soziale Situation der Frauen einschätzen. Sie arbeiten mit Empathie, da sie häufig die Erfahrungen teilen. Sie drängen nicht zu einem Prozess, da sie ihren Lebensunterhalt nicht mit Rechtsberatung bestreiten. ParajuristInnen sind vor Ort und von den Frauen schnell und unauffällig zu befragen. Gleichzeitig können die ParajuristInnen die entscheidenden Akteure vor Ort einschätzen und ihre Strategie dadnach ausrichten. Außerdem sprechen sie die lokale Sprache der Frauen und bedienen sich nicht einer abschreckenden Fachsprache. Eine solche Beratung wird realistischerweise für lange Zeit die einzige Möglichkeit der Rechtsberatung auf dem Lande in Afrika bleiben. Das Modell der parajuristischen Beratung für Frauen sollte systematischer betrieben und genutzt werden. Parajuristinnen und Juristen decken nicht den gesamten Rechtsbereich ab, sondern sind kompetent für die zentralen Fragestellungen der Frauen und sammeln hier Erfahrung. Die Qualität der Beratung und Hilfe für Frauen durch ParajuristInnen hängt von ihrer Ausbildung, aber vor allem vom Backstopping und der Supervision durch eine/n JuristIn vor Ort ab. Die Ausbildung als solche kann nur einen Grundstein legen, entscheidend ist die Betreuung in der Praxis. Diese Betreuung muss in fachlicher Unterstützung für die ParajuristInnen bestehen und gleichzeitig dort Einspringen, wo ParajuristInnen überfordert sind.

Vgl. E. A. Spittler: Rechtsberatung durch ParajuristInnen in Senegal. Evaluierungsbericht zum Kooperationsprojekt der senegalesischen NRO „Comité Africain pour le Droit et le Développement" (CADD). GTZ. Wiesbaden 2000.

Bewusstseinsänderung

„Angenommen es würde endlich etwas geschehen und sämtliche Gesetze und Bestimmungen würden auf der Grundlage der Menschenrechte verfasst werden. In vielen Gesellschaften könnte sich zeigen,
dass die Menschen nicht imstande wären, sofort diese kulturellen
Veränderungen zu akzeptieren. Sie würden sich vielleicht sogar dagegen aufbäumen."[198] Selbst wenn die Gesetze längst eine andere
Sprache sprechen, wird Gewalt gegen Frauen mit der Erhaltung von
Kultur und Religion legitimiert.[199] Der Wandel gesellschaftlicher Ein-
stellungsmuster zur Gleichberechtigung von Frauen ist zentral für
langfristige kulturell akzeptierte Veränderungen, denn „Demokratie
und Menschenrechte können nur mit dem und durch den Willen der
Menschen verändert werden, nicht dagegen."[200]

Ein eindringliches Beispiel für die, auf meist kulturelle Faktoren
zurückführbare Kluft zwischen *de jure* und *de facto* ist die Beschneidung von Frauen in vielen Ländern Afrikas und Asiens, wobei FGM
(Female Genital Mutilation), so Finke, weniger als ein isoliertes Phänomen, sondern eher als „Spitze eines Eisbergs asymmetrischer
Geschlechterverhältnisse zu verstehen" sei. Es gewinne politisch an
Bedeutung als „Symbolthema" für die Wahrung der Menschenrechte
und die Gleichbehandlung von Frauen.

Auf internationaler Ebene wird FGM explizit als Menschenrechtsverletzung verurteilt. Die von den meisten afrikanischen Ländern
unterzeichnete „African Charter on Human und People's Rights" orientiert sich an diesen internationalen Konventionen gegen FGM. So
auch die „African Charter on the Rights and Welfare of the Child"
von 1991 und im Besonderen das so genannte Maputo-Protokoll.
Das Maputo-Protokoll (2003; Protokoll für die Rechte der Frauen in
Afrika) ist ein Zusatzprotokoll zur Afrikanischen Menschenrechtsch-
arta, in welchem die Rechte der Frauen – u. a. das Verbot der Genitalverstümmelung und das Recht auf sexuelle Selbstbestimmung
– explizit festgeschrieben sind. Durch die Verankerung dieser Konventionen in der nationalen Gesetzgebung ist FGM also nicht nur
international, sondern auch in den Verfassungen und Gesetzen verschiedener afrikanischer Staaten verboten. Doch reicht auch „die
Sanktionsmacht des Staates nicht bis in ihre Dörfer und Regionen.
Häufig gibt es ko-existierende Rechtsmechanismen. Das förmliche
Recht ist in vielen Ländern weit davon entfernt, einen verlässlichen
und berechenbaren Rahmen für Alltagshandeln bereitzustellen."[201]
Dort nämlich – aus der interkulturellen Perspektive, so Finke – stehe
die „Aufwertung der jungen Frau im Status" im Zentrum des Interes-

ses. Der beschnittene Körper wird als „ästhetische Norm erlebt und die unversehrten Genitalien als verspottenswert unästhetisch, unrein oder gar gesundheitsgefährdend."[202]Der soziale Druck scheint dabei der Hauptgrund zu sein, mit der Praxis der Beschneidung fortzufahren.

Unter der Berücksichtigung dieser, in erster Linie der traditionellen Verwurzelung geschuldeter Kluft zwischen de jure und de facto, sind keine schnellen Lösungen zu erwarten. Bewusstseinsbildende Maßnahmen, welche das gesetzliche Verbot, die fehlenden religiösen Begründungen – FGM ist auf traditionelles nicht auf religiöses Recht zurückzuführen – sowie die medizinische Problematik der Praxis betonen, müssen langfristig angelegt sein. Zu solchen Maßnahmen zählen etwa Seminare, Diskussionsgruppen und Debatten, aber auch Theateraufführungen, Filme und Medienkampagnen, um eine möglichst breite Öffentlichkeit zu erreichen. Die Vernetzung verschiedener Handlungsebenen und Akteure, d. h. eine Vernetzung zwischen internationalen, sowie nationalen staatlichen und nicht-staatlichen Instanzen, sowie eine Involvierung aller betroffenen Akteuren, d. h. der Frauen – hier vor allem in Form von Empowerment – dem Gesundheitspersonal, der Meinungsführer, der Lehrer und auch der Beschneiderinnen, sollte im Idealfall gewährleistet sein.

FGM in Burkina Faso

Das 1990 gegründete nationale Komitee zur Überwindung von FGM (CNLPE) in Burkina Faso, welches sich aus Vertretern der Ministerien, NGOs und Vereinen sowie aus religiösen und traditionellen Autoritäten zusammensetzt, legt einen Schwerpunkt auf solche bewusstseinsbildenden Maßnahmen. Einem Länderbericht der GTZ zufolge, welche im Auftrag des BMZ bestimmte Aktivitäten des Komitees unterstützt, erreichte das Nationale Komitee eine weit reichende soziale und politische Mobilisierung:[203]

- Etwa 2300 Personen aus verschiedenen sozioökonomischen Gruppen wurden fortgebildet und haben sich an bewusstseinsbildenden Maßnahmen beteiligt.
- Fast vier Millionen Menschen haben von diesen Maßnahmen profitiert.
- Zwischen 2000 und 2002 wurden 64 chirurgische Operationen nachgefragt und durchgeführt, um schwer wiegende Folgen von FGM zu behandeln.

- Seit 1996 ist FMG illegal (Art. 380 bis 382 des Strafgesetzbuches). Bis heute haben etwa hundert Gerichtsverfahren stattgefunden, in denen die Täter schuldig gesprochen wurde. Die Anzahl anonymer Anzeigen per Telefon steigt.
- Regionale Komitees sind in den 45 Provinzen des Landes gegen FGM aktiv. CNLPE versucht, seine Strukturen auf Bezirks- und Gemeinschaftsebene weiterhin zu dezentralisieren.
- Bei der Überwindung von FGM sind außerdem Unterstützungskomitees für traditionelle und muslimische Führer (gegründet 1996) sowie Polizisten, Studenten und nationales Krankenhauspersonal aktiv.

Weibliche Genitalverstümmelung in Burkina Faso.

Vgl. http://www2.gtz.de/fgm/deutsch/laender/bu-faso.htm.

Geschlechtsspezifische Trainings

Ein sicherlich zentraler Aspekt der Gewaltprävention im Nahbereich sind, hinsichtlich der verschiedenen Formen der Gewalt, so genannten geschlechtsspezifische Trainings. So beschäftigen sich etwa viele (Männer- bzw. Jungen-)Initiativen oder Projekte in den westlichen Industriestaaten explizit mit dem Hinterfragen von überlieferten Vorstellungen zur Männlichkeit.

Starke Mädchen – starke Jungs

Ein Beispiel für die gewaltpräventive Arbeit ausschließlich mit Jungen und Männern ist der Tübinger Verein PfunzKerle. Das Projekt setzt „am gelingenden Junge-Sein bzw. Mann sein an". Eine Problematik für dieses „Gelingen" wird, wie oben bereits dargestellt, darin gesehen, dass die Verantwortung für die Erziehung der Jungen vor allem in der Hand von Frauen liegt – sowohl in der Familie als auch in Kindergarten und Schule – und dass dadurch den Jungen „tragfähige und dauerhafte Bezüge zu realen Männern" fehlen. Der Verein setzt auf die Stärkung sozialer Kompetenzen wie Empathie, Gruppenfähigkeit und Akzeptanz des Gegenübers. Erst diese Fähigkeiten ermöglichten, die Entwicklung der Kompetenz zur Selbstbehauptung. Im Rahmen dieses Projektes wird unter Selbstbehauptung einerseits verstanden, eigene Interessen und die eigene Meinung vertreten zu lernen, andererseits sollen die Meinungen, Interessen und Bedürfnisse Anderer wahrgenommen, respektiert und berücksichtigt werden. Im Rahmen verschiedener Projekte wird zu vermitteln versucht, dass „Männer" nicht immer stark sein müssen, dass man sich und auch anderen – und darin besteht eine zentrale Problematik – Schwächen im Sinne eines Opferstatus eingestehen kann, ohne dass es als persönliches Versagen interpretiert wird, denn „den Mut und die Stärke zu haben, sich Hilfe zu holen, gestaltet sich unter diesen Voraussetzungen als schwieriges Unterfangen". Ohnmachtsgefühle werden dann häufig mit Aggression kompensiert. Die in den Aggressionen enthaltenen Kompetenzen, werden in konstruktiver Weise zu nutzen versucht („Aggressionskultivierung"): „Den aggressiven Jungen wird dadurch signalisiert, dass ihr Handeln nicht generell schlecht ist, sondern dass auf vorhandenen Kompetenzen aufgebaut werden kann. So wird für Jungen eine Differenzierung zwischen Aggression und gewalttätigem Handeln eher schlüssig."[204] Tima e.V. ist das Äquivalent für Mädchen zu dem Verein PfunzKerle – jedoch mit anderen Schwerpunkten. „Tima" versteht sich als „Fachstelle zur mädchenstärkenden Prävention und gegen sexualisierte Gewalt an Mädchen und Frauen". Ziel ist es, den Mädchen Kompetenzen zu vermitteln, die es ihnen ermöglichen/erleichtern sich gegen sexuelle Übergriffe zu wehren.

Neben der sexualisierten Gewalt bildet die Prävention von Essstörungen (einer Form der nach innen gerichteten Gewalt) einen weiteren Schwerpunkt der Arbeit von Tima. Als Beispiel für die konkrete Arbeit der Vereins PfunzKerle und der Tima ist das gemeinsame Projekt „Starke Mädchen – Starke Jungs". Dieses Projekt setzt im Bereich der Primärprävention an und bietet vier bis fünftägige Unterrichtseinheiten zur Gewaltprävention an. Ziel des Projektes ist es, die sozialen Kompetenzen der Mädchen und Jungen sowie die Fähigkeit zur Selbstbehauptung zu fördern. Dabei wird in der Regel in geschlechtshomogenen Gruppen gearbeitet, um gezielt auf die häufig unterschiedlichen Themen, Bedürfnisse und Fragen der Mädchen und Jungen eingehen zu können.

Una Hombecher verweist auf gute Erfahrungen der Männerarbeit aus Lateinamerika, Asien und Afrika. Dabei geht es in erster Linie darum, traditionelle „Geschlechtervorstellungen auf gesellschaftlicher Ebene zu thematisieren und zu überdenken"[205]: Unterschiedliche Initiativen versuchen in Form von Seminaren, Workshops oder Vorträgen „alternative Modelle von Männlichkeit ohne Dominanz- und Gewaltansprüche" zu vermitteln. Ziel ist es aufzuzeigen, dass der Verzicht auf (verschiedene Formen der) Gewalt nicht zu einem Verlust der Männlichkeit führt, „sondern ihren eigentlichen Wünschen viel mehr entspricht: ein Leben ohne Gewalt und ohne gesellschaftlichen Erwartungsdruck."[206] Es bestehe jedoch eine gewisse Problematik, Männer für eine solche Arbeit zu interessieren. Ein möglicher Zugang bietet sich beispielsweise über Veranstaltungen oder Örtlichkeiten, die typischerweise von Männern besucht werden.

5 FAZIT

Die Berücksichtigung von Genderaspekten bei Maßnahmen der Gewaltprävention scheint unerlässlich. In der wissenschaftlichen und gesellschaftlichen Diskussion der Industrieländer ist ihre Bedeutung weitgehend anerkannt, doch nur in Teilbereichen der Praxis der Gewaltprävention aufgegriffen. Für die Entwicklungszusammenarbeit ergeben sich besondere Herausforderungen im Hinblick auf die Prävention von direkter, struktureller und kultureller Gewalt gegen Frauen. Die präventiven Maßnahmen müssen auf unterschiedlichen Ebenen ansetzen: Ein gesetzlicher Rahmen entzieht der physischen wie auch der strukturellen Gewalt gegen Frauen den Legitimationsboden. Doch sowohl die physische als auch die strukturelle Gewalt werden auch durch kulturell tradierte Vorstellungen legitimiert (kulturelle Gewalt). Die Verankerung internationaler Konventionen in der nationalen Gesetzgebung reicht nicht aus. Neben der strukturellen Ebene gilt es die Meso- und die Mikroebene zu berücksichtigen. Ein besonderer Fokus sollte auf das Hinterfragen kulturell überlieferter Muster gerichtet werden. Dabei scheinen geschlechtsspezifische Angebote sinnvoll, wenn nicht gar geboten.

Dos und Don'ts der gendersensitiven Gewaltprävention

Aus den international gesammelten Erfahrungen bei der Berücksichtigung von Genderaspekten in der Gewaltprävention lassen sich die folgenden Dos und Don'ts generieren. Die folgenden Punkte sind eine Auswahl.[207]

Dos

- Make sure that women and men equally participate in the identification and design of the project. Where are the men? Think of strategies to involve men and to minimise male resistance and opposition to women-only projects.
- Take into account the operational realities of most women's groups in general and in conflict situations in particular: Most women's groups are run by volunteers and have very limited funding. Responses to requests after consultations may take time as decisions are generally made consensually.
- Avoid stereotyping women and men. Rather than focusing on women as victims, think of creative ways to strengthen women's capacity to survive, articulate their ideas, experiences etc.
- Collect and make use of sex-desegregated data.
- Make sure that as a result of the project there is no backlash and moving back to old roles in the conflict-settlement and peace-building process. In some conflicts women may have taken over traditionally dominated men's roles and tasks. Ensure that women's organisations which incorporate the diverse and „new" experiences of women are supported.

Don'ts

- Do not assume that women and men belong to homogeneous groups and, as such, have the same interests and needs because of their sex.
- Do not be unclear about what the project may achieve with regard to gender equality in general and women's participation and empowerment in particular.
- Do not use gender-neutral language such as ‚the refugees' or ‚the peacemakers'.[208]

1.7 Kompatibilität mit friedenswissenschaftlich fundierten Theorie- und Praxisansätzen

Gewaltprävention kann über situativ eingesetzte Maßnahmen und Ansätze hinaus als Bestandteil einer umfassenden friedenspolitischen Gesellschaftswelt wahrgenommen und verstanden werden. Eine diesbezügliche Verortung trägt zur Legitimation und Fundierung des Konzeptes bei. Drei Bezugspunkte bzw. Modelle bieten sich an: das Modell der „Menschlichen Sicherheit" (Human Security), die Vorstellungen über die Entwicklung einer zivilen, demokratischen Gesellschaft in Form des „Zivilisatorischen Hexagons" sowie die Entwicklung einer Kultur des Friedens.

1 MENSCHLICHE SICHERHEIT / HUMAN SECURITY

Wenn strukturelle Gewaltverhältnisse und Formen kollektiver Gewalt allgegenwärtig sind, wenn Unterdrückung, Verfolgung, bewaffnete Auseinandersetzungen, Bürgerkriege und Kriege zum Alltag gehören, nimmt auch das Ausmaß der personalen, zwischenmenschlichen Gewalt dramatisch zu. In solchen Zeiten wird das Gewalttabu durchbrochen. Klare Rechtsnormen können (wenn sie vorhanden sind) übertreten werden, ohne direkte Folgen befürchten zu müssen, denn eine Strafverfolgung ist oft nicht oder nur mühsam möglich. Gefühle von Hass und Feindseligkeit sind dabei oft so aufgeladen, dass gewaltsame Übergriffe quasi „normal" erscheinen, zumindest aber die äußeren und inneren Hemmschwellen heruntergesetzt sind. Menschen leben so in Bedrohung und Unsicherheit.

Gewährleistung von „Sicherheit" wurde lange Zeit als Ziel von Sicherheitspolitik verstanden, als deren Aufgabe die Absicherung gegen äußere Gefahren (mit militärischen Mitteln) definiert wurde. Die militärische Bedrohung von außen dominierte die Wahrnehmung von Unsicherheit. Sicherheitspolitik war Sache der Verteidigungs- und Außenpolitik.[209] Nach dem Ende des Kalten Krieges wurde dann aber der Blick dafür frei, dass Staaten auch durch andere Quellen der Unsicherheit bedroht werden können wie durch Klimaveränderung, massive Armut oder organisierte Kriminalität. Die Erweiterung des Sicherheitsbegriffes wurde ab den 1980er Jahren, zunächst vor allem unter dem Stichwort „gemeinsame Sicherheit", diskutiert. In Deutschland wurde in den 1990er Jahren „umfassende Sicherheitspolitik" zum Leitbild, in einer Verbindung aus militärischer Sicherheit im Verbund mit anderen Staaten (gemeinsame Sicherheit), Konfliktprävention (präventive Sicherheit) und „erweiterter Sicherheit".

Zu letzterer heißt es etwa in den Prinzipien der deutschen Sicherheitspolitik des Bundesverteidigungsministeriums: „Stabilität kann nur dort entstehen, wo Demokratie und Menschenrechte gelten, wo es wirtschaftliche Wohlfahrt und soziale Gerechtigkeit gibt, wo der Erhalt der natürlichen Lebensgrundlagen gesichert wird und wo benachbarte Staaten friedlich und gut zusammenarbeiten."[210] In der Sicherheitspolitik des Kalten Krieges wurde, fast unhinterfragt, von Staaten als vornehmlichem Subjekt der Sicherheitspolitik ausgegangen.[211] Bedrohung ging von Staaten aus und nur Staaten konnten ihr begegnen. Im erweiterten Sicherheitsbegriff erfolgt die Auflösung dieser Eingrenzung. Die Nationalstaaten bleiben aber Objekt und Akteur. Aber ist diese Privilegierung von Staaten begründet, geht es nicht vorrangig um die Sicherheit von Individuen, den Bürgern eines Staates? Um dies zu verdeutlichen, wurde das Konzept der „menschlichen Sicherheit" (human security) entwickelt. Der Begriff „mensch-

„Traditionelle" Sicherheitspolitik	„Erweiterte Sicherheit"	„Menschliche Sicherheit" (human security)
Schutz von Staaten vor militärischen Bedrohungen durch andere Staaten	Schutz der „reichen Welt" vor militärischen und nichtmilitärischen („neuen") Gefährdungen, die in Krisenregionen entstehen können	Beseitigung der Ursachen aller Gefährdungen menschlicher Existenz für alle Menschen
Handlungsebene: Staaten	Handlungsebene: Staaten	Handlungsebenen: Individuen, Gruppen, Gemeinschaften
Militärische Sicherheitsstrategien dominieren. Aufrüstung zur Abschreckung und Kriegsführung	Militärische Sicherheitsstrategien werden durch zivile ergänzt: Umrüstung für vielfältige „neue" (militärische) Szenarien	Zivile Sicherheitsstrategien dominieren: Abrüstung, Verlagerung von Ressourcen vom militärischen zum zivilen Bereich

liche Sicherheit" wurde erstmals 1994 im Bericht zur menschlichen Entwicklung des UN-Entwicklungsprogramms (UNDP) verwendet. Objekt der Sicherheitspolitik soll das Individuum sein, nicht der Staat. Das Spektrum der Bedrohungen wird weit gefasst, von Kriegen bis zu Armut und Krankheit. Gewaltanwendung und Armut werden als eng miteinander verbunden beschrieben, dennoch wird zustimmend der Vorsitzende der Gründungskonferenz der Vereinten Nationen, US-Außenminister Edward Stettinius, zitiert: „Keine Vorkehrungen, die in die Charta hineingeschrieben werden können, werden es dem Sicherheitsrat ermöglichen, die Welt sicher zu machen vor Krieg, wenn Männer und Frauen keine Sicherheit in ihren Wohnungen und ihren Arbeitsplätzen haben."[212]

Damit wird der Focus auf die alltäglichen Gewaltverhältnisse gelenkt. Das Konzept „menschliche Sicherheit" bietet – trotz aller Kritik (mehr beschreibend denn analysierend, keine Ursachenforschung, keine theoretisch fundierten Vorschläge) und trotz unterschiedlicher Ausformung (etwa des Human Security Centers, Canada und der Commission on Human Security, Japan) eine neue Perspektive von menschlicher Sicherheit. Es wird eine Sichtweise von unten eingenommen. Das Schicksal von Menschen (Gewaltopfern) wird aufgegriffen und dargestellt. Es findet ein eindeutiger Normbezug statt, der die Rechte des Individuums betont. Das Ziel ist die Verminderung individueller Unsicherheit. Damit wandert der Blickwinkel vom „Schutz des Staates vor militärischer Bedrohung" hin zum Schutz von Menschen vor Gefährdungen ihrer Existenz durch Gewalt. Lothar Brock weist allerdings darauf hin, dass die Erweiterung des Sicherheitsbegriffs auch mit einer Erweiterung des Begriffs der Verteidigung einhergehe und auf diesem Wege mit einer Enttabuisierung des Krieges.[214]

What ist Human Security?

The traditional goal of ‚national security' has been the defence of the state from external threats. The focus of human security, by contrast, is the protection of individiuals. (...)

A new approach to security is needed because the analytic frameworks that have traditionally explained wars between states – and prescribed policies to prevent them – are largely irrelevant to violent conflicts within states. The latter now make up more than 95 % of armed conflicts. All proponents of human security agree that its primary goal is the protection of individuals. However, consensus breaks down over precisely what threats individuals should be protected from. Proponents of the ‚narrow' concept of human security focus on violent threats to individuals or, as UN Secretary-General Kofi Annan puts it, ‚the protection of communities and individuals from internal violence'. Proponents of the ‚broad' concept of human security argue that the threat agenda should include hunger, disease and natural disasters because these kill far more people than war, genocide and terrorism combined. Human security policy, they argue, should seek to protect people from these threats as well as from violence. In its broadest formulations the human security agenda also encompasses economic insecurity and ‚threats to human dignity'. The broader view of human security has many adherents – and it is easy to see why. Few would dispute the desirability of protecting people from malnutrition, disease and natural disasters as well as from violence. Moreover there is considerable evidence to suggest that all of these societal threats are interrelated in the mostly poor countries in which they are concentrated. While still subject to lively debate, the two approaches to human security are complementary rather than contradictory.

Human Security Centre (Hrsg.): Human Security Report 2005. University of British Columbia 2005. www.humansecurityreport.info

Eine zentrale Einsicht für Gewaltprävention ist, dass es einen inneren Zusammenhang zwischen den verschiedenen Formen der Gewalt gibt und es deshalb nicht ausreicht, nur eine Form, die der individuellen Gewalt, anzugehen. Die Bekämpfung kollektiver Gewalt, die Sicherung des staatlichen Gewaltmonopols und die Beseitigung struktureller Gewaltbedingungen sind Grundbedingungen für erfolgreiche Gewaltpräventionsarbeit, die nicht nur an den Symptomen individueller Gewalttätigkeit ansetzen will. Gewaltprävention benötigt also eine Doppelstrategie. Arbeit an den konkreten Gewaltorten (individuelles Verhalten, Familienstrukturen, Schule, Peergruppen, Gemeinwesen usw.) und Schaffung von effektiven Rahmenbedingungen: Bekämpfung von Armut, Etablierung rechtlicher Regelung usw. Damit tritt aber auch die Verfasstheit der Gesellschaft und des Staates in das Blickfeld, deren Aufbau und Strukturen eher gewaltfördernd oder gewaltmindernd sein können.

2 DAS ZIVILISATORISCHE HEXAGON

„Gewalt gedeiht dort, wo Demokratie und Achtung vor Menschenrechten fehlen und die Regierungsgeschäfte schlecht geführt werden. Oft spricht man davon, dass eine „Gewaltkultur" Wurzeln schlagen kann," meint Nelson Mandela.[215] Dieter Senghaas untersucht den Übergang von traditionellen zu modernen Gesellschaften, um herauszufinden, welche Bereiche eines Staates vorhanden und entwickelt sein müssen, damit er friedensfähig wird. Dieser Übergang ist durch eine hochgradige Politisierung der Bevölkerung und mit der steten Gefahr verbunden, dass der aufbrechende „moderne soziale Konflikt" in einen Bürgerkrieg führen könnte, wenn nicht eine „Koexistenz trotz Fundamentalpolitisierung" möglich ist.[216] Vor diesem Hintergrund skizziert Senghaas sechs Bedingungen, die für eine zivilisierte, d.h. nachhaltig gewaltfreie Bearbeitung von unvermeidlichen Konflikten von Bedeutung sind. Diese sechs Bedingungen, die miteinander verbunden und in gegenseitiger Abhängigkeit stehen, nennt er „Zivilisatorisches Hexagon":[217]

1. Das *staatliche Gewaltmonopol* sichert die Rechtsgemeinschaft. Nur eine „Entwaffnung der Bürger", die Entprivatisierung von Gewalt, nötigt diese dazu, ihre Identitäts- und Interessenkonflikte mit Argumenten und nicht mit Gewalt auszutragen.

2. Das *Gewaltmonopol* bedarf der rechtsstaatlichen Kontrolle, soll es nicht einfach Ausdruck von Willkür sein. Ohne solche Kontrolle, die der Inbegriff des modernen Verfassungsstaates ist, wäre das Gewaltmonopol, rechtlich uneingehegt, nichts anderes als Diktatur, also pure Herrschaft des Stärkeren. Zu diesen kontrollierenden Prinzipien gehören u. a. der Schutz von Grundfreiheiten, die Gewährleistung von Menschenrechten durch Gesetze, die Gleichheit der Bürger und Bürgerinnen vor dem Gesetz, sowie die Gewaltenteilung – als einer der wesentlichsten Punkte – ferner die freie Wahl, um nur einige zu nennen. Ohne die vorgängige Konstitution des Gewaltmonopols ist der demokratische Rechtsstaat gar nicht vorstellbar. Der Rechtsstaat selbst wird aber, wo ausgebildet, zum Inbegriff der Kontrolle des Gewaltmonopols.

3. Die *Affektkontrolle* stellt eine weitere wichtige Bedingung für den inneren Frieden von Gesellschaften dar. „Die Entprivatisierung von Gewalt („die Entwaffnung der Bürger") und die Sozialisation in einer Fülle von institutionalisierten Konfliktregelungen implizieren eine Kontrolle von Affekten. Affektkontrolle – Ergebnis einer Sublimierung von Affekten – meint dabei die in differenzierten Gesellschaften sich aus diversen Handlungszusammenhängen ergebene Selbstkontrolle

bzw. Selbstbeherrschung. Sie ist Grundlage nicht nur von Aggressionshemmung und Gewaltverzicht, sondern darauf aufbauend von Toleranz und Kompromissfähigkeit: Beide Einstellungen sind nicht denkbar ohne vorgängig eingeübte Selbstdisziplin. In ihr findet das Autonomiestreben von Individuen und von Gruppen, das moderne Gesellschaften durchgängig kennzeichnet, ein unerlässliches Korrektiv.

4. *Demokratische Teilhabe* als Grundlage von institutionell geregelter Rechtsfortbildung ist kein Luxus, sondern eine notwendige Voraussetzung für friedliche Konfliktbearbeitung. In politisierbaren Gemeinschaften müssen Interessen auf breiter Front artikulationsfähig und in den gängigen politischen Prozess integrierbar sein. Je offener und flexibler dabei das rechtsstaatlich-demokratische Institutionsgefüge, um so belastungsfähiger wird es bei anhaltenden und möglicherweise sich ausweitenden politischen Anforderungen sein. In aller Regel werden in fortgeschrittenen, sozial mobilen Gesellschaften Unterordnungsverhältnisse aufgrund von Geschlecht, Rasse, Klasse oder anderen Merkmalen von den Betroffenen nicht mehr erduldet. In demokratisierten Rechtsstaaten mit einem hohen Politisierungspotential untergräbt solche Diskriminierung die politische Stabilität.

5. Nur wenn es anhaltende Bemühungen um *soziale Gerechtigkeit* gibt, ist eine solche Konfliktbearbeitung in politisierten Gesellschaften von Dauer. In Gesellschaften mit einem erheblichen Politisierungspotential ist eine aktive Politik der Chancen- und Verteilungsgerechtigkeit, letztlich ergänzt um Maßnahmen der Bedürfnisgerechtigkeit (Sicherung von Grundbedürfnissen), unerlässlich, weil sich nur dann die Masse der Menschen in einem solchen politischen Rahmen fair aufgehoben fühlt. Die materielle Anreicherung bzw. Unterfütterung von Rechtsstaatlichkeit, insbesondere im Sinne eines fairen Anteils an Wohlfahrt, ist also nicht eine politische Orientierung, der in solchen Gesellschaften nach Belieben gefolgt werden kann oder auch nicht; sie ist vielmehr eine konstitutive Bedingung der Lebensfähigkeit von rechtsstaatlichen Ordnungen und damit des inneren Friedens von Gesellschaften.

6. Gibt es im öffentlichen Raum faire Chancen für die Artikulation von Identitäten und den Ausgleich von unterschiedlichen Interessen, kann unterstellt werden, dass ein solches Arrangement der Konfliktbearbeitung verlässlich verinnerlicht wird, d.h. kompromissorientierte Konfliktfähigkeit einschließlich der hierfür erforderlichen Toleranz zu einer selbstverständlichen Orientierung politischen Handelns wird. Das Gewaltmonopol, die Rechtsstaatlichkeit und die Demokratie

– kurz: der demokratische Verfassungsstaat – verankern sich in der *politischen Kultur*. Die Kultur konstruktiver Konfliktbearbeitung wird darüber zur emotionalen Grundlage des Gemeinwesens. Die materiellen Leistungen („soziale Gerechtigkeit") erweisen sich dabei als eine wichtige Brücke zwischen dem Institutionengefüge und dessen positiver emotionaler Absicherung („Bürgergesinnung").

Dieser Prozess der Herausbildung der einzelnen Komponenten ist nicht zwangsläufig vorgezeichnet, sondern das Ergebnis vieler (oft gewalttätiger) Konflikte. Senghaas spricht gar von einem „Vorgang wider Willen".[218] Rainer Tetzlaff zeigt am Beispiel Afrikas in Analogie zum zivilisatorischen Hexagon ein „Hexagon der Entmenschlichung" auf, indem er eine Kombination von Störfaktoren benennt, die eine zivile Entwicklung behindern.[219]

Verbindet man das zivilisatorische Hexagon von Dieter Senghaas mit dem Projekt Gewaltprävention, so werden die gesellschaftlichen Bedingungen von Gewaltprävention und auch die politischen und gesellschaftlichen Handlungsnotwendigkeiten deutlich, die gewaltpräventive Maßnahmen im pädagogischen und psychologischen Bereich zur Voraussetzung haben, bzw. diese flankierend begleiten müssen, um effektiv wirken zu können. Gewaltprävention ist so gesehen kein Set von Maßnahmen, Modellen und Projekten im Nahbereich von Kindern und Jugendlichen, sondern eine gesamtgesellschaftliche Strategie der Demokratisierung und Zivilisierung. Erst in dieser Einbettung machen die Einzelmaßnahmen Sinn. Und in diesem Kontext können die Einzelmaßnahmen auch auf ihren Beitrag für eine Zivilisierung und Demokratisierung von Gesellschaft geprüft werden. Denn Maßnahmen zur Gewaltprävention müssen auch ihr Potential in Bezug auf ihren Beitrag zur demokratischen Teilhabe und sozialen Gerechtigkeit ausweisen. Nur wenn sie sich in den Kontext der Verwirklichung von Menschenrechten und von Demokratieentwicklung einbinden lassen, kann verhindert werden, dass Gewaltprävention ein obrigkeitsorientiertes Projekt wird, das „Sicherheit" auf Kosten von Freiheitsrechten herstellen will. Hier zeigt sich, dass das Konzept der Gewaltprävention auch eine politische Dimension beinhaltet. Diese Sichtweise ermöglicht:
• eine klare Zuordnung und Ableitung des Verständnisses von Gewaltprävention im Kontext eines gesellschaftlichen und politischen Projektes, das die Entwicklung der Friedensfähigkeit (Zivilisierung) einer Gesellschaft zum Ziel hat.
• eine Entwicklungsperspektive des Gesamtkonzeptes der Gewaltprävention, weg vom „nur" Gewalt zurückdrängen, hin zur Iden-

tifizierung des Beitrages zu einer demokratischen und gewaltfreien Gesellschaft. Geschlechterpartnerschaft in der Familie oder die Entwicklung einer demokratischen Schulkultur gewinnen hieraus auch ihre gesellschaftliche Bedeutung.

• die Sensibilisierung für die Gefahr einer Instrumentalisierung von Aspekten der Gewaltprävention im Sinne von Repression und Einschränkung von Bürgerrechten. Der Europarat weist ausdrücklich auf die Notwendigkeit der Verbindung von Gewaltprävention mit der Einhaltung von Menschenrechten und der demokratischen Legitimation von Maßnahmen der Gewaltprävention hin: „It should also be clear, that any response to everyday violence in a democratic society must respect human rights and the rule of law. Positive results in measures dealing with violence in everyday life can only be sustained in the long-term when human rights are observed and the democratic legitimacy of such measures is conserved."[220]

3 DIE ENTWICKLUNG EINER KULTUR DES FRIEDENS

Zur Entwicklung einer friedensfähigen Gesellschaft spielt die Kultur eine entscheidende Rolle. Johan Galtung hat mit seinem Begriff der „kulturellen Gewalt" den Zusammenhang von Legitimationsformen von Gewalt und direkter Gewaltanwendung herausgearbeitet. Eine politische Kultur lebt vom Vertrauen. Vom Vertrauen in die politischen Autoritäten, in die politischen Institutionen, in die legitimierenden Ideen des Gemeinwesens und in die politische Gemeinschaft. „Je mehr es an Vertrauen in je mehr dieser Dimensionen mangelt, je größer also die politische Entfremdung, um so wahrscheinlicher ist die Disposition zu gewaltbereitem Protest."[221] Die politische Kulturforschung zeigt, welche Mechanismen der politischen Kultur gewaltfördernd wirken und deshalb besondere Aufmerksamkeit verdienen. Thomas Meyer fasst die Erkenntnisse so zusammen:[222]

• Mentalitätsbestände und Verhaltensformen der politischen Kultur wirken als Gelegenheitsstrukturen mitverursachend für die politische Aktualisierung individueller und kollektiver Gewaltdispositionen.

• Religiös-politischer Fundamentalismus, Autonomenbewegung und fremdenfeindlicher Extremismus sind in der Gegenwart weltweit die bedeutendsten kulturellen Orientierungsmuster zur Habitualisierung und Legitimation politischer Gewalt.

• Die Gewalt legitimierenden Strukturen politischer Kultur gleichen sich über die gravierenden Differenzen auf der inhaltlichen Ebene hinweg in funktional entscheidender Hinsicht. Der Eigengruppe wird eine fest umrissene, homogene Identität zugeschrieben. Sei sie ethnisch, religiös oder ideologisch. Der Erhaltung und aktiven Entfaltung dieser Identität wird für die Gruppe selbst oder gar für die ganze Menschheit ein absoluter Wert zugemessen (Heil, Überleben, Emanzipation), der durch die als Feind definierte Fremdgruppe akut bedroht ist. Handeln oder bloße Existenz der Feindgruppe erscheinen als akute Bedrohung der absolut gesetzten eigenen Werte. Die Gewalt der eigenen Gruppe gilt dieser selbst infolgedessen als eine Art Notwehr gegen eine elementare Bedrohung von außen.

• Diese Weltsicht kann durch eine gewohnheitsmäßige Ausübung von Gewalt zur Lebenspraxis einer Alltagskultur werden, wie in den dichten Kernmilieus der gewaltorientierten Kulturen. Sie kann aber auch lediglich als passiv legitimierende sozio-kulturelle Umwelt wirksam werden, deren Angehörige zwar die entscheidenden Muster der Ausschließung und Entwertung der „Anderen" teilen, aus unterschiedlichen Gründen aber für sich die Konsequenz der Gewaltanwendung gegenwärtig nicht ziehen wollen.

• Politische Kultur wirkt als habituelle Orientierung sozialer Kollektive. Sie hängt von gesellschaftlichen Überlieferungsstrukturen ab, in die der einzelne in der Regel wie selbstverständlich, in bestimmten Situationen aber auch durch eine bewusste individuelle Entscheidung gelangt. Je dichter diese Kommunikationsstrukturen und Erfahrungswelten sind, in denen sie tradiert wird und in denen die von ihr durchdrungenen Individuen interagieren, um so stabiler und fragloser kann sie wirken.

Meyer zeigt also wie politische Kultur zur Entstehung und Stabilisierung von Gewalt beiträgt. Notwendig ist ein gesellschaftliches und politisches Klima, das die Priorität eindeutig auf zivile Konfliktbearbeitung ausrichtet und auf nationaler wie internationaler Ebene eine Kultur ziviler Konfliktbearbeitung anstrebt. Zivile Konfliktbearbeitung ist dabei nicht in erster Linie eine Frage der Technik, sondern der Denk- und Handlungsweisen und muss als Teil der politischen Kultur etabliert werden. Dieses notwendige Umdenken könnte durch zwei große Kampagnen gefördert werden, die zu Beginn des neuen Jahrhunderts begonnen haben: Die internationale Dekade der Kirchen „Überwindung von Gewalt" und die internationale UN-Dekade „Kultur des Friedens". Dieter Senghaas sieht gerade in der zivilen Konfliktbearbeitung den Kern einer Kultur des Friedens. „Gemeint ist mit ihr die Gesamtheit der Werteorientierungen, Einstellungen und Mentalitäten, die im öffentlich-politischen Raum und über diesen hinaus dazu beitragen, dass Konflikte (...) verlässlich konstruktiv bearbeitet werden."[223] Es geht deshalb in der UN-Dekade „Kultur des Friedens" um die Förderung von Werten, Einstellungen, Traditionen, Verhaltensweisen und Lebensformen, die sich auf die Achtung der Menschenrechte und die Prinzipien der Gewaltlosigkeit und der Toleranz gründen. Dabei spielt Bildung eine wichtige Rolle. Auch die ÖRK-Kampagne „Überwindung von Gewalt", die weltweit, aber auch in jeder örtlichen Kirchengemeinde verankert werden soll, zielt in diese Richtung: „Es mag daher mühsam sein, aber wir müssen lernen, wie Konflikte ohne Gewalt zu lösen sind," meint der Vorsitzendes Rates der Evang. Kirche in Deutschland.[224] Zivile Konfliktbearbeitung verstanden als Zentrum einer Kultur des Friedens ist das Projekt der Zukunft, auch wenn viele aktuelle politische Entscheidungen dem entgegen zu laufen scheinen.[225]

Auf der UN-Konferenz 2005 „People Building Peace" wurden Leitprinzipien für die Friedensentwicklung und Gewaltprävention formuliert. Diese Prinzipien greifen die oben beschriebenen Referenzen und Bezugspunkte auf.[226] Frieden kann nur durch friedliche Mittel erreicht werden, so eine der Kernaussagen.

People Building Peace

1. Achieving just peace by peaceful means. We are committed to preventing violent conflict to the fullest extent possible by all peaceful means. We need to continue to strengthen our proactive, nonviolent and cooperative methods of peaceful engagement in response to emerging tensions and crises.

2. Primacy of local participation and ownership. Sustainable peace can emerge when people affected by conflict feel that the peace process is their own and not externally imposed.

3. Diversity, inclusiveness and equality. We recognize the value inherent in diversity and pluralism and believe that differences can be a source of strength. We recognize that women's equality is a cornerstone for sustainable peace and justice.

4. Multilateralism. Fulfilling an expanded vision of human security can only be achieved on the basis of a truly cooperative endeavor.

5. Sustainability. Addressing the causes and consequences of conflict requires sustained efforts. We commit to the long-term goal of transforming the conditions that give rise to conflict and the relationships that have been damaged by it.

6. Dialogue. We promote dialogue as a principal method to respond to conflict and prevent violence at all levels of society, especially when it engages all parties. Dialogue fosters participatory processes for common learning and building of capacity to work with conflict constructively.

7. Accountability. As the power and influence of CSOs grows so does our obligation to be accountable, especially to the communities in which we work.

8. Transparency. We are committed to working transparently, including our financial dealings.

9. Learning from practice. We must aim to be reflective practitioners: aware of our role, mandate and contribution at every stage. We need to reflect upon and examine the lessons we are learning from our work and to critically assess how we learn them.

People Building Peace: A Global Action Agenda for the Prevention of Violent Conflict. Text version 9 June 2005, © Global Partnership for the Prevention of Armed Conflict.

Gewaltprävention als Teil des Konzeptes von Human Security zu verstehen, sie im Kontext des Prozesses der Zivilisierung von Gesellschaften und der Entwicklung einer Kultur des Friedens zu begreifen, ermöglicht es, der Praxis vor Ort einen größeren konzeptionellen Rahmen zu geben, der zugleich als Korrektiv begriffen werden kann. Die eigenen Projekte und Maßnahmen können so in dem Zusammenspiel gesellschaftlicher und internationaler Kampagnen und Prozesse verortet werden.

1.8 Integration in den Rahmen von Konfliktbearbeitung

Konflikte sind Teil des menschlichen Zusammenlebens. Sie sind Ausdruck von unterschiedlichen Interessen, Vorstellungen, Zugriffsmöglichkeiten auf Ressourcen, Teilhabe an Macht usw. Nicht das Vorhandensein von Konflikten ist als problematisch oder gar friedensgefährdend einzustufen, sondern Gewalt fördernde Austragungsformen, die Unrecht weiterschreiben, einzelne Parteien übervorteilen, die auf Macht und einseitige Interessendurchsetzung ausgerichtet sind und davon ausgehen, dass nur eine Seite über die „Wahrheit" und „das Recht" verfüge.

1 KONFLIKTE UND VERHALTEN IN KONFLIKTEN?

Obwohl der Konfliktbegriff ein Grundbegriff der Sozialwissenschaften ist, gibt es keine einheitliche Definition von „Konflikt". Im Wörterbuch „Der große Duden" wird Konflikt mit „Zusammenstoß, Zwiespalt, Widerstreit" beschrieben. Im Alltag werden Konflikte häufig gleichgesetzt mit Streit, mit Interessensgegensätzen, mit Macht- oder Gewaltanwendung. Die Friedensforscherin Ulrike C. Wasmuht weist darauf hin, dass es wichtig ist, den Konflikt unvoreingenommen als sozialen Tatbestand zu betrachten und ihn nicht mit Austragungsformen zu verwechseln, ihn nicht durch Bewertungen einzugrenzen und ihn nicht mit seiner Ursächlichkeit zu vermischen.[227] Sie definiert Konflikt deshalb als einen sozialen Tatbestand, bei dem mindestens zwei Parteien (Einzelpersonen, Gruppen, Staaten) beteiligt sind, die
• unterschiedliche, vom Ausgangspunkt her unvereinbare Ziele verfolgen oder das gleiche Ziel anstreben, das aber nur eine Partei erreichen kann, und/oder
• unterschiedliche, vom Ausgangspunkt her unvereinbare Mittel zur Erreichung eines bestimmten Zieles anwenden wollen.

Bonacker meint, dass diese Sichtweise von Konflikten veraltet sei, denn Konflikte werden heute von den modernen Sozialwissenschaften[228] nicht als „fixierte soziale Tatbestände" gesehen, sondern in ihrer Prozessform betrachtet. In dieser Betrachtung kann selbst die Konfliktursache Gegenstand des Konfliktes sein. Konflikte müssen von den Akteuren festgestellt und kommuniziert werden. Denn „eine bestimmte soziale Situation sagt uns nicht, dass sie ein Konflikt ist, sondern wir nehmen sie als solchen wahr. Nicht jede Meinungsverschiedenheit wird automatisch als Konflikt bezeichnet. Und es kann sogar eine pazifizierende Wirkung haben, den Konfliktbegriff zu vermeiden, wie es umgekehrt vorteilhaft sein kann, einen latenten Konflikt als solchen zu benennen und ihn damit manifest werden zu lassen. Was als Konflikt bezeichnet wird, hängt also von gesellschaftlichen und kulturellen Rahmenbedingungen ab."[229]

Spillman zeigt, dass das Konfliktverhalten vieler Menschen sich auf wenige Grundformen reduzieren lässt:[230]
• Kampf oder Flucht.
• Die Durchsetzung der eigenen Vorteile.
• Der Einsatz immer intensiverer Mittel.
• Festhalten an der einmal eingenommenen Position, selbst wenn sich Misserfolge abzeichnen.
• Verlust der Differenzierung auf allen Ebenen.

- Erleben der Konflikte als Nullsummenspiele, die gewonnen werden müssen oder sonst verloren gehen.
- Erleben der Konfliktsituationen als Bedrohung der eigenen Sicherheit.

Werden Konflikte aber als Bedrohung erlebt, werden sie eher ignoriert, bagatellisiert oder verdeckt. Der Gegner wird herabgesetzt, diskreditiert oder gar schikaniert. Es werden vollendete Tatsachen geschaffen, Einschüchterung und Drohungen gehören zur Konfliktstrategie, denn es geht um die Sicherung von Überlegenheit und Macht, um Sieg oder Niederlage. Verwirrung, Stress und Angst sind häufig Folgen, die damit verbunden sind, zumal nicht einmal von der Androhung und dem Einsatz von Gewalt zurückgeschreckt wird. Die Zerstörung des weiteren Zusammenlebens ist oft die Konsequenz. Ein solches Verhalten kann als Konflikteskalation beschrieben werden.

2 KONFLIKTESKALATION

Konflikte, die nicht oder unzureichend bearbeitet werden, können zu einer gewollten oder ungewollten „Steigerung" in Bezug auf ihr Ausmaß und die eingesetzten Mittel führen. Diese „Intensivierung der Auseinandersetzung bis hin zur Anwendung physischer Gewalt ist als Kennzeichen für die Eskalation von Konflikten anzusehen."[231]

„Konflikte beeinträchtigen unsere Wahrnehmungsfähigkeit und unser Denk- und Vorstellungsleben so sehr", so Friedrich Glasl, „dass wir im Lauf der Ereignisse die Dinge in uns und um uns herum nicht mehr richtig sehen. Es ist so, als würde sich unser Auge immer mehr trüben; unsere Sicht auf uns und die gegnerischen Menschen im Konflikt, auf die Probleme und Geschehnisse wird geschmälert, verzerrt und völlig einseitig. Unser Denk- und Vorstellungsleben folgt Zwängen, deren wir uns nicht hinreichend bewusst sind."[232] Das eigentliche Problem von Konflikten liegt also in der permanenten Gefahr ihrer Eskalation, was dazu führt, dass bei der Austragung immer mehr auf Macht- und Gewaltstrategien gesetzt wird. Der Konflikt wird so immer schwerer steuerbar, bis er schließlich außer Kontrolle gerät, die Schwelle der Gewalt überschreitet und damit Zerstörung und Leiden verursacht. Die Eskalation von Konflikten ist also gefährlich, weil

- Konflikte außer Kontrolle geraten können;
- immer weniger Handlungsalternativen zur Verfügung stehen;
- Gewalt als Handlungsmöglichkeit zunehmend einbezogen und angewandt wird;

- nicht mehr gemeinsame Lösungen, sondern Sieg oder Niederlage des Gegners im Vordergrund stehen;
- Emotionen die Überhand gewinnen;
- Zerstörung und Vernichtung zum leitenden Handlungsziel werden.

Glasl hat diese Dynamik anschaulich mit den neun Stufen der Konflikteskalation beschrieben, die von Verhärtung, Polarisation, vollendete Tatsachen schaffen über Gesichtsverlust, Drohstrategien und begrenzte Vernichtungsschläge bis zur totalen Konfrontation ohne einen Weg zurück reichen. [233]

Eckert und Willems sehen Gewaltbereitschaft und gewalttätiges Handeln in Konflikten nicht in erster Linie als Persönlichkeitsmerkmal oder Motiv einer oder beider Konfliktparteien, noch als bloßen Ausfluss struktureller Bedingungen, sondern „vielmehr als spezifisches Merkmal von Konfliktsituationen, in denen a) eskalative Handlungsmuster entweder als Problemlösungsmöglichkeit rational effektiv und vielversprechend erscheinen, oder b) in denen Gewaltanwendung aufgrund veränderter Legitimationen, Ideologien und Gelegenheitsstrukturen als akzeptabel und risikolos einsetzbar wahrgenommen werden, oder c) in denen Emotionen wie Wut, Hass und Rachedurst handlungsbestimmend werden und rationale Strategien überlagern, oder d) in denen die „Fundamentalisierung" des Konfliktes zur Einwerbung von Solidarität und Unterstützung dient."[234]

Konflikteskalationen können sich ungeplant und ungewollt aus der Dynamik des Konfliktes ergeben, sie können in Kauf genommen und sie können aber auch gezielt instrumentell als Resultat individueller Strategien zur Maximierung des eigenen Nutzens angewendet werden.[235] Immer basieren sie jedoch auf Vermutungen und Annahmen über die Motive, Absichten und Handlungen des Gegners.[236] Findet also eine spezifische Art von Gewaltanwendung als Ergebnis sich eskalierender Konflikte statt, so bedeutet Gewaltprävention hier die Eskalation von Konflikten zu verhindern, bzw. bereits eskalierte Konflikte so zu bearbeiten, dass sie nicht weiter eskalieren und in konstruktive Formen der Bearbeitung transformiert werden. Konstruktive Konfliktbearbeitung stellt so eine äußerst effektive Form von Gewaltprävention für all jene Gewaltarten dar, die im Kontext von Konflikten (als Ursache von Konflikten oder im Konfliktverlauf als Folge von Eskalation) auftauchen. Eine zentrale Aufgabe im Rahmen einer konstruktiven Konfliktbearbeitung ist es deshalb, einer Konflikteskalation Stufen der Deeskalation gegenüberzustellen, Antworten und Handlungsmöglichkeiten auf jeder Stufe zu finden, die Gewalt zu begrenzen oder ganz auszuschließen, sowie auf Kooperation und Verhandlungslösungen abzuzielen.

3 KONSTRUKTIVE KONFLIKTBEARBEITUNG

Eine gewaltfreie konstruktive Konfliktaustragung ist die Grundbedingung gelingenden menschlichen Zusammenlebens. Die Ermöglichung, Unterstützung und Förderung von Möglichkeiten konstruktiver Konfliktbearbeitung auf persönlicher, institutioneller und gesellschaftlicher Ebene stellt deshalb alternative Handlungskonzepte zur Verfügung, die Wertschätzung und Respekt beinhaltet und fairen Interessenausgleich anstreben.

Konstruktive Konfliktbearbeitung basiert auf folgenden zentralen Annahmen:[237]

- Konflikte werden effektiver gelöst, wenn die Interessen und nicht die Rechts- bzw. Machtposition herausgestellt werden.
- Konflikte sollten nicht unter dem Aspekt von eigenem Gewinn und gegnerischem Verlust betrachtet, sondern unter dem des anzustrebenden gemeinsamen Gewinns. D.h. der Konflikt wird von Anfang an mit dem Ziel ausgetragen, dass beide Konfliktparteien ihre Ziele partiell erreichen können.
- Die herkömmlichen Kommunikationsmuster der Drohung und Beschuldigung müssen abgelöst werden durch kooperative Muster des Verstehens und Erklärens. Eine unabdingbare Voraussetzung für eine Deeskalation und eine konstruktive Konfliktlösung ist es, keine Gewalt anzudrohen oder anzuwenden.
- Da die Trübung der Wahrnehmungsfähigkeit ein typisches Kennzeichen von eskalierenden Konflikten ist, darf die eigene Wahrnehmung und Interpretation der Ereignisse nicht absolut gesetzt werden, vielmehr ist sie einer Überprüfung und Korrektur zu unterwerfen, um so auch die eigenen Anteile am Konflikt zu erkennen. Die Bereitschaft hierfür ist bereits ein wichtiger Schritt zur Anerkennung von Rechten der anderen Konfliktpartei.
- Die Überprüfung der Wahrnehmung kann am ehesten durch die Einbeziehung einer unabhängigen dritten Partei, eines Mediators/ einer Mediatorin, geschehen. Diese/r kann als Vertrauensinstanz für beide Seiten dazu beitragen eine gemeinsame Sicht der Dinge zu erreichen. Doch dies ist nicht ausreichend, der Wille zu einer kooperativen Lösung muss hinzukommen.
- Die Schaffung von Tatsachen wirkt sich auf den Konfliktverlauf in der Regel eskalierend aus, da die Gegenseite diese nicht ohne Gesichtsverlust hinnehmen kann. Um gemeinsame Gespräche re-

alisieren zu können, sind oft Vorgespräche erforderlich, in denen zunächst die Grundregeln für das weitere Vorgehen festgelegt und der Weg für Verhandlungen geebnet werden. Sie vermögen, vorteilhaft vom Druck überhöhter Erfolgserwartungen zu entlasten.

- Konfliktlösungen dürfen nicht durch die Interessen der stärkeren Partei diktiert werden. Sie müssen so geartet sein, dass sie möglichst allen Parteien Vorteile verschaffen und damit nicht wiederum Ausgangspunkt für neue Konflikte sind. Darüber hinaus haben sie auch einen Beitrag zum Abbau von struktureller Gewalt zu leisten und müssen sich an ethischen Maßstäben messen lassen.

Johan Galtung[238] warnt allerdings davor zu glauben, (alle) Konflikte könnten endgültig und auf Dauer gelöst werden. Er versteht „Konfliktlösung" als ein neues Stadium im Konfliktprozess, als neue Konfliktformation, die von allen Akteuren gewollt und getragen wird und für alle akzeptabel ist. Konflikte in eine bearbeitbare Form zu bringen, sie also zu transformieren, ist eine zentrale Aufgabe, um mit ihnen konstruktiv umgehen zu können. Eine Konflikttransformation ist im Prinzip nie abgeschlossen, da neue Widersprüche auftauchen oder alte wiederbelebt werden können. Konflikttransformation ist also ein permanenter Prozess. Das Ziel ist für Galtung „Transformationskapazität" zu erlangen, d.h. die Fähigkeit mit den Transformationen so umzugehen, dass sie nachhaltig und akzeptabel sind.

3.1 „ALTERNATIVE DISPUTE RESOLUTION" UND MEDIATION

In den USA ist Mediation eines von mehreren Verfahren, die unter dem Überbegriff „Alternative Dispute Resolution (ADR)" diskutiert und praktiziert werden.[239] Die Verfahren haben alle gemeinsam, dass Probleme oder Konflikte kooperativ gelöst oder geregelt werden; sie unterscheiden sich darin, ob und in welchem Umfang ein neutraler Dritter als Konfliktmanager hinzugegzogen wird.

- „Negotiation" bezeichnet Verhandlungen ohne Unterstützung durch einen neutralen Dritten;
- „Facilitation" meint Verhandlungen mit Unterstützung durch einen neutralen Moderator, der nur verfahrensorientiert eingreift; • „Mediation" meint Verhandlungen mit Unterstützung durch einen neutralen Vermittler, der sowohl verfahrens- als auch ergebnisorientiert eingreift und sich für das Ergebnis der Verhandlungen (mit)verantwortlich fühlt;
- „Non-binding Arbitration" sind Verhandlungen mit Unterstützung

durch einen neutralen Schiedsrichter, dessen Urteil die beteiligten Konfliktparteien akzeptieren können, aber nicht müssen. Dieses Begriffsverständnis ist jedoch nicht unumstritten. Steinacher meint, „Nicht nur, was Mediation ist, auch ob ADR und Mediaton das Gleiche meint oder nicht, ist letztlich unklar."[240] Friedrich Glasl weist darauf hin, dass Mediation heute als Überbegriff für verschiedenartige Ansätze der Drittpartei-Intervention verstanden wird. Hierzu gehören Moderation (supervisory mediation), Conciliation (mediation), sozio-therapeutische Prozessberatung (therapeutic mediaton), klassische Vermittlung (shuttle mediation), Schiedsverfahren (mediation and arbitration, court-connected mediation), Machteingriff (power mediation).[241]

Klar ist jedoch, dass Mediation eine lange Tradition hat und in vielen Ländern der Erde (in unterschiedlichen Formen der Vermittlung) bekannt ist: „Schon vor hunderten Jahren wurde beispielsweise in China Mediation als Mittel der Streitschlichtung in Gemeinden angewendet. In diesem Jahrhundert gab es Menschen in der Politik (Mahatma Gandhi, Rosa Parks, Martin Luther King Jr.) und in der Wirtschaft (Mary Follett), die sich für gewaltfreie Methoden der Konfliktbearbeitung und Konfliktvermittlung eingesetzt haben."[242] Mediation in der heutigen Form ist ein Verfahren der Konfliktlösung, das in den sechziger und siebziger Jahren in den USA entwickelt wurde und dort mit Erfolg in vielen Lebensbereichen angewendet wird.[243] Wörtlich übersetzt bedeutet „mediation" Vermittlung. Gemeint ist die Vermittlung in Streitfällen durch unparteiische Dritte, die von allen Seiten akzeptiert werden. Die vermittelnden MediatorInnen helfen den Streitenden, eine einvernehmliche Lösung ihrer Probleme zu finden.

Eine Untersuchung über praktizierte Ansätze von Mediation in Europa unterscheidet drei Hauptformen:[244]

1. Mediation als Versuch, Konflikte zwischen Einzelpersonen oder innerhalb der Gesellschaft zu regeln. Die Mediation erweist sich hier als eine Technik der Konfliktlösung.
2. Mediation als Erneuerungsprozess der verschiedenen Formen der partizipativen Demokratie. Dabei geht es um die Beteiligung von Bürgern an administrativen und politischen Entscheidungen und um die Übernahme von Verantwortung der Bürger für ihren lokalen Bereich.
3. Mediation als Lernprozess, der durch Information und Aufklärung eine Einstellungsänderung gegenüber dem Anderen oder gegenüber Behörden bewirken soll. Hierzu zählen die Autoren der Studie auch Schulmediation.

Immer basiert dabei Mediation auf demokratischen Strukturen und der Öffnung der Beziehungen innerhalb der Gesellschaft, gleichzeitig ist sie Ausdruck eines soziokulturellen Pluralismus innerhalb der Gesellschaft. Sie zielt nicht nur darauf, Konfliktsituationen zu lösen, sondern letztlich auch auf die Vermeidung von Gewalt und (in Form der interkulturellen Mediation oder der Gemeinwesenmediation) auch darauf, gesellschaftlich und kulturell benachteiligten Bevölkerungsgruppen bei der Integration auf lokaler Ebene zu helfen.[245]

3.2 STÄRKUNG DER INDIVIDUELLEN KONFLIKT-FÄHIGKEIT

Konfliktfähigkeit im Sinne von „angemessen im Konfliktgeschehen agieren und reagieren" zu können und damit konstruktive Lösungen anzustreben, lässt sich erlernen. Sie stellt eine spezifische Kompetenz dar, die über den Bereich des üblichen sozialen Lernens hinausgeht. Die im Nahbereich notwendigen Kompetenzen für Konfliktfähigkeit lassen sich in fünf Bereiche aufgliedern:[246] (1) kommunikative Kompetenzen, (2) kooperative Kompetenzen, (3) Deeskalations-Kompetenzen, (4) Verfahrens-Kompetenzen und (5) Konfrontations-Kompetenzen. Kommunikative Kompetenzen umfassen u. a. die Verbesserung der Selbst- und Fremdwahrnehmung; der Umgang mit den eigenen und mit fremden Emotionen; die Entwicklung von Einfühlungsvermögen; das Erkennen und Formulieren eigener und fremder Interessen aber auch Kenntnisse der gewaltfreien Kommunikation.[247] Kooperative Kompetenzen beziehen sich auf gelingende Zusammenarbeit. Sozialpsychologische Untersuchungen haben gezeigt, dass kooperatives Verhalten in Konfliktsituationen u. a. von der Geschichte der Interaktion der Konfliktpartner und der Intensität der Kommunikation abhängt, wobei sich eine größere Kommunikationsdichte eindeutig positiv auf kooperatives Verhalten auswirkt. Hierbei spielt die Anzahl der beteiligten Personen eine wichtige Rolle. Kooperationsstiftende Elemente sind überdies anerkannte Regeln der Fairness, da sie das Risiko einer Konflikteskalation abmildern. Zu den Deeskalations-Kompetenzen gehören u. a. neutrales Sprachverhalten, nicht provozierende Körpersprache, Wissen um provozierende und eskalierende Elemente, um diese bewusst vermeiden zu können. Verfahrens-Kompetenzen umfassen Kenntnisse über Möglichkeiten, Zuständigkeiten und Zugangsweisen von Unterstützungs- und Hilfesystemen bei Auseinandersetzungen z. B. Gerichte, Schiedsverfahren, Mediationsverfahren, Menschenrechtskonventionen usw. Konfrontations-Kompetenzen beinhalten Strategien der angemessenen

Selbstbehauptung, Aspekte von zivilcouragiertem Handeln und Wissen um Möglichkeiten der gewaltfreien Interessensdurchsetzung.

Die Stärkung der individuellen Konfliktfähigkeit durch erlernen und einüben dieser Kompetenzen sollte im Alltag, in der Familie und Schule geschehen, und unterstützend in spezifischen Kursangeboten und Trainings in den Grundzügen vermittelt werden. Konfliktfähigkeit sollte selbstverständlicher Teil jedes professionellen Handelns sein und dementsprechend in den jeweiligen Ausbildungsgängen verankert werden.

3.3 ETABLIERUNG VON KONFLIKTBEARBEITUNGS- SYSTEMEN

Vermittlung in Konflikten in Form von Mediationsverfahren werden vor allem im Bereich der Familie (u. a. bei Paarkonflikten, bei Scheidung oder Erbstreitigkeiten), in der Schule (als Schüler-Streit-Schlichtung), im Gemeinwesen (bei Nachbarschaftskonflikten), in Kommunen (bei Umweltkonflikten) und im Rahmen von Strafverfahren in Form des Täter-Opfer-Ausgleichs angewendet.

Rechtliche Regelungen

Um Schlichtungs- und Vermittlungsverfahren aus dem Bereich der privaten Absprachen herauszuholen und in den Raum der öffentlich-rechtlich bindenden Verhandlungsergebnisse zu bringen, wurden in verschiedenen Ländern rechtliche Rahmenvereinbarungen erlassen, die den Prozess strukturieren, ein Grundmodell festlegen und den Grad der Verbindlichkeit der Vereinbarungen bestimmen. Steinacher beschreibt diese Regelungen als Mediation im „Prozess der Kodifizierung".[248] „Erkennbar ist bei den untersuchten Regelwerken eine Zurückhaltung bei der Definition, was Mediation ist und bei der Methodenbeschreibung, was der Methodenvielfalt und der Selbstbestimmung der Parteien über den Prozess ihrer Konfliktregelung und die Dynamik der laufenden Entwicklung entgegenkommt."[249] Er warnt jedoch vor der Gefahr der Überregulierung, insbesondere der Einbindung außergerichtlicher, selbst bestimmter Konfliktlösungsformen in die bestehenden Justiz-Institutionen, verbunden mit starker Formalisierung. So wichtig also rechtliche Rahmenbedingungen für die Praxis der Mediation sind, so dürfen diese Regulierungen doch nicht auf Kosten der Flexibilität und Weiterentwicklung von Mediation gehen.

Schlichtungsstellen

Nicht jeder Streit kann oder muss unbedingt vor Gericht ausgetragen werden.[250] In vielen Fällen besteht die Möglichkeit, sich an Schieds- oder Schlichtungsstellen zu wenden. Schieds- oder Schlichtungsstellen sind in Industriestaaten in erster Linie im Bereich des Handels und des Handwerks eingerichtet worden, da hier oft kleinere Streitigkeiten zu schlichten sind, wobei die Lösung des Konfliktes häufig besondere Sachkunde voraussetzt. Schlichtungsstellen sind keine staatlichen Einrichtungen, haben daher auch keine hoheitlichen Befugnisse. Ihre Inanspruchnahme setzt voraus, dass die Parteien sich damit einverstanden erklärt haben, ihren Streit vor dieser Instanz zu führen. Mit ihrer Hilfe soll eine Einigung zwischen den Parteien erzielt werden. Die Inanspruchnahme einer Schieds- oder Schlichtungsstelle schließt die spätere Anrufung eines staatlichen Gerichtes nicht aus, wenn eine gütliche Einigung nicht erreicht werden kann.

Peer Mediaton / Schüler-Streitschlichtung

Peer Mediation ist weltweit an vielen Schulen weit verbreitet und gehört heute zur „Standardmethode" schulischer Konfliktbearbeitung und Gewaltprävention.[251] Unter den Modellen und schulischen Ansätzen zur Gewaltprävention nimmt „Peer Mediation" eine Sonderstellung ein, da hier die Konfliktlösung direkt von Schülerinnen und Schülern übernommen wird und nicht von Lehrerinnen und Lehrern oder der Schulverwaltung. So wird z. B. in Deutschland Schulmediation ganz überwiegend von Schülerinnen und Schülern angeboten.[252] Peer Mediation ist dabei als Teil von „Peer Education" zu verstehen, der die Idee von Erziehung von Jugendlichen durch Jugendliche zugrunde liegt.[253] Schüler-Streit-Schlichtungs-Programme sind stark ritualisierte Konfliktlösungsverfahren, die von speziell ausgebildeten Schülerinnen und Schüler bei Schüler-Schüler-Konflikten angewandt werden und oft den Kern von Gewaltpräventionsprogrammen in Schulen bilden. Als Schulmediatoren arbeiten i. d. R. ältere ausgebildete Schülerinnen und Schüler (der Schwerpunkt in Deutschland liegt zwischen dem 4. – 7. Schuljahr), die bei Konflikten von jüngeren Schülerinnen und Schüler tätig werden. Bei Konflikten und Streitigkeiten findet dann – oft in einem eigens dafür eingerichteten Mediationsraum – das Konfliktgespräch statt. Häufig werden hierzu die Pausenzeiten verwendet, was mit Zeitdruck verbunden sein kann.

Der typische Ablauf von Schüler-Streitschlichtungs-Gesprächen

Einleitung: Begrüßen, Ziele verdeutlichen, Grundsätze benennen, Schlichtungsprozess erklären, Gesprächsregeln erläutern, Gesprächsbeginn vereinbaren.

Klärungen: Berichten, zusammenfassen, nachfragen, Befindlichkeiten ausdrücken, Anteile am Konflikt artikulieren, überleiten.

Lösungen: Lösungsmöglichkeiten überlegen und aufschreiben, Lösungen auswählen, Lösungen vereinbaren.

Vereinbarungen: Aufschreiben, unterschreiben, verabschieden.

In vielen Ländern ist inzwischen die Pionier- und Aufbauphase von Schulmediation vorbei und es folgt die Phase der Besinnung und der Reflexion. Dabei ist zu beachten, dass Schulmediation (in Deutschland) nur bei ca. einem Drittel der Schulen auf Dauer angelegt ist, die Übrigen werden für einen Zeitraum von 1–3 Jahre konzipiert.[254] Der pädagogische Nutzen von Peer-Mediation, der darin besteht, dass Schülerinnen und Schüler lernen Verantwortung zu übernehmen, ist unbestritten. Aber gibt es auch eine direkte Auswirkung auf die Reduzierung von Gewalt? Können langfristig andere Umgangsformen mit Konflikten gelernt werden? Der Sherman-Report bezeichnet reine „Peer-Mediation-Programme", bei denen es um den Einsatz von Schülern als Mediatoren bei Konflikten geht, als nicht ausreichend evaluiert. Solche Programme werden auch nicht als „vielversprechend" angesehen.[255]

Der Erfolg solcher Maßnahmen hängt offensichtlich weitgehend davon ab, inwieweit Lehrerinnen und Lehrer und Schulverwaltung bereit sind, dieses Programm zu unterstützen, als ein Element einer Konfliktkultur an der Schule zu begreifen und nicht zuletzt auch, wie Eltern einbezogen werden. Als „Inselprojekt" bleibt der Ansatz weitgehend wirkungslos.[256] Neuere Untersuchungen kommen zu dem Schluss, dass Peer Mediation einen förderlichen Einfluss auf das Klassenklima habe. In Bezug auf das Schulklima besagen die meisten Ergebnisse, dass Peer Mediation-Programme ein positives moralisches Klima an den Einrichtungen hervorbrächten, an denen sie installiert sind.[257] Zudem verringerten Schulmediatonsprogramme die Bereitschaft auf autoritäre, schulische Maßnahmen zurückzugreifen. Bei diesen Ergebnissen muss man allerdings berücksichtigen, dass nur sehr wenige Längsschnittstudien vorliegen.[258]

Verschiedene Studien weisen auch darauf hin, dass Mediations-Programme einer typischen Entwicklung unterliegen. Sie erleiden nach etwa fünf- bis sechsmonatiger Existenz einen Einbruch. Nach einer Phase gebremster Skepsis bei der Einführung folgt zunächst Euphorie über das Erreichte, die sich dann in eine „Funktionsunfähigkeit" wandelt und nach einer Phase der Erholung zu einer Wiederbelebung führen muss.[259]

Engert sieht folgende notwendige Kriterien erfolgreicher Programm-Implementation:[260]

- Einrichtung einer Steuergruppe.
- Sorgfältiges Abwägen zwischen schulweiter Implementation oder „Appendix-Modell".
- Einrichtung eines Koordinatorenteams.
- Entwicklung eines Organisationsmodells der Schülermediation (nach Präsenz oder Bedarf).
- Früher Beginn der Ausbildung von Peer Mediatoren.
- Gründliche Ausbildung.
- Einrichtung eines Mediationsraums.
- Unterstützung durch die Schulleitung.
- Maßnahmen zur Sicherung der Nachhaltigkeit.
- Selbstevaluation.

Vor dem Hintergrund der bisherigen Ergebnisse zur Schulmediationsforschung fordern Simsa und Schubarth eine Qualitätsentwicklung und Qualitätssicherung (Professionalisierung der Mediatorenausbildung, Mindeststandards, Installation von Unterstützersystemen, Vernetzung), Einbindung des Mediationsverfahrens in den Schulentwicklungszusammenhang und Reflexion über die erforderlichen materiellen und personellen Rahmenbedingungen.[261] Entscheidende Fragen für die Wirkung der Schulmediation sind auch, ob und wie Schulmediation als Instrumentarium im Schulgesetz verankert ist, ob eine finanzielle Förderung von Schulmediation erfolgt, wie Eltern und außerschulische Einrichtungen einbezogen und beteiligt werden und wie Projekte der Schulmediation untereinander vernetzt sind. Es zeigt sich, dass ein Arbeitsansatz ohne entsprechende Einbindung in eine Organisationsstruktur und ohne Zusammenspiel mit anderen wichtigen Teilelementen keine effektive Wirkung entfalten kann.

Helmolt Rademacher geht noch einen Schritt weiter, er weist darauf hin, dass Mediation und Gewaltprävention in der Schule „sich nur dann langfristig und nachhaltig etablieren, wenn sie in der Schule akzeptiert und mit einer entsprechenden Struktur versehen werden."[262] Dies gelinge jedoch nur selten: „Sogar dem Projekt ‚Mediation und

Schulprogramm', das in 200 Schulen in Hessen etabliert, in den meisten Schulen durch das Schulprogramm abgesichert ist und in sehr vielen dieser 200 Schulen regelmäßig durchgeführt wird, mangelt es in den meisten Schulen an einer sichtbaren, strukturellen Verankerung beispielsweise durch eine Projektgruppe oder eine andere strukturelle Absicherung."[263] Als Konsequenz ist Rademacher der Überzeugung, dass „Mediation nur dann eine Chance auf nachhaltige Wirkung in der Gesellschaft hat, wenn sie Teil eines systemischen Veränderungsprozesses wird.[264] Er plädiert deshalb für eine systemische Sicht- und Vorgehensweise. Der systemische Ansatz geht davon aus, dass man nicht nur einzelne Elemente, sondern immer das gesamte System (die Interaktion oder Regelwerke innerhalb des Systems) betrachten muss. Die Nachhaltigkeit und Reichweite von Maßnahmen hängen dann davon ab, wie es gelingt, das gesamte System einzubeziehen und zu verändern. Das gesamte System schließt die Mikro-, Meso-, und Makroebene ein. „Die Mikroebene umfasst die beteiligten Personen, die unmittelbar zu dem jeweiligen System (Organisation oder Organisationseinheit) gehören und damit das System tragen und für Veränderungsprozesse wichtig sind. Die Mesoebene ist dann das Zusammenspiel der verschiedenen Mikroebenen und unterstützender Institutionen; die Makroebene zielt auf die Politik."[265] Um diese Prozesse z. B. in der Schule umsetzen zu können, bedarf es bestimmter Steuerungsinstrumente. Rademacher benennt hier den „Kontrakt", der der gemeinsamen Leistungsbeschreibung und der Beschreibung der Ziele dient, und die „Projektgruppen", die gemeinsam Arbeitsvorhaben planen und den Prozess der Durchführung unterstützen. Ziel wäre es, von Einzelmaßnahmen zu einem Konfliktmanagementsystem in der Schule zu kommen, das nach den Prinzipien der Organisationsentwicklung vorgeht, denn Konflikte müssen im gesamten System bearbeitet werden. Geschlossene Konfliktbearbeitungsprogramme sollen so in offene Konfliktmanagementsysteme transformiert werden.[266] Die aktuelle Diskussion um Konfliktbearbeitung in der Schule nimmt also einen Theorie- und Handlungsaspekt auf, der im Bereich der systemischen Familientherapie und Organisationsentwicklung seit vielen Jahren praktiziert wird.

Familienmediation

Familienmediation bezieht sich vor allem auf Probleme des Zusammenlebens und der Trennung von Ehepartnern sowie auf Erbschaftsangelegenheiten. Ein Drittel aller Ehen werden in den westlichen Industrieländern geschieden. Trennung und Scheidung sind häufig mit vielen negativen Erlebnissen und Gefühlen verbunden und werden oft als traumatische Situationen erlebt. Kinder leiden besonders darunter. Mediation bietet hier eine Möglichkeit, zu einer Einigung zu kommen ohne zermürbenden „Kleinkrieg" und langwierige juristische Auseinandersetzungen. Scheidungsmediation aktiviert dabei die jeweiligen Ressourcen der Partner. Das Ministerkomitee des Europarates hat den Regierungen der Mitgliedstaaten bereits 1998 empfohlen, Familienmediation einzuführen und zu fördern und hat dabei wesentliche Grundsätze der Familienmediation benannt.[267] Die Staaten sollen sicherstellen, dass geeignete Mechanismen vorhanden sind, damit das Mediationsverfahren nach den formulierten Grundsätzen geführt werden kann. Hierzu gehören z. B. „der Mediator ist unparteiisch, der Mediator ist neutral im Hinblick auf das Ergebnis des Mediationsverfahrens, der Mediator respektiert die Meinung der Parteien und sorgt für gleichrangige Verhandlungspositionen". Untersuchungen über die Wirksamkeit von Mediation im Bereich von Trennungen und Scheidungen zeigen, dass „die Trennungs- und Scheidungsmediation bezüglich dem Erreichen und der Haltbarkeit von Vereinbarungen sowie der Zufriedenheit der Klientinnen und Klienten ein effektiver Ansatz ist.[268]

Gemeinwesenmediation

Gemeinwesenmediation ist in den 70er Jahren in den USA als im Gemeinwesen verankerte Mediation (Community Mediation) entstanden. Sie wird als „sozialraumnahe Verankerung von konstruktiver Konfliktbearbeitung" im Stadtteil bzw. der Nachbarschaft durch Stärkung entsprechender Ressourcen verstanden.[269] Dies geschieht in der Regel durch Schulung engagierter Bürgerinnen und Bürger und Schlüsselpersonen zu ehrenamtlichen Mediatorinnen und Mediatoren, die dann für die Bewohnerinnen und Bewohner kostenlos oder zu symbolischen Preisen zur Konfliktvermittlung zur Verfügung stehen. Gemeinwesenmediation ist also eng mit Gemeinwesenarbeit verbunden. In der Praxis der Gemeinwesenmediation sind verschiedene Modelle zu finden: hauptamtliche Mediatoren, die als Angestellte bei entsprechenden Organisationen kostenlos Mediation anbieten oder aber Aufbau und Schulung eines ehrenamtlichen MediatorInnenpools, die dann bei Konfliktfällen in ihrem sozialen Nahraum einbezogen werden können. Erfahrungen zeigen, dass die Bearbeitung vieler Fälle (dabei geht es oft um Lärm und Müll in Mietshäusern oder um die Nutzung von freien Flächen) nicht in das klassische Mediationssetting mündet, sondern „mediationsanaloge" Methoden

(Einzelgespräche, Pendelmediation) angewendet werden müssen.[270] Gemeinwesenorientierte Konfliktbearbeitung versteht sich immer auch als Gemeinwesenentwicklung; dabei geht es um Beteiligung, Demokratisierung und Übernahme von Verantwortung.

Umweltmediation

Die Vielzahl von Umweltkonflikten sind ein Zeichen dafür, dass die klassischen Formen politisch-administrativen Entscheidens nicht mehr angemessen sind und dass hierarchische Steuerungen immer weniger effizient werden. Der Staat reagierte hierauf mit vermehrten Angeboten zur Kooperation und Verhandlungsbereitschaft gegenüber gesellschaftlichen Akteuren.[271] Die Integration unterschiedlicher Interessen, Sichtweisen und Wahrnehmungen in einem offenen Diskurs kann hier zu zukunftsorientierten Lösungen führen. Umweltmediation ist ein solches Verfahren, das alle Betroffenen einbezieht. Das Verfahren ist ergebnisoffen, das Ergebnis hat i. d. R. Empfehlungscharakter und dient zur Vorbereitung der Entscheidung in Politik und Verwaltung. Da hier eine Vielzahl von Konfliktparteien mit unterschiedlichen Interessen zusammenkommen, ist Umweltmediation eines der schwierigsten Mediationsverfahren.

Der Nutzen der Umweltmediation wird von Claus wie folgt benannt:[272]

- guter Informations- und Meinungsaustausch (verbunden mit der Hoffnung auf sachliche Überzeugung);
- Optimierung von Problemlösungen durch Erweiterung der Lösungsoptionen (Voraussetzung für win-win-Situationen) z. B. um soziale Dimensionen (Annäherung verfeindeter Gruppen, Abkehr von ritueller Politik, Ergänzung der Themenpalette);
- fachliche Dimensionen (Einbeziehung aller relevanten Aspekte unabhängig von Zuständigkeiten einzelner Akteure oder von rechtlichen Vorschriften zur Bündelung des Themas);
- sachliche Verständigung auf eine angemessene Lösungsoption, die abseits von Rechts- und Verwaltungsverfahren liegen kann (Paketlösung, win-win-Situation);
- Verringerung von Konfliktkosten (z. B. durch Vermeidung bzw. Verringerung von Image- und Akzeptanzproblemen);
- Rationalitätsgewinne (z. B. durch mehrdimensionale Lösungen); • Effektivitätssteigerung/-gewinne (z. B. durch Beschleunigung von Entscheidungsprozessen);
- Überwindung von Innovationshemmnissen, Förderung von Innovationen.

Kritiker wenden ein, dass Mediation noch keine Öffentlichkeitsbeteiligung und kein Partizipationsmodell sei. Weder werden die formal einzubindenden Träger öffentlicher Belange in jedem Mediationsverfahren beteiligt, noch handelt es sich um eine Form breiter Öffentlichkeitsbeteiligung. Denn meist sind es jeweils lösungsorientiert zusammengesetzte, exklusive und nicht-öffentliche Runden ausgewählter Vertreter der relevanten Interessen. Mediationsverfahren im öffentlichen Raum werfen deshalb auch die Frage nach der demokratischen Legitimierung der Teilnehmer auf. Da Mediationsverfahren weder rechtlich abgesicherte Verwaltungsverfahren, noch Schlichtungs- oder Gerichtsverfahren darstellen, basiert die Vorgehensweise auf Aushandlungsprozessen unter den beteiligten Verbänden und Gruppen, die jedoch selten eine demokratische Legitimation haben.

Interkulturelle Mediation
Die Konzeptionen der Interkulturellen Mediation basieren auf zwei Grundgedanken: dem Respekt vor der Verschiedenheit des anderen und dem garantierten Zugang zum Recht.[273] Norbert Ropers weist dabei auf die Notwendigkeit der Klärung folgender Probleme hin:[274]

• Wie lässt sich ein Mediationsdesign entwickeln, das die Bedürfnisse und Interessen aller Konfliktparteien angemessen berücksichtigt, die sich aus ihrer kulturellen Zugehörigkeit ergeben, ohne den Konflikt ungewollt (weiter) zu „kulturalisieren"?
• Wie kann der Mediationsprozess in einem interkulturellen Kontext so gesteuert werden, dass es tatsächlich zu einer konstruktiven Konfliktbearbeitung kommt?
• Welche Anforderungen ergeben sich aus dem interkulturellen Kontext für das Konzept der Neutralität und Allparteilichkeit der dritten Partei? Sollte sie z. B. eine „dritte Kultur" oder eine „Multikultur" repräsentieren?

Auf diese Fragen gibt es bislang erst sehr vorläufige Antworten. Hilfreich könnte es sein, die wichtigsten Strömungen und Interpretationen von Mediation daraufhin zu analysieren, welche Antworten sie auf diese Fragen nahe legen. Interkultureller Mediation wird in Zukunft eine große Bedeutung zukommen, da Fragen der Integration und des gewaltfreien Zusammenlebens unterschiedlicher ethnischer Gruppen eine der großen Herausforderungen unserer Zeit darstellt.

Täter-Opfer-Ausgleich
Täter-Opfer-Ausgleich ist eine Form der außergerichtlichen Konfliktregelung bei Straftaten. Beim Täter-Opfer-Ausgleich (TOA) werden

Täter und Opfer zusammengeführt, um eine einvernehmliche Lösung zu erreichen. Der Täter soll dem Opfer eine Wiedergutmachung leisten. Das Opfer soll sich mit dieser Wiedergutmachung einverstanden erklären. Schadenswiedergutmachung, Konfliktausgleich zwischen Personen oder Familien, Gruppen und Sozialverbänden sowie, unter optimalen Umständen, auch dauerhafte Versöhnung zwischen den Beteiligten, gehören zu den Elementen, die für den Täter-Opfer-Ausgleich kennzeichnend sind, auch wenn sie nicht in jedem Fall alle vorhanden zu sein brauchen. Dafür gibt es weit in die Geschichte zurückreichende Vorbilder bei allen Völkern und Staaten, aber auch anregende Beispiele aus jüngerer Zeit, vor allem in Neuseeland, Australien, den USA und Kanada, die es auszuwerten und an die eigenen Verhältnisse anzupassen gilt.[275] Der Täter-Opfer-Ausgleich im Feld des Strafrechts bietet auch in modernen Großgesellschaften eine grundsätzlich geeignete Gelegenheit, um Konflikte, die zu Straftaten geführt haben, oder Konflikte, die durch Straftaten erst begründet wurden, für alle Beteiligten außerhalb eines förmlichen Strafverfahrens befriedigend zu regeln. Den Kernbereich des Täter-Opfer-Ausgleichs bildet die Auseinandersetzung zwischen Opfer und Täter im Rahmen einer persönlichen, unter Umständen auch wiederholten Begegnung. Diese Begegnung wird in der Regel durch eine besonders geschulte Person, den Konfliktregler oder Konfliktschlichter, moderiert. Dabei gehört es zu den methodischen Grunderfordernissen, dass dieser Konfliktschlichter neutral bleibt, also nur für die strikte Einhaltung der Umgangsregeln sorgt, und im Übrigen wie ein Katalysator den Prozess der Auseinandersetzung fördert, ohne ihn inhaltlich in die eine oder andere Richtung zu wenden. Wenn die Auseinandersetzung produktiv gelingt, endet sie mit einer Aufarbeitung der anfänglich (möglicherweise ganz massiv) verschiedenen Sichtweisen des Vorfalls, mit einer Aufarbeitung der emotionalen Situation bei Opfer und Täter, mit einer Klärung der materiellen Ansprüche und schließlich einer Vereinbarung über die konkrete Form der Wiedergutmachung einschließlich etwaiger Schmerzensgeldzahlung.

In der Praxis haben sich (im Bereich der Jugendgerichtsbarkeit) u. a. folgende Ausgleichsmöglichkeiten herauskristallisiert:[276]

• Gemeinsames Gespräch und Entschuldigung;
• Arbeitsleistung für/mit dem Geschädigten, um den Schaden zu beheben;
• Arbeitsleistungen im Rahmen eines bußgeldgespeisten Opferfonds, deren Ertrag dem Opfer zugute kommt;
• Gemeinsame Aktionen von Geschädigten und Tätern;

• Geschenke als symbolische Geste der Versöhnung.

Der Täter-Opfer-Ausgleich soll folgende kriminalpräventive Funktionen fördern: Dem Täter sollen durch die Konfrontation mit den schlimmen Folgen seiner Tat Grenzen verdeutlicht werden. Im Täter-Opfer-Ausgleich soll eine Modellfunktion für verantwortliches, prosoziales Verhalten demonstriert und die Akzeptanz gewaltfreier Lösungsmöglichkeiten verstärkt und Integration ermöglicht werden.[277] Das Düsseldorfer Gutachten berichtet über eine positive kriminalpräventive Wirkung. So sei z. B. die Rückfallquote signifikant unter der nach einer Geldstrafe.[278] Doch nimmt man zu dieser täterzentrierten Sichtweise diejenige des Opfers hinzu, so werden auch eine Reihe von Problemen sichtbar: Empirische Untersuchungen zeigen, dass Geschädigte bei Eigentums- und Vermögensdelikten tendenziell etwas anderes vom Strafverfahren erwarten als „Opfer" von Gewaltdelikten. Für Geschädigte von Eigentums- oder Vermögensdelikten steht die Wiedergutmachung des zugefügten Schadens im Vordergrund; ist diese gewährleistet, legen sie in der Regel keinen Wert auf – zusätzliche – Bestrafung. Wenig Interesse an Wiedergutmachungsbemühungen des Täters zeigen dagegen Gewaltopfer, weil vieles „nicht gutzumachen" ist.[279] In der Untersuchung von Baurmann und Schädler lehnten 63 % der Gewaltopfer Wiedergutmachungsbemühungen des Täters ab.[280] Kritisiert wird, dass der Täter-Opfer-Ausgleich zu sehr dem Täter und weniger dem Opfer nütze, da dieser erhebliche Strafnachlässe erhielte, während das Opfer sich mit symbolischen Gesten zufrieden geben müsse. „Viele Geschädigte wollen Wiedergutmachung, aber keine ‚therapeutische' Konfliktregelung oder gar Versöhnung. Sie wollen – ganz praktisch – Versicherungsschutz gegen Eigentumsdelikte und – ganz illusorisch – eine effektive Prävention. Es besteht der Verdacht, dass die Geschädigten durchaus wissen, was sie wollen, und dass sich dies nicht unbedingt mit der Täter-Opfer-Ausgleichs-Rhetorik deckt."[281]

4 FAZIT

Konstruktive Konfliktbearbeitung leistet einen Beitrag zur Gewaltprävention, indem im Bereich der primären Prävention Basiskompetenzen eines „anderen" Umgangs mit Konflikten gelernt werden, im Bereich der sekundären Prävention durch Mediationsverfahren eine faire tragfähige Lösung erarbeitet wird was eine (weitere) Eskalation verhindert und im Bereich der tertiären Prävention Möglichkeiten des Täter-Opfer-Ausgleichs und der Versöhnungsarbeit einen Rückfall in erneute Gewaltanwendung entgegenwirken können.

Konstruktive Konfliktbearbeitung stellt das einzig durchgängige, gewaltpräventiv wirksame Konzept dar, das auf allen Ebenen (Individuum, Familie, Gruppe, Gesellschaft, International) seine jeweils spezifische Ausformung gefunden hat und anwendbar ist. Methoden konstruktiver Konfliktbearbeitung werden weltweit angewendet und sind in traditionellen Kulturen (oft unter anderen Namen) ebenso zu finden wie in modernen Gesellschaften. Hier kann ein gegenseitiger Austausch und Adaptionsprozess fruchtbar sein. Konstruktive Konfliktbearbeitung könnte sich bei entsprechender Qualifizierung und Förderung zu einem alternativen Konfliktmanagement in der Zivilgesellschaft entwickeln,[282] wobei die einzelnen Verfahren an die jeweiligen spezifischen Gegebenheiten adaptiert werden müssen und auf die traditionellen gemeinschaftlichen Konfliktbearbeitungsrituale aufgebaut werden sollen. Die unmittelbare Teilhabe von Bürgern an der Bearbeitung und Klärung der eigenen Angelegenheiten fördert gleichzeitig das Demokratieverständnis und das demokratische Engagement in einer Gesellschaft und trägt auch zu einer „Neubewertung" des Verhältnisses von Staat und Bürgerinnen und Bürger bei. Dies ist insbesondere in Staaten wichtig, in denen die Staatsgewalt und Gerichtsbarkeit nur schwach ausgeprägt sind.

Dennoch müssen die spezifischen Voraussetzungen dieses Ansatzes im Blick gehalten werden: Gewalt zwischen den Konfliktparteien muss ausgeschlossen sein. Die Streitfrage, um die es bei Mediation geht, muss verhandelbar sein. Mediation setzt Freiwilligkeit, die Übernahme von Verantwortung und die Bereitschaft der Teilnehmer, sich zu einigen, voraus. Die Partner sollten ein Interesse an einer Problemlösung haben und zur Kommunikation fähig und zur Kooperation bereit sein. Das Machtgefälle zwischen den Mediationsparteien sollte nicht zu groß sein. Norbert Ropers[283] weist darauf hin, dass gerade in Hinblick auf Transformations- und Entwicklungsgesellschaften zu berücksichtigen ist, dass Mediation ein ausschließlich informelles und konsensuales Verfahren ist und deshalb bei starken Ungleichgewichten zwischen den Parteien faktisch die stärkere Seite begünstigt. Deshalb bestünde gerade in diesen Gesellschaften die Gefahr, dass die Konfliktbearbeitung zweigeteilt werde: Mediation für die Armen und Rechtsstaatlichkeit für die Reichen. „Fazit: Bei starken Ungleichheiten muss die schwächere Seite auch durch rechts- und sozialstaatliche Verfahren geschützt werden. Dies gilt auch und gerade für Ungleichgewichte zwischen kulturell definierten Gruppen."[284]

1.9 Kenntnis einschlägiger Evaluationsergebnisse über Gewaltprävention

Die Erkenntnisse über die Wirkungen von Maßnahmen der Gewaltprävention sind nicht sehr umfangreich. Evaluationsstudien, die wissenschaftlichen Kriterien standhalten, sind immer noch Mangelware. In der Literatur finden sich überwiegend Beschreibungen von Praxisansätzen und Modellen, kaum jedoch deren kritische Diskussion. In diesem Kapitel sollen deshalb zentrale Referenzstudien vorgestellt und für die Gewaltprävention wichtige Diskussionsstränge und Forschungsergebnisse dargestellt werden. Mit dem Sherman Report und dem Düsseldorfer Gutachten liegen zwei qualifizierte Meta-Studien vor, die die vorhandenen Evaluationsergebnisse systematisch ausgewertet haben und daraus auch klare Hinweise für die Praxis ableiten. Die Weltgesundheitsorganisation hat mit ihrem Weltreport über Gewalt und Gesundheit und der damit verbundenen Kampagne eine wichtige Grundlage für ein umfassendes Verständnis von Gewaltprävention gelegt. UN und UNESCO arbeiten zur Zeit an einer Studie über Gewalt gegen Kinder, die diesen Bereich erstmals umfassend beleuchten wird.

1 DER SHERMAN REPORT

In dem im Jahre 1998 dem US-Kongress vorgelegten sog. „Sherman-Report"[285] wurden über 500 Evaluationsstudien ausgewertet, um zu Aussagen über die Wirksamkeit von Präventionsprogrammen zu kommen. Dabei wurden die Programme nach strengen wissenschaftlichen Kriterien in die Kategorien „works", „doesn't work", und „promising"eingeteilt. Die mit „works" bewerteten Programme sind Programme, bei denen die Autoren recht sicher sind, dass sie Kriminalität vorbeugen bzw. Risikofaktoren für Kriminalität wenigstens für das soziale Umfeld, in dem diese Maßnahmen bewertet worden sind, reduzieren. Mit „doesn't work" bewertete Programme sind Programme, bei denen die Autoren recht sicher sind, dass sie Kriminalität nicht vorbeugen bzw. Risikofaktoren nicht reduzieren. „Promising" bedeutet, dass wenigstens eine Evaluationsstudie von signifikanten Tests berichtet und kriminalpräventive Effekte nachweist.[286] Der Sherman Report geht von einem wirkungsbezogenen Begriff von Kriminalprävention aus: „Crime prevention is defined not by intentions or methods, but by results."[287] Auch wenn viele Studien und Programme auf spezifisch amerikanische Gegebenheiten zugeschnitten sind, bietet der Sherman Report doch auch für andere Länder vielfältige empirisch abgesicherte Hinweise und Erkenntnisse über wirksame bzw. unwirksame Präventionsprogramme. Der Report gliedert sich in 10 Abschnitte und untersucht darin die jeweils verfügbaren evaluierten Handlungsansätze für diesen Bereich:

1. Introduction: The Congressional Mandate to Evaluate
2. Thinking About Crime Prevention
3. Communities and Crime Prevention
4. Family-based Crime Prevention
5. School-based Crime Prevention
6. Labor Markets and Crime Risk Factors
7. Preventing Crime at Places
8. Policing for Crime Prevention
9. Criminal Justice and Crime Prevention
10. Conclusions: The Effectiveness of Local Crime Prevention Funding

Der Sherman Report macht deutlich „dass die Effektivität von Präventionsmaßnahmen (und der vom Justizministerium eingesetzten finanziellen Mittel) davon abhängt, ob sie in Regionen und städtischen Nachbarschaften eingesetzt werden, in denen Jugendgewalt konzentriert auftritt. Eine wesentliche Zurückdrängung der nationalen Kriminalitätsraten kann danach nur erreicht werden, wenn gezielte Präventionsmaßnahmen in Gebieten mit konzentrierter Armut stattfinden, in denen die meisten Tötungsdelikte vorkommen und in denen die entsprechenden Raten 20 mal höher als im nationalen Durchschnitt liegen.“[288] Die Autoren sprechen sich für eine stärkere wissenschaftliche Evaluation der laufenden Präventionsprogramme aus. Dennoch werden klare Aussagen über die Wirkung von Präventionsprogrammen gemacht. Für den Bereich der Familie („Family-based Crime Prevention") können insbesondere Hausbesuche (house visitation) wirksam Kinder- und Jugenddelinquenz vorbeugen, wenn diese regelmäßig über einen längeren Zeitraum erfolgen. Ferner sind Hausbesuche bei Familien mit Kleinkindern ein wirksames Mittel zur Vermeidung von Missbrauchs- und/oder Misshandlungskriminalität. Schulorientierte Kiminalprävention ist – so der Sherman Report – dann wirksam, wenn die Programme auf die Befähigung der Schule ausgerichtet sind, sich selbst zu leiten. Klarheit, Beständigkeit und Fairness, das Umsetzen und Einhalten von Regeln und Normen sind positive Faktoren, die sich präventiv einsetzen lassen. Auf besonders gefährdete und aggressive Schüler muss speziell reagiert werden. Die Opferunterstützung und die Reaktion auf Fehlverhalten mit klaren Konsequenzen sind wichtig. Wirksam ist die Kombination von Maßnahmen. Kommunale Präventionsprogramme zählt der Sherman Report zu den am schwierigsten zu evaluierenden Programmen, möglicherweise seien sie aber die wichtigsten.

2 DAS DÜSSELDORFER GUTACHTEN

Die Landeshauptstadt Düsseldorf hat sich aufgrund ihrer jahrelangen Erfahrung in der Kriminalprävention zu einer wissenschaftlichen Begleitung und Wirkungsforschung von Aktivitäten zur Kriminalprävention entschlossen. Deshalb wurde das sog. „Düsseldorfer Gutachten" über empirisch gesicherte Erkenntnisse über kriminalpräventive Wirkungen sowie als Ergänzung „Leitlinien wirkungsorientierter Kriminalprävention" in Auftrag gegeben und von den Instituten für Kriminologie der Universitäten Tübingen und Heidelberg sowie der Gesellschaft für praxisorientierte Kriminalitätsforschung Berlin erarbeitet.[289] Dabei handelt es sich um eine Metaanalyse des aktuellen Standes der Kriminalprävention und ihrer Evaluation, um eine möglichst gesicherte Basis für die Kommunalpolitik zu erhalten. Für diesen Zweck wurden weltweit Modelle mit Wirkungsforschung gesammelt, geordnet und gewichtet. Dadurch, so die Autoren, wird der Rahmen wirkungsvoller Kriminalprävention durch das Gutachten deutlich. Im ersten Teil des Gutachtens werden 61 Studien zur Kriminalprävention ausgewertet, die sich durch empirische Begleitforschung auszeichnen. Der zweite Teil enthält die erste deutsche Rezeption des Sherman-Report und dient zugleich zur Kontrolle und Absicherung der eigenen Schlussfolgerungen des Gutachtens. Im dritten Teil werden die spezifischen Ergebnisse der Wirkungsforschung zur fremdenfeindlichen und rechtsextremen Gewalt referiert. Im vierten Teil wird kritisch analysiert, welche kriminalpolitischen Konsequenzen aus der vorwiegend amerikanischen Debatte über „broken windows" und „zero tolerance" für deutsche Großstädte zu ziehen sind.

In den ergänzenden Leitlinien wirkungsorientierter Kriminalprävention werden wesentliche Gesichtspunkte der Kriminalprävention zusammengefasst.[290] Als wirkungslos werden alle Maßnahmen eingestuft, die auf eine Veränderung der öffentlichen Einstellung und des Verhaltens zielen. Hierzu gehören u. a. Plakat-, Film- oder Ausstellungsaktionen. Stattdessen ist „informelle Sozialkontrolle in einer möglichst geordneten Umgebung auf allen Ebenen und in allen gesellschaftlichen Institutionen spezifisch wirksam."[291]

• In der Familie setzen alle wirksamen multisystematischen Behandlungen auch auf eine zwar strikt gewaltfreie, aber verstärkte Kontrolle über das Kind oder den Jugendlichen. Das Elternverhalten soll aggressives, inkonsistentes, aber auch zu nachlässiges Erziehungsverhalten vermeiden. Es sollen einerseits Grenzen gesetzt und andererseits erwünschtes Verhalten gefördert werden. Die elterliche Aufsicht über das Kind ist damit ein entscheidender Präventionsfaktor. Klare Normen und Grenzziehung in geordneten Strukturen sind wichtige Präventionsfaktoren auch der frühen Ersatzerziehung im Heim.

• „In der Schule treten nach der Familie die Präventionsaspekte am stärksten hervor und die Ausarbeitung entsprechender Präventionsprogramme ist am weitesten fortgeschritten. Die besonders erfolgreichen Mehr-Ebenen-Konzepte wie das Olweus Programm oder Anti-Bullying Projekte nutzen die Interventionsebene Schule für das Erlernen sozialer Normen und Grundregeln (niemanden angreifen, Angegriffenen helfen, niemanden ausschließen). So ist die erste Ebene dafür entscheidend, dass Kinder und Jugendliche überall auf dieselben Regeln stoßen und bei strikter Anwendung sich darauf verlassen können. Schon dieser erste Baustein des Mehr-Ebenen-Konzepts bezogen auf Schule, Schulklasse und Individuum, mit den „täterbezogenen" Maßnahmen akuter Normintervention und langfristiger Erziehung sowie den „opferbezogenen" Reaktionen des akuten Schutzes und der langfristigen Stärkung, entfaltet entscheidende präventive Kraft im Bereich informeller Sanktionen."[292]

• „Geordnete Verhältnisse und konstruktive informelle Kontrolle sind in der Nachbarschaft uneingeschränkt wirksame Mittel regionaler Kriminalitätsprävention, wie eine Gesamtschau der Einzeluntersuchungen ebenso ergibt, wie die vergleichbare Analyse im Sherman-Report. (…) Aus empirischer Sicht liegen also im Bereich der informellen sozialen Kontrolle die größten Chancen einer unmittelbaren und in der Kommune zu erbringenden effektiven Reduktion von Kriminalität, insbesondere von Aggressionsdelikten. Die Effektivität lässt sich steigern, wenn solche Interventionskonzepte verbunden werden mit einer gezielten pädagogischen Hilfe für Risikogruppen und dem Opferschutz."[293]

Diese Interventionsprogramme und ihre Effektivität hängen eng mit der Theorie sozialer Kontrolle zusammen, die als theoretische Basis des Düsseldorfer Gutachtens betrachtet werden kann. „Die Wirksamkeit der Konzepte, die bei der äußeren Kontrolle der Kriminalität ansetzen, belegen das notwendige Zusammenspiel von externer und innerer Kontrolle bei der Normbefolgung. Die Sichtbarkeit und Klarheit sozialer Normen und der Außenwelt sind so betrachtet die notwendige Voraussetzung für deren allmähliche persönliche Aneignung (Verinnerlichung). Der Funktionszusammenhang zwischen äußerer Ordnung und externer Kontrolle und der Einstellung zur Normbefolgung ist damit der entscheidende Ansatz für eine spezifische Kriminalprävention."[294]

Kritische Anmerkungen

Gegenstand des Sherman-Reports und des Düsseldorfer Gutachtens ist Kriminalprävention im Sinne der Bekämpfung und Vorbeugung von individueller Gewalt (mit Ausnahme von Bandenkriminalität) und Normübertretung, nicht jedoch Gewaltprävention. Dies sollte bei der Bewertung der Ergebnisse im Blick gehalten werden. Dementsprechend nimmt das Konzept des Normenlernens einen zentralen Stellenwert in der Diskussion um effektive Vorgehensweisen ein. Gewaltprävention bedarf notwendigerweise eines weiteren und spezifischeren Ansatzes, der ein kritisches Verständnis von Gewalt einbezieht, denn nicht jede Normenübertretung ist Gewalt, zumal im Kontext von Demokratieerziehung und Zivilcourage Normenübertretungen u. U. sogar als notwendig zu betrachten sind. Die Verbindungen von kollektiver Gewalt und interpersonaler Gewalt sowie der kulturellen Legitimation von Gewalt, die Problematik der legitimen und illegitimen Gewalt, sind nicht Gegenstand der Untersuchungen. Insofern decken diese nur einen Teilbereich des Problems Gewaltprävention ab. Der Ansatz des Normenlernens und der Normenverdeutlichung, der dem Düsseldorfer Gutachten zugrunde liegt, ist zwar in sich schlüssig, beantwortet jedoch nicht die Frage, wer die Normen setzt und ob diese Normen Leben und Entwicklung eher ermöglichen oder einengen. Ein eindeutiger Rückbezug auf Kinder- und Menschenrechte wäre hier hilfreich. Aus dem Blickwinkel der Kriminologie ist es schlüssig, Kinder und Jugendliche primär als Täter zu sehen. Aus dem Blickwinkel von Kinderrechtsorganisationen, wie z. B. dem des UN-Kinderhilfswerks (UNICEF), geraten primär kollektive Gefährdungen von Kindern ins Blickfeld. Kinder sind hier Opfer. Dennoch bleibt festzuhalten: Der Sherman-Report wie auch das Düsseldorfer Gutachten liefern wichtige und detaillierte Hinweise für die Praxis, welche kriminalpräventive Programme, Projekte und Maßnahmen Erfolg versprechen und welche weniger Wirkung zeigen oder sogar kriminalitätsfördernd sind. Beide Gutachten empfehlen dringend eine stärkere wissenschaftliche Evaluation von Präventionsmaßnahmen. Auch wenn sich diese Gutachten auf Kriminalprävention beziehen, so sind viele ihrer Ergebnisse auch für gewaltpräventive Maßnahmen aufschlussreich. Der Sherman Report erinnert eindrücklich an die Notwendigkeit, die Präventionspraxis unter dem Gesichtspunkt der Wirkung zu betrachten.

3 DIE UNICEF STUDIE „VIOLENCE AGAINST CHILDREN"

Im Jahre 2001 beauftragte die UN-Generalversammlung (in ihrer Resolution 56/138) auf Antrag des „Komitees für die Rechte der Kinder"
den UN-Generalsekretär damit eine weltweite Studie über Gewalt an
Kindern durchzuführen, die an die 1996 von der UN durchgeführte
Studie „The Impact of Armed Conflict on Children" anknüpft und diese für den Bereich des Alltags weiterführt.[295] Der Bericht soll der
UN Generalversammlung 2006 vorgelegt werden. 2003 wurde vom
UN-Generalsekretär Paulo Sergio Pinheiro als unabhängiger Experte
berufen, der die Erarbeitung der Studie leiten soll.[296] Die Studie soll
ein umfassendes Bild der Gewalt gegen Kinder liefern und Vorschläge und klare Empfehlungen für gesetzliche Maßnahmen, Politik und
Umsetzungsprogramme erarbeiten, um so eine effektive Prävention
und Bekämpfung aller Formen von Gewalt gegen Kinder zu ermöglichen. Für jeden Typ von Gewalt gegen Kindern will die Studie her-
ausfinden, was darüber an Wissen über Ursachen, Risikofaktoren
und Schutzfaktoren vorhanden ist. Der besondere Fokus wird auf
Präventionsstrategien liegen, insbesondere durch die Identifikation
von Best- Practice-Projekten im Bereich der Gewaltprävention. Die
Studie basiert vor allem auf der Konvention über die Rechte der Kinder und übernimmt auch den dort verwendeten Begriff von Kind als
Person unter 18 Jahren. In die Studie, in die Berichte von Regierungen und Wissenschaftlern ebenso eingehen, wie regionale Kon-
sultationen mit Kindern, sollen alle Formen der Gewalt gegen Kinder
einbezogen werden.

„For this Study, violence against children is:

* All forms of physical or mental violence, injury and abuse (harming
  your body or harming your mind)
* Neglect or bad treatment
* Maltreatment or exploitation, including sexual abuse and exploitation (such as child prostitution)
* Trafficking (sale and trading) of children
* Child abuse is any form of violence against children when it is done
  by someone who is responsible for them, or has power over them,
  that they should be able to trust (such as parents, other close family members or teachers)." [297]

Analysen und Beobachtungen des Komitees für die Rechte der Kinder, das an der Studie mitarbeitet, weisen insbesondere auf folgende
Problemlagen hin:[298]

* Körperstrafen sind immer noch an Schulen weit verbreitet und sind
  oft nicht durch nationale Gesetze verboten – was im Gegensatz zu

Art. 19 der Konvention über die Rechte der Kinder steht.[299] Dabei wird insbesondere auf den Zusammenhang zwischen gesellschaftlicher und staatlicher Akzeptanz und einer weiten Verbreitung von Körperstrafen hingewiesen, zumal, wenn diese auch in staatlichen Einrichtungen (z. B. Heimen, Rehabilitationszentren usw.) angewendet werden.

• Das Komitee hat Hinweise auf Vorkommen von Gewalt gegen Kinder in Einrichtungen der Polizei und des Strafvollzugs gefunden, wo Kinder Opfer inhumaner oder erniedrigender Behandlung und Bestrafung sind.

• Kinder, insbesondere Mädchen, sind zunehmend Teil der Sexindustrie, Prostitution und Pornografie. Kinder werden dabei ausgebeutet, gefoltert, sexuell missbraucht und auch getötet.

• Die Zahl von Straßenkindern nimmt zu. Die meisten von ihnen müssen unter extrem schwierigen Verhältnissen leben, was sie leicht zu Opfern von Gewalt, Folter, Missbrauch und Ausbeutung macht.

• Kinder werden durch Kinderarbeit ausgebeutet und sind in diesen Zwangsverhältnissen auch Gewalt ausgeliefert. Obwohl die Konvention Nr. 182 der Internationalen Arbeitsorganisation (die die schlimmsten Formen der Kinderarbeit verbietet) von vielen Ländern ratifiziert wurde, arbeitet ein hoher Prozentsatz von Kindern unter Bedingungen, die ein Risiko für ihre Gesundheit und ihre Entwicklung darstellen. Insbesondere wird die Gefährdung von Kindern bei der Beschäftigung im informellen Sektor (u. a. in Familien, kleinen Unternehmen) hervorgehoben.

• Es gibt in verschiedenen Ländern immer noch schmerzhafte überlieferte Praktiken, wie z. B. weibliche Genitalverstümmelungen, erzwungene frühe Verheiratung (Kinderheirat) oder Ehrenmorde, ohne dass notwendige gesellschaftliche oder staatliche Maßnahmen dagegen getroffen werden.

• Das Komitee weist insbesondere auf die ungenügenden Lebensbedingungen vieler Kinder hin, wie Armut, oder ungenügende Umsetzung rechtlicher Standards von Flüchtlingskindern, Asylsuchenden oder alleinreisenden Kindern. Dadurch haben diese keinen Zugang zu angemessener Bildung und Erziehung, Gesundheitsvorsorge oder anderen sozialen Diensten. Dies betrifft auch den mangelnden Schutz von Kindern in bewaffneten Konflikten. Insbesondere wird auch auf die große Gefährdung von HIV/AIDS infizierten Kindern oder von Aids-Waisen hingewiesen.

Mit dieser Studie wird erstmals ein umfassendes Bild des Problems „Gewalt gegen Kinder" möglich sein. Es soll jedoch nicht bei einer Bestandsaufnahme bleiben, sondern die Ergebnisse sollen gemeinsam mit Partnern auf internationaler und nationaler Ebene in einen politischen Prozess der Durchsetzung von Kinderrechten münden. Dabei spielt der Gedanke der Etablierung einer schützenden Umwelt (Protective Environment) eine zentrale Rolle. Dieser Ansatz stellt auch das Bindeglied zu den vielfältigen Ebenen und Erfordernissen der Gewaltprävention dar.

The Protective Environment (UNICEF)

4 INDIKATOREN FÜR „GEWALT GEGEN KINDER"

Um Gewalt gegen Kinder klar identifizierbar zu machen, begann im Kontext der Studie „Gewalt gegen Kinder" die UNICEF-Sektion „Child Protection" 2004 mit der Entwicklung von spezifischen Indikatoren zu „Gewalt gegen Kinder" im familiären und schulischen Bereich. Diese Indikatoren sollen mit der UN-Gewalt-Studie und der WHO-Definition von Gewalt kompatibel sein. Auch hier werden Kinder – wie in der UN-Studie „Gewalt gegen Kinder" – als Personen unter 18 Jahren definiert. Die Indikatoren sollen wichtige und nützliche Informationen liefern, sie sollen unter Einsatzbedingungen vor Ort Messgrößen bereitstellen und sie sollen für Advocacy-Zwecke brauchbar sein.

Die Indikatoren sollen dabei zwei Bereiche abdecken: das Ausmaß der Verletzung von Kinderrechten (zu Hause oder in der Schule) und rechtliche, politische und soziale Strukturen, die Kinder vor Übergriffen, Bedrohungen und Gewaltanwendung (durch Familienmitglieder, Peers, Lehrer usw.) schützen. Die Autoren der Indikatoren sprechen von „Status Indicators" und „Protective Environment Indicators":[300]

CHILDREN'S STATUS INDICATORS	PROTECTIVE ENVIRONMENT INDICATORS
Quantify the levels of child rights violations or violations of international standards for violence against children at home / at schools	Reveal the structures in place, and possible gaps in the protective environment for children

Solche Indikatoren sind z. B. im Bereich von „Status Indicators":
• Proportion of Child Homicides.
• Number of Child (< 18 years) Deaths due to Violence Inflicted by Household Member(s).
• Children Subjects of a Child Maltreatment Investigation/Assessment.
• Indicator-Set: Victimisation Rate of Violence at Home (Official Records).
• Indicator-Set: Victimisation Rate of Violence at Home (Subjective).

Die endgültige Liste der Indikatoren (die 2006 vorliegen soll) ist für den Gebrauch im UN-System, ihren Partnerorganisationen und Forschern in allen Ländern gedacht. Sie sollen verwendet werden, um die Verletzung von Kinderrechten in Familien und Schule zu beobachten und den Fortschritt gemeinsamer Bemühungen zu ihrem Schutze zu evaluieren. Mit diesen Indikatoren steht dann erstmals ein internationales Instrumentarium zur Messung der Gewalt gegen Kinder zur Verfügung.

5 WORLD REPORT ON VIOLENCE AND HEALTH

Jedes Jahr sterben weltweit 1,6 Millionen Menschen durch Gewalt: 800.000 durch Suizide, 500.000 durch Morde und 300.000 durch Kriege, so der „World Report on Violence and Health", den die Weltgesundheitsorganisation 2002 veröffentlichte.[301] Mit diesem Weltbericht wurde zum ersten Mal eine umfassende Bestandsaufnahme über Gewalt und ihre Folgen/Opfer vorgelegt und gleichzeitig auch Möglichkeiten der Prävention vorgestellt.

> „Dieser Bericht, die erste umfassende gedrängte Darstellung des Problems im weltweiten Maßstab, zeigt nicht nur, welchen Blutzoll die Gewalt fordert: Jedes Jahr verlieren 1,6 Millionen Menschen durch Gewalteinwirkung ihr Leben, zahllose andere werden dadurch in nicht immer offenkundiger Weise geschädigt. Der Bericht entlarvt auch die vielen Gesichter der zwischenmenschlichen, kollektiven und gegen die eigene Person gerichteten Gewalt und macht deutlich, in welchen Zusammenhängen Gewalt vorkommt. Er zeigt, dass die Gesundheit des Menschen ernsthaft gefährdet ist, wo Gewalt herrscht."
>
> *Gro Harlem Brundtland, Generaldirektorin der Weltgesundheitsorganisation in ihrem Vorwort zum „World Report on Violence and Health"*

Der Bericht gliedert sich in folgende Bereiche:
- Gewalt – ein globales Problem der öffentlichen Gesundheit
- Jugendgewalt
- Missbrauch und Vernachlässigung von Kindern
- Gewalt zwischen Partnern
- Vernachlässigung im Alter
- Sexuelle Gewalt
- Gegen sich selbst gerichtete Gewalt
- Kollektive Gewalt
- Handlungsanforderungen Anhang: Statistik

Mit diesem Bericht startete die Weltgesundheitsorganisation gleichzeitig eine globale Kampagne zur Gewaltprävention (Global Campaign for Violence Prevention).[302] Da der Bericht direkte praktische Auswirkungen haben soll endet er mit konkreten Handlungsempfehlungen an Regierungen.[303] „Die Vielschichtigkeit des Gewaltphänomens macht es erforderlich, dass sich Regierungen und alle mit der Problematik Befassten auf allen Entscheidungsebenen, d. h. bürgernah, auf nationaler und auf internationaler Ebene, damit auseinandersetzen. Die folgenden Empfehlungen spiegeln diese Notwendigkeit des multisektoralen und gemeinschaftlichen Handelns wider.
1. Schaffung, Umsetzung und begleitende Überwachung eines nationalen Aktionsplans für die Prävention von Gewalt.

2. Ausbau der Kapazität für die Erhebung von Daten zur Gewaltproblematik, Festlegung von Forschungsprioritäten und Unterstützung von Forschungsarbeiten zu den Ursachen, Folgen, Kosten und zur Verhütung von Gewalt.
3. Förderung von Maßnahmen der Primärprävention.
4. Stärkung der Maßnahmen für Gewaltopfer.
5. Einbeziehung der Gewaltprävention in die Sozial- und Bildungspolitik und damit Förderung von Gleichberechtigung der Geschlechter und sozialer Gerechtigkeit.
6. Verbesserung der Zusammenarbeit und Austausch von Informationen über die Möglichkeiten der Gewaltprävention.
7. Förderung von internationalen Verträgen, Gesetzen und anderen Mechanismen zum Schutz der Menschenrechte und zur Überwachung ihrer Einhaltung.
8. Suche nach praktischen, international vereinbarten Maßnahmen zur Bekämpfung des weltweiten Drogen- und Waffenhandels."[304]

Mit der Kampagne soll eine Plattform geschaffen werden, um Aktivitäten zur Gewaltprävention voranzubringen und vor allem das Augenmerk auf das Problem der Gewalt zu richten. Deshalb wurden in der Folge des Weltreports weitere wichtige Studien zur Implementierung veröffentlicht, so z. B. „Preventing Violence: a Guide to Implementing the Recommendations of the World Report on Violence and Health" (2004), „Handbook for the Documentation of Violence Prevention Programmes", „Economic Dimensions of Interpersonal Violence"[305], „Guidelines for Medico-Legal Care for Victims of Sexual Violence" (2004), „Violence Prevention Alliance. Building Global Commitment for Violence Prevention" (2005).

Das Spezifische an diesen WHO-Studien und der Kampagne ist:
- *Der ausdifferenzierte Gewaltbegriff:* Es wird ein eigenes detailliertes und umfassendes Verständnis von Gewalt entwickelt. Gewalt ist „der absichtliche Gebrauch von angedrohtem oder tatsächlichem körperlichen Zwang oder physischer Macht gegen die eigene oder eine andere Person, gegen eine Gruppe oder Gemeinschaft, der entweder konkret oder mit hoher Wahrscheinlichkeit zu Verletzungen, Tod, psychischen Schäden, Fehlentwicklung oder Deprivation führt." Dieser Gewaltbegriff wird dann in einer detaillierten Typologie von Gewalt systematisch entfaltet. Diese Definition umfasst zwischenmenschliche Gewalt ebenso wie suizidales Verhalten und bewaffnete Auseinandersetzungen (vgl. Kap. 1.4).
- *Der umfassende Ansatz:* Gewaltprävention wird auf das gesamte

Spektrum der interpersonalen Gewalt bezogen und nicht nur auf Teilbereiche wie Kindesmisshandlung oder Jugendgewalt.

• *Gewaltprävention statt Kriminalprävention:* Es wird verdeutlicht, was Gewaltprävention von Kriminalprävention unterscheidet. Da einerseits viele Gesetzesübertretungen nichts mit Gewalt zu tun haben und andererseits viele Arten von Gewalt durch die Rechtsprechung nicht erfasst werden, ist der Ansatz der Kriminalprävention zu eng.

• *Erklärung der Wurzeln von Gewalt:* Der „World Report on Violence and Health" geht von einem sog. Ökologischen Erklärungsmodell der Entstehung von Gewalt aus, das vier Ebenen berücksichtigt: Die erste Ebene umfasst biologische Faktoren und persönliche Entwicklungsfaktoren, auf der zweiten Ebene werden zwischenmenschliche Beziehungen zu Familie, Freunden, Gleichaltrigen und Kollegen berücksichtigt, auf der dritten Ebene geht es um soziale Beziehungen stiftende Umfelder der Gemeinschaft, wie Schulen, Arbeitsplätze und Nachbarschaften und die vierte Ebene bezieht sich auf gesellschaftliche Faktoren im weiteren Sinne, die ein Gewalt förderndes oder ihr abträgliches Klima schaffen.

• *Verknüpfung von theoretischer Analyse und praktischem Handeln:* Es wird ein permanenter wissenschaftlicher Bezug hergestellt. Die Auseinandersetzung mit und Erforschung von Gewaltzusammenhängen und Ursachen dient dabei direkt der Effektivierung der praktischen Arbeit im Sinne einer umfassenden Prävention.

• *Der Public-Health-Ansatz:* Die WHO geht davon aus, dass Gewalt ein komplexes Phänomen ist, das umfassend und ganzheitlich angegangen werden muss. Public Health konzentriert sich nicht auf den einzelnen Patienten, sondern eher auf die Gesundheit von Bevölkerungsgruppen und ganzen Bevölkerungen. Der Public-Health-Ansatz geht gegen jede Gefährdung des Wohlergehens der Bevölkerung herkömmlicherweise mit den folgenden vier Schritten vor:

• Das Ausmaß des Problems wird erkundet und beobachtet,
• die Ursachen des Problems werden ermittelt,
• es werden Möglichkeiten zur Bewältigung des Problems gesucht und erprobt,
• die nachweislich wirksamen Maßnahmen werden in breitem Maßstab eingesetzt. Von der Erkennung des Problems und seiner Ursachen bis zur Planung, Erprobung und Auswertung von Gegenmaßnahmen muss alles auf tragfähigen Forschungsergebnissen gründen und von den besten wissenschaftlich abgestützten Fakten untermauert sein.

Der Public Health-Ansatz der WHO[306]

1 Definiere das Gewaltproblem durch systematische Datensammlung.

2 Befrage die Forschung, um herauszufinden, warum hier Gewalt geschieht und wie sie sich auswirkt.

3 Finde heraus, „what works", um Gewalt zu verhindern, indem du Interventionen planst, einführst und evaluierst.

4 Führe effektive und vielversprechende Maßnahmen in vielen Settings durch und evaluiere ihr Ergebnis und ihre Kosten-Nutzen-Relation.

Mit diesem umfassenden theoretisch fundierten und wissenschaftlich begleiteten Ansatz unterscheidet sich die WHO von allen anderen Ansätzen und Projekten der Gewaltprävention. Hier wird zum ersten Mal ein begründetes und umfassendes Präventionsprogramm entfaltet, das systematisch alle Aspekte und Bereiche einbezieht und so vielfältige Anknüpfungspunkte vor Ort bietet. Da die WHO im Verbund mit anderen Einrichtungen der UN (UNICEF, UNHCR) sowie mit den UN-Mitgliedsstaaten zusammenarbeitet, scheint eine weite Verbreitung dieses Ansatzes möglich. Mit der 2004 gegründeten „Violence Prevention Alliance" wurde ein Netzwerk von Einrichtungen geschaffen, die ein gemeinsames Verständnis von Gewaltprävention in Anlehnung an die Prinzipien und Vorgehensweisen der WHO teilen. Damit nimmt die Kampagne klare Konturen an und könnte in den nächsten Jahren zur zentralen internationalen Plattform für Fragen der Gewaltprävention werden.

Violence Prevention Alliance – 2004

Mission statement

The Violence Prevention Alliance (VPA) is a network of WHO Member State governments, nongovernmental and community-based organizations, and private, international and intergovernmental agencies working to prevent violence. VPA participants share a public health approach that targets the root causes and risk factors underlying the likelihood of an individual becoming involved in violence and recognizes the need for improved services to mitigate the harmful effects of violence when it does occur. VPA activities aim to facilitate the development of policies, programmes and tools to implement the recommendations of the World report on violence and health in communities, countries, and regions around the world, and attempt to strengthen sustained, multi-sectoral cooperation around this shared vision for violence prevention.

http://www.who.int/violenceprevention/en/

6 ANMERKUNGEN ZUM PROBLEM DER EVALUATION

Die verstärkte Evaluation und der Rückgriff auf evaluierte Modelle sind gängige Forderungen im Bereich der Gewaltprävention. Insbesondere weisen auch der Sherman Report und das Düsseldorfer Gutachten, aber auch die WHO Studie „Gewalt und Gesundheit" auf diese Notwendigkeiten hin. Doch das Instrument der Evaluation ist bislang nur schwach entwickelt – so wurde z. B. die Deutsche Gesellschaft für Evaluation erst 1997 als Fachforum gegründet – und Ziele und Instrumente von Evaluation sind oft zu wenig reflektiert.[307] Evaluation bedeutet zunächst Bewertung, doch anhand welcher Kriterien wird was bewertet, welche Intentionen sind mit Evaluation verbunden und wofür sollen die Evaluationsergebnisse verwendet werden? Geht es darum laufende Projekte durch Prozessevaluation zu optimieren (sog. formative Evaluation) oder sollen die Ergebnisse für die Frage der Beendigung oder Weiterführung von Projekten verwendet werden (sog. summative Evaluation)? Expertinnen und Experten sind sich einig darin, dass die Wirksamkeit einer sozialen Intervention immer das Ergebnis vielfältiger und vielschichtiger, also komplexer Faktoren ist. Dies ist auch im Bereich der Gewaltprävention so. Je komplexer das Zusammenspiel der Einflussfaktoren, desto schwerer ist es, spezifische Aussagen über mögliche Effekte gezielter Programme zu machen. Programme zur Gewaltprävention müssten aber – wenn sie keine Black-Box-Konzepte sein wollen – ausweisen können welche (Verhaltens-)Änderungen wie erreicht werden sollen und können. Evaluation von Gewaltprävention steht deshalb vor großen methodischen Herausforderungen, wenn nach Wirkungen und Ergebnissen gefragt wird und erklärt werden soll, worauf diese genau zurückzuführen sind.[308]

Das Etikett „evaluiert" wird oft zum Gütesiegel erhoben und vorschnell als Aufforderung für eine direkte Übertragbarkeit angesehen. „Viele dieser Ergebnisse sind jedoch an lokale Kontexte gebunden und weitere Anstrengungen sind notwendig, um zu überprüfen, ob und in welchem Umfang sie auch unter anderen Bedingungen Gültigkeit haben. Dies gilt insbesondere für Programme aus anderen Ländern."[309] Die Arbeitsstelle Kinder- und Jugendkriminalitätsprävention warnt vor einer naiven Wissenschaftsgläubigkeit, wenn man nur auf evaluierte „best practice" Modelle setzt, da damit noch keine Vergleichbarkeit und Übertragbarkeit sichergestellt sei.[310] Als Konsequenz ergibt sich u. a. die Notwendigkeit einer verstärkten Professionalisierung, was Qualifizierung durch Weiterbildung, aber auch die Entwicklung von Qualitätsstandards für die verschiedenen Bereiche der Gewaltprävention bedeutet. Hierzu kann Evaluation einen wichtigen Beitrag zur Systematisierung und Erzeugung von gesichertem Wissen leisten. „Ähnlich wie Präventionsprogramme keine „Wunderwaffen" gegen Kriminalität sind, ist Evaluation auch kein Zauberstab, diese doch noch zu solchen zu machen. Aber: Evaluation ist insgesamt ein geeignetes Instrument zur Fortentwicklung der Fachlichkeit."[311]

2 Gewaltprävention: Ausgewählte Handlungsfelder

2.1 Gewaltprävention in der Familie

„Gewaltprävention muss schon in der Familie beginnen. Wissenschaftliche Untersuchungen belegen, dass Kinder und Jugendliche Gewalt sozusagen erlernen. Wer als Kind gelernt hat, dass Konflikte mit Gewalt gelöst werden, tut dies vermehrt auch als Erwachsener. Um diesen Kreislauf der Gewalt zu durchbrechen, haben wir in der vergangenen Legislaturperiode ein ‚Recht des Kindes auf gewaltfreie Erziehung' im Bürgerlichen Gesetzbuch verankert. Es wurde klargestellt, dass Gewalt kein geeignetes Erziehungsmittel ist. Die Häufigkeit körperlicher Bestrafungen ist daraufhin deutlich zurückgegangen. So berichten im Rahmen der Befragung von 2002 nur noch 3 % der Jugendlichen, eine Tracht Prügel erhalten zu haben, während es 1992 noch 30 % waren", so die Justizministerin der Bundesrepublik Deutschland.[312] Was für die Bundesrepublik Deutschland gilt, dass Gewaltprävention in der Familie beginnen muss, gilt auch weltweit.

1 FORMEN DER GEWALT IN DER FAMILIE
Die WHO unterscheidet drei Formen von Gewalt in der Familie: Gewalt gegen Intimpartner, Kindesmissbrauch und Vernachlässigung durch Eltern und andere Fürsorgepersonen und Misshandlung alter Menschen.[313]

1.1 GEWALT GEGEN INTIMPARTNER
Diese Gewalt gibt es ohne Ausnahme in allen Ländern und Kulturen,[314] wenngleich in unterschiedlicher Ausprägung und Intensität. Zwischen 10 und 69 % von Frauen aus allen Teilen der Welt geben an, dass sie irgendwann in ihrem Leben einmal von einem männlichen Intimpartner tätlich angegriffen worden seien.[315] Überall in der Welt sind die Gewalt auslösenden Faktoren in von Misshandlung geprägten Partnerbeziehungen bemerkenswert einheitlich. Dazu gehört, dass die Frau ihrem Mann nicht gehorcht oder sich ihm widersetzt, dass sie Fragen nach Geld oder Freundinnen stellt, dass das Essen nicht rechtzeitig auf dem Tisch steht, dass sich die Frau nicht genügend um die Kinder oder den Haushalt kümmert, dass sie den Geschlechtsverkehr verweigert und/oder der Mann sie der Untreue verdächtigt. Zahlreiche Faktoren scheinen zu bestimmen, inwieweit die Gefahr besteht, dass ein Mann seine Intimpartnerin tätlich angreift. Unter den individuellen Faktoren

spielt insbesondere die Vorgeschichte des Mannes eine Rolle, vor allem wenn er in seiner eigenen Familie erlebt hat, dass seine Mutter geschlagen wurde. Aber auch Alkoholmissbrauch des Mannes stellt sich in vielen Untersuchungen als wichtiger Faktor heraus. Auf zwischenmenschlicher Ebene sind die wichtigsten Bedingungen der Gewalt unter Partnern Beziehungskonflikte oder Unstimmigkeiten sowie Einkommensschwäche. Weshalb niedriges Einkommen das Gewaltrisiko erhöht, ist allerdings noch unklar. Es könnte sein, dass finanzielle Schwierigkeiten leicht Stoff für eheliche Auseinandersetzungen liefern oder es Frauen schwerer machen, aus gewaltträchtigen oder anderweitig unbefriedigenden Beziehungen auszubrechen. Gewalt könnte aber auch das Ergebnis anderer mit Armut einhergehenden Faktoren sein, beispielsweise durch beengte Wohnverhältnisse oder das Gefühl der Hoffnungslosigkeit ausgelöst werden. Frauen sind der Misshandlung durch ihren Intimpartner besonders in Gesellschaften ausgesetzt, in denen zwischen Männern und Frauen deutliche Ungleichheit herrscht, die Geschlechterrollen streng festliegen, kulturelle Normen unabhängig von den Gefühlen der Frau das Recht des Mannes auf ehelichen Geschlechtsverkehr unterstützen und dieses Verhalten gesellschaftlich nur geringfügig geahndet wird.

1.2 KINDESMISSBRAUCH UND VERNACHLÄSSIGUNG DURCH ELTERN UND ANDERE FÜRSORGEPERSONEN

Kinder werden von ihren Eltern und anderen Fürsorgepersonen überall in der Welt missbraucht, misshandelt und vernachlässigt. Im Jahr 2001 gaben 60 % aller in einer UNICEF-Untersuchung in Europa und Zentralasien befragen Kinder an, bei ihren Eltern und Betreuern gewalttätiges und aggressives Verhalten zu erleben.[316] Für Kindesmissbrauch gilt die gleiche Definition wie für Gewalt unter Intimpartnern, er umfasst körperliche, sexuelle und psychische Misshandlung und Vernachlässigung.[317] Alter und Geschlecht sind wesentliche individuelle Faktoren der Viktimisierung. Im Allgemeinen sind kleinere Kinder der körperlichen Misshandlung am stärksten ausgesetzt, während die höchsten Raten des sexuellen Missbrauchs unter Kindern in der Pubertät oder unter Jugendlichen zu finden sind. In den meisten Fällen werden Jungen häufiger geschlagen und überhaupt körperlich bestraft als Mädchen, während letztere stärker der Gefahr ausgesetzt sind, Opfer von Kindestötung, sexuellem Missbrauch und Vernachlässigung zu werden und auch häufiger zur Prostitution gezwungen werden. Die Gefahr, misshandelt zu werden, erhöht sich für ein Kind auch noch durch andere Faktoren, beispielsweise wenn es bei einem

allein erziehenden Elternteil aufwächst oder sehr junge Eltern hat, die
keine Unterstützung in einer Großfamilie finden. Beengte Wohnverhältnisse oder andere durch Gewalt geprägte familiäre Beziehungen
(z. B. zwischen Eltern) sind ebenfalls Risikofaktoren.[318] Forschungsergebnisse deuten darauf hin, dass vielerorts Frauen ihre Kinder häufiger körperlich bestrafen als Männer – vielleicht weil sie die meiste
Zeit mit ihren Kindern verbringen. Doch wenn die physische Gewalt
zu schweren oder tödlichen Verletzungen führt, sind die Täter häufiger Männer. Die UNICEF Studie „Violence against Children", die
2006 vorgelegt werden soll, wird auch zu diesem Bereich detaillierte
Aussagen machen können (vgl. Kap. 1.9).

Kindheitserfahrungen mit körperlicher Erziehungsgewalt durch Eltern

(N = 3249, Mehrfachnennungen möglich)

„Meine Eltern haben ..." (abgekürzte Itemformulierung)	selten	häufiger als selten
1. mit Gegenstand nach mir geworfen	7,0 %	3,7 %
2. mich hart angepackt oder gestoßen	17,9 %	12,1 %
3. mir eine runtergehauen	36,0 %	36,5 %
4. mich mit Gegenstand geschlagen	7,0 %	4,6 %
5. mich mit Faust geschlagen, getreten	3,3 %	2,6 %
6. mich geprügelt, zusammengeschlagen	4,5 %	3,5 %
7. mich gewürgt	1,4 %	0,7 %
8. mir absichtlich Verbrennungen zugefügt	0,5 %	0,4 %
9. mich mit Waffe bedroht	0,6 %	0,4 %
10. eine Waffe gegen mich eingesetzt	0,6 %	0,3 %
körperliche elterliche Gewalt insgesamt (1–10)	36,1 %	38,8 %
körperliche Züchtigung durch Eltern (1–4)	36,1 %	38,4 %
körperliche Mißhandlung durch Eltern (5–10)	5,9 %	4,7 %

Anmerkungen. Abgekürzte tabellarische Darstellung, nur Opferraten sind aufgeführt. Mehrfachnennungen bei Einzelitems sind möglich. In acht Fällen fehlen Angaben zur Mißhandlung.

In einer Untersuchung über Gewalt gegen Kinder in Deutschland gaben
insgesamt 74,9% (n = 2432) der Befragten an, in ihrer Kindheit körperliche Gewalthandlungen seitens ihrer Eltern erlebt zu haben. Darunter
finden sich 350 Befragte (10,8% der Stichprobe), die Opfer elterlicher
Misshandlung wurden. 38,4% wurden häufiger als selten körperlich ge-
züchtigt. Misshandlungen erlebten 4,7% häufiger als selten.[319]

1.3 MISSHANDLUNG ALTER MENSCHEN

Die Misshandlung alter Menschen durch Verwandte oder andere Fürsorgepersonen wird in zunehmendem Maße als schwerwiegendes soziales Problem erkannt.[320] Das Problem könnte sich auch noch verschärfen, da die Bevölkerung in vielen Ländern rasch altert. Ältere Männer sind in etwa dem gleichen Risiko der Misshandlung durch Ehepartnerin, erwachsene Kinder und andere Verwandte ausgesetzt wie Frauen. In Kulturen, in denen Frauen gesellschaftlich weniger angesehen sind, besteht für alte Frauen allerdings die erhöhte Gefahr, dass sie, wenn sie Witwe werden, von der Familie aufgegeben werden und man ihnen ihren Besitz wegnimmt. So werden beispielsweise in der Vereinigten Republik Tansania jedes Jahr etwa 500 alte Frauen der Hexerei bezichtigt und ermordet. In Einrichtungen wie Krankenhäusern und Pflegeheimen kommt es eher zu Misshandlungen, wenn die Fürsorge schlecht ist, die Mitarbeiter schlecht ausgebildet oder überarbeitet sind, sich die Beziehungen zwischen Mitarbeitern und Heimbewohnern schwierig gestalten, das physische Umfeld Mängel aufweist und man eher die Interessen der Einrichtung als diejenigen der Patienten bzw. Bewohner vertritt.

2 DIE BEDEUTUNG DER FAMILIE FÜR DIE ENTSTEHUNG VON GEWALT UND GEWALTFREIHEIT

Familiäre Lebensformen sind sehr vielfältig und haben kulturspezifische Ausprägungen. Familien sind einem äußerst starken Wandel unterworfen. Mit dem Prozess der Modernisierung haben sie sich von traditionellen Großfamilien zu Klein- oder Kernfamilien gewandelt.[321] Vielfach sind traditionelle Familienverbände in der Auflösung begriffen und oft äußerst brüchig geworden. Dies wird sich in den nächsten Jahren, gerade in Entwicklungsländern, noch weiter dramatisch verändern, wenn man z. B. die hohe Zahl der AIDS-Waisen im südlichen Afrika vor Augen hat oder an die zunehmende Zahl der Kinder denkt, die außerhalb von familiaren Strukturen aufwachsen, – so lebt z. B. in Russland jedes 7. Kind außerhalb der Ursprungsfamilie.[322] Weltweit nimmt die Zahl der Straßenkinder zu. Eine Familie stellt ein äußerst komplexes System dar. „Die Dynamik einer Familie ergibt sich nicht nur durch die notwendigen Anpassungsleistungen aufgrund von lebenszyklischen Veränderungen und Anforderungen der sozialen Umwelt. Die innerfamiliären Beziehung werden vielmehr durch die bewussten und unbewussten Bedürfnisse, Wünsche und Ängste der Familienmitglieder bestimmt. Die Psychodynamik ergibt sich aus dem Spiel dieser Kräfte, einerseits den Bedürfnissen, andererseits den Ängsten. Allen gemeinsam in der Familie ist das Streben nach Sicherheit."[323] Die Familienstruktur wird durch Normen und Regeln, Hierarchien und Machtverhältnisse bestimmt. Diese „verstehen wir als die strukturellen Gegebenheiten, die die Problemlösungen, die Bedürfnisbefriedigungen und die Sicherheitsanforderungen in der Familie regeln. Sie bestimmen die innere Organisation des Systems."[324] Erich Fromm weist noch auf einen weiteren Aspekt hin: Er beschreibt die Familie als eine „Agentur der Gesellschaft", als Transmissionsriemen für diejenigen Werte und Normen, die eine Gesellschaft ihren Mitgliedern einprägen will. Deshalb sind die wichtigsten Faktoren für die Entwicklung des Individuums die Struktur und die Werte der Gesellschaft, in die ein Mensch hineingeboren wurde.[325]

Die Familie steht also im Schnittpunkt zwischen Gesellschaft und Individuum. Sie ist die Stelle, an der die gesellschaftlichen Verhältnisse die Interaktionsmuster der Individuen formen und deformieren.[326] Sie vermittelt die ersten und grundlegendsten sozialen Erfahrungen, ist der erste Sozialisationsbereich. Die Eltern (oder familienersetzende Einrichtungen) beeinflussen die Einstellungen und das Verhalten ihrer Kinder im Wesentlichen so:

- sie bestimmen durch ihre Zuwendung oder Ablehnung die emotionale Grundorientierung ihres Kindes;
- sie dienen als Modelle für die Nachahmung (Identifizierung), so dass die Kinder von ihnen Werte, Einstellungen und Verhaltensweisen übernehmen;
- sie vermitteln den Kindern einen sozialen, kulturellen, ethischen und nationalen Kontext für ihr Denken und Handeln;
- sie prägen durch ihre Beziehungen zueinander und zu den Kindern deren weitere Persönlichkeit.

Die Bedeutung dieser familiären Erfahrungen zeigt sich u. a. auch daran, dass bei Untersuchungen über auffällige, delinquente, aggressive und gewalttätige Jugendliche immer schwierige Familienverhältnisse verbunden mit enormen emotionalen Defiziten auffindbar sind. Die wegweisende Studie von David Mark Mantell über den Zusammenhang von Familie und Aggression[327] liefert wichtige Einsichten in Zusammenhänge von Familienkonstellationen, Erziehungsverhalten, emotionalem Klima, Beziehung der Eltern untereinander, Werte und moralische Maßstäbe, Strafverhalten und Erziehungsmethoden. Mantell untersuchte die Herkunftsfamilien von Kriegsfreiwilligen im Vietnamkrieg und von Kriegsdienstverweigerern. Diese unterschieden sich signifikant in wichtigen Dimensionen. Hier seien nur verkürzt einige zentrale Ergebnisse benannt:[328]

	Kriegsdienst-verweigerer	Kriegsfreiwillige
Familien-atmosphäre	freundlich, warm Austausch von Zärtlichkeiten war etwas Normales	unfreundlich, kalt, aggressiv, Zärtlichkeiten waren selten, wurden bei den Männern als Schwäche angesehen
	häufig war die Ehebeziehung gleichberechtigt	hierarchisch, meist dominierte der Vater, manchmal die Mutter
Herrschafts-struktur in der Familie	*am häufigsten:* Humanitäre Werte, Lebensfreude, Güte, individuelle (u. a. intellektuelle) Leistung	*am häufigsten:* Ansehen, Respekt vor materiellem Besitz, Ordnung und Sauberkeit, Disziplin, Gehorsam, Konformität in der Wohngemeinde, körperliche Kraft
	am seltensten: Respekt vor Erwachsenen, Gehorsam, körperliche Kraft	*am seltensten:* humanitäre Haltung, soziale Gerechtigkeit, Kunst
Erziehungs-maßnahmen	*häufig:* Lob, rationales Argumentieren	*häufig:* körperliche Bestrafung durch Vater oder Mutter, Drohungen, Schimpfen
	selten: körperliche Bestrafung	*selten:* rationales Argumentieren, Konfliktlösung durch Gespräche
	Hilfeleistungen nicht nur für Verwandte, sondern auch für Freunde, Nachbarn und Fremde	Kontakt und Hilfe im Verwandtenkreis
Außen-kontakte der Eltern	Interesse an Politik und gesellschaftlichen Problemen	kaum Interesse an Angelegenheiten außerhalb der Familie oder an Politik
	Väter und Müttern waren sozial oder politisch aktiv	geringe Kontakte zu Nachbarn
		nur wenige halfen anderen (Nachbarn, Freunden oder gar Fremden)

Insbesondere die Art der emotionalen Zuwendung, das Familienklima und die Art der Bestrafung scheinen in engem Zusammenhang mit dem Erwerb von aggressivem Verhalten zu stehen. Der Vater scheint in diesen Eltern-Kind-Beziehungen der Kriegsfreiwilligen eine besondere Rolle zu spielen. Sofern er überhaupt präsent ist, dominiert und bestimmt er wesentlich das Familienklima. „Die Freiwilligen erfuhren von ihren Vätern mehr oder weniger Gleichgültigkeit und Ablehnung; diese hatten ‚keine Antenne' für ihre Söhne. Sie ließen sich nicht auf Gespräche mit ihnen ein – höchstens, um sie zu belehren – und beschränkten sich auf einen eher formellen Umgang. Die Väter hatten durchweg auch außerhalb der Familie Kontaktschwierigkeiten und im Beruf wenig Freude und Erfolgserlebnisse."[329] Die väterliche Gewaltausübung in Form von Bestrafung, so diese Untersuchungen, wurde von den Soldaten als Selbstverständlichkeit hingenommen. Auch die Mütter waren mit ihren Gefühlen nicht freigiebiger. Sie versteckten persönliche Regungen, waren nicht offen zu ihren Kindern. Die Kinder hatten so keine Möglichkeit, emotional befriedigende Beziehungen aufzubauen oder den Umgang mit Gefühlen zu erlernen. Was sie lernten, war Selbstkontrolle und Verdrängung. Diese Ergebnisse decken sich mit anderen Untersuchungen zum Kommunikationsstil und Erziehungsstil von Eltern.[330]

Christian Pfeiffer, Leiter des kriminologischen Forschungsinstituts Hannover, hat in einer Studie die Zusammenhänge von erlebter Gewalt in der Kindheit und später angewendeter Gewalt empirisch belegt. Er geht dabei von einem Zusammenspiel von selbst erlebter und in der Familie beobachteter (Partner-)Gewalt aus. Dieses Zusammenspiel, verbunden mit internalisierten subjektiven Normen der Eltern und der Peergruppen, beeinflusst die Einstellung zur Gewalt maßgeblich und kann zu eigenem aktiven Gewalthandeln führen.[331] Pfeiffer betont insbesondere den Zusammenhang zwischen Familie und Peergruppe: „ Jugendliche aus gewaltbelasteten Familien haben also eine Tendenz dazu, sich in Gleichaltrigengruppen zusammenzuschließen, die Gewalt befürworten. Insoweit sind sowohl die Gleichaltrigengruppen als auch die familiären Erfahrungen für die Erklärung jugendlichen Gewalthandelns bedeutsam. Der im multivarianten Modell nach wie vor nachweisbare direkte Effekt familiärer Gewaltbelastungen indiziert, dass nicht davon gesprochen werden kann, dass bei Berücksichtigung der Verhältnisse in der Gleichaltrigengruppe die familiären Sozialisationserfahrungen, insbesondere die Konfrontation mit Gewalt, gar nicht oder nur noch marginal bedeutsam wäre."[332] Sein Fazit lautet: „Eine Beendigung der innerfamiliären Gewalt im

Jugendalter trägt dazu bei, die Rate der Gewalttäter deutlich zu reduzieren."[333]

In der kriminologischen Forschung konnten, wie das Düsseldorfer Gutachten ausführt, alle Persönlichkeitsuntersuchungen an kriminellen Jugendlichen zeitübergreifend und transkulturell im Zusammenhang mit kriminellen Entwicklungen signifikant wirksame Merkmalsbündel feststellen, die man als „anomisches Syndrom sozialer Bindungslosigkeit" bezeichnet und in dessen Kontext die Familie eine wichtige Rolle spielt. Zu diesen Merkmalen gehören:[334]

- Funktional gestörte Familie;
- wechselndes Erziehungsverhalten;
- fehlende Kontrolle über den Jugendlichen;
- wiederholter Wechsel der Bezugspersonen und / oder des Ortes;
- Zurückbleiben und erhebliche Auffälligkeiten in der Schule;
- Herumstreunen;
- schulisches und berufliches Scheitern;
- häufiger Wechsel der (Gelegenheits-) Arbeitsstellen;
- Freizeit mit offenen Abläufen;
- Fehlen von tragenden menschlichen Beziehungen;
- intergenerationeller Abstieg.

Das anomische Syndrom ist gekennzeichnet durch das Globalmerkmal sozialer Bindungslosigkeit, das sich insbesondere in den Brennpunken sozialem Integrationsgeschehens – Familie, Schule und Arbeit – zeigt. Hier wird wiederum auch die Bedeutung der Familie für Gewaltprävention deutlich. Der Sherman Report benennt die Risikofaktoren für ernste und allgemeine Delinquenz so: „While serious crime is geographically concentrated in a small number of high crime communities, it is individually concentrated in families with anti-social parents, rejecting parents, parents in conflict, parents imposing inconsistent punishment, and parents who supervice their children loosely. Several analysts conclude that these risk factors are cumulative, and that the more of them a prevention program can address the better." [335]

3 ANSÄTZE UND MASSNAHMEN DER GEWALTPRÄVENTION IN DER FAMILIE

„Bei der primären Prävention gegenüber familiärer Gewaltanwendung geht es vor allem um den Abbau gewaltfördernder Leitbilder und Lernprozesse und um die soziale Reintegration der Familie. Grundlage der Eindämmung von Gewalt in der Familie ist der Abbau wirtschaftlicher und sozialer Stressphänomene mit den Mitteln der allgemeinen Sozialpolitik. Denn ein günstiges Sozial- und Wirtschaftsklima ist gleichzeitig ein günstiges Präventionsklima. Sekundäre Prävention setzt regelmäßig ein ‚Umlernen' der einzelnen von Gewalt betroffenen Familien im Umgang mit Konflikten und ihre Einbindung in ein Netz gezielt stützender Sozialbeziehungen voraus. Das Opfer von Gewalt in der Familie ist in besonderem Maße schutzbedürftig." [336] Damit umreißt die Gewaltkommission der Bundesregierung die Aufgaben von Gewaltprävention in Familien und spricht auch die verschiedenen Ebenen an. Gesetzliche Regelungen geben den rechtlichen Rahmen vor, wirtschaftliche Unterstützung entlastet den Alltag und sozialpädagogische Begleitung und Hilfe ermöglicht das Erlernen prosozialer Verhaltensweisen. Die Leitlinien des Düsseldorfer Gutachtens präzisieren diese Aussagen vor dem Hintergrund von evaluierten Modellen: „In der Familie setzen alle wirksamen multisystematischen Behandlungen auch auf eine zwar strikt gewaltfreie, aber verstärkte Kontrolle über das Kind oder den Jugendlichen. Das Elternverhalten soll aggressives, inkonsistentes, aber auch zu nachlässiges Erziehungsverhalten vermeiden. Es sollen einerseits Grenzen gesetzt und andererseits erwünschtes Verhalten gefördert werden. Die elterliche Aufsicht über das Kind ist damit ein entscheidender Präventionsfaktor." [337]

3.1 SCHAFFUNG EINES EINDEUTIGEN RECHTLICHEN RAHMENS

Gewalt in der Familie wird dadurch erleichtert, dass sie oft gesetzlich gebilligt oder geduldet wird. Dies betrifft vor allem die Bereiche der sexuellen Gewalt zwischen Ehepartnern und Gewalt gegen Kinder. Eine gewaltfreie Erziehung bedarf deshalb als gesellschaftliche Voraussetzung und Flankierung eindeutiger gesetzlicher Regelungen. Das scheinbare Recht der Eltern auf körperliche Züchtigung muss durch das Recht des Kindes auf eine gewaltfreie Erziehung ersetzt werden. Dies muss durch entsprechende gesetzliche Regelungen geschehen. Durch die Verabschiedung der Kinderrechtskonvention der Vereinten Nationen im Jahr 1989 besteht für all' die Länder, die diese Konvention unterzeichnet haben, die Verpflichtung, alles in ihrer Macht stehende zu tun, um Kinder vor jeder Form körperlicher oder geistiger Gewaltanwendung zu schützen. Staaten sollten klare und eindeutige gesetzliche Regelungen schaffen, die diesen Schutz garantieren. Und sie sollten dafür Sorge tragen, dass die Beratungs- und Unterstützungsangebote zur Verfügung gestellt werden, die notwendig und erforderlich sind, um die gesetzlichen Vorgaben in der Praxis Wirklichkeit werden zu lassen. [338] Dass dies selbst in Industrieländern nach wie vor eine wichtige Forderung darstellt, zeigte die Parlamentarische Versammlung des Europarats der 45 Mitgliedsstaaten im Juni 2004 in Straßburg.[339] Die Parlamentarische Versammlung forderte die Regierungen auf, die körperliche Bestrafung von Kindern vollkommen zu verbieten. Zwar ist inzwischen in allen Europastaaten die körperliche Züchtigung in Schulen abgeschafft worden, aber nur eine geringe Zahl von Ländern hat diese auch innerhalb der Familie und an anderen Orten generell unter Strafe gestellt, wie es internationale Verträge fordern. In der Bundesrepublik Deutschland wurde im Jahr 2000 der § 1631, Abs 2 in das Bürgerliche Gesetzbuch eingefügt: „Kinder haben ein Recht auf gewaltfreie Erziehung. Körperliche Bestrafungen, seelische Verletzungen und andere entwürdigende Maßnahmen sind unzulässig." Die Europäische Kommission für Menschenrechte und der Straßburger Menschenrechtsgerichtshof haben wiederholt in ihrer Rechtsprechung der Argumentation widersprochen, dass das Verbot jeglicher körperlicher Züchtigung gegen das Recht auf Privat- oder Familienleben verstößt. Gewalt gegen Kinder könne auch nicht durch das Recht auf religiöse Freiheit begründet werden, so der Gerichtshof.[340] Doch gesetzliche Regelungen in diesem Bereich haben letztlich nur dann Relevanz, wenn sie nicht nur „ächten" und „verbieten", sondern auch konkrete Unterstützung und Hilfen anbieten und letztlich auch Konsequenzen bei Missachtung durchsetzen.

Niemals Gewalt

„Ja, aber wenn wir unsere Kinder nun ohne Gewalt und ohne irgendwelche straffen Zügel erziehen, entsteht dadurch schon ein neues Menschengeschlecht, das in ewigem Frieden lebt? Etwas so Einfältiges kann sich wohl nur ein Kinderbuchautor erhoffen! Ich weiß, dass es eine Utopie ist. Und ganz gewiss gibt es in unserer armen, kranken Welt noch sehr viel anderes, das gleichfalls geändert werden muss, soll es Frieden geben. Aber in dieser unserer Gegenwart gibt es selbst ohne Krieg so unfassbar viel Grausamkeit, Gewalt und Unterdrückung auf Erden und das bleibt den Kindern keinesfalls verborgen. Sie sehen und hören und lesen es täglich, und schließlich glauben sie gar, Gewalt sei ein natürlicher Zustand. Müssen wir ihnen dann nicht wenigstens daheim durch unser Beispiel zeigen, dass es eine andere Art zu leben gibt? (…) Niemals Gewalt! Es könnte trotz allem mit der Zeit ein winziger Beitrag sein zum Frieden in der Welt."

Astrid Lindgren in ihrer Rede bei der Verleihung des Friedenspreises des deutschen Buchhandels 1978.

3.2   UNTERSTÜTZUNG UND VERBESSERUNG DES POSITIVEN ERZIEHUNGSVERHALTENS

Mit Maßnahmen auf der Familienebene wird entweder versucht, das Wesen der Eltern-Kind-Intervention zu verändern oder aber die Konfliktebene innerhalb der Familien zu reduzieren oder deren Konfliktmanagement zu verbessern. „Ebenso wie Gewalt an gewalttätigen Modellen gelernt wird, kann eine gewaltlose Konfliktlösung am besten an konsequent gewaltlosen Vorbildern gelernt werden. Sie müssen dem Kind im Elternhaus und in der Schule vorgelebt werden. Die Gewaltlosigkeit der Erziehung ist wesentlicher Bestandteil der Erziehung zur Gewaltlosigkeit. Daher müssen in der Erziehung körperliche Strafen vermieden werden." [341] Um ein konsequent gewaltfreies Verhalten – was nicht mit dem Verzicht auf Erziehung überhaupt verwechselt werden darf – leben zu können, sind Aufklärung und Unterstützung notwendig. Dies geschieht durch Informations- und Lernmaterialien aber auch durch gezielte Elternbildung und -schulung.

Positives Erziehungsverhalten zu entwickeln und zu fördern setzt natürlich voraus zu identifizieren und zu definieren, was unter einem solchen Erziehungsverhalten überhaupt zu verstehen ist. Angesprochen sind dabei die Bereiche Kommunikation, Wertschätzung und Anerkennung, Wärme und Geborgenheit, Autorität und Vorbild, Grenzen und Regeln, Absprachen, Problemlöseverhalten, Umgang mit Konflikten, Förderung und Unterstützung der Persönlichkeitsentwicklung. Die Grundorientierung stellt dabei das Prinzip einer gewaltfreien Erziehung dar.[342] Ein besonderer Problembereich im Kontext von Erziehung stellt der Bereich Strafen, insbesondere Körperstrafen dar. Obwohl bekannt und nachgewiesen ist, dass gerade Körperstrafen äußerst negative Effekte für das Selbstwertgefühl und die Entwicklung einer stabilen Persönlichkeit zeitigen, und obwohl Körperstrafen in vielen Ländern und Bereichen verboten sind, werden sie doch angewendet. Gerade im Kontext von Gewaltprävention sind sie äußerst kontraproduktiv. Hier benötigen viele Eltern massive Hilfestellungen.

3.2.1 AUFKLÄRUNGSKAMPAGNEN: ELTERNBRIEFE, PLAKATAKTIONEN, ANZEIGEN, BROSCHÜREN

Häufig werden auf eine allgemeine und unspezifische Weise Informationen über „richtiges" Erziehungsverhalten einer breiten Öffentlichkeit angeboten. Hierzu werden unterschiedliche Medien eingesetzt: Plakate, Elternbriefe, Fernsehsendungen, Internetangebote. Solche Informationen können punktuell und einmalig oder kontinuierlich und über einen langen Zeitraum erfolgen. Regierungen, aber auch gesellschaftliche Verbände und Gruppen, versuchen in Form von Plakaten, Flugblättern, Fernsehspots, Aufklebern und Aufklärungskampagnen Aufmerksamkeit zu erreichen, um damit Probleme zu benennen und Verhalten positiv zu beeinflussen. Doch können bzw. wie können regionale oder nationale Aufklärungskampagnen dazu beitragen, die Sensibilität für Erziehungsfragen und gewaltfreie Erziehung zu vergrößern? Es kommt bei solchen „Aufklärungskampagnen" offensichtlich sehr stark auf die verwendeten Medien, die expliziten und impliziten Aussagen, die Bildauswahl und Bildgestaltung usw. an. Das Düsseldorfer Gutachten stuft alle Maßnahmen der Kriminalprävention, die auf eine Veränderung der öffentlichen Einstellung und des Verhaltens zielen als wirkungslos ein. Hierzu gehören u. a. Plakat-, Film- oder Ausstellungsaktionen.[343]

Es ist deshalb sehr darauf zu achten, dass solche Kampagnen in ihrer Ausrichtung und Aussage wissenschaftlich fundiert sind und auch entsprechend begleitet werden.

Kampagne: „Mehr Respekt vor Kindern"

Wie schwierig solche Kampagnen sind, zeigt zum Beispiel die Plakataktion und Broschüre des Bundesministeriums für Familie, Senioren, Frauen und Jugend in Deutschland „Mehr Respekt vor Kindern", die im Jahre 2000 in Folge der gesetzlichen Regelung einer gewaltfreien Erziehung gestartet wurde. Insbesondere wurde die Bildauswahl und die damit verbundenen Aussagen kritisiert. So merkt z. B. der Wissenschaftler Gerhard Amendt in einem offenen Brief an: „(…) Wohlgemerkt, Sie plädieren für mehr Respekt vor Kindern! Nur frage ich mich, ob der Titel ,Wer Schläge einsteckt, wird Schläge austeilen' wirklich diesem hehren Ziel gerecht wird. Ich hege da grundsätzliche Zweifel! Denn wo bleibt die Einfühlung für den Jungen, der geschlagen wird? Wo bleibt die Empathie für seine seelische Zerrissenheit und sein heimatloses Leid über seine Mutter oder seinen Vater, die er gleichwohl liebt? Von denen einer ihn schlägt und der andere untätig daneben steht und die ihn so beide zeitweise der Verstoßung preisgeben? Ist Ihr Plakat nicht die entgegen gesetzte Seite der Einfühlung? Beseht seine Quintessenz nicht darin, dass Jungen nur deshalb ein Anrecht haben, nicht geschlagen zu werden, weil sie zurückschlagen und weil sie nach Ihrer Ansicht automatisch zur nächsten Generation von Schlägern werden? Ist diese Logik nicht selber Ausdruck einer Respektlosigkeit."[344]

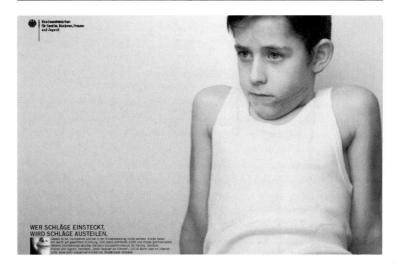

3.2.2 ERZIEHUNGSRATGEBER, BROSCHÜREN, MERK-SÄTZE

Pädagogische Elternbriefe sind z. B. im Vorschulbereich weit verbreitet. Zum Themenbereich gewaltfreie Erziehung haben u. a. die Broschüren des Instituts für Friedenspädagogik zu Themen wie „Gewaltfrei Leben lernen" oder „Augen auf beim Spielzeugkauf" eine große Nachfrage und hohe Auflage.[345] Solche Broschüren sind nur schwer von der umfangreichen und boomenden Erziehungsratgeberliteratur abzugrenzen. Ratgeber füllen die Lücke der Unsicherheit und des Bedürfnisses nach Orientierungshilfen, sind jedoch in ihren Aussagen oft auch problematisch. Unterschieden werden muss zwischen seriösen Informationsbroschüren und PR-Materialien, die letztlich der Selbstdarstellung im Kontext von Imagekampagnen dienen. In die Kritik geraten sind Erziehungsratgeber wegen ihrer Halb- oder Pseudowissenschaftlichkeit. Erzieherisches Handeln wird dabei oft verkürzt auf die Anwendung von Regeln ohne deren Hintergrund, Bedingungen und Ableitungen deutlich zu machen und zu reflektieren. So kommen z. B. Hahlweg und Miller in ihrer Analyse von Elternbriefen zu der Einschätzung: „Aus den uns bekannten Elternbriefen ist nicht ersichtlich, auf welchen empirisch begründeten bestätigten Annahmen sie beruhen." [346]

Teil von Informationsbroschüren oder von Ratgeberliteratur sind oft sog. Merksätze. Sie verdichten komplexe Zusammenhänge auf einfache Aussagen, die leicht zu verstehen und zu merken sind. Merksätze über günstiges Verhalten in erzieherischen Problemsituationen (die evtl. noch mit Symbolen oder Grafiken verbunden sind) stellen häufig eine allererste Orientierung für „bildungsferne" Eltern dar, die keine Bücher lesen und auch keine Bildungsangebote wahrnehmen. Ihre Funktion ist darüber hinaus, Interesse an den angesprochenen Themen zu wecken und zur weiteren Auseinandersetzung anzuregen. In Ländern mit hohen Raten von Analphabetismus sind solche plakativ gestalteten Medien wichtige Vermittlungsinstrumente. Deshalb ist es äußerst wichtig, entsprechende Angebote hierfür bereit zu stellen und sie in eine umfangreichere Begleitung einzubetten.

Plakate und Broschüren können einen weiteren positiven Effekt haben, wenn sie mit deutlichen Appellen und Aufforderungen verbunden sind, und auf die Herstellung von Öffentlichkeit abzielen. Dritte Personen können so auch aufgefordert und animiert werden, bei Missbrauch oder Misshandlungen nicht wegzusehen, sondern einzugreifen und solche Fälle zu melden (vgl. Kap. 2.4).

3.2.3 ERZIEHUNGSRATGEBER IN FERNSEHSENDUNGEN

Zu den Printmedien sind inzwischen Ratgebersendungen im Fernsehen hinzugekommen. Sie können – entsprechend produziert – auf anschauliche Weise wichtige Informationen zur Verfügung stellen. Ein spezielles Format für den Erziehungsbereich stellt die Sendung „Super-Nanni" von RTL dar. Hier greift eine Erziehungsexpertin direkt und direktiv in das Familiengeschehen ein, indem sie über mehrere Wochen eine Familie begleitet und coacht. Sie bestimmt und zeigt was „falsch" und „richtig" ist. Damit werden Wert- und Verhaltensmaßstäbe gesetzt. Die Beurteilung solcher Sendungen stößt auf Schwierigkeiten. In Diskussionsforen im Internet wird diese Form überwiegend als brauchbar und gut angesehen,[347] während sie in Fachkreisen eher auf Kritik stößt. So kritisiert der Deutsche Kinderschutzbund:[348] „Das Modell der Super Nanny sowohl gegenüber den Kindern als aber auch gegenüber den Eltern ist ein autoritäres Modell. (...) Die gesamte Ausstrahlung lässt jeglichen Respekt vor dem Kind und seiner Familie vermissen! Sowohl das Kind als auch die Familie wird würdelos dargestellt und im weiteren Verlauf immer weiter entwürdigt. (...) Nach dieser Ausstrahlung fürchten sich einige Eltern nun vor den Experten." [349] Es geht also bei solchen Sendungen darum, genau auszuloten, was die Botschaften solcher Serien sind, welches Erziehungsmodell vorgestellt wird und was Eltern und Kinder dabei lernen können und sollen. Speziell entwickelte Fernsehsendungen (oder kurze Fernsehspots) werden auch von vielen Regierungen eingesetzt, um als problematisch eingestuftes Verhalten zu beein-

flussen. Die Hürden um dies zu erreichen, sind jedoch hoch und die Effekte
oft nicht vorhersehbar. Dies zeigt z. B.
die Sendereihe „Soul City", die 2003
in Südafrika ausgestrahlt und durch
Rundfunkbeiträge und Broschüren
ergänzt wurde. Die Evaluation dieser
Serien kommt einerseits zu erstaunlich
positiven Ergebnissen, andererseits
wurden aber bei so sensiblen Themen
wie Fremdenfeindlichkeit keine, bzw.
eher Verstärkungseffekte erzielt: „It
seems that Soul City 6 did not succeed
in this objective of improving attitudes
and subjective norms towards foreigners in South Africa." [350]

Trotzdem wird das Gesamtergebnis von Soul City 6 als positiv eingestuft. „Soul City reached substantial numbers of the South Africa
population, and was mostly enjoyed and appreciated by its audience.
The impact of Soul City was not even across the various topics but
was particularly successful in the intended HIV and AIDS topic where
change has been shown not only in awareness, attitudes, subjective
norms and interpersonal behaviour, but also in action taken to support and care for people with HIV and AIDS." [351]

Die Radionovela „Das andere Gesicht der Liebe" [352]

In Costa Rica wurde eine Seifenoper als Rundfunkhörspiel im Rahmen einer Kampagne gegen häusliche Gewalt eingesetzt. Träger
war das nationale Frauenzentrum in San José. Folgende Leitthesen
prägten die Geschichte:
- Häusliche Gewalt entspringt der Art und Weise, wie die Ge-
  schlechteridentitäten in einer Gesellschaft konstruiert sind.
- Häusliche Gewalt ist nicht „normal" und es ist möglich, die Ge-
  waltspirale zu durchbrechen.
- Häusliche Gewalt geht alle an, Individuen wie Institutionen. Die
  Telefonistinnen des staatlichen Notruftelefons berichteten, dass
  die Zahl der Anrufe in der Zeit der Ausstrahlung stark gestie-
  gen seien. Eine qualitative Befragung ergab, dass es viele Höre-
  rinnen gelang, eine Brücke zum eigenen Leben zu schlagen und
  ihre eigene Situation als Notsituation zu begreifen.

Mediale Darstellungen zu Erziehungsfragen haben immer mit mehreren Problemen zu kämpfen: Sie müssen den Sehgewohnheiten entsprechen, müssen eine gewisse Einschaltquote erreichen, sollten dabei aber auf allzu voyeuristische und sensationsheischende Darstellung verzichten. Im Kontext von Gewaltprävention sollen solche Sendungen wissenschaftlichen Ansprüchen genügen und auch entsprechend begleitet werden, dann können sie ein wichtiges flankierendes Instrumentarium zur Gewaltprävention darstellen. Dennoch bleibt zu beachten: „Dass Unterhaltungsformate ein breiteres Publikum ansprechen als Broschüren oder kognitive Botschaften, muss nicht weiter bewiesen werden. Nur wie sie wirken, auf der Ebene der individuellen Bewusstseinsbildung oder im gesellschaftlichen Diskurs, ist sehr schwer nachzuweisen." [353]

3.2.4 FAMILIENHANDBUCH ONLINE

Das vom bayerischen Staatsinstitut für Frühpädagogik herausgegebene Online-Familienhandbuch stellt die umfassendste und fundierteste Informationsquelle für Erziehungs- und Familienfragen im Internet dar (www.familienhandbuch.de). [354] Gegliedert nach „Familienerziehung", „Familienleben", „Öffentliche Angebote", „Fachliche Beiträge" finden sich hier aktuelle und umfassende Beiträge auf dem neuesten Stand der wissenschaftlichen Diskussion und dennoch allgemeinverständlich verfasst. Das Familienhandbuch wendet sich dabei mit je spezifischen Beiträgen an Eltern, Erzieherinnen und Erzieher und Wissenschaftler und ermöglicht so einen Einblick in diese Bereiche und ihre Vernetzung. Inzwischen werden Teile des Familienhandbuches auch mehrsprachig angeboten. Speziell zu Fragen der Gewaltprävention finden sich eine Reihe von Beiträgen, wie z. B. „Wenn Kinder beißen, treten, schlagen", „Ich hau dir in die Fresse – verbale Gewalt bei Kindern", „Gewalt unter Geschwistern im Alltag der Familie", „Eltern als Mediatoren". Der Runde Tisch Gewaltprävention Tübingen hat ein spezielles Internetangebot zu Gewaltprävention geschaltet (www.gewaltpraevention-tue.de), das jeweils unter der Fragestellung „Was mache ich wenn …?" auf die spezifischen Bedürfnisse von Eltern, Lehrern, Kindern und Jugendlichen eingeht und erste Informationen und einen Wegweiser für weiteres Vorgehen anbietet.

Die Nutzung des Internets für qualitativ hochwertige Informationen stellt einen wichtigen Teilbereich der Gewaltprävention dar. Dennoch bleibt die Frage, ob die Eltern, die Unterstützung und Hilfe benötigen, so überhaupt erreicht werden können, ob sie die Kontaktmedien überhaupt nutzen und ob ihr Bildungs- und Sprachniveau getroffen wird. Eine empirische Überprüfung der Reichweite und möglicher Folgen solcher Medien findet nur in Teilbereichen statt.

3.3 VERÄNDERUNG DES ERZIEHUNGSVERHALTENS DURCH ELTERNKURSE

Ohne Zweifel besteht in einer Zeit globaler Umbrüche und persönlicher Unsicherheiten ein zunehmend großer Bedarf an Orientierung auch in Erziehungsfragen. Elternbildung bietet hier die Möglichkeit, Hilfestellung bei schwierigen Erziehungsaufgaben zu erhalten. Elternkurse stellen ein wichtiges Element einer umfassenden Gewaltprävention dar.[355] Sie haben den Anspruch, Hilfen für den Erziehungsalltag zu bieten und haben meist ähnliche Ziele: Eltern und Kinder sollen wieder ohne Stress miteinander auskommen können, das Selbstwertgefühl der Kinder soll ebenso wie die Elternrolle gestärkt, Achtung und Respekt voreinander sollen eingeübt werden und Kinder sollen sich ihrer Lebensphase angemessen entwickeln und entfalten können.

Das Angebot an Eltern- und Erziehungskursen ist groß. Die Menschenbilder allerdings, die den jeweiligen Konzepten zugrunde liegen, sind ebenso wie die Methoden und die Arbeitsweisen innerhalb der Kurse sehr unterschiedlich. Auf dem „Markt" sind standarisierte Kurse, die eine spezifische Trainerausbildung voraussetzen, ebenso zu finden, wie selbst entworfene Angebote im Rahmen der lokalen Erwachsenenbildung. Ein Problem haben alle Kursangebote gemeinsam: wie lässt sich erreichen, dass „Problemeltern" an solchen Kursen teilnehmen? Die festgestellte Notwendigkeit sowie das Angebot sagen noch nichts über das Erreichen von Problemgruppen aus. Wichtige Fragen sind ungeklärt: Sollten solche Basis-Kurse für alle Eltern verpflichtend sein oder ist es besser, mit einem Bonus- und Anreizsystem zur Teilnahme zu arbeiten? Oder sollte die Teilnahme an Kursen in indizierten Fällen (z. B. bei der Feststellung von Vernachlässigung oder Misshandlung von Kindern) verpflichtend gemacht werden?[356]

Für den Bereich der Gewaltprävention wurden eine Reihe von spezifischen Elternkursen entwickelt. Diese greifen oft auf internationale Muster zurück. So wurde z. B. „Triple P" in Australien entwickelt und dann in und für verschiedene andere Ländern adaptiert; ebenso das „Gordon Familientraining" oder „STEP", die aus den USA übernommen wurden. Die Adaption von geschlossenen Kursmodellen ist durchaus eine übliche Praxis und erspart eigene Entwicklungsarbeit.[357]

3.3.1 TRIPLE P (POSITIVE PARENTING PROGRAM)[358]

Durch Vorträge und Präsentationen, Videodarstellungen, Telefon-gespräche und Einzel-beratungen, Hausaufgaben und Fragebögen sollen Eltern ein systematisches und konsequentes Erziehungsver-halten erlernen, das auf den Prinzipien der Konditionierung (positive und negative Verstärker, Reiz-Reaktionsverhalten) beruht. Eltern sollen ihren Kinder ihre Verhaltenserwartungen mitteilen. Auf unan-gemessenes Kindverhalten soll sofort konsequent reagiert werden, notfalls auch mit Strafen. Die Eltern sollen dabei ruhig bleiben, nicht schimpfen, drohen oder schlagen. Eltern sollen Vorbild sein und aus-reichend positive Zeit mit ihren Kindern verbringen.

3.3.2 GORDON FAMILIENTRAINING[359]

Das Familientraining vertritt einen kooperativen Erziehungsstil. Es lehnt den autokratisch/autoritären sowie den gewährenden und ver-wöhnenden Erziehungsstil ab. Grundlage ist das Konzept der Individu-alpsychologie nach Thomas Gordon. Kinder reagieren verhaltensauf-fällig, wenn sie nicht ernst genommen werden. Sie sollen deshalb ein hohes Mitspracherecht haben. Konflikte werden ausgehandelt. Eltern sollen ihr Kind als Experten in eigener Sache wahrnehmen. Sie ler-nen Kommunikationstechniken (aktives Zuhören, Ich-Botschaften), die ihnen den Umgang mit ihrem Kind, aber auch mit dem Partner erleichtern. Und sie lernen, dass ihre Kinder Probleme auch selbst lösen können. Informationseinheiten und praktische Übungen wech-seln ab und werden in der Gruppe diskutiert und durch Rollenspiele, Kleingruppenarbeit und Erfahrungsaustausch ergänzt.

3.3.3 KESS (KOOPERATIV, ERMUTIGEND, SOZIAL, SITUATIONSORIENTIERT)[360]

Der elterliche Blick soll auf die Stärken des Kindes gerichtet werden. Es geht darum, seine positiven Seiten zu sehen. Wichtig ist die Fra-ge, warum es sich „störend" verhält (trotzt, nörgelt, etc.) und welcher Wunsch sich dahinter verbirgt, davon sollen die Reaktionen der El-tern abhängen. Die Erziehung soll kooperativ sein. Eltern lernen ihre ganze Aufmerksamkeit auf das Kind zu richten, ihm aktiv zuzuhören oder so authentisch zu sein, dass sie offen sagen, wenn sie gerade keine Zeit haben. Sie lernen einen humorvollen Umgang mit Konf-likten oder bei drohenden Eskalationen innere Distanz zu schaffen. Durch Impulsvorträge, Übungen und Reflexionen haben Eltern die Möglichkeit, ihre Haltung und ihren Erziehungsstil mit Blick auf die in-dividualpsychologischen Aspekte der Erziehung weiterzuentwickeln.

3.3.4 STEP (SYSTEMATIC TRAINING FOR EFFECTIVE PARENTING)[361]

Kinder brauchen das Gefühl der Zugehörigkeit. Das haben sie, wenn sie sich geliebt, respektiert und beachtet fühlen. Sie sollen Einfluss nehmen dürfen und auf demokratische Weise in Entscheidungsprozesse miteinbezogen sein, aber auch die Konsequenzen ihres Handelns tragen. Eltern müssen die Achtung und den Respekt, den sie ihrem Kind gegenüber haben, auch für sich selbst einfordern. Betont wird: Eltern müssen nicht perfekt sein!

3.3.5 STARKE ELTERN – STARKE KINDER[362]

Der Mensch wird im Kontext seiner Beziehungen und als Teil eines Systems gesehen. Störungen eines Einzelnen sind ein Ausdruck bestimmter Beziehungsmuster. Rechte und Bedürfnisse der Kinder deutlich zu machen, ist ein wichtiges Ziel des Kurses. Ihre Mitbestimmungs- und Gestaltungsmöglichkeiten sollen im Familiensystem gestärkt werden. Eltern sollten den Fähigkeiten ihres Kindes vertrauen und es so anleiten, dass es eigene Lösungen findet. Der Erziehungsstil soll demokratisch und konsequent sein (autoritativ, nicht autoritär!) und ohne Gewalt und Strafen auskommen. Durch das Vorbild der Eltern lernt das Kind, Rücksicht auf andere Familienmitglieder zu nehmen.

3.3.6 QUALITÄTSANFRAGEN AN ELTERNKURSE

Sigrid Tschöpe-Scheffler hat zehn qualitative Bewertungskriterien zur Beurteilung von Elternkursen formuliert, deren Beantwortung eine erste Einschätzung der Qualität der Angebote ermöglichen.[363] Sie fragt dabei nach der Transparenz der theoretischen Grundlagen des Kurses, seiner Ziele, Inhalte und Methoden, nach vorhandenen Evaluationsergebnissen, nach Methoden und Inhalten durch die Alltagskonzepte von Eltern erweitert und verändert werden können. Weitere Fragen zielen auf die Empowerment-Potentiale dieser Konzepte und danach, ob sie unterstützend statt belehrend und selbstreflektierend statt rezeptorientiert sind. Die Frage nach der Ausbildung der Kursleiterinnen und Kursleiter, nach der Niederschwelligkeit und den Kosten der Angebote sowie ihrer Lebensraumorientierung ermöglicht eine differenzierte (Selbst-)Einschätzung und Qualitätsbeurteilung.

3.3.7 WISSENSCHAFTLICHE BEGLEITUNG/EVALUATION

Elternkurse sollten wissenschaftlich begleitet und evaluiert werden.

Perrez benennt folgende Anforderungen (bzw. Mindeststandards) an Elterntrainings als Präventionsmaßnahmen:[364]

- *Ziele:* Eine präventive Maßnahme sollte die Auftretenshäufigkeit von kindlichen Verhaltensstörungen reduzieren durch Verbesserung der elterlichen Erziehungspraktiken, Stärkung der Resilienzfaktoren bei Kindern, Verminderung familiärer Risikofaktoren oder Stärkung von sozialen Schutzfaktoren. Sie sollte stabile Effekte erzielen, kostengünstig sein und von den Adressaten eine hohe Akzeptanz erfahren.
- *Theoretische Fundierung:* Präventive Interventionsprogramme sollten auf Interventionszielen beruhen, die nachweislich in einem empirischen Zusammenhang mit der Verhinderung von Verhaltensstörungen bei Kindern und Jugendlichen stehen. Die zu Grunde liegenden, empirisch bestätigten, theoretischen Annahmen sollten explizit sein.
- *Empirische Fundierung:* Präventive Programme sollten bezüglich ihrer Wirksamkeit überprüft sein. Die Anzahl an Elternratgebern und Erziehungskursen ist groß, aber nur selten wird eine empirische Überprüfung dieser Programme durchgeführt.

Taylor and Biglan[365] kommen zu dem zusammenfassenden Schluss, dass nicht alle Elterntrainings gleich gut sind. Als ein sehr gut evaluiertes Programm aus den USA wird das Parenting Through Chance (PTC) bezeichnet. Als weitere international evaluierte Präventionsprogramme werden von Hahlweg und Miller „PARTNERS"[366] und das Elterntraining im Rahmen der FAST TRACK-Studie genannt.[367] Als ein Beispiel für ein ungenügendes Elterntraining führen sie das Gordon Elterntraining an, weil es (besonders in den Siebziger Jahren) eine große Verbreitung fand, bevor es überhaupt einer empirischen Untersuchung unterzogen wurde. Eine Analyse von 14 Effektivitätsstudien zu diesem Training zeigt, dass das Training keine Wirkung auf kindbezogene Variablen hat (wie zum Beispiel Wohlbefinden, psychische Gesundheit). Die berichtete geringe Wirksamkeit bezieht sich eher auf kognitive Veränderungen bei den Eltern, denen dann allerdings keine Umsetzung auf der Verhaltensebene zu folgen scheint.

Für nationale Programme kommen Hahlweg und Miller (am Beispiel Deutschlands) zu dem Schluss: „Obwohl sich mehrere Elterntrainings im englischsprachigen Raum als effektiv zur Vorbeugung von kindlichen Verhaltensauffälligkeiten erwiesen haben, wird in Deutschland keines davon angeboten. Stattdessen gibt es eine große Anzahl von selbst erstellten präventiven Elternprogrammen, die empirisch in keiner Weise abgesichert sind."[368] Inzwischen wurde das Elterntraining des Deutschen Kinderschutzbundes „Starke Eltern – Starke Kinder" positiv evaluiert.[369]

4 VERBESSERUNG DES KONFLIKTMANAGEMENTSYS-TEMS – HILFE BEI FAMILIÄREN KONFLIKTEN ZWISCHEN DEN PARTNERN

Wenn Eltern und Partner nicht mehr selbst weiterkommen, weil sie im Konflikt gefangen sind und selbst über keine Konfliktlösestrategien und Konfliktkompetenzen verfügen, benötigen sie Hilfe von außen. In den letzten Jahrzehnten wurden ein differenziertes Instrumentarium von Beratung, Begleitung und Therapie entwickelt. Hierzu gehören in Industrieländern u. a. Erziehungsberatung, Familienberatung, Familientherapie und Familienmediation.

4.1 ERZIEHUNGSBERATUNG

Erziehungsberatung ist primär ein Angebot für Kinder, Jugendliche und Eltern. Sie wird in Anspruch genommen bei emotionalen Problemen, bei sozialen Verhaltensauffälligkeiten, Problemen im Schul- und Leistungsbereich, Schwierigkeiten in der familiaren Interaktion oder psychosomatischen Auffälligkeiten. Familien greifen vor allem in Krisensituationen auf dieses Angebot zurück.[370] Erziehungsberatung wird in Deutschland von staatlichen und freien Trägern flächendeckend angeboten und ist als Leistung im Jugendhilfegesetz geregelt. Die Wirksamkeit von Erziehungsberatung zu messen, steckt erst in den Anfängen. Bei Befragungen der Betroffenen sind diese mit den Beratungsergebnissen überwiegend zufrieden.[371]

4.2 FAMILIENBERATUNG, EHE UND PARTNER-SCHAFTSBERATUNG/FAMILIENTHERAPIE

Familienberatung bezeichnet alle Beratungsangebote, die sich auf Probleme und Aufgaben beziehen, die Familien zu bewältigen haben.[372] Sie ist Beratung für Personen, die Krisen, Probleme oder Entscheidungen im familiären Lebenszyklus zu bewältigen haben. Lebenszyklisch betrachtet, handelt es sich z. B. um Krisen und Probleme in typischen Schwellensituationen wie Schwangerschaft und Geburt, um Erziehungsfragen und Entwicklungsprobleme bzw. Verhaltensauffälligkeiten von Kinder, um Ablösungs- und Identitätsthemen bei und mit Heranwachsenden oder jungen Erwachsenen, um Fragen der Berufssuche und Partnerwahl, um Trennung und Scheidung, usw. Als zentrale Ziele können dabei gelten:

- Wiederherstellung und Förderung einer eigenverantwortlichen Erziehungskompetenz im Umgang mit Kindern und Jugendlichen.
- Entwicklung und Förderung einer erweiterten Konfliktbewältigungskompetenz in innerfamiliären Lebenszusammenhängen ebenso wie im Umfeld der Familie (Nachbarschaft, Schule, Kindergarten und Vereinswesen).
- Entwicklung und Förderung einer intergenerationellen Versöhnungskompetenz im Sinne der „filialen Reife". Ein (im Idealfall interdisziplinär zusammengesetztes) Team von Fachleuten betreut die Ratsuchenden innerhalb einer integrierten Beratungsstelle oder eines Beratungszentrums.

Um aktuelle Probleme und Krisen ihrer Partnerschaft oder mit Kinder zu bearbeiten, nehmen einzelne Partner oder Ehepaare Angebote der Ehe- und Paarberatung oder der Familientherapie in Anspruch. Bei systemischer Familientherapie stehen nicht die einzelnen Mitglieder der Familien im Vordergrund, sondern die Familie als Beziehungssystem mit ihren spezifischen Interaktionsformen, Regeln und Beziehungsdefinitionen. Verhaltensauffälligkeiten oder Probleme von einzelnen Familienmitgliedern werden vor diesem Hintergrund als Symptome für ein Familiengefüge gesehen, das die Probleme verursacht. Der systemische Ansatz verhindert Verhaltenszuschreibungen und Stigmatisierungen und thematisiert den Beitrag der veschiedenen Subsysteme zum Problem. Dabei wird auch davon ausgegangen, dass jedes System die Ressourcen zur Lösung seiner Probleme besitzt, diese aber z.Z. nicht nutzen kann.

Familienberatung, Paarberatung und Familientherapie stellen hoch professionalisierte Konzepte dar, die in speziellen Settings stattfinden. Sie sind zeit- und kostenintensiv, haben andererseits jedoch oftmals gute Resulate vorzuweisen.

4.3 FAMILIEN- UND SCHEIDUNGSMEDIATION

Mediation als Verfahren zu Vermittlung bei Konflikten und Streit hat sich in vielen Ländern in den letzten Jahren als wichtige Möglichkeit des fairen Umgangs mit Konflikten etabliert. Mediation wird oft beschrieben als „zielorientierte und strukturierte professionelle Hilfe beim interpersonellen Problemlösen und Verhandeln".[373] Sie dient der selbst bestimmten und einvernehmlichen Regelung von Konflikten indem sie nicht nur die Sachprobleme aufgreift, sondern auch die (dazugehörigen oder zugrunde liegenden) Emotionen (Ängste, Wünsche, Wut) berücksichtigt. Dies wird durch die Hinzuziehung einer neutralen dritten Person, dem Mediator / der Mediatorin, erreicht.

In ihren Grundlagen beruht Mediation auf dem Harvard Ansatz für Konfliktmanagement.[374] (Vgl. Kap. 1.8) Als Familienmediation hilft sie Paaren, Konflike und Streitigkeiten auf eine partnerschaftliche und faire Art zu lösen. In Form der Scheidungsmediation kann sie verhindern, dass im Trennungsprozess weitere tiefe Wunden aufgerissen werden. Dies ist besonders dann wichtig, wenn Kinder von einer Trennung mit betroffen sind. Untersuchungen über die Wirksamkeit von Mediation im Bereich von Trennungen und Scheidungen zeigen, dass „die Trennungs- und Scheidungsmediation bezüglich dem Erreichen und der Haltbarkeit von Vereinbarungen sowie der Zufriedenheit der Klientinnen und Klienten ein effektiver Ansatz ist.[375]

Da gerade in vielen Entwicklungsländern den Opfern von häuslicher Gewalt nicht nur der Zugang zu solchen Angeboten fehlt, sondern diese Angebote vielfach überhaupt nicht zur Verfügung stehen, müssen alternative informelle Möglichkeiten der Auseinandersetzung und der Hilfe geschaffen und unterstützt werden. Diese sind im Freundeskreis, in Kommunen und Gemeinden zu finden und können durch entsprechendes Informationsmaterial (die WHO spricht von Kleinmedien wie Plakaten, Kassetten usw.) vorbereitet und animiert werden. Hierfür können Gemeindeentwicklungsprogramme, lokale Bildungsangebote usw. die notwendigen Voraussetzungen schaffen.

5 INTERVENTIONEN UND HILFE BEI DIREKTER AKUTER FAMILIÄRER GEWALT – REDUZIERUNG DER KONFLIKTEBENEN

5.1 PLATZVERWEIS

Durch das im Jahre 2002 in Deutschland in Kraft getretene „Gewaltschutzgesetz" werden Personen, die von ihren Lebenspartnern misshandelt werden, schneller und effektiver geschützt als zuvor. Der Grundsatz lautet: „Wer schlägt muss gehen". Bei häuslichen Streitigkeiten, die in massive Bedrohungen oder Verletzungen eskalieren, hat der betroffene Partner die Möglichkeit mit Hilfe der Polizei oder eines speziell eingerichteten Krisen- und Notfalldienstes einen sog. „Platzverweis" durchzusetzen. Dies bedeutet, dass der gewalttätige Partner die gemeinsame Wohnung nicht mehr betreten oder benutzen darf. So wird durch die (vorübergehende) Trennung der Partner die aktuelle Gewaltsituation entkrampft. Da polizeiliche Maßnahmen alleine zuwenig sind, wurden an verschiedenen Orten (z. B. Stuttgart) neben professionellen Helfern ehrenamtliche Bereitschaftsdienste oder Familienkrisendienste aufgebaut. Diese bedürfen jedoch der professionellen Anleitung, Schulung und Begleitung.

5.2 FRAUENHÄUSER

Frauenhäuser bieten misshandelten Frauen und ihren Kindern unbürokratisch Hilfe, Schutz und Unterkunft an. In Frauenhäusern finden Frauen Hilfe durch andere Frauen. Sie sind oft der einzige schnelle und sichere Zufluchtsort, der zudem fachkundige persönliche Beratung, eine Rechtsberatung, Unterstützung bei Ämterbesuchen und -anträgen und vor allem häufig Solidarität bietet.[376] Sie gehören zu einem Netzwerk von Anlaufstellen und Hilfsmaßnahmen, die in extremen Gewaltsituationen ihre Hilfe anbieten. Hierzu gehören, u. a. der Polizei-Notruf, die Telefonseelsorge, psychosoziale Beratungsstellen, der Notruf für misshandelte Frauen, spezifische Hotlines zur Hilfe und Beratung bei sexueller Gewalt, sowie spezifische Beratungsstellen für Mädchen und Frauen. Gerade bei sexualisierter Gewalt ist es wichtig, dass Frauen sich Frauen und nicht Männern anvertrauen können. Deshalb ist eine wichtige Forderung, dass bei potentiellen Anlaufstellen in solchen Fällen (z. B. Polizei) auch weibliche Ansprechpartnerinnen zur Verfügung stehen. Frauenhäuser stellen eine bewährte und wichtige Anlaufstelle für Frauen dar.

5.3 TRAININGSKURSE MÄNNER GEGEN MÄNNER-GEWALT

Um zu verhindern, dass Männer, die in Beziehungen Gewalt angewendet haben, wieder gewalttätig werden, wurden in mehreren europäischen Ländern spezielle Beratungsstellen für Männer eingerichtet. Das Beratungskonzept geht davon aus, dass Gewalt ein Teil des Männerbildes darstellt. „Eine Eigenschaft der Täter bildet die Grundlage unserer Arbeit: Gewalttätig werden nicht Menschen sondern Männer. Gewalt ist ein männer- bzw. jungentypisches Abwehrverhalten. Eigene Gefühle von Ohnmacht, klein sein, Schwäche brauchen nicht mehr wahrgenommen zu werden. In seinen eigenen Augen hat der Mann, hat auch der Junge seine Größe und damit Männlichkeit (wieder-) hergestellt." [377] Die Verantwortung für Männergewalt liege bei den Männern und damit auch die Möglichkeit, die Gewalt zu beenden. Das Beratungskonzept beinhaltet: Solidarisierung mit dem ratsuchenden Mann und Entsolidarisierung von seinem gewalttätigen Verhalten sowie die Arbeit an einer positiven Vision. Das Beratungsangebot umfasst Telefonberatung, Krisenintervention,

Einzelberatung und Trainingsgruppen. Per Telefon und Internet wurde eine Hotline zur Gewaltprävention eingerichtet (http://www.gewalt-hotline.net). Dieses Beratungskonzept stellt einen spezifischen täterbezogenen Zugang für Männer dar.[378] Evaluationen zeigen, dass nur ca. 10 Prozent der Männer, die an einer Beratung teilgenommen haben, wieder „rückfällig" werden.

6 FLANKIERENDE UND ERGÄNZENDE MASSNAHMEN

6.1 WAHRNEHMEN, ERKENNEN – MONITORING, BERICHTERSTATTUNG

Viele Gewaltakte könnten verhindert werden, wenn frühe Anzeichen erkannt würden und entsprechend reagiert würde. Dies bedeutet, dass zum einen die diagnostische Kompetenz von Fachkräften gefördert werden muss, sowie zum anderen allgemein bei der Bevölkerung das Bewusstsein, Anzeichen von Gewalt richtig zu deuten und diese Informationen an die richtigen Stellen weiter zu geben, unterstützt werden sollte. Dies ist z. B. bei Ärzten oder medizinischem Personal von besonderer Bedeutung, da sie oft irrtümlicherweise Kindesmisshandlungen als Unfallfolgen deuten. Fachleute weisen darauf hin, dass es für Kindesmisshandlungen ein recht untrügliches Kennzeichen gibt: Weil die Misshandlungen Wiederholungsdelikte sind, findet sich bei den Opfern meist ein Sammelsurium von älteren und neueren Verletzungszeichen.[379]

Auf gesellschaftlicher und politischer Ebene ist eine permanente Beobachtung der (ökonomischen und psychosozialen) Situation von Kindern und Familien sowie eine regelmäßige unabhängige Berichterstattung über häusliche Gewalt notwendig, um eine Sensibilisierung der Öffentlichkeit und der politisch Verantwortlichen zu erreichen. Problembereiche und Missstände können so nicht verheimlicht werden, sondern werden (auch international) bekannt gemacht und diskutiert. Der Bericht der UNICEF über Gewalt gegen Kinder ist auf internationaler Ebene hierfür ein wichtiger Ansatz. Ein wichtiges berufsspezifisches Zeichen hat der Berufsverband der Ärzte für Kinderheilkunde und Jugendmedizin Deutschlands gesetzt. Zur Verbesserung der Diagnosekompetenz von Kinderärzten hat er einen umfassenden Leitfaden für die Praxis der Kinderärzte zum Bereich „Gewalt gegen Kinder" entwickelt.[380] So beinhaltet er z. B. eine Übersicht über Belastungsfaktoren, die unter bestimmten Bedingungen zu Risikofaktoren für Kindesmisshandlung werden können.

Belastungsfaktoren, die unter bestimmten Bedingungen zu Risikofaktoren werden können:		
Kind	**Eltern**	**Soziale Rahmen-bedingungen**
• Unerwünschtheit • Abweichendes und unerwartetes Verhalten • Entwicklungs-störungen • Fehlbildungen • Niedriges Geburts-gewicht und daraus resultierende körperliche und geistige Schwä-chen • Stiefkinder	• Misshandlungen in der eigenen Vorgeschichte • Akzeptanz körper-licher Züchtigung • Mangel an erziehe-rischer Kompetenz • Unkenntnis über Pflege, Erziehung und Entwicklung von Kindern • Eheliche Auseinan-dersetzung • Aggressives Ver-halten • Niedriger Bildungs-stand • Suchtkrankheiten • Bestimmte Per-sönlichkeitszüge, wie mangelnde Impulssteuerung, Sensitivität, Isola-tionstendenz oder ein hoher Angst-pegel • Depressivität der Bezugsperson	• Wirtschaftliche Notlage • Arbeitslosigkeit • Mangelnde Struk-turen sozialer Unterstützung und Entlastung • Schlechte Wohn-verhältnisse • Isolation • Minderjährige Eltern

Berufsverband der Ärzte für Kinderheilkunde 1998

6.2 FAMILIENBILDENDE UND FAMILIENUNTER-STÜTZENDE MASSNAHMEN

Mit familienbildenden und familienunterstützenden Maßnahmen sind niedrigschwellige Betreuungs- und Beratungsangebote gemeint, die bei der Lösung von Aufgaben greifen, die in der Familie nicht oder nur unzureichend gemeistert werden können.[381] Diese Maßnahmen kön-nen direkte Hilfe im Haushalt und der Erziehung ebenso umfassen wie beratende Unterstützung bei Behördengängen, Schul- und Erzie-hungsfragen usw. Sie dienen der besseren Bewältigung des Alltags und des Erwerbs von Wissen und Know How. Als günstig haben sich dabei Angebote in einer Kombination von Geh- und Kommstruktur herausgestellt. Die vom Staatsinstitut für Familienforschung an der Universität Bamberg entwickelte Konzeption für die Unterstützung junger Mütter sieht u. a. folgende Aspekte vor:[382]

- Die persönliche Kontaktaufnahme mit jungen Müttern im Klinikum durch eine erfahrene sozialpädagogische Fachkraft des Familientreffs (Geh-Struktur).
- Anreize für den Zugang zum Familientreff mit seinen vielfältigen Angeboten für Mütter und Väter durch Gutscheine (niedrigschwelliger Komm-Aspekt).
- Die Möglichkeit der schnellen Unterstützung vor Ort durch die Einrichtung eines Familienbüros im Familientreff und Kontaktvermittlung zu anderen Hilfsangeboten.
- Wissenschaftliche Begleitung des Projektes. Von der WHO werden Ansätze der Familienunterstützung für Gewaltprävention als äußerst erfolgreich im Sinne der Gewaltprävention eingeschätzt.

6.3 STÄRKUNG DER ÖKONOMISCHEN SITUATION VON FAMILIEN

Kinder und Familien mit Kindern sind von Armut besonders stark betroffen. Dies trifft auch auf Industrieländer zu. Kindern positive Entwicklungsmöglichkeiten zu geben, Respekt vor ihnen zu haben, ihnen eine Zukunft zu ermöglichen, bedeutet deshalb immer auch, die ökonomische Situation von Kindern, d. h. von Familien mit Kindern, zu verbessern. Eine ökonomische Stärkung umfasst u. a. eine Familien begünstigende Steuerpolitik, direkte Familienförderung durch Erziehungs- und Kindergeld, Verlängerung von Erziehungszeiten, gute Vereinbarkeit von Familie und Beruf durch Betreuungseinrichtungen für Kinder.

6.4 EINBINDUNG IN EIN NETZ VON NACHBARSCHAFT-LICHEN, FREUNDSCHAFTLICHEN UND VERWAND-SCHAFTLICHEN BEZIEHUNGEN

Stabile soziale Beziehungen im Nahbereich wirken sich sozial „kontrollierend" und vorbeugend gegen Misshandlungen und Gewalt aus. Ein nachbarschaftliches Netzwerk bringt eine höhere Kommunikationsdichte, Möglichkeiten der Unterstützung, Rückgriff auf kostenlose Dienstleistungen und damit auch vielfältige Entlastungen für die Familie mit sich. Solche Netzwerke sind auch förderlich für die allgemeine Lebenszufriedenheit. Verschiedene Studien[383] weisen auf den

engen Zusammenhang von solchen funktionierenden sozialen Netzwerken und der Entwicklung von positivem Sozialverhalten hin. Der
Aspekt der sozialen Kontrolle im Gemeinwesen hat darüber hinaus
enorme Bedeutung für die Verhinderung von Kriminalität: „Aus empirischer Sicht liegen also im Bereich der informellen sozialen Kontrolle
die größten Chancen einer unmittelbaren und in der Kommune zu erbringenden effektiven Reduktion von Kriminalität, insbesondere von
Aggressionsdelikten." [384]

6.5   INTERNET-FOREN ALS SELBSTHILFEPROJEKTE

Als neue Form der Selbsthilfe, um sich Rat zu holen und sich auszutauschen, haben sich die Internet-Foren[385] zu Erziehungsfragen
sowie die sog. „Blogs" entwickelt. Hier können interessierte Eltern
(und Kinder) sich anonym oder offen über ihre Fragen austauschen
und erhalten schnell konkrete Erfahrungen und Meinungen anderer
mitgeteilt.

6.6   GESELLSCHAFTLICHE ANERKENNUNG DER ERZIE-
HUNGSARBEIT VON ELTERN UND ERZIEHERINNEN UND
ERZIEHERN

Die Erziehungsarbeit von Eltern und Erzieherinnen und Erziehern ist
in vielen Gesellschaften nicht positiv bewertet oder anerkannt. Erzieherische Berufe werden eher schlecht bezahlt und rangieren auf der
gesellschaftlichen Werteskala weit unten. Nur wenn Erziehungsarbeit
geachtet, gefördert und entsprechend bezahlt wird, werden sich auch
positive Effekte in Bezug auf ihren Beitrag zur Gewaltprävention ein-
stellen.

6.7   GLEICHSTELLUNG UND GLEICHBERECHTIGUNG
DER GESCHLECHTER

Familiäre Gewalt entzündet sich oft an überkommenen Rollenvor-
stellungen und Bildern von Männern und Frauen. Sind männliche
Machtansprüche auch noch gesetzlich sanktioniert oder kulturell und
religiös gebilligt, so sind günstige Voraussetzungen für häusliche
Gewalt gegeben. Die Gleichstellung und Gleichberechtigung der Geschlechter ist jedoch nicht nur ein juristisches oder kulturelles Problem, sondern bewahrheitet sich im Lebensalltag. Hier müssen konkrete Hilfen und Unterstützungsleistungen angeboten werden. Diese
beginnen mit der Wahrnehmung der vorhandenen Gewalt und gehen
bis zur Entwicklung neuer Rollenbilder (vgl. dazu ausführlich Kap.
1.6). Die WHO betont den Genderaspekt auch in Bezug auf konkrete

Projekte in der Entwicklungszusammenarbeit: Maßnahmen gegen
Gewalt zwischen Partnern (intimate partners) sind nur durch konsequente Einbeziehung von Frauen in die Organisation und Durchführung von Projekten und Maßnahmen Erfolg versprechend.[386] Die
Sicherheit und die Selbstbestimmung von Frauen (women's safety)
sollte bei allen Projekten sorgfältig berücksichtigt werden.

6.8   ALLE BEREICHE EINBEZIEHEN

Wichtig ist auch für den Familienbereich – das sei hier nochmals
wiederholt – Gewaltprävention nicht nur auf einen Punkt bzw. einen
Bereich zu beschränken (z. B. Elternkurse), sondern die Verzahnung
der verschiedenen Ansätze und ihr Ineinanderwirken zu beachten.
Die WHO weist darauf hin:[387] „An important lesson to emerge from
efforts to prevent violence is that actions should take place at both
national and local levels. At the national level, priorities include improving the status of woman, establishing appropriate norm, policies and
laws on abuse, and creating a social environment that is conductive
to non-violent relationships." Eine wichtige unterstützende Funktion
können nationale Aktionspläne haben, die klare Ziele, Verantwortlichkeiten und Zeitabläufe definieren und die notwendigen Ressourcen
für die Duchführung bereitstellen.

7   BIEGEN STATT BRECHEN – ERGEBNISSE DER RESILIENZFORSCHUNG

Ein relativ neuer und noch wenig bekannter und beachteter Ansatz
zur Förderung und Unterstützung kindlicher Entwicklung in schwierigen Situationen bietet die Resilienzforschung.[388] Der Begriff Resilienz stammt aus der Baukunde und beschreibt dort die Biegsam-
keit von Material. Er lässt sich am besten mit „biegen statt brechen"
umschreiben. Gewaltprävention und Gewaltforschung beschäftigt
sich häufig mit den negativen Folgen von schlimmen Kindheitser-
fahrungen und Traumatisierungen. In den letzten Jahren hat sich jedoch im Rahmen der Resilienzforschung die Blickrichtung verändert.
Forscher interessieren sich zunehmend für jene Menschen, die an
seelischen Belastungen nicht zerbrechen, sondern daran wachsen:
„sie gedeihen trotz widriger Umstände" so der Titel eines großen internationalen Kongresses 2005.[389] Unter Resilienz wird die Fähigkeit
von Menschen verstanden, Krisen unter Rückgriff auf persönliche
und sozial vermittelnde Ressourcen zu meistern und als Anlass für
Entwicklung zu nutzen, wobei dieser Prozess das ganze Leben hin-
durch andauert.

Die Fragestellung der Resilienzforschung lautet also: warum können bestimmte Menschen oder Menschengruppen besser mit Schwierigkeiten und belastenden Situationen umgehen als andere, warum können sie „Schicksalsschläge" und traumatische Erlebnisse so verarbeiten, dass sie nicht aus der Bahn geworfen werden? Dabei ist das Ziel, protektive Faktoren identifizieren und entwickeln zu können. Vorhandene Fähigkeiten und Kompetenzen weiter zu fördern und zu stärken, die Selbstheilungskräfte und sozialen Netzwerke zu aktivieren und somit „schützende" Faktoren und Beziehungen entwickeln und stabilisieren zu können, steht im Mittelpunkt der Resilienzforschung. Resilienzforschung ist nicht nur im westlichen Kulturkreis angesiedelt und auch nicht nur auf diesen bezogen.

Während herkömmliche Ansätze der Gewaltprävention reaktiv sind und unerwünschtes Verhalten verhindern sollen, geht der Ansatz der Entwicklung der „seelischen Stärke" davon aus, dass Resilienz in jedem Lebensalter erlernt werden kann. Denn Resilienz ist mehr als Anpassung an widrige Verhältnisse, ist mehr als pures Durchstehen oder Überleben. Resilientes Verhalten zeigt ein Mensch nicht trotz, sondern wegen dieser widrigen Verhältnisse. Resilienzforschung weist darauf hin, dass Menschen nicht einfach Produkt ihrer Umstände oder ihrer Sozialisation sind, sondern sich auch aus eigener Kraft entwickeln können. Mit ihren Aussagen und Erkenntnissen, dass auch schwerwiegende frühkindliche Beeinträchtigungen wie Vernachlässigung oder Misshandlungen nicht zu späteren gesundheitlichen und psychischen Problemen führen müssen, steht Resilienzforschung im Gegensatz zu sog. „Bindungsforschern", die die Wichtigkeit frühkindlicher Erlebnisse für die spätere Lebensbewältigung herausstellen.[390] Relisienzforschung untersucht schwerpunktmäßig drei Bereiche:[391]

- wie ist Kindern eine gesunde Entwicklung möglich, obwohl sie mehrfach vorhandenen Risikofaktoren wie Armut, Vernachlässigung, Misshandlung oder alkoholkranken Eltern ausgesetzt sind?
- warum zerbrechen Menschen nicht an extremen Stressbedingungen?
- warum und wie sind Menschen in der Lage sich von traumatischen Erlebnissen (Gewalterfahrungen, Naturkatastrophen, Kriegserlebnissen, Tod eines nahe stehenden Menschen) relativ schnell zu erholen?

„Die Annahme, dass sich ein Kind aus einer Hochrisikofamilie zwangsläufig zum Versager entwickelt, wird durch die Resilienzforschung widerlegt."[392] Resiliente Kinder verfügen über Schutzfaktoren, welche die negativen Auswirkungen widriger Umstände abmildern:

- Sie finden Halt in einer stabilen emotionalen Beziehung zu Vertrauenspersonen außerhalb der zerrütteten Familie. Großeltern, ein Nachbar, ein Lieblingslehrer, der Pfarrer oder auch Geschwister bieten vernachlässigten oder misshandelten Kidern einen Zufluchtsort und geben ihnen die Bestätigung, etwas wert zu sein. Diese Menschen fungieren als soziale Modelle, die dem Kind zeigen, wie es Probleme konstruktiv lösen kann.

- Weiterhin wichtig ist, dass einem Kind, das im Elternhaus Vernachlässigung und Gewalt erlebt, früh Leistungsanforderungen gestellt werden und es Verantwortung entwickeln kann. Zum Beispiel indem es für kleine Geschwister sorgt oder ein Amt in der Schule übernimmt.

- Auch individuelle Eigenschaften spielen eine Rolle: Resiliente Kinder verfügen meist über ein „ruhiges" Temperament, sie sind weniger leicht erregbar. Zudem haben sie die Fähigkeit, offen auf andere zuzugehen und sich damit Quellen der Unterstützung selbst zu erschließen. Und sie besitzen oft ein spezielles Talent, für das sie die Anerkennung von Gleichaltigen bekommen.

Resilienz ist nicht Schicksal, sondern kann man lernen. Die Amerikanische Psychologenvereinigung (APA) schickt deshalb speziell geschulte Psychologen in die Grundschulen, um Kindern beizubringen, wie sie mit den unvermeidlichen Widrigkeiten de Lebens am besten fertig werden. Sie trainieren sie in resilientem Verhalten. Das Programm, das über das übliche soziale Kompetenztraining hinausgeht, will Kindern helfen mit alltäglichen Stresssituationen wie Schikane, schlechten Noten oder Enttäuschungen umzugehen, aber auch vor schwerwiegenderen Problemen wie Vernachlässigung, Scheidung der Eltern oder Gewalterfahrungen nicht zu kapitulieren.

Beigebracht werden den Kindern die Kernpunkte der Resilienz:

- Suche dir einen Freund und sei anderen ein Freund.
- Fühle dich für dein Verhalten verantwortlich.
- Glaube an dich selbst.[393]

Eine unbedingte Voraussetzung und Grundlage für die Herausbildung von Resilienz ist die Zugehörigkeit zu einem größeren Verbund von Menschen, der über die Familien hinausgeht. Diese wird jedoch zunehmend durch den Prozess der Modernisierung und Individualisierung in Frage gestellt. Um günstige Bedingungen für Resilienz entwickeln zu können, ist die Entwicklung von Gemeinwesen, Freundeskreisen, Nachbarschaft oder religiösen Gemeinschaften und konstruktiven Gruppen notwendig.

Das Resilienzkonzept steht im Kontext von ressourcenorientierten Zugängen, geht aber darüber hinaus, indem es nicht nur die positiven Ressourcen sieht, sondern auch die gemachten schlimmen Erfahrungen anerkennt und beides miteinander in Beziehung setzt. Es ermöglicht für die Gewaltprävention neue positive Zugänge, die eine hohe Wirkung versprechen. Das Resilienzkonzept darf jedoch nicht als Freibrief für die Politik verwendet werden („die individuellen Stärken werden sich schon durchsetzen"), sondern kann als Rahmen für effektive Präventionsarbeit verstanden werden, den es auszufüllen und zu stützen gilt. Das UNESCO Konzept einer schützenden Umwelt (protective environment) greift diesen Ansatz auf.

9 ERFAHRUNGEN UND PROBLEME

Die Frage „What works?" beantwortet der Sherman Report im Rahmen seiner Metaanalyse von evaluierten Ansätzen zur Gewaltprävention in der Familien so: [394]

- Häufige Hausbesuche über einen langen Zeitraum (bis zu fünf Jahren) kombiniert mit Programmen in der Vorschule beugen späterer Delinquenz von Kindern vor.
- Wöchentliche Hausbesuche bei kleinen Kindern reduzieren Missbrauch und Misshandlungen von Kindern.
- Familien-Therapie durch medizinisches Personal für delinquente und nicht belastete Jugendliche wirken sich positiv auf die Reduktion von Kriminalität aus.

Keine Wirkung zeigen Hausbesuche durch die Polizei nach Vorfällen häuslicher Gewalt. Dadurch werden wiederholte Gewaltanwendungen nicht reduziert. Erfolgversprechend sind Schutzräume für misshandelte Frauen, wenn diese auch andere Schritte zur Veränderung ihrer Lebenssituationen ergreifen, sowie Schutzanweisungen für geschlagene Frauen. Sherman weist ausdrücklich darauf hin, dass auch positiv evaluierte Programme nicht generell wirken, sondern eine Wirkung oft nur in einer spezifischen Umgebung festgestellt wurde.[395]

Friedrich Lösel weist auf eine Reihe praktischer Probleme bei der Einführung und Durchführung spezifischer Präventionsprogramme hin:[396] „Wie bei der Straftäterbehandlung ist somit auch bei der entwicklungsbezogenen Prävention kein gut gemeinter Aktionismus angebracht, sondern es muss differenziert die Frage geprüft werden: „What works?". Darüber hinaus stellen sich erhebliche praktische und rechtliche Probleme. Dazu gehören z. B. folgende Fragen: Wie können Eltern aus Unterschichten- und Migrantenfamilien durch

Präventionsprogramme besser erreicht werden? Wie sollte eine va-
lide und praktikable Risikodiagnose erfolgen? Wie lassen sich even-
tuelle Stigmatisierungen von Risikokindern vermeiden? Wie können
Konflikte zwischen Elternrechten, staatlicher Fürsorgepflicht und Da-
tenschutz so gelöst werden, dass es nicht erst zu gravierenden Fehlentwicklungen wie Kindesmisshandlungen oder Vernachlässigung
kommt? Wie kann die Qualität von Maßnahmen in der alltäglichen
Praxis gesichert werden? Welche Maßnahmen sind unter Kosten-
Nutzen-Gesichtspunkten besonders erfolgversprechend?" Erfahrungen aus der Praxis zeigen, dass gerade gewaltbelastete Familien
die Angebote der Primärprävention kaum nutzen. Außerdem werden
Unterstützungen, die in einer gewissen Öffentlichkeit gegeben werden, eher als Kontrolle, weniger als Hilfe empfunden.[397]

Insgesamt gilt auch für Gewaltprävention in der Familie, dass zu
wenige Programme evaluiert sind und der Forschungsbedarf enorm
ist.

Um Gewaltprävention in der Familie wirksam etablieren zu können, bedarf es zunächst einer Enttabuisierung. Gewalt in der Familie
(zwischen den Partnern oder gegen Kinder und alte Menschen) darf
nicht länger als Privatangelegenheit der Betroffen, quasi als deren legitimes Recht angesehen und behandelt werden. Sie muss aus dem
Privatbereich in die Öffentlichkeit und damit in die Verantwortung aller
gelangen, die davon erfahren oder tangiert sind. Das Eingeständnis,
dass Gewalt in diesem Bereich vorhanden ist, ist die erste Voraussetzung für ihre Bearbeitung und Überwindung. Das Instrumentarium
der Gewaltprävention in diesem Bereich ist vielfältig und differenziert,
vor allem was pädagogische und psychologische Ansätze betrifft.
Sollen solche Maßnahmen und Interventionen im Sinne der Gewaltprävention greifen, so müssen sie jedoch flankiert werden durch die
Verbesserung der ökonomischen Situation von Familien und durch
die Veränderung von rechtlichen, kulturellen oder religiösen Normen, Vorstellungen und Traditionen, die familiäre Gewalt stützen.
Dies bedeutet z. B. auch, kulturelle oder religiöse Vorstellungen,
die die Gleichstellung der Frau in der Familie behindern oder z. B.
Körperstrafen von Kindern legitimieren, zu identifizieren und durch
Vorstellungen und Normen, die Gleichberechtigung und ein gewaltfreies Zusammenleben beinhalten, zu ersetzen. Denn wenn Macht-
und Gewaltausübung in der Familie als legitim und rechtmäßig erlebt
wird, muss dies als erstes thematisiert werden, sonst haben weder
Aufklärungskampagnen noch Erziehungs- oder Bildungsprogramme
eine Chance, Veränderungen bewirken zu können. Ressourcen-

orientierte Zugänge wie das Resilienzkonzept bieten neue, ermutigende Ansatzpunkte für Gewaltprävention in Familien, die bislang zu wenig im Blickfeld waren.

2.2 Gewaltprävention in der Schule

Gewalt in der Schule stellt in allen Ländern ein Problem dar. Große gesellschaftliche Aufmerksamkeit verbunden mit einem öffentlichen und wissenschaftlichen Diskurs, hat es neben den USA vor allem in den skandinavischen Ländern, den westeuropäischen Ländern sowie Japan und Südafrika gegeben.[398] Was unter Gewalt an Schulen verstanden wird, ist sehr unterschiedlich. Die Problembeschreibungen reichen von Bandenkriminalität (gang acitivty) über Schusswaffengebrauch, Bullying[399] und Vandalismus bis zu Graffiti.

1 GEWALT AN SCHULEN

1.1 WAS IST GEWALT IN DER SCHULE?

Gewalt in Schulen wird häufig mit Gewalt von Schülern gleichgesetzt. Diese ist jedoch nur ein Aspekt und ein Phänomen. Melzer u. a. weisen darauf hin, dass z. B. die deutsche Debatte um Schulgewalt in den 70er Jahren unter dem Aspekt von Schule als Ort von struktureller Gewalt geführt wurde. Schülergewalt wurde hier als Reaktion auf strukturelle Gewalt interpretiert, während es kennzeichnend für die neuere Diskussion (seit Anfang der 1990er Jahre) um Schule und Gewalt ist, dass der Fokus und die dominante Forschungsperspektive sich nahezu ausschließlich auf Schülergewalt richtet.[400] „Als hätten sich die Autoren abgesprochen, untersuchen fast alle nur Gewalt, die von Schülern ausgeht. Andere Schulangehörige kommen als Täter fast überhaupt nicht vor." [401] Schäfer und Korn merken hierzu an, dass in Deutschland solche Untersuchungen nicht möglich seien, da die Behörde, die solche Untersuchungen genehmigen müsse, gleichzeitig oberster Dienstherr der Lehrenden sei.[402]

Schülergewalt wird von Klewin u. a. in drei Verhaltensgruppen unterteilt:[403]

- Körperlichen Zwang und physische Schädigung. Im Rahmen von Auseinandersetzungen und Konflikten wird körperliche Gewalt angewendet, um den anderen zu schädigen.
- Verbale Attacke und psychische Schädigung: Beleidigungen, Erniedrigungen emotionale Erpressungen.

- Bullying: in einer spezifischen Opfer-Täter-Beziehung wird das Opfer dauerhaft gequält und drangsaliert, wobei körperliche und psychische Gewalt angewendet wird. Häufig werden keine klaren Grenzen zwischen Gewalt und deviantem Verhalten (Diebstahl, Drogenkonsum, Schwänzen, Mogeln usw.) gezogen.

Gewalt, die vom Lehrpersonal oder von Schulstrukturen und ihrer Verfasstheit ausgeht, ist kein Untersuchungsgegenstand. Die Diskussion um Gewalt an Schulen und Gewaltprävention muss diese jedoch einbeziehen. Sie muss sich mit allen Formen von Gewalt, die an der Schule vorkommen, beschäftigen.

Welche Art von Gewalt von der Forschung und öffentlichen Diskussion im Kontext von Schule vor allem aufgegriffen wird, scheint länderspezifisch verschieden zu sein. Bei der skandinavischen Forschung und Betrachtungsweise steht das Phänomen des Bullying im Vordergrund. Andere Formen der Gewalt wurden hier nicht untersucht. In den USA werden vor allem harte Formen von Gewalt(kriminalität) aufgegriffen, während verbale Formen der Gewalt in den verfügbaren Berichten praktisch keine Rolle spielen. In Deutschland ist neben der körperlichen Gewalt der Aspekt der verbalen Gewalt ein wichtiger Focus.[404] In Bezug auf Entwicklungsländer sind solche Identifizierungen schwieriger vorzunehmen. Da hier Forschungstraditionen weitgehend fehlen, ist man hier oft auf Berichte von Menschenrechtsorganisationen angewiesen. Nimmt man solche Berichte aus Südafrika (z. B. von Human Rights Watch und Untersuchungen von CIETafrica – Community Information, Empowerment and Transparency)[405], so scheint dort das Problem der sexuellen Übergriffe und sexuellen Gewalt (von Lehrern und Schülern) dominant zu sein.

In den USA wurden vom National Center for Educational Statistics 19 Indikatoren für Schulgewalt und Kriminalität an Schulen entwickelt.[406] Diese werden jährlich erhoben und vermitteln ein detailliertes Bild. Diese Indikatoren sind:

1. Violent deaths at school and away from school
2. Incidence of victimization at school and away from school
3. Prevalence of victimization at school
4. Threats and injuries with weapons on school property
5. Physical fights on school property and anywhere
6. Bullying at school
7. Violent and other incidents at public schools and those reported to the police
8. Serious disciplinary actions taken by public schools
9. Nonfatal teacher victimization at school

10. Teachers threatened with injury or attacked by students
11. Students carrying weapons on school property and anywhere
12. Students' perceptions of personal safety at school and away from school
13. Students' reports of avoiding places in school
14. Students' reports of being called hate-related words and seeing hate-related graffiti
15. Students' reports of gangs at school
16. Discipline problems reported by public schools
17. Students' use of alcohol on school property and anywhere
18. Students' use of marijuana on school property and anywhere
19. Students' reports of drug availability on school property

Mit diesen Indikatoren liegt ein detailliertes Instrumentarium zur Erfassung und Einschätzung von Gewalt an Schulen vor, das belastbare Vergleichsdaten liefern kann, wenngleich auch hier das Kriterium „alle Gewalt einbeziehen" nicht vollständig erfüllt ist.

1.2 VERBREITUNG VON GEWALT AN SCHULEN

Die Wahrnehmung über das Ausmaß schulischer Gewalt wird weitgehend von der Medienberichterstattung und öffentlichen Diskussion bestimmt, wobei brutale Einzelfälle oft zu Tendenzen stilisiert werden. Während die Berichterstattung und öffentliche Wahrnehmung für die letzten Jahre eine starke Zunahme von Gewalt an Schulen unterstellen, wird diese Sichtweise von wissenschaftlichen Ergebnissen nicht gestützt.[407] Dies trifft für die amerikanische Diskussion ebenso zu wie für die deutsche.[408]

Für die Erlangung empirischer Aussagen über Umfang und Entwicklung von Gewalt an Schulen werden unterschiedliche Zugänge gewählt:[409]

• Unmittelbare Gewaltmessung durch Selbst- und Opferberichtstudien. Fast alle Untersuchungen zur Gewalt an Schulen sind (auch) Selbstberichtstudien, in denen die Schülerinnen und Schüler zu ihrem schulischen Gewalthandeln als Täter bzw. Gewalterleben als Opfer befragt wurden. Lehrer wurden dabei in Bezug auf ihren Opferstatus befragt.

• Mittelbare Gewaltmessung durch Befragung von Schulleitern, Lehrern und Schülern als Experten. Darin wurde eine Möglichkeit gesehen, die Gewaltlage an Schulen schneller und kostengünstiger als mit schriftlich-postalischen Selbstberichten zu erfassen. Meistens wurden dabei die Befragten in die Rolle von Beobachtern gestellt.

- Surveillance Daten wie Unfallversicherungsstatistiken ermöglichen den Rückgriff auf Daten amtlicher Statistiken des Bundes-
  verbandes der Unfallversicherungsträger der öffentlichen Hand.
  Ferner bieten diese Daten den Vorteil einer kontinuierlichen Erfassung von gemeldeten Verletzungen durch Raufunfälle an Schulen
  und erlauben damit, als bislang einziges Instrument, langfristige
  Zeitreihenbeobachtungen.
- Der multimethodische Feldzugang umfasst neben standardisierten schriftlichen Befragungen auch Fallstudien und narrative Leit-
  fadeninterviews.

Die methodischen Mängel vieler dieser Studien sind beachtlich und
reichen von unpräzisen Fragestellungen, einem unklaren Gewaltbegriff, Vernachlässigung der Theorie, einseitigen Erhebungsverfahren,
Operationalisierungsproblemen, fragwürdigen Auskunftspersonen
bis hin zu fragwürdigen Interpretationen.[410]

Für Deutschland gibt es keine flächendeckenden Untersuchungen
zur Gewalt an Schulen. Es gibt jedoch eine Vielzahl von regionalen
Arbeiten. Insbesondere fehlen Längsschnittuntersuchungen, um
Aussagen über die Entwicklung von Gewalt an Schulen treffen zu
können. Auch im internationalen Bereich sind – mit Ausnahme der
USA – keine belastbaren Daten über Gewalt an Schulen vorhanden.
Erstaunlicherweise klammert der Weltreport über Gewalt und Ge-
sundheit der WHO den Bereich Schule komplett aus.

Die wesentlichen Ergebnisse empirischer Gewaltstudien für Deutschland, die im Kern wohl auf die meisten Industrieländer übertragbar sein
dürften, können stichwortartig so zusammengefasst werden:[411]

- Die häufigste Form der Gewalt an Schulen ist die verbale Gewalt.
  Schulische Gewalt ist überwiegend geprägt durch leichte Formen
  der physischen und verbalen Aggression.
- Mit Ausnahme der verbalen Gewalt ist Gewalt von Schülern deutlich eine Domäne männlicher Schüler. Mädchen zeigen weniger
  aggressives Verhalten und werden seltener Opfer von Gewalt.
- Aggressive Auseinandersetzungen sind in der Altersgruppe der
  13–16 Jährigen am häufigsten. Diese Altersverteilung zeigt, dass
  das Gewaltphänomen auch in der Schule verstärkt im Kontext der
  Pubertät auftritt.
- Gewalt an Schulen nimmt tendenziell mit steigendem Bildungsniveau ab. Hauptschulen weisen besonders bei physischer Gewalt
  deutlich höhere Werte auf als Gymnasien.
- Häufige Gewaltanwendung geht von einem kleinen, gewaltaktiven
  Kern aus. Je gravierender die Gewalthandlungen werden, desto

größer wird auch der Anteil zunächst gewaltpassiver Schüler.

- Täter- und Opferstatus hängen relativ eng miteinander zusammen. Schüler, die überproportional häufig den Gewalthandlungen ihrer Mitschüler ausgesetzt sind, üben auch überproportional oft selbst Gewalt aus. Andererseits sind Täter mehrheitlich zugleich auch Opfer von Gewalt.
- Das Stereotyp der generell aggressiveren und delinquenteren ausländischen Jugendlichen kann nicht bestätigt werden.
- Über die Hälfte der Verletzungen finden während der Pausen, ein Fünftel während des Sportunterrichts (und hiervon knapp die Hälfte während des Fußballspielens) statt.[412]
- Immer größere Beachtung für die Einschätzung der schulinternen Gewaltlage findet auch das Phänomen des „Bullying" oder Mobbing. Die Gruppe der Bullies, also der Jugendlichen, die Mitschüler in verschiedenen Formen attackieren und quälen, ohne selbst in besonderem Maße Opfer zu werden, kann auf ca. 5 Prozent eingegrenzt werden.
- Das Problem der „Gewalt an Schulen" darf nicht isoliert gesehen werden. Es gibt hohe Korrelationen zwischen dem Schul-Bullying und allgemein delinquentem und dissozialem Verhalten.[413]

Alle Untersuchungen zeigen, „es liegen keine empirischen Befunde vor, die auf einen generellen Anstieg der Gewalt an Schulen hinweisen. Der Bundesverband der Unfallkassen in Deutschland hat das gewaltverursachte Verletzungsgeschehen an Schulen für den Zeitraum 1993–2003 untersucht und kommt zu dem Ergebnis, dass langfristige Zeitreihenbeobachtungen zur physischen Gewalt an Schulen bundesweit einen Rückgang physischer schulischer Gewalt zeigen. Auch eine zunehmende Brutalisierung sei nicht zu erkennen.[414]

„Die Frage, ob sich die Qualität der Gewalt unter Schülern im Sinne einer Zunahme der Brutalität der tätlichen Auseinandersetzungen verändert hat, lässt sich anhand der verfügbaren Datenbasis im Grund genommen nicht beantworten. Nimmt man Frakturen ersatzweise als Maßstab für die Schwere von aggressionsverursachten physischen Verletzungen, da sie gewisse Rückschlüsse auf die Heftigkeit der jeweils einwirkenden Gewalt zulässt, so ist in keiner der untersuchten Schularten eine zunehmende Brutalisierung erkennbar." [415]

Dieser Trend, dass Gewalt an Schulen relativ konstant ist bzw. abnimmt, ist auch – entgegen aller Erwartung – in langfristigen Untersuchungen über Gewalt an Schulen in den USA feststellbar: The Indicators of School Crime and Safety provides the most recent national indicators on school crime and safety. These indicators demonstrate that improvements have occurred in the safety of students: between 1992 and 2002, the violent crime victimization rate at school declined from 48 violent victimizations per 1,000 students in 1992 to 24 such victimizations in 2002. Even so, violence, theft, bullying, drugs, and firearms are still prevalent: students ages 12–18 were victims of about 659,000 violent crimes and 1.1 million crimes of theft at school in 2002."[416]

„No difference was detected in the percentages of students ages 12–18 victimized at school between 2001 and 2003. However, the percentage of students who reported being victims of crime at school decreased from 10 percent to 5 percent between 1995 and 2003. This included a decrease in theft (from 7 percent to 4 percent) and a decrease in violent victimization (from 3 percent to 1 percent) over the same time period."[417]

Für das Zusammenleben und das schulische Geschehen sind jedoch nicht so sehr die genauen Prozentsätze von Gewaltvorkommen entscheidend, sondern die Wahrnehmung und das Klima, das von Schülerinnen und Schüler sowie Lehrerinnen und Lehrern mit Gewalt an Schulen verbunden wird. Und hier ist festzustellen, dass viele Schülerinnen und Lehrer nicht so sehr Angst vor körperlichen Übergriffen als vielmehr vor Beleidigungen, und Beschimpfungen oder vor verbaler Aggression haben. Diese Angst beeinflusst das Lernklima äußerst negativ.

Stimmen diese Befunde vermutlich weitgehend für Industrieländer, so ist die Situation in sog. Entwicklungsländern um ein Vielfaches unübersichtlicher und wo Fakten bekannt werden, oft dramatischer. Zwar liegen hier keine umfassenden Untersuchungen vor, Einzelberichte beleuchten die Situation jedoch schlaglichtartig. So hat z. B. das Institute of Criminology der University of Cape Town in einer Studie Kriminalität und Gewalt in 20 Schulen von Kapstadt untersucht und kommt zu folgendem Ergebnis: „The survey revealed that crime and violence is endemic to both primary and secondary schools. Theft of property and possession of weapons were a major problem in all schools. Fighting/physical violence and vandalism was reported in 95 % of the schools. Drug abuse was a serious cause for concern in 90 % of the schools, bullying and intimidation was reported in over 75 % of schools, assault in 60 % of the schools, gangsterism in 50 % and rape in seven of the twelve secondary schools. Childline estimates that one girl in three and one boy in five under the age of sixteen has been sexually abused in school (The Teacher, 1999). A study of firearm-related injuries amongst youth in South Africa (Allysa

Wigton, 1998) also reveals that the incidence of firearm injuries and the firearm mortality rate of persons under nineteen almost tripled in the period 1992 to 1996."[418]

Differenzierte Aussagen über Entwicklungsländer zu machen oder verschiedene Länder gar zu vergleichen, ist nicht möglich. Eine UNESCO Studie von 1997, in der sechs Länderberichte über Gewalt an Schulen enthalten sind, spricht von einem gegenwärtigen starken Anstieg von Gewalt in Schulen in Entwicklungsländern.[419] Das International Center for Prevention of Crime[420] stellt fest, dass in den letzten 10 Jahren Anzeichen auf eine steigende Schulgewalt hinweisen würde. Gleichzeitig weist es auf die Schwierigkeiten eines Vergleichs hin, die u. a. darin liegen, dass viele Länder keine Daten über Schulgewalt erheben, dass verschiedene Gewaltbegriffe verwendet würden und dass auch sprachliche und kulturelle Unterschiede Vergleiche schwierig machen. In ihrer Untersuchung berichten jedoch nahezu alle Länder über generelle Probleme mit Aggression, Angriffe auf Minderheiten und Bullying und dies in allen Schularten. Einige Länder sehen in den letzten Jahren einen Anstieg von Schulgewalt, andere sehen eine veränderte Einstellung zur Gewalt und eine größere Aufmerksamkeit als Hauptursache für eine verstärkte Problemwahrnehmung.

1.3 URSACHEN UND RISIKOFAKTOREN SCHULISCHER GEWALT

Die Ursachen von Gewalt an der Schule sind vielschichtig. Die Frage, ob schulische Gewalt „importierte Gewalt" ist, bzw. welchen Anteil und Einfluss die Schule selbst auf die Entstehung und Verbreitung schulischer Gewalt hat, spielt bei der Diskussion der Ursachen eine wichtige Rolle. Für die USA erklären Elliot u. a.[421] die Schulgewalt mit einer Infiltrationshypothese. Die Welle der Straßengewalt und Gewalterfahrungen in den Elternhäusern würde in die Schulen hinüber schwappen. Melzer u. a. sehen darin nur einen „Teil der Wahrheit", die zumindest für Deutschland nicht zutreffen würde. Dass Gewalt an der Schule sowohl schulexterne als auch schulinterne Ursachen hat, ist in Wissenschaft und Forschung unbestritten.[422] In der amerikanischen Forschung wurden vor allem folgende Risikofaktoren identifiziert:[423] Persönlichkeitsmerkmale: antisoziale Orientierungen, Impulsivität, die eigene Geschichte des aggressiven Verhaltens, mangelnde Empathie und niedrige Frustrationstoleranz. Faktoren in der Familie: familiäre Armut, geringe emotionale Bindung an die Eltern, Erfahrung von Gewalt in der Familie, hoher Medienkonsum. Schulische Faktoren: Schulischer Misserfolg, eine geringe Bindung an die Schule und ein negatives Schulklima. Faktoren in der Gemeinde: Regionale Armut, Präsenz von Banden/Gangs in der Nachbarschaft, hohe Verbrechensraten und die Verfügbarkeit von Drogen und Waffen. Häufig sind diese Merkmale der jugendlichen Lebenssituation mit der Zugehörigkeit zu bestimmten ethnischen Gruppen verknüpft.

Olweus[424] sieht vier Faktorenkomplexe, die während des Aufwachsens die individuelle Entwicklung ungünstig beeinflussen können: mangelnde emotinale Zuwendung der Eltern, mangelnde Grenzsetzungen durch die Bezugspersonen bei aggressivem Verhalten, körperliche und andere „machtbetonte Erziehungsmittel" sowie ein „hitzköpfiges" Temperament des Kindes. Nach seinen Untersuchungen hat weder die Klassen- und Schulgröße noch die Konkurrenz um Noten einen bedeutsamen Einfluss auf gewalttätiges Verhalten von Schülern.[425]

Schäfer und Korn referieren die in der Forschung genannten Ursachenfaktoren:[426]

Innerschulische Faktoren:
- pädagogische Qualität der innerschulischen Lern- und Erziehungsumwelt;
- schwindende Erziehungskompetenz der Lehrer;
- zu starke Betonung von Aspekten der Wissensvermittlung bei Vernachlässigen einer werteorientierten Bildung, dadurch schlechtes Lehrer-Schüler-Verhältnis;
- Lehrer sind dem Phänomen „Gewalt zwischen Schülern" nicht gewachsen.

Personale Faktoren:
- Täter und Opfer erleben die sozialen Dimensionen des Schulalltags belastender und konflikthaltiger als die sozial kompetenten Schüler;
- niedrige Hemmschwelle;
- mangelnde sprachliche Kompetenz, Fehlen einer kommunikativen Streitkultur und häufiger Konsum von Horror-, Kriegs- und Sexfilmen;
- die „Gewaltkarrieren" mancher Jugendlicher hören nicht bei Schulschluss auf, Jugendgewalt ist außerhalb von Schulen häufiger als in den Schulen.

Familiäre Faktoren:
- Gewalterfahrungen der Kinder und Jugendlichen im Elternhaus, die diese selbst erlebt bzw. bei den Eltern beobachtet haben;
- Arbeitslosigkeit eines Elternteils;
- emotionales Klima in der Herkunftsfamilie.

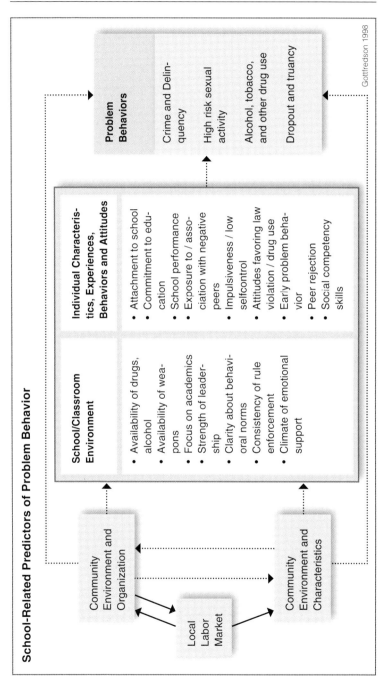

School-Related Predictors of Problem Behavior

Gottfredson 1998

School/Classroom Environment

- Availability of drugs, alcohol
- Availability of weapons
- Focus on academics
- Strength of leadership
- Clarity about behavioral norms
- Consistency of rule enforcement
- Climate of emotional support

Individual Characteristics, Experiences, Behaviors and Attitudes

- Attachment to school
- Commitment to education
- School performance
- Exposure to / association with negative peers
- Impulsiveness / low selfcontrol
- Attitudes favoring law violation / drug use
- Early problem behavior
- Peer rejection
- Social competency skills

Problem Behaviors

- Crime and Delinquency
- High risk sexual activity
- Alcohol, tobacco, and other drug use
- Dropout and truancy

Community Environment and Organization

Local Labor Market

Community Environment and Characteristics

Tillmann u. a. heben besonders den schulischen Kontext, der sich als gewaltfördernd herausgestellt hat hervor. Es zeigt sich, „dass vor allem das Sozialklima einer Schule erheblichen Einfluss ausübt: Fehlende Anerkennung bei Mitschüler(innen), etikettierendes und restriktives Verhalten der Lehrkräfte, scharfe Konkurrenz zwischen den Heranwachsenden hängen eng mit ihrem Gewaltverhalten zusammen".[427] Auch eine spezifische schulische Eigenheit ist nicht ganz unproblematisch: die prinzipielle Gehorsamkeits- und Wohlverhaltensanforderungen der Schule und ihrer Lehrkräfte steht im Widerspruch zu den Bedürfnissen der Schülerinnen und Schüler nach Selbstbestimmung, Spaß haben und Ausagieren. Dies führt vor allem dann zu Konflikten, wenn Heranwachsende – insbesondere in der Pubertät – schuldistanzierte und abweichende Identitäten präsentieren und dabei auch Gewaltverhalten zeigen.[428] Die Klassen- und die Schulgröße hingegen scheinen – wie oben bereits erwähnt – für die Aggression von Jugendlichen kaum bedeutsam. Die pauschale Forderung kleinerer Klassen trägt deshalb kaum zur Aggressionsverhütung bei.[429]

Insgesamt kann und darf schulische Gewalt jedoch nicht losgelöst vom Level gesellschaftlicher Gewalt gesehen werden. Untersuchungen zeigen einen Zusammenhang zwischen ansteigender Gewalt an Schulen in Korrelation mit ansteigender Gewalt in der Gesellschaft.[430] Auch Gottfredson, Mitautor des Sherman Reports, weist darauf hin, dass schulische Gewalt in einen größeren Kontext gestellt werden muss: „By far the strongest correlates of school disorder are characteristics of the population and community contexts in which schools are located. Schools in urban, poor, disorganized communities experience more disorder than other schools." [431] Er entwickelt deshalb ein Modell, das die verschiedenen Einfluss- und Risikofaktoren für Problemverhalten im schulischen Kontext verdeutlicht.[432]

2 BILDUNG UND KONFLIKT – DIE ROLLE VON BILDUNG IM KONTEXT VON GEWALTPRÄVENTION

Schulische Gewaltprävention muss auch im Kontext der Funktion und Rolle von Schule und Bildung in der Gesellschaft gesehen werden. Der Bildung, aber vor allem auch der Schule, kommt in Konzepten der Gewaltprävention eine wichtige Rolle zu. Die Qualität von Unterricht und Schule wird dabei i. d. R. in direkte Verbindung mit der Reduktion von Gewalt gebracht. Klaus Seitz diskutiert in seiner Studie über „Bildung und Konflikt" [433] die Rolle von Bildung und die Wurzeln von Frieden und Gewalt. Er kritisiert, dass man in der Bildungsdiskussion bislang (von wenigen Ausnahmen abgesehen[434]) von einem positiven

Grundmechanismus ausgehe, nämlich, dass Bildung der Beförderung des „Guten, Wahren und Schönen" diene, dass sie „grundsätzlich zur Förderung der zwischenmenschlichen Kooperation und Verständigung, zur Stärkung des sozialen Zusammenhaltes, zum Abbau sozialer Ungleichheiten und zur moralischen Verbesserung des Menschen" beitrage. Dies, so Seitz, zähle jedoch zu den einflussreichen Trugbildern und Selbsttäuschungen der Pädagogik, der auch die UNESCO-Kommission zur Bildung für das 21. Jahrhundert unterliege.[435] Erst in jüngster Zeit werde auch dem negativen Einfluss Beachtung geschenkt, den Bildung auf die Genese und Dynamik gewaltsam ausgetragener Konfliktkonstellationen nehmen kann.[436] Dabei kann Bildung auf verschiedene Art und Weise gewaltfördernd sein, oder sogar selbst in erheblichem Umfang Gewalt ausüben. Direkte Gewalt ist an Schulen auch heute noch in vielen Ländern selbstverständlich: Hierzu gehören u. a.

- die körperliche Züchtigung, die nach einem Bericht der WHO aus dem Jahre 2002 an Schulen in mindestens 65 Ländern zulässig ist und auch praktiziert wird.
- der sexueller Missbrauch von Schülerinnen durch Lehrer und Mitschüler.
- die unterlassene Aufklärung über Schutzmöglichkeiten vor HIV/Aids.
- die angsteinflößenden Prüfungs- und Wettbewerbskonzepte der Schule, die sich – so Lynn Davies[437] – direkt auf das gewaltfördernde Potential der Bildung auswirken.

Strukturelle Gewaltfaktoren wirken an Schulen u. a. durch Selektion, ungleiche Verteilung von Bildungschancen und die Verschärfung von sozialer Ausgrenzung. Während kulturelle Gewalt z. B. durch Bildung als Instrument kultureller Unterdrückung zum Ausdruck kommt oder durch die Manipulation des Geschichtsbildes, die Vermittlung hegemonialer nationaler Identitäten aber auch durch die Vermittlung von Feindbildern oder durch curriculare Dominanzkultur oder hegemoniale Männlichkeitskonzepte. Es ist notwendig, zur Eindämmung von Gewalt durch die Schule Positivstrategien zu entwickeln.

Hierzu gehören nach Bush/Saltarelli u. a.[438]

- gezielte Bildungschancen für Bildungsbenachteiligte,
- ein Klima der ethnischen und kulturellen Toleranz,
- die Segregation und den Rassismus in den Köpfen abschaffen,
- sprachliche Vielfalt und Toleranz fördern,
- ein inklusives Staatsbürgerschaftsverständnis pflegen,
- ein kritisches Geschichtsbewusstsein schulen,
- für den Frieden erziehen,

• Bildung gegen staatliche Unterdrückung wenden.

Neben konkreten Projekten der Gewaltprävention an einzelnen Schulen muss also auch das Schulsystem und die Rolle formaler Bildung im Kontext von Konflikten und bei der Entstehung und Aufrechterhaltung von Gewalt gesehen werden.

3 MODELLE UND MASSNAHMEN SCHULISCHER GEWALTPRÄVENTION

Oberster Grundsatz für die Schule muss sein: „Gewalt hat in der Schule keinen Platz", Schule muss ein sicherer Ort sein, an dem alle ohne Angst und Furcht leben und arbeiten können. Gewaltprävention setzt dabei eine Übereinkunft über den anzustrebenen Zustand und die nicht erwünschten Verhaltensweisen voraus. Dies ist deshalb wichtig, da das Instrumentarium einer falsch verstanden Gewaltprävention auch zur Disziplinierung und Unterdrückung gebraucht werden kann. Das Center for the Prevention of School Violence macht mit seiner Unterscheidung zwischen „secure", „safe" und „orderly schools" [439] auf diesen Zusammenhang aufmerksam. Diese Unterscheidung, die es in der deutschen Diskussion um schulische Gewaltprävention so nicht gibt, verdeutlicht auch verschiedene Stufen von Umgang mit Gewalt und Gewaltprävention an Schulen: „A „secure school" is one whose physical features, layout and policies and procedures are designed to minimize the impact of intrusions that might prevent the school from fulfilling its educational mission. A „safe school" is one whose climate is free of fear. The perceptions, feelings, and beha-

---

Grundlegende Fragen zur Gewaltprävention an Schulen

1. Was wollen wir an unserer Schule unter „Gewalthandlungen" verstehen?
2. Wie sieht der Minimalkonsens aus, ab wann eingegriffen wird?
3. Welches Instrumentarium für Reaktionen und Eingriffe haben wir zur Verfügung?
4. Was schaffen wir allein, wo brauchen wir Hilfe von außen?
5. Wie bestimmen wir unsere Handlungsmöglichkeiten zwischen umfassender Veränderung und täglicher Kleinarbeit?
6. Können wir eine Zeit- und Aufgabenleiste zwischen Aktionismus und Aufschieben entwickeln?

Michael Grüner: Gewaltprävention in der Schule. Hamburg o. J., ergänzt

viors of those who attend the school or are in some way involved with it reveal that the school is a place where people are comfortable and are able to go about their business without concern for their safety. An „orderly school" is one characterized by a climate of respect. Students relate to each other and to teachers and school staff in acceptable ways. Expectations about what is acceptable behavior are clearly stated, and consequences for unacceptable behavior are known and applied when appropriate.[440]

3.1 PRINZIPIELLE ANSÄTZE UND EINTEILUNGS-MÖGLICHKEITEN VON PRÄVENTIONSMASSNAHMEN AN SCHULEN

Gewaltpräventive Maßnahmen können entsprechend der grundlegenden Unterscheidung in primäre, sekundäre und tertiäre Gewaltprävention auch im schulischen Kontext diesen Bereichen zugeordnet werden. Wobei die einzelnen Maßnahmen jeweils für unterschiedliche Schulstufen und unterschiedliche Problembereiche differenziert entwickelt und eingesetzt werden müssen.

* Zur Prävention im Sinne langfristiger vorbeugender Arbeit (mit allen Jugendlichen – primäre Prävention) gehören u.a. soziales Kompetenztraining, Verbesserung der Kommunikation, Mentorenprogramme, Klassenverträge, Klassenrat, attraktive Pausengestaltung usw
* Interventionsstrategien befassen sich mit Verhalten in aktuellen Gewalt- und Konfliktsituationen, sowie Arbeit mit gefährdeten Jugendlichen. Hierzu gehören u.a. Streitschlichter-Programme, Coolness-Training usw.
* Tertiäre Präventionsprogramme beziehen sich auf Maßnahmen zur Konfliktregelung und Nachbearbeitung, auch um die Rückfälligkeit bereits aufgefallener gewalttätiger Jugendlicher zu verhindern. Hierzu gehören u.a. Täter-Opfer-Ausgleich, Opferschutz usw. Wobei es wichtig erscheint, in allen drei Bereichen tätig zu werden. Dies bedeutet, mit unterschiedlichen Gruppen und Anforderungen zu arbeiten.

Eine Studie von „Rand Education" untersucht, was Schulen in der Praxis tun, um „Sicherheit" herzustellen, und kommt zur folgenden Übersicht:[441]

* Physical surveillance, including weapons deterrence and the presence of security guards or officers on campus.
* School policies designed to prevent violence by punishing those who perpetrate violence.

Zugangsweisen / Rahmendaten

MÖGLICHE ZIELGRUPPEN
- eine Klasse
- mehrere Klassen
- eine Klassenstufe
- mehrere Klassenstufen
- einzelne Schülerinnen oder Schüler
- alle Schülerinnen und Schüler
- ein/e Lehrer oder Lehrerin
- mehrere Lehrer und Lehrerinnen
- alle Lehrer und Lehrerinnen
- Eltern
- Hauspersonal
- die gesamte Schule

- Unterrichtseinheiten
- Projekte
- Ausbildung von Schülermediatoren
- schulinterne Lehrerinnen- und Lehrerfortbildung
- Verankerung der Schülermediation in der Schule
- Schulentwicklungsprogramme
- Einbeziehung außerschulischer Lernorte
- gemeinwesenorientierte Ansätze
- Kooperation mit Vereinen und Institutionen

ZEITRAHMEN
- einzelne Unterrichtsstunden
- Projektwoche
- einige Monate
- gesamte Schuljahr
- längerfristiges Projekt

Verortung
- im Rahmen des normalen Unterrichts
- außerhalb des Unterrichts
- als Pflichtveranstaltung
- auf freiwilliger Basis

KOORDINATION
- Wer initiiert, wer koordiniert?
- Wer trägt Verantwortung?

BEGLEITMASSNAHMEN
- Bestandsaufnahme zum Bereich Konflikte und Gewalt an der Schule / Kommune

GRUNDLAGEN / GRUNDFRAGEN
- Von welcher Ausgangslage wird ausgegangen (Problemfelder, Ressourcen)?
- Welche Annahmen über die Ursachen werden zugrunde gelegt?
- Wie kann eine wissenschaftliche Begleitung gesichert werden?
- Welche Vorhaben und Projekte werden warum durchgeführt?
- Was soll genau erreicht werden?
- Wann soll das Projekt beendet werden?
- Wann ist das Projekt erfolgreich?

- Instruction-based programs designed to address the precursors of violence, including bullying
- Profiling of potentially violent individuals
- Counseling at-risk students
- Conflict mediation and resolution Dabei seien allein in der amerikanischen Schulpraxis über 200 verschiedene institutionalisierte Programme zu finden.

Schulische Präventionsprogramme müssen verschiedene Ebenen und Adressaten berücksichtigen und zudem an verschiedene Altersstufen und Schularten angepasst sein. Dabei geht es jeweils um folgende Ebenen:

Individuelle Schülerebene mit dem Ziel, die Qualität der Lehrer-Schüler-Beziehungen zu verbessern, soziales Lernen zu ermöglichen, gemeinsame Werte zu etablieren und positive Selbstkonzepte zu entwickeln. Klassenebene mit dem Ziel, die Kooperationsstrukturen und das Verantwortungsbewusstsein zu fördern und die Qualität des Unterrichts zu verbessern. Schulebene mit dem Ziel, Schule als Lebensraum zu begreifen und soziale Identität zu ermöglichen, Regeln für das Zusammenleben aufzustellen und Schule im Sinne einer „guten Schule" gemeinsam zu entwickeln. Elternebene mit dem Ziel, Kontakt mit dem Elternhaus zu halten, Erziehungsmaßnahmen abzustimmen und Familien zu unterstützen. Gemeinde und Nachbarschaft mit dem Ziel, für Schüler weitergehende lebensweltliche Erfahrungen zu ermöglichen, Maßnahmen der Gewaltprävention abgestimmt und koordiniert im Verbund des Gemeinwesens zu sehen. Gesellschaftliche und politische Ebene mit dem Ziel die Rahmenbedingungen für ein Schule ohne Gewalt zu verbessern.

3.2 PROBLEMATISCHE ANSÄTZE

„Sichere Schule" – Gewaltprävention als Herstellung äußerer Sicherheit Vor dem Hintergrund von sog. „Schulmassakern", Amokläufen und „School-shootings" wurden von Öffentlichkeit und Politik (in den USA wie in Europa) gefordert, die Sicherheit an Schulen zu gewährleisten bzw. zu erhöhen. Unter Sicherheit wird dabei die „äußere" Sicherheit vor Gewaltanwendung (durch Waffen) verstanden.[442] Um physische Sicherheit zu erlangen wird dabei eine Kombination von schulischen Ordnungsmaßnahmen, der Demonstration von Präsenz von Sicherheitskräften und von technischen Maßnahmen eingesetzt. Durch den Einsatz von Polizei, Militär oder privatem Wachpersonal (campus officers) und damit verbundenen Personen sowie Taschenkontrollen, oder dem Einsatz von Metalldetektoren und Videoüberwachung soll nach außen hin sichtbar demonstriert werden, dass Waffen nicht geduldet und Gewalt nicht toleriert wird. Nach einer Untersuchung des Department of Health and Human Services der USA hatten im Jahr 2000 5,9 % der Elementary Schools und 30,1 % der Senior High Schools uniformierte Polizisten in der Schule, benutzten 3,3 % der Elementary Schools und 10 % der Senior High Schools Metalldetektoren und 12,3 % der Elementary Schools und 24 % der Senior High Schools hatten Überwachungskameras installiert.[443] Grundlage dieser Maßnahmen ist die Annahme, dass, wenn weniger Waffen in der Schule verfügbar sind, diese auch weniger eingesetzt werden. Fachleute weisen jedoch darauf hin, dass – wie die Erfahrung zeige – weder durch Metalldetektoren noch durch Personenkontrollen gut geplante Gewalttaten verhindert werden können. Solche Kontrollen können zwar die „äußere" Sicherheit (physical safety) erhöhen, sie untergraben jedoch das Sicherheitsgefühl (psychological safety) der Schüler. Und vor allem, sie kümmern sich nicht um die Gründe, warum Schüler in der Schule Waffen tragen. Die Präsenz von uniformiertem Wachpersonal wird noch negativer eingeschätzt, da hier eine Stimmung von Misstrauen sich unter den Schülern ausbreiten würde.

Eine Studie des Secret Service (USA) untersuchte vor dem Hintergrund der amerikanischen school-shootings die vorgeschlagenen und praktizierten technischen Maßnahmen und kommt als Resumee zu folgenden Fragen:

- Warum sich auf bewaffnete Sicherheitskräfte verlassen, wenn die meisten Attacken vorbei sind, bevor die Polizei erscheint?
- Warum sich auf Persönlichkeitsprofile verlassen, wenn es kein Profil gibt, das auf all' diejenigen, die töten passt?
- Warum sich auf Metalldetektoren in Schulen verlassen, wenn die Täter oft keine Anstalten machen, ihre Waffen zu verstecken?

Es führt in die falsche Richtung, wenn wir glauben, so dieses Problem stoppen zu können, meinen die Autoren der Studie und: „We've had 40 shooting cases in 30 Years. We have a million cases of bad behavior daily in schools. Those can't be ignored."[444] Technische Mittel und ein verstärkter Einsatz von Sicherheitskräften an Schulen ist kein erfolgversprechender Weg, um Gewalt an Schulen einzudämmen.

Ordnungspolitische und repressive Ansätze

Schulprobleme durch Disziplinar- und Ordnungsmaßnahmen in den Griff zu bekommen, stellt eine weitere gängige Praxis dar. Die schulischen Möglichkeiten des Umgangs mit „Problemschülern" bzw. mit Schulproblemen sind u. a. auch in Schulgesetzen und Schulordnungen geregelt. In diesen Regelwerken sind auch Disziplinarmaßnahmen bis hin zur Dispendierung vom Unterricht und zu Schulverweisen (Versetzung an eine andere Schule) vorgesehen. Die Verführung, durch repressive Maßnahmen die Probleme lösen zu können, ist groß. Dennoch weisen alle Untersuchungen auf die Untauglichkeit dieser Mittel hin. So haben sich z.B. Suspendierungen als äußerst problematische Intervention herausgestellt, da Schüler dadurch vermehrt mit devianten Peergruppen in Kontakt kommen können. Es wurde ein enger Zusammenhang von Suspendierungen, Schulverweisen und Delinquenz festgestellt.[445] Hinzu kommt ein weiterer, oft vergessener Aspekt, nämlich dass die Schule damit das Problem nur verschiebt. Eine „Externalisierung" als „Problemlösung" für die Schule wird erkauft durch ein erhöhtes Delinquenz- und Gewaltrisiko des betreffenden Schülers und für die Gesellschaft als ganze.

Repressive Vorgehensweisen, so der gegenwärtige Stand der kriminologischen Forschung, taugen nicht dazu, in angemessenem Umfang spezial- oder generalpräventiv zu wirken.[446] Primär sicherheits- und ordnungsorientierte und repressive Ansätze, die auf Sanktionen und Strafen setzen, sind nicht nur nicht erfolgversprechend, sie sind geradezu kontraproduktiv, da sie die Probleme, die sie verhindern wollen, erzeugen. Man wird davon ausgehen müssen, so Feltes, dass „in bestimmten Bereichen die repressiven Maßnahmen eher zu einer Verschärfung der Situation führen, als dass sie auf Dauer eine positive Beeinflussung des Betroffenen ermöglichen." [447]

Technische Maßnahmen zielen ebenso wie disziplinarische Mittel auf die Herstellung der äußeren Ordnung. Es kann bei Gewaltprävention in der Schule jedoch nicht um die Herstellung „physischer Sicherheit" mit allen Mitteln gehen, sondern vor allem um die Entwicklung der Bedingungen für ein gewaltfreies Miteinander. Diese grundsätzliche Unterscheidung und Festlegung hat weit reichende Konsequenzen. Die Entwicklung eines Sicherheitsgefühls ist dabei vor allem auf der pädagogischen und psychologischen Ebene angesiedelt und beruht auf pädagogischen Konzepten. Diese Erkenntnis beschreibt auch das „International Centre of Crime Prevention" als einen der Trends in der Präventionsarbeit, die in zahlreichen Ländern und Regionen einschließlich der USA zu beobachten sind. Diese Trends beinhalten u.a.:[448]

- „framing the issues less as school violence or security, and more as school safety
- linking school safety to the needs of victims and victimizers and to healthy behaviors

- a change in emphasis from a reactive or punitive focus on perpetrators of school violence to pro-active approaches
- a shift from physical, situational prevention or school exclusion to comprehensive approaches using a range of policies and programs
- these include not only programs geared to individual ‚problem' students, but to the school population as a whole, to teacher needs, families, and community-school links - they see the school as part of its community
- the development of school-community partnerships to effect projects
- interventions targeting ‚at risk' schools using evaluated and good model programs
- the involvement of young people themselves in assessment of problems and project design."

3.3 RECHTLICHE RAHMENBEDINGUNGEN FÜR SCHULISCHE GEWALTPRÄVENTION

Um effektiv Gewaltprävention an der Schule betreiben zu können, müssen klare rechtliche Regelungen vorhanden sein, die Gewalt aus der Schule verbannen. Solche Regelungen müssen Gewalt durch Lehrpersonen (Züchtigung) ebenso verbieten wie Rassismus oder Diskriminierungen. Die Menschenrechte müssen auch im Schulbereich ohne Abstriche Anwendung finden. Darüber hinaus muss den einzelnen Schulen ein eigener Handlungsspielraum zur Unterrichtsgestaltung und Schulentwicklung zugestanden werden. Nur dann lassen sich entsprechende Maßnahmen zur Gewaltprävention angepasst entwickeln. Noch besser ist es, wenn Gewaltprävention nicht nur auf der Schulebene entwickelt werden muss, sondern als regionales oder landesweites Programm durch entsprechende Richtlinien geregelt wird.[449]

3.4 DIE SIEBEN BEREICHE EFFEKTIVER PRÄVENTIONSARBEIT AN SCHULEN – EIN UMFASSENDES PÄDAGOGISCHES KONZEPT

Die Bildungsforscher Holtappels und Tillmann formulieren vor dem Hintergrund einer umfassenden Untersuchung über „Gewalt an Schulen" in Deutschland sieben Bereiche effektiver Präventionsarbeit.[450] Damit entwickelten sie ein umfassendes pädagogisch begründetes Konzept schulischer Präventionsarbeit, in das vielfältige (ansonsten isolierte) Einzelmaßnahmen integriert werden können.

Die sieben Bereiche sind:
1. Regeln etablieren, Grenzen setzten
2. Eine Lernkultur entwickeln
3. Das Sozialklima verbessern
4. Etikettierungen vermeiden
5. Räume und Orte sehen
6. Kooperation im Stadtteil
7. Entwicklung einer Schulkultur

Regeln etablieren, Grenzen setzen

Die oberste Regel muss lauten: Die Schule ist ein Ort, an dem die körperliche Unversehrtheit aller garantiert ist und geachtet wird. Hier hat Gewalt in allen Ausformungen keinen Platz. Deshalb ist die Frage zu beantworten, wann und wie Lehrkräfte und Mitschülerinnen bei Gewaltakten und Diskriminierungen eingreifen (die „Stop-Norm" setzten). Die Forderung muss sein: Lehrer greifen bei Gewaltakten ein. Untersuchungen zeigen, dass dies auch in der Schule nicht selbstverständlich ist, viele Lehrer sehen weg und dieses Wegsehen hat enorme negative Konsequenzen, es unterstützt Gewaltvorkommen. Eingreifen muss vorbereitet, abgestimmt werden. Lehrkräfte müssen sich geeinigt haben, wie sie auf Übertretungen reagieren. Wichtig ist dabei, dass alle Lehrkräfte einbezogen sind und gemeinsam handeln. Die Regeln müssen für alle gelten, für Lehrerinnen und Lehrer und für Schülerinnen und Schüler.

Lernkultur entwickeln

Lernkultur heißt schülerorientierter Unterricht, erkennbarer Lebensweltbezug, förderndes Lehrerengagement, didaktisch-methodische Phantasie, individualisierte Lernzugänge und Lernformen, eine Vielzahl von Lernorten und Lernumgebungen. Es zeigt sich, dass fehlende Förderanstrengungen (Förderunterricht) der Schule und einzelner Lehrkräfte ein wichtiger Faktor für das Aufkommen hausgemachter Schülergewalt sind. Schulgröße und Klassengröße haben demgegenüber keinen Einfluss auf Gewaltvorkommen.

Sozialklima verbessern

Es gibt einen starken Zusammenhang zwischen dem Sozialklima der Schule und Gewalthandlungen von Schülern. Problematisch ist die fehlende Bindung der Schüler an Lerngruppen und ein fehlender Gruppenzusammenhalt bei gleichzeitig konkurrenzorientiertem Klima. Positiv wirkt sich aus, wenn Schüler und Lehrer gut miteinander auskommen, wenn Schüler von Lehrern ernst genommen werden, wenn Akzeptanz und Wertschätzung das Lehrerverhalten bestimmen. Es geht folglich darum, die sozialen Bindungen zu stärken, stabile Schülerfreundschaften zu entwickeln, das Gefühl zu vermitteln, mit den eigenen Eigenarten auch akzeptiert zu sein. Restriktives Erziehungsverhalten, rigide Regelanwendungen und Disziplinierung begünstigen ein gewaltförderndes Sozialklima.

Etikettierungen vermeiden

Der Prozess der sozialen Etikettierungen (also der Zuschreibung von negativen oder positiven Eigenschaften) erweist sich als äußerst gewaltfördernd. Schüler, die in der Schulöffentlichkeit gebranntmarkt werden oder stigmatisierte Außenseiterpositionen einnehmen, sind deutlich gewalttätiger als andere. Sie entsprechen sozusagen den an sie herangetragenen Erwartungen. Wer als gewalttätig, aggressiv eingestuft wird, wird sich auch so verhalten (Sündenbockphänomen). Auch umgekehrt funktioniert dieser Mechanismus. Ernstgemeinte und formulierte Überzeugungen wie, „Wir sind eine tolerante und weltoffene Schule" oder „Du bist doch ein hilfsbereiter Junge" haben langfristig positive Effekte, da sie an das Selbstwertgefühl appellieren und dieses durch Identifikationsangebote mit entwickeln. Da Etikettierungen eine Eigendynamik entwickeln, muss mit sozialen Normierungen äußerst vorsichtig umgegangen werden.

Schulhof- und Schulgebäudegestaltung

Die Art und der Zustand der Baulichkeiten der Schule haben unmittelbaren Einfluss auf das Befinden von Schülern und Lehrern. Eine Schule muss über eine angenehme Atmosphäre verfügen. Hierzu gehören auch attraktive und gegliederte Schulgelände und der Rückbau von asphaltierten Flächen in Spiel-Landschaften und Schulgärten. Damit zu verbinden ist eine aktive Pausengestaltung, wie sie in verschiedenen Schulen angewandt wird. Spielangebote in Zusammenarbeit mit Sportvereinen sind hier wegweisende Projekte ebenso wie versetzte Pausenzeiten. Diese Maßnahmen wirken sich äußerst positiv auf das Verhalten von Schülern aus.

Über den Unterricht hinaus: Kooperation im Stadtteil / in der Kommune

Keine Schule existiert für sich alleine, sie ist eingebunden in ein Gemeinwesen. Gewaltpotential wird auch aus diesen Zusammenhängen in die Schule importiert, insbesondere Gewalt, die von „harten

Cliquen" ausgeht, oder auch Erfahrungen, die Kinder und Jugendliche in ihrer Familie machen müssen. Um dem Rechnung zu tragen, ist eine Zusammenarbeit mit Einrichtungen der Familien- und Jugendhilfe aber auch mit Vereinen notwendig. Stadtteilkonferenzen, Runde Tische oder auch die Erarbeitung eines kommunalen Präventionskonzeptes sind hier notwendig. Die Öffnung der Schule und Einbindung in das soziale Gemeinwesen sowie die Beteiligung und Übernahme von Verantwortung in diesem Bereich, haben sich als außerordentlich positiv im Sinne einer Gewaltprävention ausgewirkt. Deshalb sind außerschulische Lernorte in das schulische Angebot einzubeziehen. Im Sinne des Service-Lernens können SchülerInnen in sozialen Einrichtungen (Kindergärten, Altenheimen, Behinderteneinrichtungen usw.) Praktika durchführen. Über den Unterricht hinaus können Arbeitsgemeinschaften, Musik, Theater, Zirkus, Medien, Sport, kreative Gestaltungsmöglichkeiten Kindern und Jugendlichen interessante Betätigungsfelder erschließen.

Prävention als Entwicklung von Schulkultur

Schule muss so gestaltet werden, dass die Risikofaktoren für Gewaltverhalten an Einfluss verlieren. Die Entwicklung einer schülerorientierten Lernkultur und eines Sozialklimas, das Ausgrenzung vermeidet und Anerkennung bietet, sind hier wichtige Instrumente. In der Praxis zeigt sich, dass es weniger um die Einzelmaßnahmen zur Gewaltprävention geht – so wichtig sie auch sind – als vielmehr um die Herausbildung eines Schulethos („Wir verhalten uns an unserer Schule so ..."). Schulethos ist etwas anderes als ein verordneter Verhaltenskatalog. Schulethos ist ein von allen getragene Überzeugung und Einstellung, wie die Schule sein soll und was die Voraussetzungen des Zusammenlebens sind. Diese Überzeugungen können auch schriftlich formuliert werden. Die Fragen, die sich hier stellen, heißen: „Was ist eine gute Schule?", „Wo wollen wir uns als gesamte Schule hinentwickeln?" und „Wie können wir eine tolerante, weltoffene Schule werden, die den Namen ‚Haus des Lernens' verdient?" Eine gute Schule wird wesentlich durch die Lernkultur, die fachliche und didaktische Kompetenz der LehrerInnen sowie ihre Integrations- und Kommunikationsfähigkeit definiert. Aber es gehören auch Faktoren dazu wie Partizipationsmöglichkeiten der Schüler am Schulleben, die Schülerorientierung der Lehrer sowie attraktive räumliche Gegebenheiten.

Bei Schulkulturmodellen spielen die Lehrerprofessionalität und das Lehrerhandeln eine zentrale Rolle. Untersuchungen zeigen, dass starke Korrelationen zwischen Elementen der Schulkultur und

der Schülergewalt bestehen. „In den Klassen, in denen weniger Gewalt vorkommt, ist die Lehrerprofessionalität hoch, das Klassenge-
füge intakt, es bestehen überdurchschnittliche Beteiligungsmöglich-
keiten für die Schüler, die Schülerbefindlichkeit ist positiv, d.h. die
Schüler haben wenig Leistungsangst und gehen gern zur Schule." [451]
Unter dem Begriff Schulkultur wurden folgende Faktoren zusammengefasst: Didaktische Kompetenz, Gerechtigkeit, Förderkompetenz,
Diskursorientierung, Schülerorientierung, Partizipation im Unterricht,
Partizipation in der Schule, außerunterrichtliche Angebote, Lehrerin-
tervention.

Das Interventionsprogramm von Olweus[452]

Das Interventionsprogramm von Olweus ist in Europa das am weitesten verbreitete Gewaltpräventionsprogramm auf Schulebene, das
unterschiedliche Handlungsebenen mit einbezieht. Allerdings ist es
speziell auf den Gewaltbereich des Bullying ausgerichtet. Alle vorgeschlagenen Maßnahmen werden parallel oder in zeitlicher Abfolge
angewendet, wenngleich sich herausgestellt hat, dass einzelne wichtiger sind als andere. Die Hauptziele des Interventionsprogramms
sind, soweit wie möglich bestehende (Gewalt-) Täter-Opfer-Probleme
innerhalb und außerhalb der Schulumgebung zu vermindern und die
Entwicklung neuer Probleme zu verhindern. Zwei allgemeine Bedingungen müssen erfüllt sein, wenn diese Ziele in einer Schule mit Hilfe
des Interventionsprogramms erreicht werden sollen: 1. Die Erwachsenen in der Schule und zu einem gewissen Grad zu Hause müssen
das Ausmaß des (Gewalt-) Täter-Opfer-Problems an „ihrer" Schule
erkennen. 2. Die Erwachsenen müssen beschließen, sich ernsthaft
für eine Änderung der Situation einzusetzen. Daraus ergeben sich
dann eine Vielzahl von abgestimmten Maßnahmen auf Schulebene,
die insgesamt und nicht nur teilweise angewendet werden sollen.

MASSNAHMEN AUF SCHULEBENE
- Fragebogenerhebung
- Pädagogischer Tag „Gewalt und Gewaltprävention in unserer
  Schule"
- Schulkonferenz „Verabschiedung des Schulprogramms Gewalt-
  prävention"
- Bessere Aufsicht während der Pause und des Essens
- Schönerer Schulhof

- Kontakttelefon
- Kooperation Lehrkräfte – Eltern
- Lehrer- und Lehrerinnengruppen zur Entwicklung des sozialen Milieus an der Schule
- Arbeitsgruppen der Elternbeiräte (Klassen- und Schulelternbeiräte)

MASSNAHMEN AUF KLASSENEBENE
- Klassenregeln gegen Gewalt: Klarstellung, Lob und Strafen
- Regelmäßige Klassengespräche
- Rollenspiele, Literatur
- Kooperatives Lernen
- Gemeinsame positive Klassenaktivitäten
- Zusammenarbeit Klassenelternbeirat – Lehrkräfte

MASSNAHMEN AUF DER PERSÖNLICHEN EBENE
- Ernsthafte Gespräche mit den Gewalttätern und -opfern - Ernsthafte Gespräche mit den Eltern beteiligter Schüler
- Lehrkräfte und Eltern gebrauchen ihre Phantasie
- Hilfe von „neutralen" Schülern
- Hilfe und Unterstützung von Eltern (Elternmappe usw.)
- Diskussionsgruppen für Eltern von Gewalttätern und -opfern
- Klassen- und Schulwechsel

Das Konzept von Olweus wurde mehrmals (u. a. von Olweus) selbst evaluiert. Die Ergebnisse sind nicht immer einheitlich. Verschiedene Untersuchungen berichten von einer deutlichen Gewaltreduktion. Andere können keinen Effekt feststellen.[453]

4 TRAININGSPROGRAMME ZUR VERHALTENS-MODIFIKATON

Trainingsprogramme zur Verhaltensmodifikation sind weit verbreitet und gehören zum Standardrepertoire von Gewaltprävention in Schulen. Solche Trainingsprogramme zeichnet aus, dass sie geschlossene Lerneinheiten darstellen, die auf spezifischen Annahmen beruhen. Sie werden i. d. R. in einzelnen Klassenstufen eingesetzt. Aus der Vielzahl von Präventions- und Interventionsprogrammen zur Reduktion aggressiven Verhaltens der Schüler und zur Förderung der sozialen Kompetenzen werden hier nur einige wenige exemplarisch dargestellt:[454]

- „Faustlos" : Curriculum zur Förderung sozial-emotionaler Kompetenzen und Gewaltprävention in der Grundschule. Dieses Programm geht davon aus, dass durch spezielle Übungen Empathiefähigkeit, Impulskontrolle und Umgang mit Ärger und Wut gelernt werden können.[455]
- Verhaltenstraining zur Förderung sozialer und emotionaler Kompetenzen in der Grundschule:[456] Dieses Training dient dem Aufbau prosozialen Verhaltens sowie der Vermittlung sozialer Basiskompetenzen und angemessenen Problemlöseverhaltens bei Schülern. Lehrer werden befähigt, ein angemessenes Sozial- und Lernklima in der Klasse zu etablieren.
- Sozialtraining in der Schule:[457] Dieses Training ist unterteilt in die Arbeit mit der Klasse, mit der Schule, den Eltern und den Lehrern. Es geht um die Schulung der differenzierten sozialen Wahrnehmung, um das Erkennen und Äußern von Gefühlen, die angemessene Selbstbehauptung sowie um das Erlernen von Kooperation und Einfühlungsvermögen.
- „Eigenständig werden": Sucht- und Gewaltprävention in der Schule durch Persönlichkeitsförderung. In 42 Unterrichtseinheiten, die von der Lehrkraft durchgeführt werden, geht es um Prävention von Substanzmissbrauch und Gewalt. Im Mittelpunkt stehen die Verbesserung der Selbstwahrnehmung, Umgang mit eigenen Gefühlen und den Gefühlen anderer, Umgang mit Stress und negativen Emotionen, konstruktives Konflikt- und Problemlösen.

Bei der Auswahl und Anwendung von Trainingsprogrammen sollte darauf geachtet werden, dass diese evaluiert sind und von ihrem Ansatz her zu den übrigen Maßnahmen zur Gewaltprävention in der Schule passen. Für die Maßnahmeauswahl sollten folgende Kriterien entscheidend sein:[458]

- Theoretische Begründung: Jede Maßnahme sollte auf Theorien begründet sein.
- Evaluation: Mit Hilfe von Evaluationsstudien sind Effekte der Maßnahmen nachweisbar.
- Prozess-Outcome-Beziehung: Studien bei denen überprüft werden kann, wie Effekte einer Maßnahme (z. B: Reduktion aggressiver Verhaltensweisen) zusammenhängen mit den Prozessen, die für die Veränderung bedeutend sind. Voraussetzung: Untersuchungsdesigns (Kontroll- und Interventionsgruppe) mit mindestens zwei Messzeitpunkten (prä-, post-Messung).

Soll ein Trainingsprogramm zur Förderung des positiven Sozialverhaltens der Schüler in einer Schule eingeführt werden, so ist es hilfreich, bei der Planung folgende Schritte festzulegen:

- Problemanalyse, -bearbeitung und -kommunikation (faktenbasiert, z. B. Erfassung der Information mit Hilfe von Fragebögen).
- Bestimmung der Zielgruppe der Prävention (z. B. alle Schüler einer Schule).
- Festlegung des Settings, in dem die Aktivität stattfinden sollen (z. B. in Klassen).
- Definition eines übergeordneten Ziels und von Unterzielen (z. B. Reduktion des Bullying unter Schüler als Hauptziel, Förderung der sozialen Kompetenz als Unterziel).
- Auswahl geeigneter Präventionsmaßnahmen (neues Trainingsprogramm entwerfen? Bereits evaluiertes auswählen?).
- Einholen von (finanziellen) Ressourcen.
- Einbindung der Gemeinschaft (z. B. Bekanntgabe der Initiativen in der Gemeinde durch Presse).
- Entwicklung/Auswahl der Materialien.
- Einstellung/Training des Personals.
- Implementierung und Überwachung des Präventionsablaufs.
- Evaluation der Wirksamkeit der Maßnahmen (z. B. Wiederholung der anfänglichen Fragebogenerhebung).[459]

Nur wenige der verfügbaren Programme sind evaluiert. Die Kurzzeiterfolge solcher Programme erscheinen eher vielversprechend. Über die Langzeitwirkung ist nichts bekannt. Während für den Bereich der Grundschule eine Vielzahl von Trainingsprogrammen angeboten werden, sind für den Sekundarbereich nur wenige verfügbar.[460]

5 EINZELMASSNAHMEN IN DER PRAXIS – DAS INSTRUMENTARIUM DER GEWALTPRÄVENITON IN DER SCHULE

Einzelne Maßnahmen (Aktivitäten, Projekte) zur Gewaltprävention, die isoliert eingesetzt werden, zeigen i. d. R. wenig Erfolg. Im Verbund mit anderen stellen sie jedoch eine wichtige Komponente eines Gesamtkonzeptes dar. Viele dieser Maßnahmen können als Elemente in das oben beschriebene pädagogische Konzept integriert werden.

5.1 MASSNAHMEN AUF DER INDIVIDUELLEN UND KLASSENEBENE

Diese Maßnahmen zielen darauf ab, das Verhalten einzelner Schüler oder von Klassen zu beeinflussen.

Bus-Begleitung
Verschiedene Verkehrsbetriebe haben in Kooperation mit der Polizei Projekte gegen Vandalismus und Gewalt in öffentlichen Verkehrsmitteln entwickelt. Dabei werden z. b. Sozialpädagogen angestellt, die wiederum Schülerinnen und Schüler über 15 Jahren als Busbegleiterin und Busbegleiter aussuchen, ausbilden und einsetzen. Als Anreiz erhalten die Busbegleiter eine regionale Netzkarte. Durch die Anwesenheit und durch Streitschlichtungen der Bus-Begleiter wurde nicht nur das „Klima" in den Bussen verbessert, auch die Sachbeschädigungen gingen um 20 bis 40 Prozent zurück.

Klassenprogramme
Eine Reihe von Schulen sind dazu übergegangen, Grundlagen der Konfliktbearbeitung in Form von Klassenprogrammen regelmäßig anzubieten. Bei diesen Konfliktprogrammen für Klassen geht es im Wesentlichen darum, die Wahrnehmung der Schülerinnen und Schüler dafür zu sensibilisieren, wie sie miteinander umgehen und wie sie gerne miteinander umgehen würden. Diese Sensibilisierung bildet dann die Grundlage für weitere Instrumente wie Streitschlichtung, Klärungsgespräche mit der Klassenlehrerin bzw. dem Klassenlehrer oder für Konfliktmoderation durch die Schülervertreterinnen bzw. Schülervertreter. In der Regel bestehen die Programme aus einer Reihe von Projekttagen zum Thema „Unsere Klassengemeinschaft" oder „Konflikte in unserer Klasse". Solche Klassenprogramme können auch mit Trainingsprogrammen kombiniert werden.

Klassenrat, Klassenvertrag
Der Klassenrat ist ein Instrument der demokratischen Gesprächskultur auf Klassenebene. Er dient dazu auftretende Probleme zu erkennen, zu benennen und zu bearbeiten.[461] Regelmäßig (einmal pro Woche) nimmt sich die Klasse Zeit, um sich mit sich selbst zu beschäftigen. Die zur Verfügung stehende Zeit wird begrenzt. Der Klassenrat wird in Selbstorganisation der Schülerinnen und Schüler durchgeführt. Eine Moderatorin bzw. Moderator leitet die Sitzung. Die Ergebnisse werden protokolliert. Schülerinnen und Schüler können so lernen, ihre Interessen selbst zu vertreten und Konflikte zu lösen. Um den Klassenrat zu unterstützen wurden von verschiedenen Schulen sog. Klassenverträge ausgearbeitet. Das sind Regeln des Umgangs, die von Schülerinnen und Schülern selbst erarbeitet werden. In Klassenverträgen sind oft Verhaltensregeln formuliert, wie:

1. Wir beleidigen niemand,
2. wir wollen keine körperliche Gewalt,
3. wir bedrohen und erpressen niemanden,
4. wir sind im Unterricht ruhig und reden nicht dazwischen.

Solche Klassenverträge werden von allen Schülerinnen und Schülern der Klasse unterschrieben und an der Wand des Klassenzimmers aufgehängt.

Mentorenprogramme

Ältere Schüler als Paten oder Mentoren für jüngere Schüler einzusetzen, ist nicht neu, sondern ist in mehreren und unterschiedlichen Traditionen verankert. Neu ist aber das Bemühen, mit Hilfe von Mentoren dafür zu sorgen, dass neue Schülerinnen und Schüler sich an ihrer Schule nicht als einsam und verloren fühlen, und dass so den Konflikten zwischen Schülern unterschiedlicher Altersgruppen frühzeitig begegnet werden kann. Die Schülerinnen und Schüler erleben so den sozialen Zusammenhang der Schulgemeinde und vor allem den ihrer Mitschüler. Bei Mentorenprogrammen konnten im Rahmen von Evaluationen – so der Sherman-Report – im Hinblick auf die Reduzierung von Delinquenz und Drogenkonsum keine positiven Wirkungen nachgewiesen werden.

Service Lernen: soziales Lernen fördern

Um die soziale Verantwortungsübernahme von Schülern zu fördern, lernen sie Kindergärten, Altenheimen und Behinderteneinrichtungen aus der Arbeitsperspektive kennen. Die Schülerinnen und Schüler (der 11. Klasse) nehmen für mehrere Wochen am Arbeitsprozess in einem Krankenhaus, in einer Behindertenwerkstatt oder im Altenheim teil. So sollen sie erleben, wie wichtig diese Einrichtungen für die Gesellschaft sind. Die Lehrerinnen und Lehrer sorgen dafür, dass das Thema Mitmenschlichkeit auch im Unterricht immer wieder aufgegriffen wird.

Konfliktsprechstunden

Verschiedene Schulen haben eine regelmäßige Konfliktsprechstunde eingeführt. Sie wird von Lehrerinnen und Lehrern angeboten, die eine Grundausbildung in den Methoden der Konfliktbehandlung erhalten haben. Aber auch (ältere) Schülerinnen und Schüler können als Konfliktberater in der Sprechstunde eingesetzt werden. Die Sprechstunde ist für alle gedacht, die einen Streit oder ein Problem mit jemandem haben und dies gern regeln wollen, bzw. ansprechen wollen. Konfliktsprechstunden können als Teil eines umfassenden Konfliktmanagement Systems verstanden werden.

5.2 LEHRERBILDUNG

Spezifische Weiterbildungsprogramme für den Bereich Konfliktbearbeitung und Gewaltprävention müssen mindestens drei Kompetenzbereiche abdecken:

- Diagnosekompetenz im Sinne von Früherkennung von Hinweisen auf mögliche Gefährdungen.
- Kompetenzen im Umgang mit eigener und fremder Aggression und Gewalt.
- Kompetenzen für den konstruktiven Umgang mit Konflikten.

Diagnosekompetenz: Mögliche Hinweise auf Gefährdungen erkennen

Vor allem in amerikanischen Handbüchern zum Thema „Sichere Schule" finden sich konkrete Listen mit Hinweisen zur Früherkennung von Problem- und „Risikopersonen".[462] Gleichzeitig wird jedoch auch darauf hingewiesen, dass solche „Early Warning Signs" auch falsch interpretiert werden können. Deshalb ist es wichtig, den Kontext von Gewalt zu kennen, kindertypische entwicklungsbedingte Verhaltensweisen zu verstehen und Stereotypisierungen zu vermeiden. Folgende Merkmale können ein frühzeitiger Hinweis auf eine Gefährdung sein:[463]

- Hinweise auf aktive Erfahrungen (als Täter) oder passive Erfahrungen (als Opfer) von körperlicher oder psychischer Gewalt, sexuellem Missbrauch, Mobbing.
- Hinweise auf Gefühle der Isolation, der Verzweiflung und auf sozialen Rückzug.
- Plötzlich nachlassendes Interesse und verminderte Anstrengungsbereitschaft in der schulischen Arbeit.
- Insgesamt geringe Impulskontrolle und / oder Frustrationstoleranz, die sich auch äußern können als hoher Konsum von Alkohol, Zigaretten und anderen Suchtmitteln oder anderen Arten süchtigen Verhaltens.
- Mangelnde Toleranz gegenüber Andersartigen, z. B. auch Behinderten.
- Unkontrollierte Wut, die in keinem Verhältnis zum Anlass zu stehen scheint.
- Eine lange Serie von Disziplinproblemen, von gewalttätigem Verhalten gegen Personen und Sachen.
- Zugang zu Besitz und Gebrauch von Waffen.

• Ernste Gewaltandrohungen gegen andere oder sich selbst.

„Early Warning Signs" dürfen nicht mit „Profiling", dem Formulieren und Anwenden von möglichen Täterprofilen, verwechselt werden. Denn mit der Formulierung von Merkmalen und Checklisten oder Profilen potentieller Täter ist das Problem verbunden, dass diese Merkmale auf eine Vielzahl von Jugendlichen zutreffen, ohne dass diese jemals auffällig werden würden. Checklisten können leicht ein Klima des Misstrauens und der Denunziation erzeugen und zur Stigmatisierung und Verhaltenszuschreibung beitragen und dadurch das mögliche Verhaltensspektrum der betroffenen Schüler einengen[464]. Es ist also sehr sensibel zu unterscheiden zwischen einem fundiertem Hintergrundwissen im Sinne einer Diagnosekompetenz und Versuchen von Verhaltensklassifizierungen.

Umgang mit Aggression

Der Umgang mit eigener und fremder Aggression ist ein Schlüsselbereich für gelingendes Erziehungsverhalten. Lehrerinnen und Lehrer sind Verhaltensmodelle für Schülerinnen und Schüler. Sie können zeigen, wie emotional belastende Situationen, auch ohne Rückgriff auf aggressives Verhalten, bewältigt werden können.[465]

Konstruktive Konfliktbearbeitung

Wissen über den Verlauf und die Dynamik von Konflikten, verbunden mit spezifischem Know How über (eigene und fremde) Verhaltensweisen in eskalierenden Konfliktsituationen stellen eine wichtige Basis dar um zu verhindern, dass Konflikte in eine Eskalationsdynamik geraten. Denn Konflikteskalation, die nicht kontrolliert und gestoppt werden kann, bedeutet eine Zunahme der Gefahr von Gewaltanwendung. Eine Erhöhung der Konfliktlösekompetenz und der Fähigkeit zum Konfliktmanagement wirkt sich dann unmittelbar gewaltreduzierend aus, wenn diese Verhaltensweisen nicht auf einzelne Lehrerinnen und Lehrern beschränkt bleiben, sondern Teil eines allgemeinen Lehrerverhaltens und der Schulkultur werden. (Vgl. Kap. 1.8)

Organisationsstrukturen für Weiterbildung

Weiterbildung kann in überregionalen Fachseminaren oder an Schulen direkt erfolgen. Für fundierte Weiterbildungen (etwa in Mediation) ist es sinnvoll, externe Weiterbildungseinrichtungen in Anspruch zu nehmen. Für die Implementierung eines Gewaltpräventionprogrammes an einer Schule scheint es jedoch unabdingbar, das gesamte Kollegium im Rahmen von Schulinterner Lehrerfortbildung bzw. spezifischen sog. „Pädagogischen Tagen" einzubeziehen, um Grundwissen zu vermitteln.

5.3 AUF DER SCHULEBENE

Kooperative Schulordnung

Schulordnungen, die gemeinsam von Lehrern, Schülern und Eltern erarbeitet und verabschiedet werden, erhöhen die Identifikation mit der Schule. Werden sie als positive Leitvorstellungen und nicht als „Strafkataloge" formuliert, stellen sie eine wichtige Orientierungshilfe dar. In Schulen, die eine solche Schulordnung verabschiedet haben, ist diese für alle (Lehrer, Schüler, Eltern usw.) verbindlich.

Die Leitvorstellungen der Schillerschule in Frankfurt/M. (Auszug):[466]

Toleranz und Gleichberechtigung:
Weiblich oder männlich, deutsch oder ausländisch, jung oder alt, stark oder nicht so stark – wir sind alle gleichberechtigt. Wir lassen Menschen in ihrer Eigenart gelten.

Respekt und Rücksicht:
Wir hören einander zu. Wir setzen niemanden herab oder bringen ihn in Misskredit. Wir sind Schwächen anderer gegenüber aufmerksam. Wir nutzen Vertrauen nicht aus. Wir berücksichtigen die Lern- und Ruhebedürfnisse der anderen. Hilfsbereitschaft und Courage: Wir sehen nicht weg, sondern setzen uns ein. Wir helfen, wo es nötig ist.

Verantwortung, Mitbestimmung, Kritikfähigkeit:
Wir sind zuständig; wir kennen unsere Rechte und Pflichten. Wir halten uns an das verbindliche Ergebnis demokratischer Abstimmungen.

Konfliktbewältigung: Jedes Mitglied der Schule vermeidet körperliche, verbale und seelische Gewalt. Konflikte werden besprochen. Wir versuchen, sie gemeinsam zu lösen.

Umweltbewusstsein: Wir behandeln Bücher, Mobiliar und Schulgebäude pfleglich. Wir sind uns bewusst, dass in diesen Gegenständen Rohstoffe verarbeitet sind. Wir vermeiden Müll und Verschmutzungen. Dadurch kann auch der Einsatz von Chemikalien verringert werden.

Entdeckungslust, Kreativität, Phantasie:
Wir fördern wissenschaftliche, künstlerische, politisch anregende und aufklärende sowie sportliche Veranstaltungen und Aktivitäten.

Vorbildsein:
Eltern, Lehrerinnen und Lehrer sowie ältere Schülerinnen und Schüler sollen mit gutem Beispiel vorangehen.
Damit diese Hausvereinbarung anerkannt wird und im Bewusstsein bleibt, müssen wir die Absprachen und Regeln immer wieder auf ihren Sinn, ihren praktischen Nutzen und ihre Folgen hin befragen.

Aufbau eines Konfliktmanagementsystems

Die Einrichtung von Konfliktmanagementsystemen an Schulen[467] bedeutet, dass sich alle Kolleginnen und Kollegen zunächst unter sich und dann gemeinsam mit den Eltern und den Schülern darüber absprechen, wie sie mit Konflikten umgehen. Dabei wird der Umgang mit Konflikten vom Eskalationsgrad des Konflikts abhängen. Konfliktmanagementsysteme einzurichten setzt voraus, dass die Lehrkräfte alle in der Schule relevanten Konflikte sichten, alle bisherigen Formen des Umgangs damit zusammentragen, sie auf ihre Wirksamkeit untersuchen und zu gemeinsamen Verabredungen kommen, die schriftlich fixiert werden und für alle gelten. Klare, detailliert beschriebene und schriftlich fixierte Vereinbarungen über den Umgang mit Konflikten gibt es bislang so gut wie an keiner Schule.

Peer-Mediation / Schüler-Streit-Schlichtung

Unter den Modellen und schulischen Ansätzen zur Gewaltprävention nimmt „Peer Mediation" eine Sonderstellung ein, da hier die Konfliktlösung direkt von SchülerInnen übernommen wird und nicht von Lehrern oder der Schulverwaltung. Peer Mediation ist dabei als Teil von „Peer Education" zu verstehen, der die Idee von Erziehung von Jugendlichen durch Jugendliche zu Grunde liegt.[468] Schüler-Streit-Schlichtungs-Programme sind stark ritualisierteKonfliktlösungsverfahren die von speziell ausgebildeten Schülerinnen und Schüler bei Schüler-Schüler-Konflikten angewandt werden und oft den Kern von Gewaltpräventionsprogrammen bilden. Neuere Untersuchungen kommen zu dem Schluss, dass Peer Mediation einen förderlichen Einfluss auf das Klassenklima hat. In Bezug auf das Schulklima besagten die meisten Ergebnisse, dass Peer-Mediation-Programme ein positives moralisches Klima an den Einrichtungen hervorbrächten, an denen sie installiert sind.[469] Zudem verringerten sie die Bereitschaft, auf autoritäre schulische Maßnahmen zurückzugreifen. Bei diesen Aussagen muss man allerdings berücksichtigen, dass

nur sehr wenige Längsschnittstudien vorliegen.[470] (Vgl. ausführlich:
Kap. 1.8)

Freizeitprogramme

Viele Schulen bieten Freizeitprogramme am Nachmittag oder Abend
an, um Jugendlichen eine attraktive Beschäftigung zu bieten. Solche
Freizeitprogramme können Sportveranstaltungen (Mitternachts-Bas-
ketball, Kletterwände, Ausflüge usw. sein). Dahinter steckt der Gedanke, Jugendliche in ihrer Freizeit nicht sich selbst zu überlassen,
sondern ihnen attraktive offene Angebote zu machen. Es zeigt sich
allerdings, dass die bloße Teilnahme an Freizeitprogrammen nicht zu
einer Reduzierung delinquenter Verhaltensweisen führt. Alternative
Aktivitäten allein haben auch weder Alkohol- noch Drogenkonsum
reduziert. Teilweise wurde sogar das direkte Ansteigen von Delinquenz nach solchen Aktivitäten beobachtet. Dies erklärt sich daraus,
dass alternative Programme entweder hochgefährdete Kinder[471] und
Jugendliche konzentrieren oder diese mit anderen Jugendlichen zu-
sammenführen, während keine starke Intervention zur Formierung
von prosozialen Normen vorhanden ist.

Schulentwicklung/Schulkultur

Gewaltprävention in der Schule wird in der wissenschaftlichen Diskussion zunehmend in Kombination mit bzw. als Teil von Schulentwicklung verstanden.[472] Dies macht Sinn, wenn man Gewalt in der
Schule nicht als individuelles Fehlverhalten begreift, sondern die Institution Schule mit in die Verantwortung einbezieht. Ziel von Schul-
entwicklungsprozessen ist die planmäßige Veränderung und Weiterentwicklung von Unterricht und Erziehung durch die Eigeninitiative
der Mitglieder der Institution Schule.[473] Als Handlungsfelder innerer
Schulentwicklung werden vom Kultusministerium in Baden-Württemberg gesehen:

- Innovative Unterrichts- und Erziehungsformen unter Berücksichti-
  gung sozialen Lernens.
- Verbesserung der Kommunikation in der Schule.
- Verstärkte Zusammenarbeit von Schülerinnen und Schülern, Lehr-
  kräften und Eltern.
- Öffnung der Schule.[474] Maßnahmen der Gewaltprävention werden
  so in ein umfassendes Konzept von Schule integriert, bei dem
  Schülerinnen und Schüler beteiligt werden. Auf die Bedeutung der
  Entwicklung einer Schulkultur wurde bereits oben hingewiesen.

UNESCO-Projektschulen

Weltweit gibt es rund 6.000 UNESCO-Projektschulen in 164 Ländern. Sie sind ganz „normale" Schulen mit einem kleinen, aber feinen Unterschied: Auf dem Stundenplan stehen die Einhaltung der Menschenrechte, Kultur- und Umweltbildung und der gerechte Ausgleich zwischen Arm und Reich. UNESCO-Projektschulen verpflichten sich, das Ziel der UNESCO – die Erziehung zu internationaler Verständigung und Zusammenarbeit – in all' ihren schulischen und außerschulischen Bereichen aktiv zu unterstützten. Die UNESCO-Projektschulen orientieren sich dabei an folgenden Grundsätzen:

- Sie schaffen ein grenzüberwindendes Netzwerk von Schulen aller Schulstufen, -arten und -formen in Zusammenarbeit mit den jeweiligen Schul- und Kultusbehörden.
- Das Schulleben gestalten sie im Sinne der internationalen Verständigung und des interkulturellen Lernens.
- Sie versuchen, die Ziele der UNESCO mit ihren Mitteln zu verwirklichen. Im Bewusstsein der „Einen Welt" setzen sie sich für eine Kultur des Friedens ein: Umsetzung der Menschenrechte, Bekämpfung der Armut und des Elends, Schutz der Umwelt und Toleranz gegenüber anderen.

Demokratisierung der Schule – Demokratische Schule

Die Einführung und Verankerung von Demokratieerziehung und die Schaffung von demokratischen Schulstrukturen haben unmittelbar positive Auswirkungen auf gewaltpräventive Maßnahmen. „Es gibt einen grundlegenden und empirisch nachgewiesenen Zusammenhang zwischen Demokratieerfahrung und Gewaltverzicht: Wenn Kinder und Jugendliche die Erfahrung machen, dass in Schule und Erziehung Mitwirkung, demokratisches Handeln und Verantwortungsübernahme erwünscht sind und als wichtig anerkannt werden, sind sie für Gewalt und Rechtsextremismus weniger anfällig als Jugendliche, denen diese Erfahrung versagt bleibt. Die Schule verfügt hier also über eigene, grundlegende und nachhaltig wirksame Mittel und Möglichkeiten.[475]

Krisenmanagement, Notfallpläne

Massive Gewaltsituationen, Bedrohung, Verletzung oder gar Tötung von Schülerinnen und Schülern und Lehrerinnen und Lehrern bis hin zu sog. Amokläufen oder „Schulmassakern" oder auch Selbst-

tötungen von SchülerInnen oder LehrerInnen sind zwar nicht der Alltag an der Schule, sie treten jedoch in den letzten Jahren häufiger auf.
Dies bedeutet, dass sich Schule und auch einzelne Lehrerinnen und
Lehrer auf solche Krisen- und Gewaltsituationen vorbereiten müs-
sen, um ihnen im Notfall nicht völlig hilflos ausgesetzt zu sein. Die
Schwierigkeiten, die damit verbunden sind und die viele Schulen davon abhalten, sind die geringe Wahrscheinlichkeit des Auftretens der
Notsituation, die Unvorhersehbarkeit des Ereignisses, das plötzliche
und überraschende Auftreten der akuten Situation sowie die Notwendigkeit des schnellen Eingreifens. Hinzu kommt, dass jede dieser
Situationen einmalig ist, eine Vorbereitung also nur auf allgemeiner
Ebene stattfinden kann. Da solche akuten Gewaltsituationen äußerst
emotional aufgeladen sind, kann nur sofort und systematisch gehandelt werden, wenn auf ausgearbeitete Notfallpläne zurückgegriffen
werden kann. Die Ausarbeitung solcher Notfallpläne steht im Zentrum
der Vorbereitung auf massive Gewaltsituationen (vgl. Kap. 2.4).

6 ORGANISATION UND IMPLEMENTIERUNG

Die Aus- und Weiterbildung von Lehrerinnen und Lehrern im Sinne
einer Qualifizierung und Professionalisierung stellt einen Schlüssel
zur gelingender Gewaltprävention an der Schule dar. Dabei geht es
als Grundlage für alle neben erzieherischen Fragen (z. B. Umgang
mit Unterrichtsstörungen) vor allem um diagnostische Kompetenz im
Sinne von Früherkennung von Problembereichen bei einzelnen Schülerinnen und Schülern, aber auch in der gesamten Klasse sowie um
Kenntnisse und Fähigkeiten im Bereich der Konfliktbearbeitung und
des Konfliktmanagements. Das Centre of Crime Prevention schlägt
mehrere Modelle für die Qualifizierung von Lehrerinnen und Lehrern
vor:[476] Zusammenfassen von Schulen, die bestimmte Projekte durchführen und diese durch universitäre Forschung begleiten; Lehrer einer bestimmten Region für gemeinsame Trainings zusammenfassen;
landesweite Initiativen starten, die Unterstützung und Ausbildung vor
Ort anbieten; länderübergreifende Trainings und Austauschmöglich-
keiten anbieten, die Erfahrungen verschiedener Länder einbeziehen.

Staff training / development should:[477]
- Instil an understanding of the nature and type of local violence
- Develop staff skills in conflict resolution, intergroup relations skills
  and classroom management

- Demonstrate the teaching methods to be learned and provide a chance to practise these methods and receive feedback/coaching
- Provide the knowledge and skills to respond to student disclosure of all types of violence, whether as victims, offenders or bystanders of violence
- Encourage and empower teachers to shape the instructional processes within their own schools and classrooms, and provide adequate opportunities for teachers to share in decision-making
- Demonstrate strategies for integrating these concepts and skills into social studies, language arts and other core academic subjects
- Train teachers how to recognise symptoms associated with abuse and trauma (e. g., symptoms of post-traumatic stress disorder)
- Link school teachers and staff to external resources that can assist children who are or have been victims of violence, who witness violence at home, or who are behaving violently.

Neben einem verfügbaren schulpsychologischen Dienst erscheint es sinnvoll, dass jede Schule über einen (oder mehrere) speziell geschulte (ausgebildete) Gewaltpräventionsberater und Mediatoren verfügt, um eine sachkundige und kompetente Vorgehensweise zu ermöglichen. Gewaltpräventionsberaterinnen und Gewaltpräventionsberater werden in regionalen oder landesweiten Kursen qualifiziert und bilden ein eigenes Kompetenznetzwerk.

Die Einbeziehung von Eltern in Gewaltpräventionsprogramme bezieht sich zum einen auf die Unterstützung und Hilfe für Problemfamilien zur Stärkung ihrer Ressourcen und zum anderen auf die Zusammenarbeit mit und den Zugang von Eltern zum Schulbereich. Unkomplizierte Kontakte zu Lehrern, Unterstützungsleistungen von Eltern für schulische Belange und mehr Möglichkeiten für Eltern verantwortliche Rollen in der Schule zu übernehmen haben sich nach WHO-Studien als effektiv für Gewaltprävention und insbesondere für die Reduzierung von Jugendgewalt erwiesen.[478]

Auf örtlicher Ebene scheinen sog. „Runde Tische" zur Koordination von Gewaltpräventionsmaßnahmen sinnvoll.[479] An vielen Orten wurden inzwischen solche „Runde Tische gegen Gewalt" gegründet. Hier arbeiten Eltern, Lehrerinnen und Lehrer, Vertreter von Vereinen und Verbänden, Jugendhilfeeinrichtungen und die örtliche Polizei zusammen. Aufgaben eines Runden Tisches sind:

- Fachlicher Austausch, gegenseitiger Informationsaustausch und Diskussion wichtiger kommunaler Themen im Rahmen der Gewaltprävention.
- Eruierung des Ist-Zustandes von Problemlagen.
- Entwicklung und Planung eines gemeinsamen Konzeptes zur konstruktiven Bearbeitung. der schulischen und kommunalen Probleme.
- Planung eines Finanzierungskonzeptes.
- Umsetzung der Planung in praktische Arbeit durch Arbeitsgruppen, Vereine, Schulen.
- Evaluierung der Ergebnisse und Feedback an das Netzwerk.

Um die Arbeit der Schule zum Bereich Gewaltprävention regional zu koordinieren, wurden verschiedentlich „Kontaktbüros Gewaltprävention" eingerichtet. Die Aufgabe dieser Büros ist es, potentielle Partner zu vernetzen, Synergieeffekte zu fördern, Fortbildungen anzubieten usw. Überregionale Netzwerke dienen dazu, Erfahrungen auszutauschen und gemeinsame Kampagnen zu planen. Spezifische Internetangebot zur Gewaltprävention an der Schule können dabei der schnellen Kommunikation und Information von Lehrerinnen und Lehrern, Schülerinnen und Schülern und Eltern dienen.[480] Sie können über das vorhandene Unterstützungsangebot vor Ort informieren, Hintergrundinformationen und spezifische Materialien anbieten und auch erste Informationen bei Problemlagen bereitstellen.

7 ERFAHRUNGEN UND ERKENNTNISSE

Schule ist nicht nur ein Ort, an dem Gewalt stattfindet, sondern auch ein Lebensraum und eine Lebenswelt, die gestaltet werden kann und die Auswirkungen auf das Verhalten der dort tätigen Personen hat. Obwohl sie in verschiedenen Ländern sehr unterschiedlich strukturiert und organisiert ist, werden an ihr Bildungsabschlüsse ermöglicht und dadurch immer auch Lebenschancen eröffnet. Sie ist ein „Ort des Lebens" an dem das Zusammenleben Vieler beispielhaft demokratisch organisiert werden kann. Darüber hinaus ist sie auch ein Ort, an dem auch „Gemeinschaft" stattfinden kann die über die Schule hinaus wirkt. Schule kann so als lebendiger sozialer Organismus gesehen und verstanden werden.

Die Ansätze und Maßnahmen zum Umgang mit Gewalt und Gewaltprävention in der Schule, die sich in der schulischen Praxis finden lassen, sind unüberschaubar und vielfältig. Während für die Bereiche der Verbreitung und der Ursachen von Gewalt in der Schule zunehmend wissenschaftliche Studien und Erkenntnisse vorliegen, wobei nach wie vor Langzeitstudien weitgehend fehlen, sind Maßnahmen und Projekte der Gewaltprävention immer noch kaum evaluiert. Die Diskussion bezieht sich deshalb in weiten Bereichen auf Annahmen und Schlussfolgerungen und weniger auf empirische Daten. Klewin u. a. weisen auch auf die mangelnde theoretische Fundierung der empirischen Forschung hin: In den meisten Untersuchungen wird „ein Variablengeflecht konzipiert und dann mit standardisierten Verfahren analysiert, ohne dass sich die Forscher(innen) dabei von einer spezifischen Theorie zur Entstehung von Gewalt leiten lassen. (…) Die meisten Studien sind darauf angelegt Häufigkeiten und Erscheinungsformen schulischer Gewalt zu beschreiben." [481] Zum gleichen Ergebnis kommt eine Untersuchung von „Rand Education" in Bezug auf die Praxis der Gewaltprävention an Schulen. Sie stellt fest, dass die Bemühungen um Gewaltprävention in der Schule von sehr unterschiedlichen Annahmen darüber ausgehen würden, was Sinn macht und was eine Wirkung zeigt. „Unfortunately, the assumptions are rarely questioned, and these approaches might not work as well as we wish." [482]

In der Forschung hat sich inzwischen die Erkenntnis durchgesetzt, dass nur multimodale Ansätze im Schulbereich Sinn machen und Wirkung haben und dass Gewaltprävention in der Schule in einen Prozess der Schulentwicklung eingebunden sein muss. Beides stellt hohe Anforderungen an alle Beteiligten und verdeutlicht, dass man lange Projektzeiträume ins Auge fassen muss.

Schulische Gewaltprävention kann nicht auf einer gesicherten Empirie aufbauen. Nur wenige Maßnahmen sind evaluiert und die Ergebnisse sind nicht immer einheitlich. Eine Meta-Evaluation des Center for Evaluation Research and Methodology (Nashville, USA)[483] kommt zu dem Schluss, dass schulische Interventionsprogramme zur Reduzierung und Prävention von Gewalt generell erfolgreich im Bereich der Reduzierung von antisozialem Verhalten sind, dass aber bereits bei verbaler Aggression weniger Erfolge zu verzeichnen seien und bei offener Aggression, Bedrohungen oder dem Mitführen von Waffen keine (oder sogar negative) Effekte vorhanden seien. Nach dieser Studie ist schulische Gewaltprävention vor allem im Bereich der primären Prävention erfolgreich, weniger bei indizierten Problemen. Der Sherman Report,[484] ebenfalls eine Meta-Evaluation, kommt zu klareren Aussagen. Danach sind im Hinblick auf Alkohol-, Drogenmissbrauch und Kriminalität Programme wirksam,

- die die Schulen befähigen, sich zu erneuern,
- Programme, die auf Klarstellung und Einhaltung von Normen gerichtet sind und
- umfassende Bildungsprogramme, die Fähigkeiten der Selbstkontrolle, des Stressmanagements, der eigenverantwortlichen Übernahme von Entscheidungen, der sozialen Problemlösung und der Kommunikation fördern.
- Keine Effekte zeigen Schülerberatung, Lehrprogramme zur Verbreitung von Informationen und Freizeitangebot soweit sie nicht in pädagogische Programme oder Mehrebenenkonzepte eingebettet sind. Vielversprechend sind demgegenüber Strategien zur Einrichtung kleinerer Schülergruppen.

In der Praxis gibt es zahlreiche typische Probleme bei der Einführung schulischer Gewaltprävention:[485]

- das Problem der Mobilisierung: wie kann man die Mitglieder der Schulgemeinschaft dazu bringen sich mit dem Thema langfristig zu befassen?
- die relative hohe Belastung der Lehrkräfte,
- die Folgenlosigkeit einmaliger Veranstaltungen (z. B. Pädagogischer Tage),
- Probleme des mangelnden Konsenses innerhalb der Lehrerschaft,
- das Fehlen von Prozesshelfern (z. B. Experten, Moderatoren, Berater),
- das Problem der Einbeziehung und der Motivierung der Schülerschaft und Eltern und
- das Problem, dass mit den Projekten gerade die gewalttätigen Schüler meist nicht erreicht werden.

Die entscheidende Frage für die Schule lautet, wie kann man von Einzelmaßnahmen zu einem Gesamtkonzept kommen, das in sich schlüssig ist und die verschiedenen Bereiche der Prävention abdeckt? Thus the critical elements of a comprehensive approach to school safety include:[486]

- identification and mobilization of key partners in the school community including parents, local agencies, community organizations, residents and the private sector
- development of local action plans which address the causes of school violence and victimization, not just its symptoms, and promote healthy schools
- implementation and evaluation of long and short-term prevention projects

- this is a long-term process and requires education that prevention is a normal part of local school and community life.

Aus den Erfahrungen vielfältiger Evaluationen und Forschungprogramme hat der Psychologe W. Rodney Hammond Basics formuliert, damit Gewaltprävention an der Schule bessere Wirkung erzielt:[487]

- Make the program comprehensive, involving families, communities and schools.
- Launch antiviolence curricula in the primary grades and reinforce it across grade levels.
- Tailor the program to its recipients. Take into account the age, community and socio economic status of your target population.
- Build personal and social assets that inoculate children against violent habits and diffuse their tendency to lash out physically when angry.
- Make program content relevant to the recipients' culture and ethnic identity to pique their interest and increase the likelihood that they'll retain it.
- Invest time and money in intensive staff development. Nobody – not even a teacher – can teach anger management and social skills without proper training and support.
- Develop a school culture that promotes social support and social cohesion while stigmatizing and punishing aggression and bullying.
- Use interactive teaching techniques, such as group work, cooperative learning and role-playing. Programs that develop students' violence-resistance skills, rather than just telling them, „Violence is a bad thing; you shouldn't do it," are ultimately the most effective.

Aus den Erfahrungen und empirischen Befunden kann man zumindest allgemeine Grundsätze klar ableiten:[488]

- Je früher eine Intervention erfolgt, desto größer sind die positiven Effekte.
- Programme, die mehrere Problembereiche gleichzeitig bearbeiten, sind effektiver, als solche, die nur einen Risikofaktor im Blick haben.
- Langfristig angelegte Programme zeigen mehr Effekte als Kurzzeitprogramme.
- Programme, die vor der Adoleszenz einsetzen, sind erfolgreicher als andere.
- Je stärker verschiedene Personengruppen (Eltern, Peers, Lehrer, Schulleiter, Gemeinde) bei Entwicklung und Implementierung von Maßnahmen einbezogen werden, desto effektiver sind die Maßnahmen.

- Je stärker ein Präventionsprogramm von allen Beteiligten getragen wird, desto besser sind die Erfolgsaussichten.

Gewaltpräventionsprogramme sollten also sowohl Teile beinhalten, die die gesamte Schule und alle Schüler einbeziehen, als auch solche, die auf einzelne Problemgruppen zielen. Sie sollten ebenso Eltern wie Lehrer unterstützen und nach verschiedenen Klassenstufen gegliedert sein[489] und wissenschaftlich begleitet werden. Diese Programme sollten an die spezifischen Gegebenheiten der jeweiligen Schule und die Erfordernisse des Gemeinwesens angepasst werden und als Teil eines umfassenden Plans verstanden werden. Solche Pläne beinhalten Elemente von Schulentwicklung, Interventionsstrategien bei Gewalthandlungen und Notfallpläne ebenso wie den Aufbau von Unterstützungsystemen für Eltern und Lehrerinnen und Lehrer bei spezifischen Problemlagen. Sie etablieren eine System von Konfliktmanagement an Schulen und verbessern das Schulklima und die Lernkultur.

2.3 Gewaltprävention im kommunalen Umfeld

Kommunale Gewaltprävention gewinnt an Bedeutung. Statistisch und global gesehen wird das Leben im neuen Jahrtausend – zunehmend auch in Entwicklungsländern – städtisch bestimmt sein. Ca. 60 % der Weltbevölkerung leben heute in Städten.[490] Damit sind neue Problemfelder verbunden. Die Frage, wie Zusammenleben in Städten gewaltarm bzw. gewaltfrei organisiert werden kann, gewinnt immer größeres Gewicht. Die Grundfrage jeder kommunalen Gewaltprävention lautet: Was muss in einer Kommune / einer Stadt geschehen, damit Gewalt erst gar nicht entsteht? Gewalt hat in der Kommune viele Gesichter. Sie zeigt sich als Folge extremer Armut, Ausgrenzung, Diskriminierung oder Vernachlässigung oder tritt als Bedrohung, Verletzung und Tötung auf. Die verschiedenen Formen von Gewalt haben dabei oft ihre bestimmten Orte: Stadtviertel, Straßen, Plätze, Szenen, Kneipen, usw. Es gilt, die Spielarten und Orte der Gewalt zu identifizieren, genau zu beobachten, um ihre Ursachen zu verstehen und daraus Gegenstrategien entwickeln zu können. Findet Gewalt in der Familie weitgehend hinter verschlossenen Türen, also im privaten Bereich statt, so ist Gewalt in der Kommune auch Teil des öffentlichen Lebens.

1 DIMENSIONEN UND WAHRNEHMUNG VON GEWALT IN DER STADT

Was als Problembereich bzw. als Gewalt im öffentlichen Raum verstanden wird, hängt vom Blickwinkel und den angewendeten Kriterien und nicht zuletzt von den jeweiligen Interessenlagen ab. Der öffentliche Raum wird sehr verschieden wahrgenommen und genutzt: er ist Geschäftsbereich, Freizeitbereich, Lebensbereich, Verkehrsbereich. Erfahrungen von Grenzüberschreitungen, Regellosigkeit oder Ohnmacht verunsichern viele Bürgerinnen und Bürger. Eine Bremer Untersuchung über Sicherheit im öffentlichen Raum zeigt, wie verschiedene Gruppen diese erleben:[491] Für Geschäftsleute ist er Aufenthaltsort potentieller Kunden. Geschäftsleute sind zunehmend unzufrieden, weil steigende Kriminalität und Verunreinigungen das Shoppingvergnügen ihrer Kunden beeinträchtigen. Für Jugendliche ist der öffentliche Raum der Schauplatz, in dem sich jugendliche Gruppen bewegen und konkurrieren. Männliche Jugendliche möchten den öffentlichen Raum „erobern" und sich in ihm behaupten. Für alte Menschen wirkt der öffentliche Raum eher bedrohlich. Sie ziehen sich deshalb in ihre private Wohnung zurück. Kontaktpolizisten erleben den öffentlichen Raum unter dem Aspekt der Entregelung. Für sie erscheinen nicht mehr alle Bereiche kontrollierbar.

Jahn u. a. machen darauf aufmerksam, dass subjektives (Un-)Sicherheitsempfinden und objektive (Un-)Sicherheit im öffentlichen Raum meist nichts miteinander zu tun haben:[492] Wenn Unsicherheitsempfindungen weniger das Produkt direkter Erfahrungen sind, sondern vor allem durch das Reden über Gefahren entstehen, stärken die Sicherheitskampagnen der Medien und der Politik eher die Kriminalitätsfurcht als sie abzubauen. Bereits der Anblick von herumhängenden Jugendlichen, Alkohol trinkenden Männern oder als „Fremde" identifizierten Personen lösen bei vielen Bedrohungsgefühle aus, obwohl dies Verhaltensweisen sind, die keinerlei strafrechtliche Relevanz besitzen. Solche Verhaltensweisen, die den vorherrschenden Normalitätserwartungen widersprechen, gelten als gefährliche Aktivität, die man letztlich dem Bereich der Kriminalität zuordnet. Wird der städtische Raum aus der Perspektive von Sicherheit und Ordnung gesehen, so werden Städte als von Kriminalität, Verwahrlosung und Ghettobildung bedroht dargestellt. Der Ruf nach Kontrollierbarkeit und schärferen Sicherheitsvorkehrungen, sowie nach härteren Strafen ist die logische Konsequenz. Sicherheitskampagnen sollen einen starken Staat und handlungsfähige Politiker demonstrieren. Stärkere Präsenz der Polizei, Videoüberwachung, Kampagnen gegen städtische Angsträume sind die logischen Folgen.

Dimensionen von und Einflussfaktoren auf Gewalt in der Kommune

Räumlich, z. B.

* Straßen und Quartiere, die wegen offener Gewaltandrohung nicht begehbar sind,
* Opfer des Straßenverkehrs, Belästigung durch Verkehrsdichte, Staub und Lärm,
* Mangelnde Freizeiteinrichtungen, Spielplätze und Räume für Kinder und Jugendliche,
* Mangelnde soziale und kulturelle Einrichtungen,
* Zu wenig billiger Wohnraum,
* Ghettobildung / Slums.

Ökonomisch, z. B.

* Armut, soziale Ungleichheit,
* Unterschiedlicher Zugang zu Ressourcen (z. B. Wasser, Bildungseinrichtungen),
* Mangelnder Wohnraum, Wohnungen als Spekulationsobjekte,
* Arbeitslosigkeit.

Sozial, z. B.

* Diskriminierung, Ausgrenzung,
* Restriktiver oder ausgrenzender Umgang mit (bestimmten) Minderheiten,

Politisch, z. B.

* Unterschiedliche Beteiligungsrechte
* Mangelnde Partizipationsmöglichkeiten
* Korruption

Privat z. B.

* Gewalt in der Familie
* Unsicherheitsgefühl im öffentlichen Raum

2 SICHERHEITS- UND ORDNUNGSORIENTIERTE ANSÄTZE KOMMUNALER GEWALTPRÄVENTION

Tritt der Sicherheitsgedanke ausschließlich und dominant in den Vordergrund der Wahrnehmung und Diskussion – und wird dabei Sicherheit mit „Ruhe und Ordnung gleichgesetzt – so können sich als „problematisch" einzustufende Vorstellungen und Strategien der „Eindämmung" von Gewalt entwickeln. Problematisch deshalb, weil in diesen Ansätzen der Sicherheitsgedanke in Konkurrenz zum Frei-

heitsgedanken tritt und Sicherheit durch Einschränkung von Bürgerrechten „erkauft" wird.

2.1 KOMMUNALE GEWALTPRÄVENTION ALS ORDNUNGSPOLITISCHES INSTRUMENT

Jan Wehrheim beschreibt den Trend von Sicherheitsmaßnahmen und
Ordnungspolitik von Städten und Kommunen aus dem Blickwinkel
der „inneren Sicherheit" und teilt sie in vier Dimensionen ein: rechtlich, organisatorisch, technisch und symbolisch-materiell.[493]

Die rechtliche Dimension beinhaltet kommunale bzw. länderspezi-
fischer Sicherheits- und Ordnungsgesetze oder so genannte Gefah-
renabwehrverordnungen. Solche Verordnungen sind z. B. Verbote,
die das Trinken von Alkohol, das Urinieren in der Öffentlichkeit, das
Liegen und Lagern oder das Betteln betreffen. Heute verfügen fast
alle Städte über solche Regelungen, unabhängig von den tatsäch-
lichen Problematiken.

Die organisatorische Dimension verdeutlicht die neuen Organisationsformen von städtischer Sicherheit: Diese wird immer weniger
informell durch Anwohner oder Passanten der Straßen geleistet und
zunehmend staats- oder marktförmig organisiert, also durch Polizei,
Bundesgrenzschutz, kommunale Ordnungs- oder durch private Sicherheitsdienste. Bürgerinnen und Bürger werden im Rahmen von
Sicherheitswachen in formelle Kontrollstrukturen eingebunden. Das
Fernhalten unliebsamer Personen ist neben der „Abschreckung" zur
Dienstleistung Nummer eins für private Sicherheitsdienste geworden:
87,2 Prozent der Anbieter sehen dies als ihren Haupttätigkeitsbereich
an.[494]

Zur technischen Dimension gehören im internationalen Kontext
biometrische Zugangskontrollsysteme, der Einsatz von Satelliten
sowie Formen akustischer Überwachung. Videoüberwachung ist dabei (zusammen mit DNA-Datenbanken, elektronischen Kundenkar-
ten, RFID-Chips in Konsumgütern) die bedeutendste Neuerung auf
dem Feld der inneren Sicherheit in Städten. Die Anzahl der Kame-
ras wird für das Vorreiterland Großbritannien auf bis zu vier Millionen geschätzt, für Deutschland kursiert die Zahl bei 500 000. Zwei
konkurrierende Argumentationen kennzeichnen dabei die öffentliche
Diskussion. Einerseits wird davon ausgegangen, dass Videoüberwachung Kriminalität reduziere, dass sie präventiv wirke als eine Art
positiver Ordnungsfaktor. Andererseits wird argumentiert, Videoüberwachung führe zum Verlust bürgerlicher Freiheitsrechte, da die
Individuen bei Beobachtung auf deren Wahrnehmung automatisch

verzichten würden; sie wirke als negativer Ordnungsfaktor. Das britische Innenministerium legte 2002 die Ergebnisse einer Auswertung von 22 methodisch aufwändigen Studien zur Wirkung von Videoüberwachung in den USA und Großbritannien vor. Demnach reduzierte sich die Zahl der Diebstähle von und aus Kraftfahrzeugen um gut 40 Prozent, Taschendiebstähle nahmen aber nur um zwei bis vier Prozent ab, und auf die Häufigkeit von Gewaltdelikten gab es keinerlei Auswirkungen.[495]

Die symbolisch-materielle Dimension ist oft unspektakulär, jedoch effektiv, wenn es um Kontrolle, Ausgrenzung und soziale Spaltung in Städten geht. Verschiedene Formen lassen sich erkennen, welche die gleichen latenten oder manifesten Funktionen aufweisen. Die erste Variante ist die Schließung von Räumen. Plätze, Parks oder Wohnquartiere sind nur noch von autorisierten Personen oder nur zu bestimmten Zeiten betretbar; Zäune oder Mauern verhindern den Zugang. Zweitens wird Einsehbarkeit hergestellt. Sie erleichtert soziale Kontrolle und ist die Voraussetzung für den Einsatz von Videoüberwachung. Drittens ist die Variante der Ästhetisierung zu nennen. In Fußgängerzonen, Passagen und Einkaufszentren werden exklusive Materialien wie Chrom, Marmor oder Granit verwendet, die über ihre Symbolik ausgrenzend wirken. Wehrheim sieht in diesen Maßnahmen potenzielle Gefahren, die in Ausgrenzung, Kriminalisierung, Disziplinierung und Überwachung liegen.[496] Dabei sind vor allem Gruppen, die besonders auf den öffentlichen Raum angewiesen sind betroffen, weil sie über keinen (adäquaten) privaten Raum verfügen bzw. der öffentliche Raum der primäre Ort sozialer Kontakte ist. Dies trifft besonders auf Wohnungslose, Asylsuchende, untere Einkommensschichten, exzessive Konsumenten legaler und illegaler Drogen zu.

Unter dem Aspekt Kriminal- und Gewaltprävention sind diese beschriebenen Maßnahmen fragwürdig. Denn es besteht kein kausaler Zusammenhang zwischen „objektiver" Kriminalitätsbelastung und „subjektiver" Kriminalitätsfurcht.[497] Zudem sind signifikante Zusammenhänge zwischen Kontrollmaßnahmen und der Entdeckungswahrscheinlichkeit einerseits und der Zu- bzw. Abnahme von sanktionswürdigen Handlungen andererseits zweifelhaft, wie am Beispiel der Videoüberwachung verdeutlicht wurde. Hinzu kommt, dass solche Maßnahmen nur ein äußerst kleines Spektrum der vorfindbaren Gewalt in der Stadt im Blick haben.

2.2 POLIZEI-STRATEGIEN ZUR KOMMUNALEN GEWALT-PRÄVENTION

Häufig wird nicht von kommunaler Gewaltprävention sondern von „Kommunaler Kriminalprävention" (crime prevention) gesprochen. Unter dieser Begrifflichkeit versteht man primär die Eindämmung von Gesetzesübertretungen und das Zurückdrängen von Kriminalität. Die Zuständigkeit für diesen Bereich wird deshalb konsequenterweise bei der Polizei (Bereich Kriminalprävention) gesehen.

Die Diskussion um Kriminalitätsprävention und ordnungspolitischen Maßnahmen war (in den USA aber auch in anderen Ländern) lange geprägt von der sog. Broken-Window-Theorie und dem „Zero Tolerance" Ansatz. Als Beleg für deren Wirksamkeit wurde (und wird) das Beispiel New York angeführt.[498] Eine Analyse von Christian Laue[499] kommt zu dem Ergebnis, dass aufgrund der vorliegenden empirischen Untersuchungen zum Broken-Windows-Ansatz sich dieser weder bestätigen noch falsifizieren lasse. Praktisch jede empirische Untersuchung stellt einen Zusammenhang zwischen urbaner Unordnung bzw. Strukturmerkmalen von Stadtteilen auf der einen Seite und Kriminalität bzw. Delinquenz-, Kriminalitätsfurcht, Bewertung der Lebensqualität sowie Zuversicht der Bewohner auf der anderen Seite fest. Der Blick auf empirische Studien macht aber sehr deutlich, dass die Annahme eines einfachen Ursachen-Wirkungs-Zusammenhangs zu oberflächlich, ja sogar irreführend ist. „Unordnung" scheint, unabhängig von anderen Merkmalen, per se kein entscheidendes Gewicht für die weitere Entwicklung eines Stadtteils zuzukommen. Schon gar nicht kann – wie es die Autoren von „Broken Windows" behaupten – davon ausgegangen werden, dass Unordnung in jedem Stadtteil unabhängig von dessen baulichen Zustand oder sozialökonomischen Status zu einem Niedergang führt. „Urbane Präventionsstrategien, die allein auf die Aufrechterhaltung der Ordnung setzen, greifen daher zu kurz, kurieren die Symptome und vernachlässigen dabei möglicherweise die Ursachen einer negativen Kriminalitätsentwicklung, die sich aufgrund dieser Vernachlässigung ungehindert fortsetzen kann."[500]

In Abgrenzung zur Null-Toleranz-Strategie wurde deshalb die Strategie des Community Policing entwickelt. Die Polizei sucht hier die Zusammenarbeit und Nähe zu den Bürgerinnen und Bürgern und bezieht diese aktiv in die Problemlösungen ein. Polizeiliche Maßnahmen werden so zu einem Teil eines umfassenden Gewaltpräventionskonzeptes.

Unterschiede polizeistrategischer Ansätze[501]

COMMUNITY POLICING	NULL-TOLERANZ STRATEGIE
Erhöhung subjektiver Sicherheit (Sicherheitsgefühl)	Erhöhung der objektiven Sicherheit (Kriminalitätsbekämpfung)
Verstärkung der Akzeptanz der polizeilichen Arbeit	Verstärkung des Respekts der Bevölkerung vor Polizei und Justiz
Enge Zusammenarbeit mit den Bürgern bei der Problemlösung	Polizeiliche Problemlösung (auch ohne Bürgerbeteiligung)
Verbesserung der Kommunikationskompetenz der Polizeibeamten	Verbesserung der Einsatzkompetenz der Polizeibeamten

3 GRUNDSÄTZE UND MINDESTSTANDARDS KOMMUNALER GEWALTPRÄVENTION

Gewaltprävention ist nicht nur eine Frage der „inneren Sicherheit", wirtschaftliche und soziale Bedingungen des Lebens und soziale Missstände müssen mit in die Überlegungen einbezogen werden.[502] Im deutschen Sprachraum wurden in den letzten 10 Jahren von unterschiedlichen Gremien immer wieder Grundsätze und Mindeststandards zur kommunalen Kriminal- bzw. Gewaltprävention formuliert.

Das Aktionsprogramm gegen Aggression und Gewalt (AgAG), das von 1992 bis 1996 in den neuen Bundesländern stattfand, benennt drei Voraussetzungen für eine dauerhafte und erfolgreiche Verankerung kommunaler Gewaltprävention:[503]

1. Einsatz von Koordinatorinnen und Koordinatoren, die unabhängig agieren, jedoch in kommunale Zusammenhänge eingebunden sind;

2. angemessener und sinnvoller Einsatz vorhandener und zusätzlicher Ressourcen;

3. fachliche Reflexion und arbeitsfeldübergreifende Fortbildungen im kommunalen Raum für Multiplikatorinnen, Multiplikatoren und kommunale Fachkräfte. Vor diesem Hintergrund werden dann Prinzipien entfaltet, die an den Bereichen Lebensweltorientierung, Vernetzung, Selbstverantwortlichkeit und Empowerment orientiert sind.

Hartmut Pfeiffer, Geschäftsführer des Landespräventionsrates Niedersachsen, setzt vor dem Hintergrund seiner Erfahrungen etwas andere Schwerpunkte für seine Mindeststandards. Er betont die Bedeutung der Einbeziehung der örtlichen Spitzen von Politik und Verwaltung, sowie die Notwendigkeit von autonomen Problemdefinitionen und Arbeitsweisen der Präventionsräte als Koordinationsgremium.[504]

Mit der Formulierung von 11 Essentials und damit verbundenen Handlungsempfehlungen bietet die Landeskommission Berlin gegen Gewalt allen Verantwortlichen Gelegenheit, die Diskussion um eine nachhaltige und effektive Präventionsarbeit in Berlin fortzuentwickeln.[505] In diesen Essentials wird die Notwendigkeit einer genauen Problem-, Defizit- und Ressourcenanalyse betont und die Notwendigkeit von gezielten, kleinräumigen quartierbezogenen Ansätzen hervorgehoben. Es wird darauf hingewiesen, alle Arten von Gewalt zu sehen und anzugehen: Gewalt in der Familie, Gewalt in der Erziehung, häusliche Gewalt, Gewalt in der vorschulischen Erziehung, in der Schule und auf Schulwegen, interethnische Gewalt, Gewalt gegen Minderheiten, Gewalt in Nachbarschaften. Gewaltprävention wird als gesamtgesellschaftliche Aufgabe beschrieben. Besonders hervorgehoben wird auch ein partizipatorischer Ansatz im Sinne eines demokratischen Miteinanders, das es ermöglicht und erlaubt, dass alle etwas tun können. Schließlich wird auf die Notwendigkeit der wissenschaftlichen Evaluation der Projekte hingewiesen. Diese Überlegungen stellen wohl die differenziertesten Aussagen zur kommunalen Gewaltprävention im deutschen Sprachraum dar.

Elf Essentials der Landeskommission Berlin gegen Gewalt zur Gewalt- und Kriminalitätsprävention in Berlin[506]

Mit der Formulierung von 11 Essentials und damit verbundenen Handlungsempfehlungen bietet die Landeskommission Berlin gegen Gewalt allen Verantwortlichen Gelegenheit, die Diskussion um eine nachhaltige und effektive Präventionsarbeit in Berlin fortzuentwickeln.

1. Qualifizierte Problemanalysen erstellen!
Präventionsmaßnahmen müssen auf der Grundlage von Problem-, Defizit- und Ressourcenanalysen im Rahmen bezirklicher Präventionsstrukturen entwickelt werden.

2. Präventionsstrukturen auf bezirklicher Ebene weiterentwickeln!

Kommunale Gewalt- und Kriminalitätsprävention muss langfristig, Institutionen übergreifend und nachhaltig gestaltet werden. Die kommunale Präventionsarbeit ist dort, wo dies möglich ist, mit dem Quartiersmanagement und den bestehenden bezirklichen Ansätzen und Aktivitäten zu häuslicher Gewalt – soweit noch nicht geschehen – zu vernetzen und auf einem stabilen Fundament – ausgestattet mit den entsprechenden Ressourcen und Kompetenzen – auf- bzw. auszubauen.

3. Prävention kiezorientiert gestalten!

Gewalt und Kriminalität werden für die Bürger und Bürgerinnen am ehesten im Kiez erfahrbar. Eine zielgerichtete, gemeinwesenorientierte und ganzheitliche Präventionsarbeit muss sich auf die Lebenslagen und -bedingungen und auf das Sicherheitsgefühl der Bürger und Bürgerinnen Berlins beziehen und deren individuelle Kompetenzen und Ressourcen nutzen. Sie ist auf Partizipation angewiesen.

4. Lokale Netzwerke nutzen!

Eine effektive Gewalt- und Kriminalitätsprävention ist auf qualifizierte lokale Netzwerke angewiesen. Es gilt, die vielen in den Bezirken und auf Landesebene bereits vorhandenen Aktivitäten in diesem Bereich professionell miteinander zu vernetzen, um vorhandene Ressourcen optimal bündeln zu können und möglichst effektiv einzusetzen.

5. Partizipation ermöglichen und demokratisches Miteinander kultivieren!

Es gilt, demokratische Strukturen und Möglichkeiten der Partizipation in allen gesellschaftlichen Bereichen ebenso wie eine Kultur wertschätzenden und ressourcenorientierten Umgangs miteinander weiter zu entwickeln, lebendig zu gestalten und konsequent zu fördern.

6. Schwerpunkte im Rahmen der Gewalt- und Kriminalitätsprävention setzen!

Gewalt- und Kriminalprävention sollten sich insbesondere mit folgenden Problemfeldern befassen: Gewalt in der Familie, Gewalt in der Erziehung, häusliche Gewalt, Gewalt in der vorschulischen Erziehung, in der Schule und auf Schulwegen, interethnische Gewalt, Gewalt gegen Minderheiten, Gewalt in Nachbarschaften, angstbesetzte

Orte in Stadtteilen, Gewalt und Kriminalität mit rechtsextremistischen und homophoben Hintergründen, Konflikte und Gewalt in und durch öffentliche Institutionen. Dabei ist die Befassung mit geschlechtsspezifischen Aspekten der Ausübung von Gewalt eine zentrale Anforderung an jegliche Form der Gewaltprävention.

7. Erziehungskompetenzen stärken!

Ein Aufwachsen mit Zuwendung, in gegenseitigem Respekt unter Wahrung der Rechte und Pflichten von Kindern und Erziehungsberechtigten ist eine grundlegende Voraussetzung gelingender Sozialisation. Es liegt in der Verantwortung vor allem von Erziehungsberechtigten, aber auch von Kita, Schule und Jugendhilfe, dafür Sorge zu tragen, dass Erziehungsprozesse erfolgreich verlaufen. Präventionsarbeit bekommt dort ihren spezifischen Stellenwert, wo die Gefahr besteht, dass dies nicht gelingt. Sie kann dann alle Verantwortlichen bei der Wahrnehmung ihrer Aufgaben unterstützen.

8. Gewalt von jungen Männern nichtdeutscher Herkunft in den Blick nehmen!

Die Landeskommission Berlin gegen Gewalt sieht in der besonderen Belastung von Jungen und jungen Männern im Hinblick auf die Ausübung von Rohheitsdelikten eine ernst zu nehmende Gefahr für deren Integration in die Gesellschaft. Sie geht davon aus, dass die soziale Lage der Betroffenen und ihrer Familien und der Stadtteile hierfür die eigentliche Ursache ist.

9. Prävention als gesamtgesellschaftliche Aufgabe gestalten! – Prävention geht alle an, alle können etwas tun.

Die Landeskommission Berlin gegen Gewalt geht davon aus, dass im Bereich der Gewalt- und Kriminalitätsprävention alle gesellschaftlichen Kräfte sowie die Bürgerinnen und Bürger Berlins Verantwortung tragen. Alle sind aufgerufen, ihr professionelles und zivilgesellschaftliches Engagement in diesem Bereich fortzuentwickeln. Die Landeskommission Berlin gegen Gewalt fordert deshalb u. a. die Berliner Wirtschaft und Verbände auf, in ihrem Verantwortungsbereich die Gewalt- und Kriminalitätsprävention in Berlin zu unterstützen. Sie wird darüber hinaus im Rahmen des 5. Berliner Präventionstages einen Ehrenpreis für besonderes zivilgesellschaftliches Engagement in diesem Bereich verleihen.

10. Präventionsansätze auf Landesebene vernetzen!

Mit Modellen der Gewalt- und Kriminalitätsprävention und mit dem Quartiersmanagement verfügt das Land Berlin über gut entwickelte Ansätze zur Gestaltung einer lebenswerten Stadt. Diese Ansätze bedürfen dringend weiterer Vernetzung.

11. Evaluation gewalt- und kriminalpräventiver Maßnahmen ist unverzichtbar!

Die Landeskommission Berlin gegen Gewalt hält eine Auseinandersetzung mit der Wirksamkeit gewalt- und kriminalpräventiver Maßnahmen auch im Hinblick auf deren Kosten für zwingend erforderlich. Sie setzt sich für die Evaluation gewalt- und kriminalpräventiver Maßnahmen ein und wird zu diesem Zweck kompetente Partner/innen aus Wissenschaft und Praxis mit dem Ziel in ihre Arbeit einbinden, die Qualität und Effektivität im Bereich von Maßnahmen zur Gewalt- und Kriminalitätsprävention zu sichern.

Vor dem Hintergrund eines mehrjährigen Modellprojektes in Graz, bei dem sämtliche städtische Behörden und Bürgergruppen zusammenarbeiteten, formuliert Reiner Steinweg „Grundkenntnisse für die Gewaltprävention". Das sog. „Grazer Modell" [507] lässt Rückschlüsse darauf zu, welche Kenntnisse und Fähigkeiten für die Gewaltprävention in der Stadt günstig sind. Die diesbezüglichen Erfahrungen und Ergebnisse sind jedoch nicht im Sinne „unabdingbarer Voraussetzungen" zu verstehen, sondern als Hinweis auf Problem- und Handlungsfelder, die bei der Gewaltprävention auf kommunaler Ebene besondere Aufmerksamkeit verdienen. Steinweg weist dabei neben Bekanntem (u. a. keine Ausgrenzung oder Stigmatisierung, Thematisierung aller Formen von Gewalt, Differenzierungen statt Pauschalurteile) auf die Notwendigkeit hin, die verschiedenen Dimensionen von Konflikten einzubeziehen, insbesondere Konflikte differenziert wahrzunehmen, „verschobene" Konflikte zu erkennen und sich auf Konflikte vorzubereiten. Um angemessen mit Problemen umgehen zu können fordert er Weiterbildung und Supervision von städtischen Angestellten für diesen Themenbereich sowie eine unbürokratische, direkte Zusammenarbeit verschiedener städtischer Ämter und Behörden.

Grundsätze und Mindeststandards bedürfen der Umsetzung in konkrete praktikable Vorhaben, Arbeitsansätze und Modelle.

4. ANSÄTZE UND MASSNAHMEN KOMMUNALER GE-WALTPRÄVENTION

Kommunale Gewaltprävention ist mehr als die Summe von vorfindbaren Einzelprojekten oder Prävention am geografischen Ort Kommune. Sie muss die spezifischen Gegebenheiten und Entwicklungen, die eine Kommune entfaltet, berücksichtigen und darf vor allem nicht nur von einzelnen Interessengruppen artikulierte Probleme aufgreifen, sondern muss die verschiedenen Dimensionen von Gewalt in der Stadt im Blickfeld haben. Sie basiert auf einem koordinierten, abgestimmten Vorgehen. Diese Koordination und Vernetzung wird meist von sog. Präventionsräten übernommen. Die Beispiele für kommunale Gewaltprävention sind vielfältig. Sie reichen von Streetwork-Projekten über die Schaffung von Begegnungsräumen und Opferschutz bis zu Aktionen von Geschäftsleuten gegen Rassismus und Gewalt. Spezifische Schulungen für städtische Mitarbeiter (z. B. Busfahrer) sind ebenso zu finden wie die klassischen „Runden Tische", Nachbarschaftshilfen oder vielfältige Kulturprogramme. Ansätze kommunaler Gewaltprävention beziehen oft die Gestaltung von Wohngebieten, Straßen und Plätzen mit ein und schlagen sich immer wieder auch in Stadtentwicklungsprogrammen nieder. Einbezogen in kommunale Gewaltprävention sind neben der Verwaltung und kommunalen Einrichtungen alle Vereine, Organisationen, Projekte und Personen, die sich engagieren wollen. Auch hier zählt der Ansatz der Vernetzung und Langfristigkeit. Isolierte Projekte sind auch hier zwar gut gemeint, aber meist wirkungslos. Neu an dem Gedanken der kommunalen Gewaltprävention ist[508]:

- die Einsicht, dass Kriminalprävention mehr ist als ein Nebenprodukt z. B. der Sozialpolitik;
- der Gedanke der ressortübergreifenden Zusammenarbeit;
- die Institutionalisierung solcher Aktivitäten (die auf Kontinuität angelegt ist) und
- die Beteiligung der Bürger an der Vorbeugung.

Die Maßnahmen und Ansätze kommunaler Gewaltprävention lassen sich verschiedenen zentralen Bereichen zuordnen.

4.1 NUTZUNG RECHTLICHER REGELUNGEN

Kommunen können auf dem Verwaltungswege nicht nur rechtliche Regelungen für die Nutzung öffentlicher Einrichtungen erlassen, sie legen auch baurechtliche Standards fest und bestimmen die Rahmenbedingungen für das Zusammenleben.

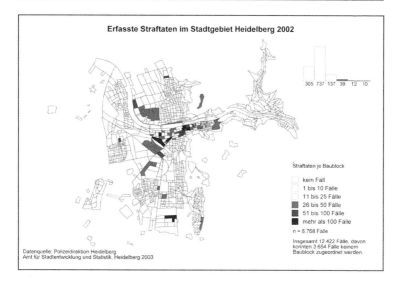

Erfasste Straftaten im Stadtgebiet Heidelberg 2002

305 737 137 39 12 10

Straftaten je Baublock

kein Fall
1 bis 10 Fälle
11 bis 25 Fälle
26 bis 50 Fälle
51 bis 100 Fälle
mehr als 100 Fälle

n = 8.768 Fälle

Insgesamt 12.422 Fälle, davon
konnten 3.654 Fälle keinem
Baublock zugeordnet werden.

Datenquelle: Polizeidirektion Heidelberg
Amt für Stadtentwicklung und Statistik, Heidelberg 2003

4.2 PROBLEM- UND DATENERHEBUNG

Gewaltprävention muss sich auf eine verlässliche und konkrete Datenbasis und Problembeschreibung beziehen. Die üblichen statisti-
schen Erhebungen, sofern sie überhaupt verfügbar sind, seien hierzu
unzureichend oder gar unbrauchbar, führt der Heidelberger Kriminalitätsatlas aus. Heidelberg ist in der Bundesrepublik Deutschland die
einzige Stadt, die mit ihrem Kriminalitätsatlas Datenerhebung und
Datenauswertung auf Baublockbasis eingeführt und kontinuierlich
fortgeschrieben hat.[509] Seit 1997 werden vom Amt für Stadtentwicklung und Statistik sämtliche in Heidelberg angefallenen Delikte ausgewertet und in Tabellen, Grafiken sowie Kartogrammen (Lagebil-
dern) nach Deliktarten ausgedruckt. Über Verlaufsanalysen werden
räumliche Veränderungen bei den Tatorten, Schwerpunktbildungen
und erreichte Entlastungen evaluiert und an die Polizeidirektion
rückübermittelt. Die feinmaschige Darstellung – Heidelberg verfügt
über ca. 1300 Baublöcke – ermöglicht einen wesentlich leichteren
und rascheren Überblick über kleinräumige Veränderungen als durch
Tabellen. Der Kriminalitätsatlas ist Teil einer umfangreichen Präventionsstrategie, die auf einem differenzierten Informationssystem und
unterschiedlichen gruppenspezifischen Aktivitäten aufbaut.

Der Präsident des Landeskriminalamtes Baden-Württemberg
weist jedoch auf die Differenz von „objektiven Daten" und „subjektiven
Ängsten" hin: „So wichtig objektive Daten und Fakten zur Sicherheits-

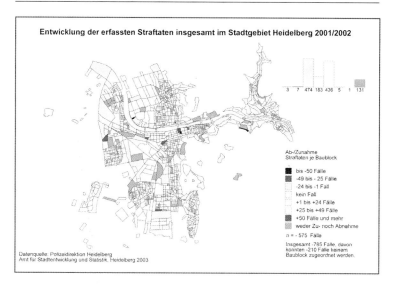

Entwicklung der erfassten Straftaten insgesamt im Stadtgebiet Heidelberg 2001/2002

Ab-/Zunahme
Straftaten je Baublock

■ bis -50 Fälle
■ -49 bis - 25 Fälle
-24 bis -1 Fall
kein Fall
+1 bis +24 Fälle
+25 bis +49 Fälle
■ +50 Fälle und mehr
weder Zu- noch Abnahme

n = - 575 Fälle

Insgesamt -785 Fälle, davon
konnten -210 Fälle keinem
Baublock zugeordnet werden.

Datenquelle: Polizeidirektion Heidelberg
Amt für Stadtentwicklung und Statistik, Heidelberg 2003

lage und die Bewertung der Experten auch sind: Hierauf allein darf sich kommunale Kriminalprävention nicht stützen. Die Verantwortlichen müssen zu erfahren suchen, was die Bürger bewegt, was ihre Sorgen und Ängste sind. Und diese Sorgen und Ängste müssen auch aufgenommen werden."[510] Eine sorgfältige Datenerhebung ist auch deshalb wichtig, da in der kriminologischen Forschung eine Reihe von relevanten „Variablen für Zusammenhänge mit erhöhtem Deliktsvorkommen (sozialer Desintegration)" identifiziert wurden. Hierzu gehören:[511]

- hoher Anteil strukturell unvollständiger Familien (broken home, Alleinerziehende);
- hohe Arbeitslosenquote bzw. hohe Sozialhilfedichte;
- hoher Anteil (nicht integrierter) Ausländer (multikulturelle Zusammenballungen);
- hoher Anteil männlicher Minderjähriger;
- unterdurchschnittliche soziale Interaktionen und geringe informelle soziale Kontrolle im Wohnviertel;
- große Baudichte (Hochhäuser) bzw. Ballung von Tatgelegenheiten (Kriminalitätsangebot);
- hohe Bevölkerungsmobilität, häufige Zu- und Abwanderungen;
- geringe Wahlbeteiligung. Dies sind jedoch keine universellen Variablen, sondern Variablen, die spezifische gesellschaftliche Bedingungen beschreiben. Sie müssen für andere Kulturen und Gesellschaften überprüft und entsprechend neu gefasst werden. Wichtig

ist jedoch, dass solche Variablen in Kombination mit verfügbaren Datenerhebungen mithelfen, konkrete Ansatzpunkte für Gewaltprävention zu finden.

Konfliktlandkarte

Teilnehmerinnen und Teilnehmer von Fachgesprächen und Workshops in Hamburg entwickeln kleinräumig ihre Konfliktkarte mit problem- konflikt- und gewaltträchtigen Gebieten.[512]

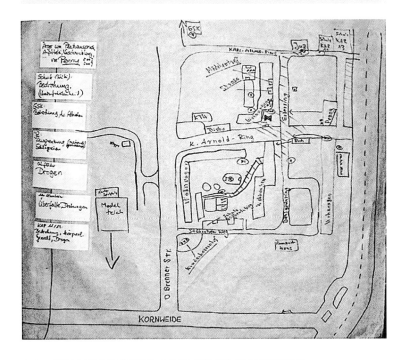

4.3 INFORMATIONS- UND HILFSANGEBOTE

Kommunen oder auch einzelne Einrichtungen können sich mit Informations- und Aufklärungskampagnen an die Öffentlichkeit wenden. Solche Kampagnen können mithelfen zu verdeutlichen, dass in dieser Kommune Gewalt und Diskriminierung keinen Platz haben. Und sie können auch positive Impulse setzen, indem sie gegenseitige Hilfe und das Gemeinschaftsgefühl fördern. Die WHO betont in ihrem Weltreport über Gewalt und Gesundheit, dass der Versuch, Gewalt in der Gemeinschaft zu verhindern, bei der Bewusstseinsarbeit an-

setzen müsse. Aufklärungskampagnen in den Medien, mit denen ganze Bevölkerungsgruppen angesprochen werden, oder Aufklärungskampagnen für bestimmte Umfelder wie Schulen, Arbeitsplätze, Einrichtungen der Gesundheitsversorgung und andere Institutionen spielen dabei, so die WHO, eine wichtige Rolle.[513] Viele Städte und Gemeinden haben an die allgemeine Öffentlichkeit adressierte Kampagnen gestartet, entsprechende Plakate, Slogans und Stickers entwickelt. Häufig stehen dabei Begriffe wie „Für eine weltoffene Stadt", „Bürger zeigen Courage" oder „Bürgerinnen für Toleranz" im Mittelpunkt. Öffentliche Aufmerksamkeit kann auch durch die vielerorts anzutreffende Praxis, lokale Preise für Zivilcourage zu vergeben, erreicht werden. Dies kann Bürgerinnen und Bürgern Mut machen und sie in ihrem Verhalten bestätigen.

Über die Wirkung solcher Kampagnen ist wenig bekannt. Dennoch werden sie von den Verantwortlichen als unverzichtbar eingeschätzt und auch häufig angewandt. Neben diesen unspezifischen Kampagnen, die wohl primär der eigenen Positionierung und Standortbestimmung dienen, sind natürlich zielgruppenspezifische kommunale Öffentlichkeitsaktionen wichtig. Da solche Kampagnen aber in der Regel nur kurze Laufzeiten haben und auch die Informations- und Servicematerialien danach nicht mehr zur Verfügung stehen, ist ihre Bedeutung für langfristige Strategien der Gewaltprävention nicht allzu hoch zu bewerten. Das Düsseldorfer Gutachten sieht Aufklärungskampagnen eher skeptisch und misst diesen keine gewaltpräventive Bedeutung bei.[514]

4.4 QUALIFIZIERUNG STÄDTISCHEN PERSONALS

Notwendig ist die Schulung von Polizei, Gesundheitsfachkräften, Lehrerinnen und Lehrern sowie Erzieherinnen und Erzieher, damit diese besser im Stande sind, die unterschiedlichen Formen von Gewalt zu erkennen und darauf zu reagieren.[515] So wurden z. B. Fahrer von Linienbussen in verschiedenen Städten (den Städtischen Verkehrsbetrieben in Bremen und Hamburg) in speziellen Kursen im Umgang mit Problemsituationen geschult. Auch für Polizeibeamte wurden solche Kurse entwickelt. Für sozialpädagogisches Personal sollten sie immer obligatorisch sein.

Trainingskonzept für Polizisten

Zur Entwicklung eines Trainingskonzeptes[516] für hessische Polizeischullehrer hat eine Projektgruppe mit Teilnehmerinnen und Teilnehmern aus allen Ebenen der polizeilichen Organisation mit Fachkräften polizeilicher Aus- und Fortbildung, Fachkräften im Bereich Training/Migration, Vertretern von Nichtregierungsorganisationen und Wissenschaftlern die folgenden Arbeitsziele realisiert, evaluiert und implementiert: Sensibilisierung bzw. Erweiterung der interkulturellen Kompetenz und Vermittlung unterrichtlicher Zugangsweisen in der Fortbildung hessischer Polizeibeamter. Im Zentrum des Trainingskonzepts stand ein Begegnungsprogramm, das gemeinsam mit Migrantenorganisationen realisiert wurde. Die Trainingsmodule enthalten reflexive und informative Anteile. Das zur Bearbeitung verwendete Material interkultureller Konflikte stammte aus Fallschilderungen der Teilnehmerinnen und Teilnehmer. Das Projekt wurde an der Verwaltungsfachhochschule (Fachbereich Polizei) fortgeführt. Die HSFK führte dazu eine kleine Interviewstudie durch, die die Notwendigkeit der Integration von interkulturellen Themen in das Studienangebot und die Bereitschaft der Studierenden, sich in diesem Themenfeld zu engagieren, erheben sollte.[517]

4.5 UMGANG MIT SPEZIFISCHEN PROBLEMGRUPPEN: BEWAFFNETE BANDEN

Für viele Kommunen ist die Gewalt, die von (bewaffneten) Banden ausgeht, am augenscheinlichsten. Dabei wird die Prävention von Gewalt durch Banden (Gangs) als einer der schwierigsten Präventionsbereiche überhaupt eingestuft. Der Sherman Report bilanziert den Stand der Evaluation von Projekten zur Bekämpfung von „gang violence" folgendermaßen:[518]

1. „Most government and private programs for gang prevention have been left unevaluated.

2. The few evaluated programs have either failed to decrease gang violence, or have actually increased it.

3. Gang prevention programs have ignored the most likely causes

of the recent growth of gangs, the community structure of growing urban poverty ghettos.

4. Nonetheless, successful methods for preventing gang violence have been demonstrated in case studies, and could be subjected to controlled testing on a larger scale."

Als Ansatzpunkte, um Bandenkriminalität zu verhindern, werden verschiedene Strategien diskutiert: Die Mitgliedschaft zu verhindern, ist eine davon; dies setzt jedoch voraus, dass genaue Analysen darüber vorliegen, warum Jugendliche Mitglieder in Gangs werden. Intervention in bestehende Gangs, um diese in ihrem Verhalten zu beeinflussen, erscheinen dem gegenüber schwieriger, wenn nicht gar unmöglich. Die Kombination von sozialpädagogischer aufsuchender Arbeit, verbunden mit dem Angebot von Ausbildungs- und Arbeitsplätzen, scheint ein Erfolg versprechendes Modell zu sein.[519]

4.6 RÜCKKAUF VON WAFFEN

Wie gefährlich die private Verfügbarkeit von Schusswaffen ist, zeigt ein Bericht der Menschenrechtsorganisation Amnesty International. Demnach kommt In Frankreich und Südafrika jede Dritte von ihrem Partner getötete Frau durch eine Schusswaffe ums Leben.[520] Verschiedentlich wird darauf hingewiesen, dass die Verfügbarkeit von Waffen nicht unbedingt gleichbedeutend mit deren häufigem Gebrauch sein müsse, wie das Beispiel Schweiz zeige. Statistiken zeigen jedoch eine extrem hohe Korrelation zwischen der privaten Verfügbarkeit von Schusswaffen und der Suizidrate sowie von Morden an Frauen durch Schusswaffen, wobei Morde an Männern weniger mit dem privaten Besitz von Schusswaffen zu tun zu haben scheinen.[521] In vielen Gesellschaften werden immer wieder Möglichkeiten gesucht – insbesondere im Kontext von Jugendbanden und Jugendgewalt – die Verfügbarkeit von Waffen einzudämmen. Ein besonders populärer Vorschlag ist der Rückkauf (oder Umtausch) von Waffen. Im Rahmen solcher Programme werden Waffen an Sammelstellen gegen Geldbeträge abgegeben oder gegen Konsumgüter eingetauscht. Die öffentliche Aufmerksamkeit und Presseberichterstattung ist bei solchen Programmen relativ groß. Ihre Wirksamkeit ist jedoch umstritten. Der Sherman Report stuft solche Programme sogar unter der Rubrik „no effects" ein.[522]

- „They often attract guns from areas far from the program city.
- They may attract guns that are kept locked up at home, rather than being carried on the street.
- Potential gun offenders may use the cash from the buyback pro-

gram to buy a new and potentially more lethal firearm; the buy-back cash value for their old gun may exceed market value substantially.

The enormous expense of these programs is instructive. When St. Louis invested $ 250,000 in gun buybacks in 1994, the same funds could have been used to match 250 children with Big Brothers / Big Sisters. Those 250 children would then have enjoyed about half the risk of becoming drug users, at least for the first year. But the opportunity cost of the programs never entered into the debate. The scientific rigor of the buyback evaluations is not great. They can be summarized as providing moderate evidence of no effect. They fail to show effects on gun crimes relative to a comparison of trends in the same types of crimes committed without guns. Given their high cost and weak theoretical rationale, however, there seems little reason to invest in further testing of the idea."

Allerdings müssen hier Differenzierungen in Bezug auf die Situation in sog. „zivilen" Gesellschaften und Nachkriegsgesellschaften vorgenommen werden. In Nachkriegsgesellschaften scheint es äußerst wichtig, den privaten Besitz von Waffen zu verbieten, diese einzusammeln und unbrauchbar zu machen, um so der Entwicklung eines staatlichen Gewaltmonopols eine Chance zu geben und eine zivile Ordnung aufbauen zu können.

Brasilien: Ein Sieg der Waffenlobby im Land der Gewalt

Der freie Verkauf von Waffen und Munition bleibt in Brasilien weiterhin erlaubt: Bei einem Volksentscheid am Sonntag lehnte eine deutliche Mehrheit von 63,92 Prozent der Brasilianer ein Verkaufsverbot ab. Lediglich 36,08 Prozent sprachen sich demnach dafür aus, den Waffenhandel zu unterbinden. Dabei sterben in Brasilien jedes Jahr 39.000 Menschen durch Waffengewalt – mehr als durch Krebs oder Verkehrsunfälle. Durchschnittlich stirbt alle 15 Minuten ein Mensch durch eine Schussverletzung. Gemessen an der Bevölkerungszahl gibt es nur noch in Venezuela mehr Schusswaffenopfer. Die Neuregelung hätte den Kauf von Schusswaffen und Munition auf Streitkräfte und Polizei, private Sicherheitskräfte, Jäger, Waffensammler und Sportschützen beschränkt.

FAZ, 24.10.2005, http://www.faz.net

4.7 KOMMUNALE MENTORENPROGRAMME/ BEGLEITUNG

Viele Jugendliche wachsen vaterlos auf. Ihnen fehlt ein legitimes Rollenmodell und eine Auseinandersetzung mit Erwachsenenpositionen als Gegenpart zu Peerpositionen. Mentorenprogramme stellen die engste Erwachsenen-Kind-Beziehung für Risikojugendliche in allen formalen kommunalen Programmen dar. Solche Programme können unterschiedliche Settings haben. Von mehrstündige Treffen in monatlichen Abständen bis zu regelmäßigen wöchentlichen Telefonkontakten. Dabei werden neben der Besprechung von lebenspraktischen Themen auch Freizeitaktivitäten, wie Sport, Kino, Theaterbesuche unternommen. Die Evaluationsergebnisse für die Mentorenprogramme sind nicht einheitlich. Der Sherman-Report teilt die Ergebnisse der Kategorie „promising" zu. Dies bedeutet, dass noch weitere Evaluationen nötig sind, aber zumindest einzelne Ergebnisse positive Effekte nachweisen. Allerdings kommen qualitative Studien aus dem deutschsprachigen Raum zu anderen Ergebnissen. Unter dem Begriff der „Alltagsbegleitung" wird hier von positiven Effekten solcher pädagogischer Hilfen berichtet.[523]

4.8 UNTERSTÜTZUNG PARTIZIPATORISCHER PROZESSE, BÜGERENGAGEMENT UND MOBILISIERUNG

Die am weitesten verbreitete Strategie zur Kriminalprävention stellt „Community Mobilization" dar. Es gibt allerdings keine Definition, was genau darunter zu verstehen ist. Das Verständnis und die Praxis reichen vom Aufbau von kommunalen Entwicklungsgesellschaften über Gemeinwesenprojekte bis zur Mobilisierung von Ressourcen außerhalb der Kommune, die helfen können lokale Probleme zu lösen. Sog. „horizontale Strategien" nehmen dabei Einfluss auf den Alltag und das Zusammenleben der Einwohner und animieren und befähigen diese, ihre eigenen Probleme selbst zu lösen. „Vertikale Strategien" haben die Verbindung und Abhängigkeit des täglichen Lebens von politischen Entscheidungen im Blick und versuchen, diese zu beeinflussen. Im Kontext von Mobilisierungsstrategien lassen sich eine Vielzahl von Einzelprojekten identifizieren.

4.9 GOOD NEIGHBOURHOOD/NEIGHBOURHOOD WATCH

Die Entwicklung guter nachbarlicher Beziehungen ist außerordentlich wichtig für das Wohlbefinden, aber auch für die Reduzierung von Kriminalität im Wohngebiet. Diese Beziehungen durch informelle oder formelle Treffen, Gespräche, Hilfsdienste oder kleine Geschenke zu fördern, ist das Ziel dieser Ansätze.[524] Nachbarn sollen so nicht länger beziehungslos nebeneinander leben, sondern (in kleinen Bereichen) Verantwortung füreinander übernehmen. Ein weiterer Schritt stellt auf dieser Grundlage „Neighbourhood Watch" dar. Die Bewohner von Häuserblocks oder Stadtviertels übernehmen gezielt, abgesprochen und koordiniert Beobachtungsaufgaben, um auffällige Aktivitäten und Personen zu identifizieren, zu beobachen und evtl. an die Polizei zu melden. Genau dieser Punkt wirft Fragen auf: Verstehen sich diese Bürgerinitiativen als unabhängige Bürgeraktion oder sind sie ein verlängerter Arm der Polizei? Kann klar unterschieden werden zwischen fürsorglicher Aufmerksamkeit und gegenseitiger Überwachung und Bespitzelung? „Ironically, a central tenet of community prevention programs has been the empowerment of local community leaders to design and implement their own crime prevention strategies. This philosophy may amount to throwing people overboard and then letting them design their own life preserver. The scientific literature shows that the policies and market forces causing criminogenic community structures and cultures are beyond the control of neighborhood residents, and that ‚empowerment' does not include the power to change those policies (Hope, 1995). It is one thing, for example, for tenants to manage the security guards in a public housing project. It is another thing entirely to let tenants design a new public housing policy and determine where in a metropolitan area households with public housing support will live."[525] Der Sherman Report bewertet „Neighbourhood Watch" im Sinne der Kriminalprävention als wirkungslos.[526]

4.10 GEMEINWESENORIENTIERTE MEDIATION

Demokratisch-gesellschaftliches Engagement gehört untrennbar zur

---

Aktion Noteingang

Um Verfolgten im öffentlichen Raum eine sichere Anlaufstelle zu geben, sucht und kennzeichnet die „Aktion Noteingang" im Raum Brandenburg Räume (Läden, Geschäfte) mit Aufklebern, in denen Verfolgte in akuten Gewaltsituationen Zuflucht finden können. Die Aufschrift der Aufkleber, „Wir bieten Schutz und Informationen bei rassistischen und faschistischen Übergriffen" soll ein sichtbares Zeichen für Zivilcourage setzen und den Opfern rassistischer Übergriffe signalisieren: „Hier kann man Hilfe finden, wenn man gejagt wird."[527] Mit dieser Aktion soll das Klima im öffentlichen Raum positiv verändert werden.

Entwicklung einer Zivilgesellschaft und eines modernen Staates. Im kommunalen Raum gibt es eine Vielzahl öffentlicher und privater Konflikte zwischen Interessengruppen, Verwaltung, Investoren, Bürgerinnen, Geschäftspartnern, Nachbarn, Ehepartnern, Jungen und Alten usw. Diese Konflikte auf eine konstruktive Art und Weise durch gemeinwesenorientierte Mediation zu lösen und dabei eine Eskalation oder gar eine gewaltsame Austragung zu verhindern, sind wichtige Aspekte von Gewaltprävention[528] (vgl. ausführlich Kap. 1.8).

4.11 RULES OF RESPECT – SELBSTVERPFLICHTUNG IM STADTTEIL

Die Bedeutung des Zusammenlebens wird durch die Erarbeitung und Veröffentlichung gemeinschaftlich aufgestellter Regeln demonstriert. Dies geschieht in Form einer Selbstverpflichtung.[529] Damit kann eine Auseinandersetzung mit und Erarbeitung von Grundsätzen des „Miteinander Umgehens" auf kommunaler Ebene erreicht werden. Regeln, die selbst formuliert und in Form einer Selbstverpflichtung akzeptiert werden, besitzen einen hohen Grad an Verbindlichkeit. Solche Regeln können für einzelne Gruppen (Kinder, Jugendliche, Eltern, Ältere) durchaus auch unterschiedliche Inhalte haben. Die Wirkung solcher Selbstverpflichtungen ist nicht einfach zu bewerten. Sie liegt wohl eher im Prozess des Erarbeitens- und Formulierens, in der Erfahrung, ernst genommen und bei der Ausarbeitung beteiligt gewesen zu sein und dokumentiert als flankierende Maßnahme im Kontext von Gewaltprävention auch nach außen, dass es Bevölkerungsgruppen gibt, die offensiv für ein respektvolles Miteinander eintreten.

Umgangsregeln[530]

„Ich bin cool, wenn …
- ich dich respektiere und gleichzeitig so sein kann, wie ich bin.
- ich meinen Standpunkt zeigen und den anderen trotzdem verstehen kann.
- ich meinen Freunden vertrauen und mit ihnen Probleme austausche.
- ich Steit schlichten oder ihn vermeiden kann.

Ich setze mich dafür ein, dass …
- wir respektvoll miteinander umgehen.
- jeder seine Meinungen und Gefühle frei äußern kann."

4.12 FREIZEITPROGRAMME

Außerschulische Beschäftigungsmöglichkeiten für Kinder und Jugendliche, wie z. B. Sport, Theater, Kunst und Musik gehören zu dem Standardangebot kommunaler Gewaltprävention.[531] Kindern und Jugendlichen soll mit einem attraktiven Freizeitangebot eine „sinnvolle" Beschäftigung ermöglicht werden, damit sie nicht aus Gründen der „Langeweile" auf „dumme Gedanken" kommen. Freizeitaktivitäten werden unter dem Aspekt von Gewaltprävention eher kritisch betrachtet, da sie zu unspezifisch sind und da zudem Freizeitaktivitäten ihre Eigenwertigkeit verlieren und nur noch unter dem Aspekt von Prävention betrachtet und gefördert werden. Zudem sind diese Programme noch zu wenig erforscht, um Aussagen über ihre Wirkung in Bezug auf Gewaltprävention machen zu können. Der Sherman-Report schätzt Freizeitprogramme eher kritisch ein, zumal manche Programme dissoziales Verhalten eher zu fördern, als zu beseitigen scheinen.[532] Dies geschieht offenbar immer dann, wenn delinquente Jugendliche mit anderen ohne klar strukturierte Programme in intensiveren Kontakt kommen.

4.13 STADTENTWICKLUNG – GEWALTPRÄVENTION AUS STÄDTEBAULICHER SICHT

Die Verbesserung der kommunalen Lebensbedingungen umfasst prinzipielle und weit reichende Bereiche, wie z. B. Stadtentwicklung oder Beseitigung von Umweltschadstoffen ebenso wie die Beseitigung konkreter Missstände wie schlechte Straßenbeleuchtungen oder unsichere Schulwege. Städtebauliche Maßnahmen bedeuten in Industrieländern anderes als in Entwicklungsländern. Dennoch geht es immer um die Entwicklung einer lebensfördernden und menschenfeundlichen Umwelt in der Stadt. Denn dass unmenschliche Lebensbedingungen in Städten sich gewaltfördernd auswirken können, ist bekannt. Ebenso ist bekannt, dass durch städtebauliche Maßnahmen Gewaltpotential reduziert werden kann. Deshalb setzen sich das UN-HABITAT-Programm ebenso wie die Milleniumsziele insbesondere für die Beseitigung von Slums ein. Als äußerst dringlich werden dabei der Zugang zu ausreichendem sauberem Wasser, die Verfügbarkeit von sanitären Einrichtungen sowie die Schaffung von sicherem und ausreichendem Wohnraum eingestuft. Da aber Slums Ausdruck von manifester Armut sind, können Erfolge hier nur in Kombination mit Programmen zur Armutsbekämpfung erreicht werden.[533]

Zu der Frage nach Zusammenhängen zwischen gebauter Umwelt und öffentlicher Sicherheit gibt es inzwischen zahlreiche Studien und

Forschungsarbeiten.[534] Die sich daraus ergebenden Präventionsansätze beziehen sich im Wesentlichen auf[535]

- die Erhöhung des Sicherheitsgefühls der Wohnbevölkerung,
- die Verbesserung der Sozialisationsbedingungen,
- die Verringerung von Tatgelegenheiten. Als mögliche Einzelveränderungen der Wohnumfeldverbesserung werden u. a. aufgeführt
- Funktionsmischung in Wohngebieten (z. B. Läden, Kneipen),
- Erhaltung von Wohninseln in den Innenstädten etwa durch Zweckentfremdungsverbote,
- Verkehrsberuhigung in Wohnsiedlungen,
- Einrichtung von Mietervertretungen,
- Schaffung von Aktionsprogrammen für Jugendliche (z. B. Einrichtung von Werkstätten),
- Entwicklung kinderfreundlicher Gartenprogramme u. ä.,
- Ausstattung von Wohngebieten mit attraktiven, multifunktionalen Gemeinschaftseinrichtungen (Mieterkaffee, Frauentreff, Partyräume),
- Förderung kultureller Aktivitäten,
- Erstellung von anheimelnden Sitzecken und Spielanlagen für Kleinkinder im halbprivaten und halböffentlichen Bereich,
- Beseitigung sich anbietender „günstiger" Fluchtwege für den Täter,
- zusätzlicher Einbau sicherungstechnischer Einrichtungen in Wohnanlagen,
- Gruppierung baulicher Anlagen so zueinander, dass Eingangsbereiche und Umfeld von Fenstern aus einsehbar sind,
- Vermeidung verdeckter Zugänge, toter Winkel, Ecken und Durchgänge.

Die Umsetzung dieser städtebaulichen Präventionsprogramme kann durch städtebauliche Rahmenpläne, Flächennutzungspläne und Baugenehmigungsverfahren erreicht werden. Sie sollte immer unter Beteiligung aller betroffenen Bevölkerungsgruppen geschehen. Allerdings muss dabei beachtet werden, dass der Wissenstand über die Zusammenhänge von Städtebau und Kriminalität sehr begrenzt ist: „Die Beziehungszusammenhänge zwischen physischer und sozialer Umwelt sowie Einstellungen und Verhalten der Bewohner als potenzielle Täter und Oper sind bisher nicht ausreichend aufgehellt. Noch weniger ist im Einzelnen erkennbar, welche Veränderungen der städtebaulichen Umwelt aufgrund welcher Wirkungsmechanismen zu Einstellungs- und Verhaltensmodifikationen führen."[536]

5. ORGANISATIONSFORMEN VON KOMMUNALER GEWALTPRÄVENTION

Kommunale Gewaltprävention umfasst mehrere Organisationsebenen:

- Prävention in der Kommune (durch Einzelpersonen, Organisationen, Verbände, kommunale Einrichtungen). Diese Art der Prävention wird i. d. R. durch sog. Präventionsräte (oder auch durch Runde Tische) koordiniert und gesteuert.
- Prävention durch die Kommune. Dies bedeutet, dass die Kommune als Verwaltungseinheit ihre Ressourcen zur Gewaltprävention im Sinne von rechlichten Verpflichtungen und Möglichkeiten, Kompetenzen, städtischen Einrichtungen und auch finanzieller Förderung nützt.
- Prävention im Bereich der kommunalen Betriebe und Verwaltung. Hier hat die Kommune als Träger und Betreiber von städtische Betrieben und Einrichtungen direkten Einfluss auf die Implementierung von Maßnahmen der Gewaltprävention und kann gestaltend und steuernd aktiv werden. Immer geht es darum, Programme für Gewaltprävention für konkrete Umfelder zu entwickeln und durchzuführen.

Häufig werden sog. „Runde Tische" als Koordinationsgremien auf lokaler Ebene vorgeschlagen. Die Effektivität dieser Runden Tischen wird sehr unterschiedlich eingeschätzt. Neben positiven Erfahrungen wird immer wieder vor ihnen gewarnt: „Nicht, weil sie schlecht waren, sondern deshalb, weil sie in den allermeisten Fällen keinerlei Konsequenzen hatten. Das Maß an engagierter Arbeit, das Maß an Betroffenheit, das sich dort artikuliert hat, das zum Teil auch zu sehr fundierten Vorschlägen führte, das verpuffte in aller Regel wirkungslos, hatte keinerlei Konsequenzen auf die Politik und auch auf die Wirklichkeit in einer Gemeinde."[537] Dies lag wohl auch daran, dass Runde Tische i. d. R. keine Entscheidungskompetenzen haben und auch über keine finanziellen Mittel verfügen.

Besondere Beachtung bei der Organisation und Durchführung kommt der Rolle von örtlichen Sicherheitskräften, insbesondere der Polizei zu. Die Verführung, kommunale Gewaltprävention als alleinige Aufgabe der Polizei zu definieren, ist groß, entlastet dies doch scheinbar alle anderen, dann eigene Aktivitäten zu entwickeln. Über die Einbeziehung von privaten Sicherheitsfirmen in Ansätze und Projekte der Gewaltprävention liegen keine Erfahrungen vor.

Stadtteilfachgespräche zur Initiierung und Koordinierung[538]

Stadtteilfachgespräche zum konstruktiven Umgang mit Gewalt und Konflikten haben den gesamten Lebensraum von Kinder und Jugendliche im Blick und beziehen bewusst den Stadtteil oder eine Region im ländlichen Raum mit ein. Damit soll gewährleistet werden, dass eine konstruktive Austragung von Konflikten überall stattfinden kann.

Über diese Form der Öffentlichkeit lässt sich für die Region Transparenz über die Beschreibung und Analyse von Problemen sowie von stattfindenden oder geplanten Maßnahmen herstellen. Durch Transparenz kann ein Teil der Kriminalitätsfurcht entkräftet werden, so dass sich neue Handlungsoptionen ergeben. Neben der Analyse, der Debatte und der Herstellung von Öffentlichkeit sollte ein weiteres Ziel die Unterstützung von Selbstorganisation der Institutionen und aller Interessierten sei. Dieser Prozess muss durch Beratung und Moderation von außen unterstützt werden.

6 UNTERSTÜTZENDE MASSNAHMEN DURCH DIE FÖRDERUNG VON DEMOKRATIE UND EINER KULTUR DES FRIEDENS

Über die „problembezogenen" traditionellen kommunalen Gewaltpräventionsansätze hinaus gibt es in der Kommune vielfältige Möglichkeiten, Zeichen für ein friedliches Miteinander zu setzen. Zu diesen Möglichkeiten gehören u. a.:

Förderung des Zusammenlebens verschiedener Nationalitäten und Kulturen

Um Ghettobildung, Ausgrenzung und Diskriminierung zu vermeiden, ist es notwendig, auch in der Kommunalpolitik gezielte Maßnahmen der Förderung von Integration anzubieten und durchzuführen. Neben der Unterstützung des kulturellen Bereichs (z. B. durch Sprachkurse) gehören hierzu auch kommunale Unterstützungsmaßnahmen, die auf eine Integration in den Arbeitsmarkt zielen und vor allem Jugendlichen Berufs- und Lebenschancen bieten.

Förderung und Ausgestaltung von Städtepartnerschaften

Sinn und Zweck von Städtepartnerschaften ist das freiwillige Zusammenfinden von Menschen über Grenzen hinweg. „Was Städte leisten können im Sinne einer friedlichen Entwicklung in der Welt, im Sinne des Abbaus von Gegensätzen und Konfrontationen, das ist dazu beitragen, dass die Möglichkeit einer solchen Politik ihren Bürgern bewusst wird. Städtepartnerschaften, die das Kennenlernen zwischen Menschen aus unterschiedlichen Ländern und das Entstehen von Freundschaften zwischen ihnen fördern, die das Vorhandensein ähnlicher Interessen, aber auch gleich gelagerter Probleme aufzeigen und zur gemeinsamen Suche nach Lösungsmöglichkeiten anregen, sind ein idealer Beitrag hierzu." [539] Erfahrungen mit Städtepartnerschaften haben gezeigt, dass positive individuelle Wirkungen einer Partnerschaft im Sinne von Abbau von Feindbildern und Vorurteilen um so eher eintreten, je bürgernäher, kontinuierlicher und kooperationsintensiver die Kontakte sind.[540]

Beteiligung am Netzwerk: „Bürgermeister für den Frieden"
Mehr als 1.000 Städte in 112 Ländern gehören dem weltweiten Bündnis „Bürgermeister für den Frieden" an, das 1982 von den Bürgermeistern von Hiroshima und Nagasaki ins Leben gerufen wurde. Ziel des Bündnisses ist es, die Solidarität und Kooperation zwischen den Städten zu fördern. Die Städte setzen sich für eine friedliche Welt ohne Atomwaffen ein.[541] Diese Mitgliedschaft ist ein sichtbares, offizielles Zeichen für das Engagement und die Bemühungen um die Abschaffung aller Gewalt und Gewaltmittel.[542]

Umgang mit Vergangenheit
Gewaltherrschaft und Terror hinterlassen in Kommunen und Gemeinden und bei den dort lebenden Menschen ihre Spuren. Diese sind oft durch ihre Nähe und Unmittelbarkeit besonders bedrückend und emotionsgeladen. Umgang mit Vergangenheit heißt: Wahrnehmen und Festhalten, Auseinandersetzen und Aufarbeiten, Erinnern und Gedenken.

7 PROBLEME UND KRITIK
Gerade die Verdichtung von Problemlagen in Städten und Kommunen (familiäre Gewalt, mangelnder Wohnraum, Ausgrenzung, Diskriminierung ganzer Bevölkerungsgruppen usw.) verdeutlicht, dass individuelle Strategien nur ein Teil kommunaler Gewaltprävention sein können. Das Düsseldorfer Gutachten bilanziert: „Geordnete Verhältnisse und konstruktive informelle Kontrolle sind in der Nachbarschaft uneingeschränkt wirksame Mittel regionaler Kiminalitätsprävention".[543] Daneben sind sicherlich auch Unterstützungs- und Betreuungsangebote wichtig und unverzichtbar. Aber durch sie allein können

die Problemlagen, die z. B. durch städtebauliche Entscheidungen oder durch sozio-ökonomische Entwicklungen bedingt und immer neu produziert werden, nicht beseitigt werden. Hier zeigt sich, dass effektive Strategien der Gewaltprävention auch im kommunalen Bereich notwendigerweise Doppelstrategien sein müssen. Gewaltprävention kommt ohne eine (kommunal)politische Dimension nicht aus. Partizipation und Mitbestimmung kann sich nicht nur auf die kleinräumige Beteiligung an der Umsetzung von Maßnahmen der Gewaltprävention erstrecken, sondern muss auch zentrale Einflussbereiche der Politik im Sinne einer Basismobilisierung und Demokratisierung umfassen. Deshalb beinhaltet Gewaltprävention auch politische Bildung und Demokratieerziehung.

Der Sherman Report bestätigt diese Sichtweise und weist auf die beschränkten Möglichkeiten kommunaler Gewaltprävention hin, die Rahmenbedingungen und Ursachen von Gewalt zu beeinflussen. „A central issue in the disconnection between causes and cures is the assumption of how these communities ‚got that way.' As William Julius Wilson has observed, ‚The segregated ghetto is not the result of voluntary or positive decisions on the part of the residents… [but is] the product of systematic racial practices such as restrictive covenants, redlining by banks and insurance companies, zoning, panic peddling by real estate agents, and the creation of massive public housing projects in low-income areas.' The result of these forces in recent years has been called ‚hypersegregation:' historically unprecedented levels of geographic segregation by race and class, magnifying the effects of poverty and racial isolation. Yet community prevention programs address none of these causes of community composition and structure, which in turn influence community culture and the availability of criminogenic substances like guns and drugs." [544]

Im kommunalen Kontext geht es letztlich um Stadtentwicklung und Gemeinwesenarbeit, die die Stadt als lebendigen Organismus begreifen und Lebensrechte und Lebensmöglichkeiten für alle schaffen.

2.4 Gewaltprävention und Handeln in Gewaltsituationen

Handeln (und Handeln können) in Problem- und Gewaltsituationen ist wichtig, da nur so Menschenrechte geschützt, Diskriminierungen abgewehrt und Gewalttätern entgegengetreten werden kann. Doch was sind „richtige" und „angemessene" Verhaltensweisen? Wie kann man reagieren, ohne sich in zu große Gefahr zu begeben und andere

zusätzlich zu schädigen? Wie kann man sich auf solche Handlungsweisen vorbereiten? Anleitungen, Handlungskonzepte und Trainings
für angemessene Reaktionen und Interventionen sind als Teil von
Gewaltprävention zu verstehen, da dadurch Eskalationen verhindert
werden können.

1 ZIVILCOURAGE

Zivilcourage zeigt sich nach Meyer in drei Arten des Handelns:

1. „Eingreifen zugunsten anderer, meist in unvorhergesehenen Situationen, in die man hineingerät und wo man schnell entscheiden
   muss, was man tut.

2. Sich-Einsetzen – meist ohne akuten Handlungsdruck – für allgemeine Werte, für das Recht oder für die legitimen Interessen anderer, vor allem in organisierten Kontexten und Institutionen, häufig
   auch für eine größere Zahl z. B. von Kollegen oder Betroffenen.

3. Sich-Wehren gegen akute Zumutungen und Angriffe, z. B. gegen
   Gewalt, Mobbing oder sexuelle Belästigung. Das kann auch bedeuten, sich zu weigern, etwas moralisch oder rechtlich nicht An-
   nehmbares zu tun." [545]

„Bürgermut", so wird Zivilcourage oft bezeichnet, ist für die Entwicklung einer funktionierenden Demokratie unerlässlich. Sie dient dem
Schutz von Werten und dem Schutz von Schwachen vor Übergriffen.
Zivilcourage im Alltag zu leben, bedeutet zunächst die Entwicklung
von Ich-Stärke und Selbstbewusstsein, um auf der Beziehungsebene
befriedigend kommunizieren und um eigene Vorurteile erkennen und
bearbeiten zu können, aber auch um am politischen Geschehen so
teilzuhaben, dass ein Engagement in Richtung Gewaltminimierung
und Partizipation möglich wird.[546] Dies setzt die Fähigkeit sich einzu-
mischen voraus. Diese Einmischung von unten gelingt am besten,
wenn sie zunächst in kleinen Schritten vorgenommen wird. Ein wesentlicher Punkt dieser Einmischung besteht darin, wenn nötig, den
Gehorsam zu verweigern. Gehorsam war und ist eine der Triebfe-
dern der Zerstörungsmentalität, denn Gehorsam wird subjektiv immer mit der Delegation von Verantwortung an Vorgesetzte (oder gar
an Strukturen) gleichgesetzt. Doch ohne die Übernahme von Verantwortung für das eigene Handeln, sowie für die Unterlassung eigenen
Handelns, ist Friedensfähigkeit nicht denkbar. Dies setzt auch ein
neues Verhältnis zu Autoritäten voraus, die nicht länger wegen ihres
Amtes und ihres (oft phantasierten) Einflusses zu fürchten sind. In
Bezug auf Erziehung bedeutet dies, anders mit Widerspruch, Einwänden und Gehorsamsverweigerung bei Kindern und Jugendlichen

umzugehen. Denn diese Verhaltensweisen können eben nicht nur als „Trotz" oder „Ungezogenheit" gedeutet werden, sondern sind auch Ausdruck einer sich entwickelnden Selbständigkeit sowie von Auseinandersetzung mit Autoritäten. Da sich zivilcouragiertes Verhalten immer in der Öffentlichkeit abspielt und der Akteur in der Minderheiten- (oder unterlegenen) Position ist, riskiert er u. U. nicht nur den Verlust der bisherigen Zustimmung des sozialen Umfeldes, sondern auch weitere negative Konsequenzen.[547]

Werte, die Zivilcourage auszeichnen:

- Menschenwürde
- Freiheit, die freie Entfaltung der Persönlichkeit
- Gleichheit, Gerechtigkeit, Rechtsstaatlichkeit
- Demokratie, Toleranz, soziale Verantwortung
- Frieden und Völkerverständigung
- Gemeinwohlorientierung, das Wohl aller Beteiligten
- Leid vermindern, Schaden abwenden, Notlagen lindern
- Bewahrung der physischen und psychischen Unversehrtheit/Integrität
- gegen Diskriminierungen aller Art und Verfolgung von Minderheiten, gegen Ausländerfeindlichkeit, Rassismus, Antisemitismus, Sexismus
- gegen psychische und physische Gewalt bzw. (mit Galtung) gegen personale, strukturelle und kulturelle Gewalt; für die Erfüllung bestimmter Grundbedürfnisse für alle Menschen, insbesondere gegen Hunger, Armut und Krankheit
- gegen gesellschaftliche und politische Repression gegen Autoritarismus und Totalitarismus, in Deutschland besonders gegen Faschismus und kommunistische Repression.[548]

Zivilcourage ist erlernbar und trainierbar (zumindest in Teilbereichen). Zivilcourage zu lernen ist wichtig und sinnvoll, denn die Forschung über prosoziales Verhalten und über Eingreifen in Notsituationen zeigt eindeutig: Handlungswissen und Kompetenzerfahrungen erhöhen die Chance des eigenen Handelns. Prosoziales Verhalten stellt die Basiskompetenz für Zivilcourage dar.

1.1 DIE ENTWICKLUNG PROSOZIALEN VERHALTENS

Prosoziales Verhalten bezieht sich sowohl auf Situationen, in denen unmittelbare Hilfeleistungen notwendig sind wie auch auf lebensfördernde, erst langfristig Veränderungen bewirkende Verhaltensweisen.[549] Häufig werden drei Klassen von Motiven unterschieden, die für prosoziales Verhalten förderlich sind. Erstens kann man durch den Wunsch, sich selber Gewinn zu verschaffen, motiviert werden.[550] Man hilft anderen, um soziale Anerkennung zu erhalten oder um Ablehnung bzw. Kritik wegen unterlassender Hilfe zu vermeiden. Prosoziales Verhalten kann also zurückzuführen sein auf die Beachtung von sozialen Werten und Normen oder auf bestehende Umstände, die prosoziales Verhalten in bestimmter Hinsicht wünschenswert erscheinen lassen. Zweitens kann die Motivation für prosoziales Verhalten die Beachtung von Werten, Überzeugungen und Normen sein, die internalisiert, zu eigen gemacht, bzw. durch Erfahrung entwickelt wurden. Eine solche Einhaltung der eigenen Werte, Überzeugungen und Normen kann Selbstbelohnung, positive Gefühle und eine erhöhte Selbstachtung zur Folge haben, wohingegen eine Abweichung von den eigenen Werten etc. zu Selbstbestrafung, Angst – und Schuldgefühlen sowie zu verminderter Selbstachtung führen kann. Drittens ist offenbar das Mitfühlen bzw. das Miterleben der Gefühle einer anderen Person, ein wichtiger Beweggrund für prosoziales Verhalten. Dieses Nachvollziehen des Leidens einer anderen Person und die Aussicht auf dessen Milderung, sowie das Vorausahnen der Befriedigung und Freude eines anderen kann zu prosozialem Verhalten motivieren.[551]

Bei der Entwicklung von prosozialem Verhalten spielen weniger moralische Appelle als vielmehr Lebenssituationen eine wichtige Rolle: Es ist beispielsweise unwahrscheinlich, dass eine moralische Haltung durch die Diskussion moralischer Fragen und Konflikte gefördert werden kann, wenn jemand in einer feindlichen und bedrohlichen Umwelt lebt, die Angst vor anderen Leuten, Feindseligkeit und eine ständige Sorge um das physische und psychische Überleben bewirkt. Sowohl die Sozialisation als auch die verschiedenen Erfahrungen der Kinder müssen bei der Persönlichkeitsentwicklung in Betracht gezogen werden: „Eltern und Lehrer üben einen Einfluss durch die Art und Weise aus, wie sie mit den Kindern interagieren, wie sie sie disziplinieren, was sie ihnen zu vermitteln versuchen, welche Beispiele sie ihnen geben usw. Sie üben auch – zusammen mit dem größeren kulturellen Umfeld – einen Einfluss aus durch die von ihnen vorgenommene Strukturierung der Umwelt. Wie ist die Familie organisiert? Wie demokratisch oder autokratisch ist sie? Welche Rollen stehen den Kindern (den Heranwachsenden und den Erwachsenen) in der Familie und in der Kultur zu Verfügung? Welche Pflichten und welche Aufgaben werden den Kindern übertragen, bzw. von ihnen übernommen? Welche Struktur besitzt die Gruppe der Gleichaltrigen und wie beeinflusst sie die Interaktion zwischen Kindern? Zu welchen Verhaltensweisen werden Kinder angehalten und welche Verhaltensweisen werden auf sie gerichtet? (...) Welche Merkmale der Kultur, welche Sozialisierungspraktiken und welche Erfahrungen der Mitglieder dieser Kultur führen zu welchen Unterschieden im prosozialen Verhalten." [552]

Die Entwicklung eines prosozialen Selbstkonzepts kann in der Erziehung unterstützt werden. Als erfolgreich hat sich die Attributionsmethode erwiesen.[553] Schulkindern wurde z. B. immer wieder vermittelt: „Du bist ein ordentlicher und sauberer Mensch, der keinen Abfall herumliegen lässt". Durch diese Kommunikation wurde das Selbstkonzept der Kinder beeinflusst, ihr Sauberkeitsverhalten in der Schulklasse verbesserte sich. Die Attributionsstrategie erwies sich als wesentlich effizienter als der Versuch, die Kinder durch Befehle, Ermahnungen und Überredungsversuche zu mehr Ordentlichkeit zu bringen. Dieses Konzept kann auch auf Hilfsbereitschaft übertragen werden, wenn positive Zuschreibungen vorgenommen werden: „Du bist doch ein Kind, das anderen hilft." und „Ich bin sicher, dass du einem anderen Kind hilfst, das deiner Hilfe bedarf."

Bei der Herausbildung eines solchen Selbstverständnisses sind das Vorbild und das gute Beispiel der Bezugspersonen von großer Wichtigkeit. Es ist noch nicht ganz geklärt, weshalb der Einfluss des Modells so groß ist. Aber man kann annehmen, dass drei Aspekte dabei von Bedeutung sind:

- Ein Modell zeigt eine Verhaltensmöglichkeit, an die der einzelne vielleicht noch gar nicht gedacht hat.
- Ein positives Modell macht sozial erwünschtes Verhalten bewusst. Es zeigt, was jeder Mensch tun soll, wenn er als positives Mitglied der Gesellschaft gelten will.
- Durch die Konsequenzen der Hilfsbereitschaft (Freude, Belohnung, gutes Gewissen) erfährt der Betreffende, dass dieses Modell des Verhaltens attraktiv und nachahmenswert ist.

Voraussetzung für das Modelllernen ist, dass die direkten Bezugspersonen Altruismus in Wort und Tat verwirklichen, denn nur dann können sie als Vorbild dienen. Nimmt das Kind dagegen in deren konkretem Verhalten Egoismus und Heuchelei wahr, so wird es sich eher daran orientieren als an ihren Worten. Bei den Vorbildern wird vor allem das Handeln wahrgenommen, nicht das Reden. Es ist wichtig, dass das Kind konsistentes Verhalten bei den Personen erfährt, mit denen es umgeht. Wenn das Kind erlebt, dass nicht nur der Vater und die Mutter sich prosozial verhalten, sondern auch die Tante, der Lehrer und die Eltern des Spielkameraden, dann entsteht das, was George Herbert Mead den „generalisierten Anderen" genannt hat.

Im Bereich der Umwelterziehung (wo es auch darum geht Verhaltensänderungen zu erreichen) werden zwei grundlegende Weisen unterschieden, wie umweltorientiertes Verhalten erreicht werden kann.[554]

1. Die Förderung der Umweltmoral: Ein stärker umweltorientiertes Verhalten kann sich nur dann durchsetzten, so die Annahme, wenn das Bewusstsein und das Wissen um die Probleme vermehrt wird. Wichtige Maßnahmen bei diesem „Weg der Umweltmoral" sind zum Beispiel pädagogische Bemühungen in Kindergärten und Schulen sowie Aufklärungskampagnen und moralische Appelle.

2. Ökonomische Belohung: Die zweite Position bezweifelt den Wert eines hohen Umweltbewusstseins und betont demgegenüber die Bedeutung von ökonomischen Anreizen. Gefordert wird, die Anreize so zu setzen, dass umweltgerechtes Verhalten dem einzelnen lohnenswert erscheint. Wichtige Maßnahmen aus der Sicht des „ökonomischen Weges" sind dabei zum Beispiel Preise, Steuern und Umweltzertifikate. Empirische Untersuchungen haben deutlich gemacht, dass beide Positionen bei der Entwicklung von umweltorientiertem Verhalten wirksam sind.

Für den Bereich der Gewaltprävention und Zivilcourage kommen finanzielle Anreize wohl kaum in Frage. Belohnungen sind hier auf der Ebene sozialer Anerkennung, in der Rückmeldung derjenigen Personen und Gruppen, die das eigene soziale Umfeld bilden, zu suchen. Untersuchungen zeigen z. B., dass sozial engagierte Personen psychisch gesünder sind und auch über eine robustere körperliche Verfassung verfügen.[555] Ihr Engagement führt zu einer Verbesserung des Selbstwertgefühls, zu größerem Verständnis für andere, sowie zu einer stärkeren Bindung an eine Gemeinschaft. Für prosoziales Verhalten müssen deshalb Verhaltensmöglichkeiten im Sinne der Entwicklung von Ich-Stärke, von alternativen Konfliktlösungsmöglichkeiten und des Umgangs mit Aggressionen und Gewalt angeboten werden. Hinzu kommt, dass ein soziales Umfeld vorhanden sein muss, in dem dieses neue Verhalten gelernt und erprobt werden kann.

1.2 WANN GREIFEN MENSCHEN EIN?

Bevor die Frage beantwortet werden kann, welches Verhalten in Gewaltsituationen sinnvollerweise angewendet werden sollte, muss darüber nachgedacht werden, wann und warum Menschen in Problemsituationen überhaupt eingreifen und ob diese Eingriffswahrscheinlichkeit erhöht werden kann? Tests bei simulierten Verkehrsunfällen zeigen: 80 Prozent der Vorbeikommenden waren Gaffer, die sich nicht trauten einzugreifen. Berliner Studenten spielten in der U-Bahn, wie eine Frau sexuell belästigt wird. Ergebnis: Kaum einer der Fahrgäste griff ein, die meisten versuchten, das Geschehen zu ignorieren. Über den Eingangstüren der Mensa in Münster hingen eines Tages neue Hinweisschilder: Ausländer sollten rechts, die Deutschen links eintreten. Kaum jemand fand das verwunderlich. Theologiestudenten sollten sich auf eine Klausur zum Thema des barmherzigen Samariters vorbereiten. Auf dem Weg zum Seminarraum kamen sie an einem Mann vorbei, der gekrümmt auf dem Boden lag und stöhnte. Die meisten gingen vorbei, ohne ihn zu beachten.[556]

Eingreifen wird oft verhindert durch Angst (es könnte gefährlich sein), das Gefühl der Unterlegenheit (hier kann ich ja doch nichts ausrichten ...), Unwissenheit (ich weiss nicht was ich tun soll ...), Gleichgültigkeit (was geht das mich an ...?), Schuldzuschreibung (das Opfer ist doch selbst schuld), Delegation (hierfür sind andere zuständig). Entscheidend für das Eingreifen oder Nicht-Eingreifen in einer Notsituation ist die Höhe der „Kosten" (Kosten-Nutzen-Erwägungen). Solche „Kosten" sind die Gefahren und der Aufwand, die mit einem Eingreifen einhergehen können: z. B. die Gefahr der eigenen Verletzung, Zeitverlust, aber auch Ärger mit Behörden oder Unannehmlichkeiten. Es sind aber auch „Kosten" der Nichthilfe wie z. B. Gewissensbisse, moralische Selbstvorwürfe, geschwächtes Selbstwertgefühl oder eine Strafanzeige nach § 323c StGB (Unterlassene Hilfeleistung). Bei der Kosten-Nutzen-Überlegung des Zuschauers einer Notsituation handelt es sich aber in der Regel nicht um bewusste logische Abwägungen.[557] Neben Kosten-Nutzen-Erwägungen spielt das Zutrauen in die eigenen Fähigkeiten, also das Kompetenzgefühl (wissen, was zu tun ist) eine zentrale Rolle. Hier können Qualifizierungsvorhaben unmittelbar ansetzen. Psychologen gehen davon aus, dass in Risikosituationen Verhalten stärker von drohenden Verlusten als von potentiellen Gewinnen beeinflusst wird. Im Rahmen der Altruismusforschung wurden mehrere Modelle über die Entscheidungssequenzen des Eingreifens in Notsituationen entwickelt:[558]

Das Modell von Bibb und John (1969) [559]

- Das Ereignis muss bemerkt werden.
- Das Ereignis muss als Notfall interpretiert werden.
- Der Beobachter schreibt sich Verantwortung zu, dass er/sie eingreifen muss.
- Der Beobachter entscheidet, welche Form der Hilfeleistung gegeben werden kann.
- Nachdem man eine Alternative gewählt hat, ist zu entscheiden, wie die Intervention ausgeführt werden soll.

Das Prozessmodell altruistischen Verhaltens nach Schwartz (1977) [560]

I Aktivierungs-Schritte: Wahrnehmung von Bedürfnis und Verantwortung

1. Wissen um eine Person in einem Bedürfniszustand.
2. Wahrnehmung, dass es Handlungen gibt, die das Bedürfnis mildern können.
3. Erkennen eigener Fähigkeit, um Milderung zu gewähren.
4. Feststellung von Verantwortung, um involviert zu werden.

II Verpflichtungs-Schritt: Normkonstruktion und Hervorrufung von Gefühlen moralischer Verpflichtung

5. Aktivierung von vorher bestehenden oder in der Situation konstruierten persönlichen Normen.

III Abwehr-Schritte: Einschätzung, Bewertung und Neueinschätzung potenzieller Reaktionen

6. Einschätzung der Kosten und Bewertung wahrscheinlicher Konsequenzen.
7. Neueinschätzung und Neudefinition der Situation durch Verneinung von (a) Zustand des Bedürfnisses, (b) Verantwortung zu reagieren, (c) Angemessenheit von Normen.
8. Wiederholung früherer Schritte im Lichte der Neueinschätzungen.

IV Reaktions-Schritt:

9. Handlung oder Unterlassung der Handlung.

Das Ablaufschema bei Hilfeleistungen nach Bierhoff (1990) [561]

1. Eine gute (Erste-Hilfe-)Ausbildung steigert das Kompetenzgefühl.
2. Ein hohes Kompetenzgefühl steigert die Entschlusssicherheit in einer Unfallsituation.

3. Hohe Entschlusssicherheit steigert die Bereitschaft, Verantwortung zu übernehmen.
4. Eine Zuschreibung von Verantwortung für die eigene Person steigert die Hilfsbereitschaft.
5. Hohe Hilfsbereitschaft führt mit großer Wahrhscheinlichkeit zur Ausführung von Hilfehandlungen.

Über diese Entscheidungs- und Handlungsmodelle hinaus lassen sich folgende (situative) Zusammenhänge feststellen:[562]

- Je eindeutiger die Situation, dass jemand Hilfe benötigt, desto mehr Hilfe wird die Folge sein. Fehlende Eindeutigkeit führt häufig zu der Überlegung, dass irgendwelche helfenden Maßnahmen unangemessen oder lächerlich erscheinen könnten.
- Je stärker die Hilfsbedürftigkeit, desto mehr Hilfe wird der Betreffende erfahren. Doch es gibt Ausnahmen, z. B. wenn der Aufwand für die helfende Person bzw. die Opfer, die von ihr verlangt werden, zu groß erscheinen oder wenn die potentielle Gefahr für sie ebenfalls sehr groß ist.
- Je deutlicher die Umstände sind, einer bestimmten Person die Verantwortung aufzubürden, desto größer ist die Wahrscheinlichkeit, dass diese Person Hilfe leistet. Die Verantwortung konzentriert sich auf eine Person, wenn
- sie die einzige ist, die Zeuge der Hilfsbedürftigkeit eines anderen wird;
- sie die einzige ist, die helfen kann, auch wenn sie nicht unbedingt der einzige Zeuge ist,
- sie über besondere Fähigkeiten verfügt, die für die Hilfe erforderlich sind,
- sie zu der hilfsbedürftigen Person in einer besonderen Beziehung steht,
- ihr aufgrund einer Führungsposition quasi automatisch die Verantwortung für Hilfeleistung zukommt usw.
- Räumliche Nähe und die Dauer der Konfrontation mit einer leidenden Person sowie der Umstand, wie leicht oder wie schwer es ist, sich der Gegenwart der leidenden Person zu entziehen, wirken sich stark auf den Aufforderungscharakter für Hilfe aus.
- Wenn mehr Entscheidung und größere Initiative von den helfenden Personen verlangt werden, wird die Wahrscheinlichkeit von Hilfe geringer.
- Je mehr Mühe, Zeit, Energie, oder auch Risiko von dem Helfer gefordert werden, um so weniger Hilfe kann man normalerweise erwarten.

- Wenn die zu leistende Hilfe unangemessen bzw. sozial nicht akzeptabel erscheint, so können situationsspezifische Regeln existieren – beispielsweise, dass ein Kind an einer Aufgabe weiterarbeiten soll, oder dass es unangemessen ist, in einer fremden Umgebung in ein fremdes Zimmer zu gehen – die helfende Reaktionen hemmen, obwohl man das Leiden einer anderen Person wahrnimmt.
- Eine enge Beziehung sowie bestimmte andere Bedingungen (z. B. das Wissen, dass man der gleichen Gruppe angehört) kann zur Identifikation mit einer anderen Person führen, wodurch mit größerer Wahrscheinlichkeit Mitgefühl (Empathie) und andere Motive, die zu Hilfe führen, geweckt werden. Feindselige Einstellungen verringern die Wahrscheinlichkeit von Hilfe.
- Unmittelbar vorausgehende positive oder negative Erfahrungen bewirken unterschiedliche psychische Zustände, die sich auf helfendes Verhalten auswirken: Wohlbefinden erhöht in der Regel die Wahrscheinlichkeit, anderen zu helfen, negative Zustände verringern sie manchmal.

1.3 ZIVILCOURAGE DURCH TRAININGS LERNEN

Menschen in Zivilcourage zu trainieren, heißt vor allem, Menschen zum Hinschauen und Handeln zu ermutigen. Es bedeutet, sie beim Erwerb von Handwerkszeug zu unterstützen, mit dem sie sich trauen, Situationen von Bedrohung, Gewalt oder Diskriminierung auf welcher Ebene auch immer zu entschärfen oder dazu beizutragen, dass Konflikte durch Verständigung geregelt werden."[563] Durch Trainings sollen die Teilnehmerinnen und Teilnehmer befähigt werden, sich in Konflikt-, Bedrohungs- und Gewaltsituationen angemessen und couragiert zu verhalten und darüber hinaus sich in Konflikten bzw. Gewaltsituationen zu behaupten. Es geht bei solchen Trainings um sicheres schnelles Einschätzen von Situationen, um das Erkennen eigener Gefühle, um das Üben von kommunikativen Kompetenzen für Konflikt- und Stresssituationen und um das Training von deeskalierenden Maßnahmen. Dabei muss immer wieder festgestellt werden, dass solche Seminare und Trainings keine Gewähr auf erfolgreiches Handeln in Ernstsituationen bieten.

Eine Analyse der in Deutschland vorfindbaren Seminare und didaktischen Modelle zum Erlernen von Zivilcourage kommt zu folgenden Aussagen:[564] Alle didaktischen Modelle und Konzeptionen gehen von der Annahme aus, dass zivilcouragiertes Handeln oder sozialer Mut weitgehend erlernbar und trainierbar sind. Im Mittel-

Lernziele von Zivilcourage Trainings personenbezogen

- Kommunikationsverhalten entwickeln
- das eigene Verhältnis zu Aggression und Gewalt klären
- Umgang mit eigener Angst sachbezogen
- Diskriminierung, Unrecht, Gewalt erkennen
- Wissen über spezifische Situationen und Handlungsmöglichkeiten vermitteln
- eigene Handlungsmöglichkeiten durch Probehandeln ausloten

punkt der pädagogischen Bemühungen steht der Erwerb von Kompetenzen, die einen produktiven Umgang mit Konflikten ermöglichen. Die pädagogischen Ansätze, die zum Teil von unterschiedlichen Vorbedingungen und theoretischen Fundierungen ausgehen, versuchen erlebnis- und erfahrungsorientiert zivilcouragierte Handlungsfähigkeit zu vermitteln, um damit Konflikten und Gewalt entgegenzuwirken. In aller Regel sind die vorgestellten Seminarmodelle und Trainings im präventiven Bereich angesiedelt. Alle Autorinnen und Autoren wissen um das Dilemma, dass schulische und außerschulische Bildung auf mittel- und langfristige Lern- und Veränderungsprozesse setzt und dass Lernende Raum benötigen, um neue Ansichten und Erfahrungen auszuprobieren. Seminare und Trainings haben stets mit dem „Wagnischarakter" zu leben, dass es Differenzen zwischen den Seminarinhalten, der Aneignung durch die Adressaten und ihrer nachfolgenden Praxis geben kann. Entscheidend für die Entwicklung von Kindern und Jugendlichen sind die in den Seminaren und Trainings angestrebten Lernprozesse. Dazu gehört wesentlich auch, die eigene und die fremde Aggressionsbereitschaft, deren Bedingungen und Auslöser kennen zu lernen. In der realen Lebenswelt, außerhalb des pädagogischen betreuten Raumes ist dieser „spielerische" Umgang mit Aggressionen und Konflikten kaum möglich. Im Rahmen von Seminaren und Trainings kann jedoch an der individuellen Reizschwelle der Jugendlichen gearbeitet werden. Gerade durch die Verdeutlichung dieser Reizschwelle und der dahinter liegenden Bedürfnisse und Motive können Kinder und Jugendliche lernen, eigene „Stopp-Normen" zu entwickeln. Auch dies greifen die vorgestellten Seminarkonzepte auf.

Didaktische Zugänge

- Persönlichkeitsorientierte Zugänge: Subjektive Auseinandersetzung mit eigenen Ängsten, Aggressionen, Motivation, Gewissen, Handlungsmöglichkeiten
- Spielerische Zugänge: Umgang mit Problemsituationen, Erprobungsverhalten, Probehandeln durch Rollenspiele, Körperarbeit, Szenarien, Training verbaler Ausdrucksmöglichkeiten.
- Erlebnispädagogische Zugänge Gruppenerfahrungen, Entwicklung von Ichstärke usw.
- Kognitive Zugänge: Wissen über Konfliktverläufe, Bedingungen prosozialen Verhaltens usw.
- Handlungsanleitungen: Regeln zum Eingreifen, Verhalten in Problemsituationen.

Seminare und Trainings, die zum Erwerb von Kompetenzen für zivilcouragiertes Handeln beitragen wollen, sehen sich oft dem Vorwurf ausgesetzt, dass diese „Schonraum-Pädagogik" keine Übertragung des erlernten sozialen Verhaltens in alltägliche Anwendungssituationen garantiert.

Dafür werden vor allem zwei Gründe geltend gemacht: Die Auseinandersetzung mit dem Seminarinhalt sei zu kurz und die euphorische Stimmung, die oftmals während solcher Seminare vorherrscht, werde der Brisanz der Ernstsituation nicht gerecht. Diese Skepsis hinsichtlich langfristiger Wirkungen ist verständlich und wird gerne als „Gretchenfrage" an diese Seminarmodelle gestellt. So wichtig und sinnvoll solche Trainings sind, so müssen sie doch auch einer kritischen Reflexion zugänglich sein. Immer wieder vorgetragene Kritikpunke sind:

- Fehlender wissenschaftlicher Bezug: Sie knüpfen zu wenig an Forschungsergebnissen über zivilcouragiertes Handeln an. Die lerntheoretischen Voraussetzungen der Trainings werden zu wenig reflektiert.
- Mangelnde Konsistenz der vermittelten Inhalte: Vermischung von Prävention und Intervention. Unklare Zuordnungen der trainierten Kommunikationsformen. Sind diese im Bereich der Vermittlung oder der Intervention angesiedelt?
- Problematischer Umgang mit Begriffen und Definitionen, z.B. mit den Begriffen Aggression und Gewalt.
- Mangelnde Kontinuität, mangelnde Bereitschaft zu Vernetzung.

- Häufig anlassfreie und a-politische Zugänge, die eher im Selbsterfahrungsbereich als in der politischen Bildung angesiedelt sind.
- Mangelnde geschlechtsspezifische Ausdifferenzierungen.
- Gruppendynamisch und erlebnispädagogisch orientierte Module dominieren.
- Schonraumpädagogik – mangelnde Übertragbarkeit in den Alltag.
- Mangelnde Wirkungsanalyse. Es existieren kaum Evaluationen. Der Trainingsbereich kann als ein Zustand des Experimentierens bezeichnet werden.

2 UMGANG MIT AGGRESSION UND GEWALT

Kennzeichen von Gewaltsituationen sind u. a., dass sie häufig unvermittelt vorkommen, eine Vorbereitung auf die spezifische Situation ist deshalb kaum möglich. Sie sind oft hoch emotional aufgeladen und in ihrem Verlauf kaum berechenbar und kaum zu kontrollieren. Sie erfordern sofortiges Handeln und machen (notwendige) Absprachen mit anderen in der Situation oft nur schwer möglich. Darüber hinaus aktivieren sie Ängste um die eigene körperliche Unversehrtheit. Umgang mit Aggression und Gewalt bedeutet im persönlichen Bereich das Erkennen und Beherrschen der eigenen aggressiven Impulse und Phantasien, die Reflexion des eigenen Handelns in gewaltträchtigen Situationen sowie die Förderung eines alternativen Verhaltensrepertoirs, das den Rückgriff auf gewalttätige Handlungen nicht mehr notwendig erscheinen lässt. Im institutionellen Bereich geht es um das Erkennen und Beseitigen von aggressionsfördernden Organisationsbedingungen, Strukturen und baulichen Maßnahmen. Im gesellschaftlichen und internationalen Bereichen müssen die eigene Reaktion auf gesellschaftliche und staatliche Gewalt wahrgenommen und verstanden werden, Mitgefühle mit den Opfern erlernt und praktiziert und damit verbunden die Folgen von Gewalt abgemildert bzw. behoben werden.

Wahrnehmung von Verhaltensimpulsen und Situationsdefinitionen

Eine differenzierte Wahrnehmung von Verhaltensweisen und -impulsen kann verhindern, dass neutrale Reize bereits als Aggression oder Gewalt empfunden werden. So werden z. B. von aggressiven Kindern oder Jugendlichen schnelle Bewegungen oft als Angriff gewertet oder es ist ihnen nicht möglich, zwischen absichtlicher Schädigung und unbeabsichtigten Handlungen zu unterscheiden. Da aggressivem Verhalten oft die Wahrnehmung (und Interpretation) einer Situation als feindlich, gefährlich, die eigenen Interessen bedrohend vorausgeht, ist es notwendig eine differenzierte Wahrnehmung zu trainieren. Deshalb sollten Informationen über den situativen Zusammenhang von aggressiven Handlungen gesammelt werden und in Rechnung gestellt werden, dass dieselbe Situation unterschiedlich erlebt und interpretiert werden kann. Damit entsteht die Möglichkeit zu überprüfen, ob tatsächlich eine bedrohliche Situation vorliegt.

Sich dem eigenen Aggressionspotential stellen

Das eigene aggressive Verhaltenspotential nicht zu verdrängen, sondern sich diesem zu stellen bedeutet selbst lernfähig zu werden bzw. zu bleiben. Selbst ausgeübte Gewalt wird häufig, gerade von Personen, die eigentlich Gewalt ablehnen, mit dem Schutz von Schwächeren vor der Misshandlung und Gefährdung durch Stärkere oder auch einer aufgezwungenen Selbstverteidigung (Notwehr) legitimiert. Solche Gewaltformen sollten jedoch nicht als unproblematisch und für selbstverständlich gehalten und verteidigt werden, sondern sind durchaus auch als Folge eigener latenter Gewaltsamkeit bzw. eines überraschend entdeckten persönlichen Gewaltpotentials zu identifizieren. Die Aufgabe muss hier sein, zu lernen mit eigenen aggressiven Impulsen in Konfliktsituationen umzugehen, so dass eine (weitgehend) willentliche Steuerung des eigenen Verhaltens in Problemsituationen ermöglicht wird. Dies setzt eine genaue Beobachtung und Kenntnis der eigenen Person voraus. Das Spannungsverhältnis zwischen dem eigenen Selbstbild eines mehr oder weniger aggressionsfreien oder doch zumindest aggressionskontrollierten Individuums und der Wahrnehmung des eigenen Aggressionspotentials muss nicht nur ausgehalten werden, sondern sollte Ansporn für eine konstruktive Bearbeitung sein.

Aggressive Verhaltensweisen nicht zum Erfolg führen lassen

Aggressives Verhalten dient häufig dem Erreichen von Zielen. Deshalb sollten andere Mittel angeboten werden, mit denen die Ziele erreicht werden können. Dies setzt jedoch voraus, dass das Handlungsziel des anderen klar ist. Gerade im Bereich von Gewalthandlungen lässt das zu beobachtende Verhalten nicht immer ohne weiteres auf die angestrebten Ziele schließen.

Anwendung von Gewalt eindeutig verurteilen

Aggressive und gewalttätige Verhaltensweisen, die ohne negative Konsequenzen und Missbilligung bleiben, stellen eine Aufforderung dar, dieses Verhalten zu wiederholen. Aggression und Gewalt müssen auf allen Ebenen eindeutig verurteilt und sanktioniert werden. Besonders problematisch erscheint, dass Aggression und Gewalt, die von Staatsorganen bzw. im Auftrag des Staates angewandt werden, anders beurteilt werden als individuelle Gewalttätigkeit. Das eine wird als legitim, gerecht und notwendig eingestuft, das andere als kriminell, ungerecht und überflüssig. Die Legitimation von Gewalt wird so eng mit dem Kontext von Macht verknüpft: Wer über Macht verfügt, kann (muss) auch Gewalt anwenden. Für den Erziehungsprozess ist es äußerst problematisch, wenn Kinder auf der einen Seite zu gewaltfreien Konfliktlösungen befähigt werden sollen, auf der anderen Seite jedoch ständig erfahren, dass Gewalt ein erlaubtes, notwendiges und unumgängliches Mittel sein kann, wenn sie als „sittliche Aufgabe" definiert oder zur „Erhaltung des Friedens" eingesetzt wird. Welcher Unterschied darin bestehen soll, dass Staaten auf der internationalen Ebene, ihre Ziele mit Gewalt durchsetzen dürfen, während dies auf der privaten Ebene unter Strafe gestellt ist, ist (nicht nur) für Kinder und Jugendlichen nicht ohne weiteres einsehbar.

Möglichkeiten der angemessenen Selbstbehauptung anbieten

Die (Über-)Lebensfähigkeit eines Individuums in einer Gesellschaft hängt auch davon ab, eigene Bedürfnisse und Interessen verfolgen und durchsetzen zu können. Zivilcourage zu zeigen oder den eigenen Standpunkt zu behaupten, hängt nicht nur von Kommunikationsfähigkeit, sondern auch von Durchsetzungsfähigkeit, also einem gewissen sozialen Antrieb ab, der häufig als „konstruktive Aggression" bezeichnet wird. Möglichkeiten der angemessenen Selbstbehauptung zu erlernen und einzuüben bedeutet, konstruktive Formen der Konfliktbewältigung zu erwerben, bei denen nicht nur die eigenen Interessen, sondern auch die der anderen gesehen werden.[565]

Warum Gewalt oft so attraktiv ist

- Mit Gewalt können Interessen durchgesetzt und Ziele erreicht werden.
- Gewalt schafft Fakten, die bei späteren Verhandlungen als Ausgangspunkt genommen werden können.

- Gewalt kann eigene Privilegien/Vorteile (zumindest kurzfristig) absichern und zudem berechtigte Ansprüche anderer (eine Zeit lang) abhalten.
- Die (scheinbare) Effektivität von Gewalt braucht nicht begründet zu werden.
- Gewalt wirkt auch nach innen, indem sie potentielle Kritiker einschüchtert.
- Gewalt schafft Klarheiten in einer komplizierten und undurchsichtigen Welt.
- Gewalt vermittelt das Gefühl, die eigene Ohnmacht zu überwinden.
- Gewalttätigkeiten garantieren eine eingehende Medienberichterstattung.
- Gewalthandlungen werden von den Tätern oft als emotional erregend und stimulierend erlebt.
- Gewalthandlungen werden als Männlichkeitsbeweis gesehen.

Günther Gugel: Wir werden nicht weichen. Erfahrungen mit Gewaltfreiheit. Eine praxisorientierte Einführung. Tübingen 1996, S. 161.

2.1 VERHALTEN IN GEWALT- UND PROBLEMSITUATIONEN

Konkrete Handlungsmöglichkeiten oder gar -anweisungen für effektives Verhalten in Problem- und Gewaltsituationen zu formulieren, ist äußerst schwierig, da diese sehr komplex sind und der ständigen Gefahr schneller Eskalation unterliegen. Zudem müssen Handlungsvorschläge nach spezifischen Bereichen und Situationen (öffentlicher Raum, Übergriffe im Arbeitsleben, potentielle Gewaltsituationen in Heimen, Problemsituationen im schulischen Bereich usw.) differenziert werden. Auch die Frage nach der Motivation sowie den Zielen von Übergriffen spielt hierbei eine wichtige Rolle. Soll mit dem Gewaltakt Aufmerksamkeit erzielt, Vergeltung ausgeübt oder Macht demonstriert werden, oder dient er dazu, instrumentell bestimmte Vorteile zu erlangen? Werden Übergriffe von Einzelpersonen aus einer Gruppe heraus oder von einer Gruppe ausgeübt? Spielen ideologische Motive (Ausländerfeindlichkeit, rechtsextremes Gedankengut usw.) eine Rolle? Wichtig ist dabei zu erkennen, dass in solchen Situationen andere Handlungs- und Vorgehensweisen gefragt sind, als sie im Rahmen von konstruktiver Konfliktbearbeitung, Mediation oder Konfliktmanagement praktiziert werden.

Konfliktbearbeitung	Handeln in Gewaltsituationen
KOMMUNIKATION	
Eher „therapeutisch orientiert": Allparteilichkeit, Akzeptanz, Anerkennung	Krisenorientiert: Parteilichkeit, schnell, direkt, klar; Folgen / Konsequenzen verdeutlichen; Täter, Opfer, Zuschauer im Blick
SITUATION	
Geplant, strukturiert, Terminvereinbarungen, festes Setting, aktiviert professionelles Handling	Oft unvermittelt, ohne Vorwarnungen, offene, oft diffuse Situation, stark emotional beladen
VORGEHEN	
Moderation, Rationalität und dosierte Emotionalität, Absprachen, Kompromisse	Unter Zeitdruck, schnelle Reaktionen notwendig, direktives Vorgehen
BIOGRAFISCHES	
Aktivierung der Gegenübertragung	Aktivierung von diffusen Ängsten, Hilflosigkeit
ARBEIT MIT	
Einzelpersonen, Paaren, Gruppen	Opfern, Tätern, Bystandern
ANSATZPUNKT	
Aushandeln konkreter Problemlösungen	Deeskalation der Situation, Schutz und Hilfe für Opfer, Feststellung des Täters, Aktivierung der Zuschauer

Wie kann man sich, bzw. wie soll man sich in Problem- und Gewaltsituationen verhalten? Sinnvoll erscheint es, sich mit potentiellen Droh- und Gewaltsituationen im Vorfeld auseinanderzusetzen (z. B. in Institutionen Notfallpläne ausarbeiten). Dies ermöglicht es, in einer Gewaltsituation angemessen(er) zu handeln. Dennoch lässt sich (eigenes und fremdes) Verhalten in solchen Situationen nur unzureichend vorhersagen. Gewaltsituationen spielen sich i. d. R. im Dreieck zwischen Opfer – Zuschauer – Täter ab: Zuschauer wissen oft nicht, wie sie Hilfe anbieten können. Oft heizen sie unbewusst durch ihr

Neugierverhalten die Situation an. Zuschauer müssen deshalb lernen, ihre Gleichgültigkeit aufzugeben, einzugreifen, Situationen zu
deeskalieren, Opfer zu schützen. Sie müssen lernen, wie angemessene Hilfe aussehen kann und wo fremde Hilfe zu finden ist. Opfer
wissen meistens nicht, wie sie sich verhalten sollen. Sie haben oft
wenig Selbstbewusstein und ein eher unterwürfiges Verhalten. Nur
wenige Opfer können Hilfe mobilisieren. Dritte müssen deshalb in
der Gewaltsituation die Opfer schützen, müssen ihnen Hilfe und Betreuung anbieten und dürfen die Opfer nicht allein lassen. Potentielle
Opfer müssen lernen, auf sich aufmerksam zu machen, sich angemessen wehren zu können, aus der typischen Opferrolle herauszu-
kommen und Selbstbewusstsein zu entwickeln.

Für viele Täter ist Gewaltanwendung legitim. Ihr Handeln ist auf
sofortige Bedürfnissbefriedigung ausgerichtet. Verletzungen anderer
werden in Kauf genommen. Die Folgen ihrer Tat (für andere und sie
selbst) werden ausgeblendet. Gewalthandlungen werden oft auch
als starker emotionaler Reiz, als „Kick" erlebt. Deshalb müssen Täter
lernen, dass sie zum einen die Folgen ihres Handels tragen müssen
und zum andern ihre eigenen Bedürfnisse und Interessen nicht auf
Kosten anderer durchsetzen können. Weiter müssen sie lernen, Konflikte ohne Gewalt auszutragen und soziale Anerkennung auf legitime
Art und Weise zu erwerben. Es ist notwendig, die Taten aufzudecken
und nicht zu verschleiern, die Täter mit ihren Taten zu konfrontieren
und Wiedergutmachung einzufordern. Potentielle Täter müssen klare
Grenzen erkennen können. Deshalb empfehlen die meisten Hand-
lungsanweisen für Gewaltsituationen drei Strategien: Sich selbst
nicht unnötig in Gefahr zu bringen, das Opfer zu schützen und eine
Strafverfolgung des/der Täter/s zu ermöglichen.

Um ein „Eingreifen" in Problemsituationen zu fördern, wurden u. a.
von der Polizei, dem Bundesgrenzschutz, von Regionalstellen gegen
Ausländerfeindlichkeit, von Mitarbeiter in Jugendhäuser, von Anti-Ag-
gressions-Trainer usw. eine Reihe von „Kurzanleitungen" entwickelt,
die in wenigen Punkten wichtige Verhaltensregeln formulieren. Eine
Zusammenstellung dieser Handlungsmöglichkeiten ist abrufbar unter: www.friedenspaedagogik.de/themen/konflikt/bedroh/in_bedr.htm

2.2 VORBEREITUNG AUF GEWALTSITUATIONEN DURCH TRAININGS

Trainings (in ihren vielfältigen Ausformungen) vermitteln Kenntnisse
über eigene und fremde Reaktionsweisen, schulen die soziale Wahrnehmung oder üben konkrete Verhaltensweisen ein. Einen beson-

ders wichtigen Stellenwert haben sie in der konkreten Vorbereitung möglicher Problemsituationen. Dabei geht es sowohl um individuelle Strategieentwicklung, als auch um das Kennenlernen und Verändern eigener Verhaltensweisen in zu erwartenden Situationen. Eine zentrale Methode bei Trainings sind Rollenspiele.

Der Qualifizierungsverbund für zivile gewaltfreie Konfliktbearbeitung der AGDF hat in den letzten Jahren Qualitätsstandards für Einführungsseminare, Grund- und Aufbaukurse in gewaltfreier Konfliktbearbeitung entwickelt.[566] In diesen Kursen werden neben Wissen Fähigkeiten und Fertigkeiten vermittelt sowie eine persönliche Weiterentwicklung der Teilnehmerinnen und Teilnehmer beabsichtigt. Fragen der Gewaltprävention sowie der Deeskalation sind Teil der Programme. Neben der Polizei, traditionellen Bildungsträgern und Sportvereinen (wie z. B. dem Judobund) werden solche Trainings inzwischen auch von kommerziellen Einrichtungen angeboten,[567] da hier offensichtlich Bedarf besteht. Viele dieser Trainings laufen unter den Begriffen „Sicherheitstrainings", „Selbstbehauptungstrainings" oder Selbstverteidigungstrainings. Inhalt dieser Trainings sind das Entwickeln von Selbstsicherheit und Selbstbewusstsein in Problemsituationen sowie von effektiven Strategien des Verhaltens, z. B. Wie kann Hilfe mobilisiert, wie können Zuschauer / Bystander aktiviert werden, welche Ansprache und Wortwahl ist empfehlenswert usw? Eine wichtige und durchaus kontrovers diskutierte Frage ist dabei, ob sich empfehlenswerte Verhaltensweise auf verbale Strategien beschränken sollen, oder auch defensive körperliche Strategien (z. B. Festhaltetechniken) einschließen müssten oder gar aktive körperliche Gegenwehr zu empfehlen sei.[568] Fachleute empfehlen, Körperkontakt, ja selbst direkten Blickkontakt mit Tätern auf alle Fälle zu vermeiden, da dies immer zu einer Eskalation beiträgt und das Verletzungsrisiko (bzw. die Schwere der Verletzungen) erheblich steigern würde. Hinzu kommt, dass Menschen, die in körperlichen Auseinandersetzungen nicht geübt und über viele Jahre trainiert sind, i. d. R. keine Chance haben, sich körperlich durchzusetzen und der Überraschungseffekt allein ist im Vergleich zum Risiko zu gering.

Obwohl es allgemeine „Basics" für das Verhalten in Gewaltsituation gibt – hierzu zählen u. a. die allgemeinen Verhaltensgrundsätze der Polizei[569] – erscheint es unabdingbar für spezifische Situationen, Berufsgruppen und Institutionen differenzierte Strategien zu entwickeln. Die allgemeinen Handlungsgrundsätze beziehen sich i. d. R. auf Gewaltsituationen im öffentlichen Raum. In Schulen, Krankenhäusern, Ämtern, Industriebetrieben usw., also im Umgang mit gewalttätigen Besuchern, Klienten oder Patienten, müssen eigenständige Strategien entwickelt werden. Für viele dieser Bereiche (z. B. Schule, Jugendhaus, Psychiatrie, Jugendhilfe usw.) liegen inzwischen eigenständige Handlungsempfehlungen vor. Diese müssen jedoch systematisch weiterentwickelt werden.[570]

Vorschläge der Polizei Rheinland Pfalz

1. Ich helfe, aber ohne mich in Gefahr zu bringen.
   Falls Sie Zeuge einer Gewalttat werden, gibt es andere Möglichkeiten, als wegzusehen oder sich direkt dem Täter entgegenzustellen. Jeder Mensch hat Möglichkeiten, etwas Hilfreiches zu tun, ohne in direkte Konfrontation mit dem Täter zu geraten.
2. Ich fordere andere direkt zur Mithilfe auf.
   Es ist ein Phänomen, dass bei Anwesenheit mehrerer Personen am Unglücks- oder Tatort die Wahrscheinlichkeit sinkt, dass geholfen wird. Psychologen sehen mehrere Gründe für dieses Verhalten. Man macht die Ernsthaftigkeit der Notsituation von der Reaktion der anderen Zuschauer abhängig: „Wenn die anderen nicht helfen, wird es wohl auch nichts zu helfen geben." Möglich ist auch, dass die erste in Erwägung gezogene Reaktion, nämlich zu helfen, verworfen wird aus Angst vor der Blamage. Man passt sich dann lieber der Zurückhaltung der anderen an, um nicht aufzufallen oder man schiebt die Verantwortung jeweils dem anderen zu mit dem Effekt, dass niemand hilft. Hier ist der Ansatzpunkt: Fangen Sie an etwas zu tun, andere werden dann folgen. Sagen Sie den Zuschauern: „Hier ist etwas nicht in Ordnung, hier muss etwas getan werden!" Fragen Sie: „Was können wir tun?" Sprechen Sie eine andere Person an und fordern Sie direkt auf: „Holen Sie Hilfe."
3. Ich beobachte genau und merke mir den Täter.
   Der Polizei ist es schon häufiger gelungen, aufgrund eines schnellen Anrufes und der guten Beobachtungsleistung von Zeugen, Täter durch eine schnelle Fahndung zu fassen. Wichtig zu wissen ist vor allem die Kleidung, das Aussehen und Fluchtrichtung eines Täters. Möglicherweise können sie dem Täter in sicherem Abstand folgen, ohne ihn zu verfolgen.
4. Ich organisiere Hilfe – Notruf 110.
   Rufen Sie professionelle Helfer, damit diese wissen was los ist, sagen Sie, wann etwas passiert ist und was passiert ist. Legen

Sie dann nicht sofort wieder auf, falls Nachfragen nötig sind.

5. Ich kümmere mich um das Opfer.

Nicht jeder traut sich zu, Erste Hilfe zu leisten, aber jeder kann dem Opfer beistehen. Die Erfahrung von Notärzten zeigt, dass verletzte Opfer schon dadurch stabilisiert werden können, wenn Sie bis zum Eintreffen der professionellen Helfer seelischen Beistand bekommen. Sprechen Sie mit dem Opfer, trösten Sie es. Fragen Sie, was Sie tun können und wie Sie unterstützen können.

6. Ich stelle mich als Zeuge zur Verfügung.

Viele verlassen kurz vor oder unmittelbar nach dem Eintreffen der professionellen Helfer den Ort des Geschehens. Aber Sie werden als Zeuge gebraucht. Möglicherweise ist nur Ihnen etwas aufgefallen, das sehr wichtig ist, um den Täter zu fassen oder die Tat zu rekonstruieren. Deshalb bleiben Sie bitte vor Ort und fragen Sie die professionellen Helfer, ob Ihre Anwesenheit noch erforderlich ist. Sollten Sie unter Zeitdruck stehen, hinterlassen Sie für wichtige Nachfragen Ihren Namen und Ihre Erreichbarkeit.

http://www.polizei.rlp.de/internet/nav/bf7/bf7609c6-071a-9001-be59–
2680a525fe06&_ic_uCon=7e15045d-9df5–1101–2068-abd7913a4f82&conP
age=1&conPageSize=50.htm

Die Organisation Reporter ohne Grenzen hat für Journalisten eigene Verhaltensregeln veröffentlicht. Ferner gibt sie regelmäßig den „Practical Guide for Journalists" heraus, der Sicherheitshinweise für die Arbeit in Kriegs- und Kriesengebieten sowie wichtige Kontaktadressen enthält.[571] Hilfestellungen für Journalisten geben außerdem das von der International Federation of Jounalists (IFJ) herausgegebene Handbuch „Live News – A Survival Guide for Journalists" und der Leitfaden „On Assignment: Covering Conflicts Safely" vom Committee to Protect Journalists (CPJ).[572]

3 INSTITUTIONELLE VORSORGE GEGEN GEWALT VON MITARBEITERN

Organisationen und Institutionen müssen ihre Mitarbeiter vor potentiellen Gewalttaten schützen und diese auf Verhalten in Problem- und Gewaltsituationen vorbereiten. Doch es gibt auch die andere Seite, nämlich Dritte vor möglichem Fehlverhalten, Übergriffen, Diskriminierungen oder gar Gewaltanwendungen von Mitarbeitern zu bewahren. Mitarbeiter sind nicht nur als potentielle Opfer von Gewalttaten zu sehen, sondern können auch potentielle Täter sein und zwar gegen andere Mitarbeiter oder gegen Kunden, Klienten, Patienten. Die Handlungen reichen hier von Mobbing bis zu sexueller Gewalt. Besonders problematisch sind Situationen, in denen Abhängigkeitsbeziehungen bestehen, bzw. Zuwendungen oder Vergünstigungen (Bescheinigungen, Dokumente, gute Noten, Nahrung usw.) nur gegen „Hilfsdienste" gewährt werden. Solche Beziehungen bestehen bei Ärzten, Krankenhauspersonal oder Lehrern ebenso wie bei Mitarbeiterinnen und Mitarbeiter von Behörden oder Hilfsorganisation in der Entwicklungszusammenarbeit.

So deckte z. B. für den Bereich der Entwicklungszusammenarbeit die Studie der britischen Hilfsorganisation „Save the Children" Anfang 2002 auf, dass in Flüchtlingslagern Westafrikas Mitarbeiter von Hilfsorganisationen Versorgung nur im Tausch gegen Sex gewährten.[573] Die UNHCR und Save the Children haben in ihrem Bericht eine Reihe von detaillierten Maßnahmen zur Prävention und Verbesserung der Situation vor Ort vorgeschlagen. Prinzipiell gilt dabei, Frauen sowohl im „Staff" von Hilfsprogrammen ein größeres Gewicht zu geben und auch bei der Durchführung von Hilfe besonders zu berücksichtigen (Gender Mainstreaming). Monitoring, Trainingsprogramme zur bewussten Wahrnehmung von und dem Umgang mit Übergriffen sind weitere Maßnahmen.

Eine besondere Rolle spielen Verhaltenskodizes für Mitarbeiter (Codes of Conducts). Wohl die meisten international tätigen Firmen und Organisationen haben inzwischen allgemeine „Codes of Conducts", bei denen sie sich zur Einhaltung höchster ethischer Verhaltensstandards sowie zur strengen Einhaltung nationaler und internationaler Gesetze[574] verpflichten. I. d. R. wird in diesen Codes of Conducts auch Bezug auf die Einhaltung der Menschenrechte genommen. In solchen allgemeinen Verhaltenskodizes werden gültige Rechtsnormen auf der Basis der Menschenrechte nochmals für den innerbetrieblichen Bereich wiederholt und deren Einhaltung gefordert. Nicht nur Firmen, sondern auch NGOs und internationale Organisationen haben eigene Verhaltenskodexe entwickelt.

Verhaltenskodex der SEZ Gruppe

„Die SEZ Gruppe bekennt sich zur Einhaltung der Menschenrechte: Schutz vor Diskriminierung, zum Beispiel aufgrund von Rasse, Hautfarbe, Glauben, Nationalität, ethnischen Ursprungs, Geschlecht, Alter, Familienstand, Behinderung, Zugehörigkeit zu einer nationalen Minderheit, politischer Orientierung oder eines beliebigen anderen Status. Ebenso respektiert die SEZ Gruppe die Freiheit zu friedlichen Versammlungen, zur freien Meinungsäußerung sowie der Gedanken- und Religionsfreiheit. Wir lehnen jede Form von Kinder- und Zwangsarbeit ab sowie Arbeitsbedingungen, die gegen internationale Gesetze und Sitten verstoßen."

www.sez.com

So hat z. B. das Inter-Agency Standing Committee[575] eine „Task Force on Protection from Sexual Exploitation and Abuse in Humanitarian Crises" eingerichtet, die einen Aktionsplan entwickelte der auf einem spezifischen Code of Conduct beruht.[576] Die Deutsche Welthungerhilfe in Bonn gehört zu den ersten deutschen Organisationen, die neue Verhaltenskodizes zur Vermeidung sexueller Übergriffe erarbeitete. Im Kodex der DWHH werden – entsprechend den Vorgaben der Vereinten Nationen – Akte sexuellen Missbrauchs als grobes Fehlverhalten definiert, die zur fristlosen Kündigung führen können. Sex mit Jugendlichen unter 18 Jahren ist generell verboten, ebenso wie der „Eintausch von Projektleistungen (Geld, Beschäftigungsmöglichkeiten, Hilfsgüter und Hilfsleistungen, Transport etc.) gegen Sex, sexuelle Gefälligkeiten und andere Formen von demütigendem, erniedrigendem und ausbeuterischem Verhalten."[577]

Für den Schulbereich wurde von der UNHCR ein „Teacher's Code of Conduct" in Eritrea als Modell eingeführt, den Schulen dann jeweils für ihre Situation anpassten und der dann vom Inter-Agency Network for Education in Emergencies (INEE) übernommen wurde.[578] Dieser Verhaltenskodex betont u. a. auch die Verantwortung des Lehrpersonals auch für die Sicherheit der Schüler:

„At all times, the teacher

- protects students from conditions which interfere with learning or are harmful to the students' health and safety
- does not take advantage of his or her position to profit in any way
- does not sexually harass any student or have any manner of sexual relationship with a student." [579]

Solche Verhaltenskodizes sind nur wirksam, wenn Mitarbeiter direkt darauf verpflichtet werden, wenn die Nichteinhaltung mit Sanktionen verbunden wird, wenn begleitend ein System vom Monitoring, Kontakt- und Meldestellen und Weiterbildung installiert werden und Sensibilisierung für die gesamte Thematik durch entsprechende Programme erreicht wird.

Der VW-Konzern hat sich in einer 1996 abgeschlossenen Betriebsvereinbarung „Partnerschaftliches Verhalten am Arbeitsplatz" nicht nur verpflichtet sexuelle Belästigung, Mobbing und Diskriminierung zu unterbinden und ein partnerschaftliches Klima zu fördern und aufrecht zu erhalten, sondern gleichzeitig diese auch genau definiert und ein Beschwerde-, Informations- und Weiterbildungssystem eingeführt. Hier werden abgestufte betriebsinterne Maßnahmen (Belehrung, Verwarnung, Verweis, Geldbuße) und arbeitsrechtliche Maßnahmen (Versetzung, Abmahnung oder Kündigung) ergänzt und begleitet mit Beratung und Qualifizierung bis hin zu therapeutischen Angeboten.[580] Verhaltenssteuerung wird hier über eine Kombination von Bewusstmachung, Unterstützung und Hilfe, aber auch von Sanktionen und Strafen betrieben. Diese Betriebsvereinbarung von VW wird allgemein als vorbildlich eingestuft.

Eine vielleicht ungewöhnliche, aber durchaus effektive Möglichkeit der Gewaltprävention in diesem Bereich stellen Selbstverpflichtungen dar. Selbstverpflichtungen sind Absichtserklärungen, deren Einhaltung allein von den betreffenden Personen kontrolliert wird. Sie kommen vor dem Hintergrund einer intensiven Auseinandersetzung mit einem Problembereich zustande und appellieren an das berufliche Ethos der betreffenden Personen. Individuell oder gemeinsam von Betroffenen formuliert beinhalten sie eine starke verhaltenssteuernde Dimension. Für verschiedene Bereiche liegen jedoch auch (allgemeine) Formulieren vor, wie z. B. der von Hartmut von Hentig für Lehrerinnen und Lehrer formulierte „Sokratische Eid", in dem diese sich u. a. verpflichten, für die körperliche und seelische Unversehrtheit ihrer Kinder einzustehen.[581] Selbstverpflichtungen dürfen nicht aufgrund von Gruppendruck oder moralischem Druck zu stande kommen. Sie erfüllen ihre Funktion, ein Zeichen für sich selbst und evtl. durch die Veröffentlichung auch für andere zu setzen, nur vor dem Hintergrund von Freiwilligkeit.

Der Sokratische Eid

Als Lehrer und Erzieher verpflichte ich mich,

- die Eigenheit eines jeden Kindes zu achten und gegen jedermann zu verteidigen;
- für seine körperliche und seelische Unversehrtheit einzustehen;
- auf seine Regungen zu achten, ihm zuzuhören, es ernst zu nehmen;
- zu allem, was ich seiner Person antue, seine Zustimmung zu suchen, wie ich es bei einem Erwachsenen täte;
- das Gesetz seiner Entwicklung, sowie es erkennbar ist, zum Guten auszulegen und dem Kind zu ermöglichen, dieses Gesetz anzunehmen;
- seine Anlagen herauszufordern und zu fördern;
- seine Schwächen zu schützen, ihm bei der Überwindung von Angst und Schuld, Bosheit und Lüge, Zweifel und Misstrauen, Wehleidigkeit und Selbstsucht beizustehen, wo es das braucht.

Hartmut von Hentig: Der Sokratische Eid. In: Friedrich Jahresheft 1992. Seelze 1992, S. 114, Auszug.

4 UMGANG MIT KRISENSITUATIONEN

Schwellensituationen und Krisensituationen gehören (bis zu einem gewissen Grade) zum normalen Leben dazu. Solche entwicklungsbedingten Krisen sind u. a. Geburt von Kindern, Übergang in den Kindergarten, die Schule, Ausbildung und Beruf, Partnerschaft, Heirat, Lebensmitte, Renteneintritt, Ruhestand, Tod. Schuchard[582] spricht hier von „Lebens-Lauf-Krisen", die vorhersehbar an bestimmten Schaltstellen der Lebensgeschichte auftreten im Gegensatz zu „Lebens-Bruch-Krisen", die unvorhersehbar sind. Zu diesen Lebens-Bruch-Krisen gehören u. a. ungewollte Kinderlosigkeit oder ungewollte Schwangerschaft, Gewalt, sexueller Missbrauch, Arbeitslosigkeit, Unfälle, schwere oder chronische Krankheiten, Trennung, Tod wichtiger Bezugspersonen, Terroranschläge und Gewaltübergriffe, Verfolgung, Vertreibung, Gefangennahme, Folter, Natur-, Umwelt- oder technische Katastrophen. Krisenerfahrungen sind weiter verbreitet als allgemein angenommen. In dem hier diskutierten Kontext soll die Vorbereitung auf und der Umgang mit unvorhergesehenen Gewaltereignissen näher betrachtet werden. Nicht nur seit die Gefahr von terroristischen Anschlägen weltweit zugenommen hat und „Amokläufe" oder „Massaker" auch in Schulen immer wieder stattfinden ist dieses

Problemfeld als wichtiger Teilbereich der Gewaltprävention zunehmend ins Bewusstsein gerückt.

Der Umgang mit solchen Krisen ist äußerst schwierig, da sie oft mit Handlungslähmung, Desorganisation und Chaos, Stress und Angst verbunden sind. Eine effektive Vorbereitung, die Aufstellung von Notfallplänen und der richtige Umgang mit den direkten und indirekten Opfern können dazu beitragen, Risiken zu minimieren und die Folgen von Gewalttaten zu begrenzen. Entscheidend ist, dass rechtzeitig vor einem Notfall entsprechende Vorbereitungen und Vorkehrungen getroffen werden. Die Erkenntnis, dass es notwendig ist, das „Undenkbare zu denken", um Schlimmeres zu verhüten, setzt sich jedoch erst langsam durch. Dennoch sollte immer klar sein, dass Krisen prinzipiell nicht verhinderbar sind, sondern „nur" in ihren Folgen abgemildert werden können.

4.1 AUFBAU EINES SICHERHEITSMANAGEMENTS

Betriebe, Verbände, öffentliche Einrichtungen und Verwaltungen haben eine Verantwortung und Fürsorgepflicht gegenüber ihren Mitarbeitern, Besuchern und Klienten. Diese bezieht sich auch auf den Schutz vor gewaltsamen Übergriffen („security") und zwar nicht nur im Kontext von kriegerischen Auseinandersetzungen, sondern auch im Bereich der Alltagsgewalt. Im Handlungsfeld der humanitären Hilfe scheint inzwischen das Bewusstsein fest verankert, dass Sicherheit bzw. die Bedrohung derselben ein wichtiges Thema für Hilfsorganisationen ist, so stellt ein Papier des Verbandes Entwicklungspolitik deutscher Nichtregierungsorganisationen (VENRO) zu Fragen der Mindeststandards für die Personalsicherheit in der humanitären Hilfe fest.[583] Allerdings wird bemängelt, dass nur in den wenigsten Organisationen bereits eine wirkliche Sicherheitskultur bestehe und das Thema nicht in allen Abläufen der Planung und Durchführung von Hilfsmaßnahmen verankert sei. Was hier VENRO für den Bereich der Hilfsorganisationen bilanzierend formuliert, gilt auch für andere Institutionen und Einrichtungen.[584]

Zu einem Sicherheitsmanagement gehören folgende Punkte:

- Erarbeitung einer generellen Sicherheits-Policy;
- Klärung von Zuständigkeiten, Entscheidungsbefugnissen und Einarbeitung in Stellenbeschreibungen und Arbeitsabläufe;
- Klärung der Erwartungen der Organisation an das Verhalten der Angestellten;
- Bereitstellung von Informationen über bzw.Schaffung des Zugangs zu Fortbildungsmöglichkeiten;
- Bereitstellung finanzieller Mittel für Training und Ausrüstung;
- Erstellung einer Risikoanalyse für die Einrichtung;
- Erstellung eines Sicherheitsplans;
- Regelungen für die Berichterstattung über und Analyse von Zwischenfällen;
- Regelung der Zusammenarbeit mit anderen Akteuren vor Ort.

Hauptbestandteile der Sicherheitspläne sind in aller Regel klare Handlungsanweisungen für verschiedene Situationen bzw. Bedrohungsszenarien. Dies bedeutet konkret, bisherige Erfahrungen mit Problem- und Gewaltsituationen auszuwerten, die Wahrnehmungs- und Diagnosefähigkeit der Mitarbeiterinnen und Mitarbeiter in Bezug auf Problemsituationen zu schulen, über effektive und erprobte Handlungs- und Verhaltensmöglichkeiten zu informieren und diese einzuüben. Ernstfallszenarien sollten erstellt und durchgespielt werden. Dabei geht es vor allem auch darum, das Hilfesystem vor Ort und die Möglichkeiten seiner Aktivierung und Mobilisierung zu kennen. Im Vorfeld können bereits organisatorische und bauliche Maßnahmen dazu beitragen, Risiken zu minimieren. Dies alles mündet in die Ausarbeitung eines detaillierten Notfallplans der jeweiligen Einrichtung.[585]

Maßnahmen im Überblick

Vorfeld
- Steuergruppe einrichten, die sich des Themas annimmt
- Mögliche Gefährdungen und Gefahrenmomente thematisieren
- Schulungen anbieten
- Hilfreiche organisatorische Maßnahmen einführen (z.B. Anwesenheit einer zweiten Person bei problematischen Situationen)
- Bauliche Maßnahmen (Fluchtwege, Schutzgitter, Beleuchtung ...)
- Sicherheitsanlagen (Handy, akustische Signale, Gegensprechanlagen, Videoüberwachung
- Notfallplan ausarbeiten

Sofortmaßnahmen bei Gewalttaten
- Erste Hilfe / Gefahr bannen
- Opfer nicht allein lassen
- Notfallplan aktivieren

Nachbetreuung
- Rechtliche Schritte einleiten
- Therapeutische Betreuung
- Interne Kommunikation und Aufarbeitung
- Ursachenanalyse
- Supervision
- Anpassung der Notfallplanung

Raster für einen Notfallplan
- Erste Hilfe: Notfallkoffer, Telefonliste
- Verantwortlichkeiten: wer macht was? Wer ist verantwortlich für die Auslösung des Notfallszenarios?
- Gebäudepläne und Personenlisten bereithalten
- Personen/Stellen, die kontaktiert werden müssen: z.B. Polizei, Notarzt, Feuerwehr
- Absperrungen und Sicherungen: durch wen, wann? Plan für Gebäuderäumung?
- Dokumentation und Umgang mit Beweismittel: durch wen, wie?
- Information: durch wen, wer, wie, wann? Einrichtungsintern, extern, z.B. Presse
- Kontakte mit Betroffenen und Angehörigen: wer, wie?

- Kontakte mit Medien: wer, wie, was?
- Personen und Stellen, die in der Folgezeit einbezogen werden sollten
- Unterstützung der Betroffenen bei der Bewältigung: wer, wie?

Inzwischen existieren eine Reihe von Informationsmaterialien, die sich systematisch und praktisch mit „Coping with Crisis" befassen. Für den Schulbereich wurden in den USA vor dem Hintergrund mehrerer Schulmassaker Ende der 1990er Jahre zwei grundlegende Handreichungen erarbeitet:
- Coping with Crisis. Lessons Learned. For Prevention and Intervention.[586]
- Safeguarding Our Children: an Action Guide.[587]

Diese wurden in verschiedenen Ländern auch als Vorlage und Anregungen für weitere Ausarbeitungen genommen.[588] An der psychiatrischen Poliklinik Inselspital Bern wurden in Kooperation mit der Arbeitsgruppe Schulzentrum Längenstein detaillierte Richtlinien für das Verhalten in der Schule nach einem Suizid erarbeitet.[589] Diese für den deutschen Sprachraum einmalige Handreichung beruht in den Grundzügen auf Erfahrungen und Richtlinien des Suicide Prevention Programs Committee, Washington D.C. Solche Richtlinien, die bis zu Briefvorschläge an betroffene Eltern oder auch Hilfestellung und Gesprächsvorschläge für betroffene Schulklassen beinhalten, sind äußerst hilfreich, da sie Orientierung und konkrete Unterstützung bieten.

4.2 NACHBETREUUNG DER OPFER, TRAUMAARBEIT

Im Kontext von Gewalthandlungen kommt es oft zu traumatischen Erlebnissen, die bei Opfern und Zuschauern zu sog. Posttraumatischen Belastungsstörungen (Post Traumatic Stress Disorder (P.T.S.D)) führen können. Die Posttraumatische Belastungsstörung „is a natural emotional reaction to a deeply shocking and disturbing experience. It is a normal reaction to an abnormal situation."[590] Sie ist eine mögliche Folgereaktion eines oder mehrerer traumatischer Ereignisse, wie z. B. Erleben von körperlicher und sexualisierter Gewalt, Vergewaltigung, gewalttätige Angriffe auf die eigene Person, Entführung, Folter, Katastrophen, Unfälle usw. Diese Ereignisse können selbst erlebt oder auch an fremden Personen beobachtet sein. Es kommt dabei oft zum Gefühl von Hilflosigkeit und zu einer existentiellen Erschütterung des Selbst- und Weltverständnisses. Das Entscheidende an der Traumatisierung ist der Verlust der Sicherheit und die Unterbrechung des Kontaktes zu anderen. Die Welt und das eigene Leben sind nach dem Trauma nicht mehr wie zuvor; Beziehungen müssen neu aufgebaut und neu definiert werden.[591]

Spezifische Anforderungen an Konzepte und Vorgehensweise der Traumaarbeit ergeben sich in Kriegsgebieten und kollektiven Betroffenheiten mit Tausenden von traumatisierten Opfern und oft ohne Aussicht auf Sicherheit oder Schutz vor erneuter Traumatisierung.[592] Hier kommen zu individuellen Traumata oft kollektive hinzu und vermischen sich.[593] Herkömmliche psychotherapeutische Verfahren können schon aufgrund der hohen Opferzahlen, aber auch aufgrund unterschiedlicher kultureller Gegebenheiten und Sprachschwierigkeiten nicht angewandt werden.[594]

Vorbereitung auf und Umgang mit Gewalt kann gelernt werden. Voraussetzung ist, dass überhaupt eine Auseinandersetzung mit diesem Thema stattfindet, man sich also mit dem „Unfassbaren" befasst. Auch wenn Gewaltereignisse selbst dadurch nicht (immer) zu verhindern sind, so können doch die Folgen für alle Betroffenen erheblich vermindert werden.

3 Gewaltprävention entwickeln

Gewalt verursacht menschliches Leid und hohe individuelle und gesellschaftliche Kosten. Gewalt verhindert Entwicklung. Sie zurückzudrängen bzw. zu verhindern, fördert unmittelbar die persönlichen und gesellschaftlichen Gestaltungsmöglichkeiten für eine menschlichere Gesellschaft. Gewaltprävention ist – in Fachkreisen wie in der Bevölkerung – populär,[595] denn mit Gewaltprävention werden – gerade auch im internationalen Kontext – große Hoffnungen verbunden. So ist z. B. das WHO-Programm zur Gewaltprävention[596] von der Überzeugung geleitet, dass Gewalt überwindbar ist. Als Beleg werden dabei Erfolge bei der Ausrottung von Krankheiten herangezogen.[597] Unterstützt wird diese optimistische Sichtweise durch den Human Security Report 2005, der aufzeigt, dass langfristig betrachtet die Zahl der Kriege und der Opfer von Kriegen zurückgeht, dass Flüchtlingsströme abnehmen und inzwischen weniger Diktaturen auf der Welt zu finden sind als noch vor einigen Jahrzehnten.[598] Ob sich diese Trends auch für den Bereich der interpersonalen Gewalt feststellen lassen, ist nicht eindeutig zu beantworten. Nicht vergessen werden darf jedoch, dass es auch gegenteilige Tendenzen gibt, so z. B., dass die Zahl der Armen und Hungernden weltweit wieder ansteigt, oder dass die Verfügbarkeit von Waffen noch nie so groß war wie heute.

Die Frage ist also, ob die Hoffnungen, die in Gewaltprävention gesetzt werden, berechtigt oder illusorisch sind. Vor dem Hintergrund der Sichtung und Darstellung der vielfältigen Zugangsweisen, Ansätze und Modelle der Gewaltprävention mangelt es nicht so sehr an Ideen, denn an fundierten Erkenntnissen und gesichertem Wissen. Gesicherte Aussagen über die Wirkung einzelner Maßnahmen und Modelle sind aufgrund fehlender Evaluationen kaum möglich. Einzelne Projekte allein können das Gewaltproblem nicht lösen, sie dienen wohl eher der Beruhigung der Verantwortlichen.

Hinzu kommt noch ein anderer Aspekt, der den Blick weg von Einzelmaßnahmen lenkt: Gewaltprävention arbeitet (ob bewusst oder unbewusst) immer vor dem Hintergrund normativer Vorstellungen, wie in der Zukunft Entwicklungen verlaufen sollen und welche Verhaltensweisen und Verhältnisse als erwünscht und „normal" und welche als unerwünscht und problematisch eingestuft werden. Deshalb werden mit Gewaltprävention immer auch zentrale Fragen des Zusammenlebens und der gesellschaftlichen Entwicklung angesprochen und bearbeitet. Zwar ist das Bedürfnis nach Sicherheit ein Grundbedürfnis des Menschen. Doch Sicherheit ist brüchig und permanent gefährdet. „Sicherheit gibt es nicht, außer im Moment. Nur Unsicherheit kann als dauerhaft vorgestellt werden."[599]

Möchte man durch Gewaltprävention also eine umfassende Sicherheitskultur schaffen, so besteht die Gefahr, dass Prävention ihre eigenen Voraussetzungen produziert: Durch die permanente Betonung möglicher Gefährdungen und Bedrohungen, werden diese verstärkt und verzerrt wahrgenommen. Anja Mensching wirft deshalb die Fragen auf, wie weit die Vorverlagerung, die Vorbeugung gegen ein Problem oder zukünftiges Verhalten (das evtl. sowieso nicht eintritt) reichen darf, wie stark Prävention das Denken und Handeln bestimmen darf und was im Namen der Vorbeugung noch erlaubt ist.[600] Strasser und Henning van den Brink gehen in ihrer Kritik an einer „Präventionsgesellschaft" noch weiter. Sie stellen eine Verselbständigung der Prävention zu einem Teilsystem der Gesellschaft fest, wobei jeder Zweifel an der Rechtsstaatlichkeit oder der Effektivität am Schutzpanzer der Präventionsrhetorik abperle.[601] „So kommt es, dass der öffentliche Begründungsaufwand für neue Präventionsmaßnahmen verschwindend gering ist und die dahinter stehende Präventionslogik nicht mehr Gegenstand kritischer Diskussionen ist."[602] Die Abwehrmaßnahme gegen die Gefahr werde so zu einem Beweis für die Gefahr.

Mit diesen grundsätzlichen Anmerkungen zur (Kriminal-)Prävention wird angemahnt, Begründungszusammenhänge, Maßnahmen und Wirkungen der Prävention selbstkritisch zu überdenken und zu diskutieren. Und hierfür besteht genügend Anlass: Die Theorieansätze und Erklärungsmodelle für Gewaltprävention sind nur rudimentär entwickelt. Die Verbindungen und Abhängigkeiten von privater und kollektiver Gewalt sowie die gesellschaftliche und politische Dimension von Gewaltprävention werden kaum reflektiert. Der verwendete Gewaltbegriff wird nur selten ausgewiesen. Die Dimensionen der strukturellen und kulturellen Gewalt bleiben weitgehend unberücksichtigt. Es findet eine Konzentration auf den Bereich der personalen zwischenmenschlichen Gewalt (weitgehend von Kindern und Jugendlichen) statt. Diese werden jedoch vor allem unter dem Aspekt der (potentiellen) Täter gesehen, nicht oder nur am Rande unter dem der Opfer von Gewalt. Gerade im internationalen Kontext muss aber Gewaltprävention auch – und vielleicht sogar primär – Handlungsansätze unter diesem Aspekt entwickeln.

Dies ist die eine, die problembehaftete und zu kritisierende Seite der Gewaltprävention. Die andere ist die Notwendigkeit, in der Praxis agieren und reagieren zu müssen, sowie im Alltag handlungsfähig zu sein. Wie kann also Gewaltprävention so (weiter-)entwickelt werden, dass eine wirksame präventive Praxis im Kontext von Entwicklungs-zusammenarbeit möglich ist?

Vor dem Hintergrund der in dieser Studie dargestellten und disku-tierten Voraussetzungen, Maßnahmen und Modelle der Gewaltprä-vention in den Bereichen Familie, Schule und Gemeinschaft können zusammenfassend einige allgemeine Notwendigkeiten formuliert werden:

Anzustreben ist eine Kombination von erprobten, evaluierten und Erfolg versprechenden Modellen und Interventionsstrategien, ver-bunden mit der Entwicklung eines gesellschaftlichen „Klimas", das geprägt ist von der Achtung der Würde des Menschen, der Respek-tierung der Menschenrechte, der gegenseitigen Verantwortung für-einander und dem Bemühen, an der Entwicklung von Demokratie, einer Kultur des Friedens und der Gewaltfreiheit mitzuarbeiten.

Gewaltprävention gewinnt dann an gesellschaftlicher Bedeutung, aber auch an Brisanz, wenn Zusammenhänge von kollektiver und individueller Gewaltbekämpfung deutlich werden. Denn dann können Gewaltprobleme nicht mehr (pädagogische, psychologisch) individu-alisiert werden und von anderen gewichtigen Gewaltverhältnissen ablenken.

Gewaltprävention darf keine isolierten „Insellösungen" suchen, sondern muss gemeinwesenorientierte und systemische Ansätze fa-vorisieren.

Ansätze und Modelle der Gewaltprävention bedürfen der Adap-tion an die jeweils spezifischen gesellschaftlichen und kulturellen Bedingungen. Dabei muss auch berücksichtigt werden, dass unter-schiedliche Gewaltbegriffe und Traditionen im Umgang mit Gewalt in verschiedenen Kulturen und Ländern ein gemeinsames, abgestimm-tes Vorgehen schwierig machen. Wie und ob die Adaption von in In-dustriegesellschaften entwickelten Modellen für Entwicklungsländer gelingt, ist schwer einzuschätzen. Hier muss ein offener Austausch und Dialog stattfinden.

Die „Violence Prevention Alliance" der WHO ist z. Z. wohl das um-fassendste und ehrgeizigste Projekt, um ein koordiniertes und abge-stimmtes Vorgehen zur Gewaltprävention im internationalen Kontext zu erreichen. Dieser Ansatz sollte allerdings stärker ergänzt werden durch die Dimension der kulturellen Gewaltprävention im Sinne der Bearbeitung von gesellschaftlichen, rechtlichen, kulturellen und reli-giösen Stützungssystemen von Gewalt.

Die UNICEF-Studie „Violence against Children" ermöglicht vor dem Hintergrund der Erhebung von qualifizierten Daten und Problembeschreibungen die Entwicklung konkreter Präventionsansätze. Dabei sollten Diskussionsstränge um Gewaltprävention, Konfliktbearbeitung und Child Protection enger aufeinander abgestimmt und als gemeinsame Strategie weiter entwickelt werden.

Die Kluft zwischen Forschung und Praxis muss geschlossen werden. Die Ergebnisse der Forschung müssen systematisch auf ihre Praxisrelevanz geprüft werden. So bieten z. B. Ergebnisse der Sozialpsychologie insbesondere der Kleingruppenforschung oder Studien über Autorität und Gehorsam wichtige Ansatzpunkte für gewaltpräventives Handeln.

Übersteigerte Erwartungen an Gewaltprävention sind zu dämpfen. Kurzfristige Erfolge sind nicht zu erwarten. Langfristige positive Entwicklungen sind jedoch nur schwer mit kurzen Projektlaufzeiten und dem Bedürfnis der Geldgeber nach „Erfolgsprojekten" in Einklang zu bringen.

Solange das Wissen um die Wirkungen spezifischer Maßnahmen der Gewaltprävention immer noch sehr begrenzt ist, sollte der oberste Grundsatz auch für Gewaltprävention sein: „Do no harm".[603] Denn gut gemeint, ist noch nicht gut gemacht. Auch gut gemeinte Vorhaben können negative Folgen oder Nebenwirkungen zeitigen.

4 Zusammenfassung / Essentials

1

Die Verpflichtung auf eine Kultur der Gewaltlosigkeit ist eine Grund-
voraussetzung menschlichen Zusammenlebens. Gewalt zerstört nicht
nur die Grundlagen des Zusammenlebens, d.h. die Überzeugung
und das Vertrauen, dass Probleme und Konflikte gewaltfrei ausgehandelt und gelöst werden können. Sie verursacht auch physische,
psychische, soziale und materielle Kosten.

2

Gewaltprävention beinhaltet Prävention im Sinne von langfristiger
vorbeugender Arbeit, Interventionsstrategien zum Verhalten in aktuellen Gewalt- und Konfliktsituationen sowie Maßnahmen zur Konfliktregelung und Nachbearbeitung von Gewaltsituationen. Während im
Bereich primärer Prävention Aufklärung und eine „gute Erziehungs-
und Bildungsarbeit" gefragt sind, die prinzipiell von „allen" ausgeübt werden können, sind in den Bereichen sekundärer und tertiärer
Prävention spezifische Kenntnisse erforderlich, die i.d.R. durch eigenständige Trainings und Zusatzqualifikationen erworben werden.
Maßnahmen der Gewaltprävention zielen auf Veränderungen auf der
individuellen Ebene, der Beziehungsebene, dem kommunalen Umfeld und in der Gesellschaft ab. Der Begriff Gewaltprävention wird
nicht nur konzeptionell beschreibend, sondern auch instrumentell legitimierend eingesetzt. Häufig werden die Begriffe „Kriminalpäventi-
on" und „Gewaltprävention" synonym verwendet. Dahinter verbergen
sich jedoch verschiedene Konzepte und Vorgehensweisen. Gewaltprävention muss als eigenständiger Bereich verstanden werden. Notwendig erscheint eine Erweiterung und Ergänzung des vorfindbaren
Verständnisses von Gewaltprävention um die Dimension einer Kon-
flikt- und Streitkultur, verstanden als Kern einer Kultur des Friedens
und verbunden mit dem zentralen Verständnis von Gewaltfreiheit als
allgemeinem Lebensprinzip, das es in allen Lebensbereichen auszudifferenzieren und zu konkretisieren bedarf.

3

Gewaltprävention benötigt ein differenziertes und umfassendes Gewaltverständnis. Gewaltprävention hat mit dem Dilemma zu tun, dass
sie einerseits auf vorfindbare Gewalt reagieren muss, andererseits
aber nur wenig oder kaum auf präzise Analysen, Beschreibungen
und Definitionen ihres Gegenstandsbereiches zurückgreifen kann.

Der Gewaltbegriff ist nicht eindeutig und oft schwer zu fassen, zumal Definitionen von Gewalt immer auch interessengeleitet sind. Gewalt ist in dreifacher Weise kontextgebunden: historisch, geografisch und kulturell. Was an einem Ort und zu einer bestimmten Zeit als Gewalt bezeichnet und erlebt wird, gilt nicht unbedingt für andere Zeiten und andere Orte. Zur Zeit hat das Gewaltverständnis der WHO die größten Chancen, international als Grundlage für Gewaltprävention akzeptiert zu werden.

4

Die Aggressions- und Gewaltforschung bietet eine Vielzahl von Erklärungsmodellen und Theorien über die Entstehung von Aggression und Gewalt, wobei die meisten nur über eine geringe Reichweite und Plausibilität verfügen. Ungeklärt ist dabei, welche Relevanz diese Ergebnisse für die Situation in Entwicklungsländern haben. Moderne Theorien und Modelle gehen nicht mehr von linearen oder direkten Ursache-Wirkungszusammenhängen bei der Entstehung von Gewalt aus, sondern von einem komplexen Zusammenspiel vielfältiger Einzelelemente, bei dem insbesondere auch gesamtgesellschaftliche Prozesse, wie z. B. die soziale Desintegration in modernen Gesellschaften, eine wichtige Rolle spielen. Bei der Analyse dieses Zusammenspiels kommen zunehmend sog. Belastungs- und Risikofaktoren ins Blickfeld, die das Auftreten von spezifischen gewalttätigen Verhaltensweisen begünstigen. Das „ökologische Modell" der WHO trägt mit seinen vier Schichten (Individuum, Beziehungen, Gemeinschaft, Gesellschaft) zur Klärung der Gewaltursachen und ihrer komplizierten Wechselwirkungen bei.

5

Die Berücksichtigung von Genderaspekten bei Maßnahmen der Gewaltprävention ist unerlässlich. In der wissenschaftlichen und gesellschaftlichen Diskussion der Industrieländer ist ihre Bedeutung weitgehend anerkannt, doch nur in Teilbereichen der Praxis der Gewaltprävention aufgegriffen. Das Themenfeld „Gender und Gewalt" darf nicht ohne weiteres auf den Bereich „Gewalt gegen Frauen" eingeschränkt werden. Die Opfer der meisten Gewalttaten sind Männer. Während die Gleichberechtigung zwischen Mann und Frau in den Industrieländern sehr weit fortgeschritten ist, zeigt sich in vielen Gesellschaften dieser Welt, dass ein Mangel an Gleichberechtigung der Geschlechter Frauen zu Opfern – häufig kulturell oder religiös legitimierter – struktureller und direkter Gewalt werden lassen.

6

Gewaltprävention kann über situativ eingesetzte Maßnahmen und Ansätze hinaus als Bestandteil einer umfassenden friedenspolitischen Gesellschaftswelt wahrgenommen und verstanden werden. Eine diesbezügliche Verortung trägt zur Legitimation und Fundierung des Konzeptes bei. Drei Bezugspunkte bzw. Modelle bieten sich an: das Modell der „Menschlichen Sicherheit" (Human Security), die Vorstellungen über die Entwicklung einer zivilen, demokratischen Gesellschaft in Form des „Zivilisatorischen Hexagons" sowie die Entwicklung einer Kultur des Friedens.

7

Konstruktive Konfliktbearbeitung leistet einen wichtigen Beitrag zur Gewaltprävention, indem im Bereich der primären Prävention Basiskompetenzen eines „anderen" Umgangs mit Konflikten gelernt werden. Im Bereich der sekundären Prävention wird durch Mediationsverfahren eine faire tragfähige Lösung erarbeitet, was eine (weitere) Eskalation verhindert. Im Bereich der tertiären Prävention können Möglichkeiten des Täter-Opfer-Ausgleichs und der Versöhnungsarbeit einem Rückfall in erneute Gewaltanwendung entgegenwirken. Konstruktive Konfliktbearbeitung stellt das einzig durchgängige gewaltpräventiv wirksame Konzept dar, das auf allen Ebenen (Individuum, Familie, Gruppe, Gesellschaft, International) seine jeweils spezifische Ausformung gefunden hat und anwendbar ist.

8

Die Erkenntnisse über die Wirkungen von Maßnahmen der Gewaltprävention sind nicht sehr umfangreich. Evaluationsstudien, die wissenschaftlichen Kriterien standhalten, sind immer noch Mangelware. In der Literatur finden sich überwiegend Beschreibungen von Praxisansätzen und Modellen, kaum jedoch deren kritische Diskussion. Mit dem „Sherman Report" und dem „Düsseldorfer Gutachten" liegen zwei qualifizierte Meta-Studien vor, die die vorhandenen Evaluationsergebnisse systematisch ausgewertet haben und daraus auch klare Hinweise für die Praxis ableiten. Die Weltgesundheitsorganisation hat mit ihrem Weltreport über Gewalt und Gesundheit und der damit verbundenen Kampagne eine wichtige Grundlage für ein umfassendes Verständnis von Gewaltprävention gelegt. Die UN arbeitet zur Zeit an einer Studie über Gewalt gegen Kinder, die diesen Bereich erstmals umfassend beleuchten wird.

9

Um Gewaltprävention in der Familie wirksam etablieren zu können, bedarf es zunächst einer Enttabuisierung. Gewalt in der Familie (zwischen den Partnern oder gegen Kinder und alte Menschen) darf nicht länger als Privatangelegenheit der Betroffenen – quasi als deren legitimes Recht – angesehen und behandelt werden. Sie muss aus dem Privatbereich in die Öffentlichkeit und damit in die Verantwortung aller gelangen, die davon erfahren oder tangiert sind. Das Eingeständnis, dass Gewalt in diesem Bereich vorhanden ist, ist die erste Voraussetzung für ihre Bearbeitung und Überwindung. Das Instrumentarium der Gewaltprävention in diesem Bereich ist vielfältig und differenziert, vor allem was pädagogische und psychologische Ansätze betrifft. Sollen solche Maßnahmen und Interventionen im Sinne der Gewaltprävention greifen, so müssen sie jedoch flankiert werden durch die Verbesserung der ökonomischen Situation von Familien und der Veränderung von rechtlichen, kulturellen oder religiösen Normen, Vorstellungen und Traditionen, die familiäre Gewalt stützen. Dies bedeutet z. B. auch, kulturelle oder religiöse Vorstellungen, die die Gleichstellung der Frau in der Familie behindern oder z. B. Körperstrafen von Kindern legitimieren, zu identifizieren und durch Vorstellungen und Normen, die Gleichberechtigung und ein gewaltfreies Zusammenleben beinhalten, zu ersetzen. Ressourcenorientierte Zugänge wie das Resilienzkonzept bieten neue, ermutigende Ansatzpunkte für Gewaltprävention in Familien, die bislang zu wenig im Blickfeld waren.

10

Gewalt in der Schule stellt in allen Ländern ein Problem dar. Große gesellschaftliche Aufmerksamkeit verbunden mit einem öffentlichen und wissenschaftlichen Diskurs hat es neben den USA vor allem in den skandinavischen Ländern, den westeuropäischen Ländern sowie Japan und Südafrika gefunden. Was unter Gewalt an Schulen verstanden wird, ist sehr unterschiedlich. Die Problembeschreibungen reichen von Bandenkriminalität (gang acitivity) über Schusswaffengebrauch, Bullying und Vandalismus bis zu Graffiti. Die Ansätze und Maßnahmen zum Umgang mit Gewalt und Gewaltprävention in der Schule, die sich in der schulischen Praxis finden lassen, sind unüberschaubar und vielfältig. Während für die Bereiche der Verbreitung und der Ursachen von Gewalt in der Schule zunehmend wissenschaftliche Studien und Erkenntnisse vorliegen, wobei nach wie vor Langzeitstudien weitgehend fehlen, sind Maßnahmen und Projekte der Gewaltprävention immer noch kaum evaluiert. Die Diskussion bezieht sich deshalb in weiten Bereichen auf Annahmen und Schlussfolgerungen und weniger auf empirische Daten. In der Forschung hat sich inzwischen die Erkenntnis durchgesetzt, dass nur multimodale Ansätze im Schulbereich Sinn machen und Wirkung haben und dass Gewaltprävention in der Schule in einen Prozess der Schulentwicklung eingebunden sein muss. Schule muss so gestaltet werden, dass die Risikofaktoren für Gewaltverhalten an Einfluss verlieren. Die Entwicklung einer schülerorientierten Lernkultur und eines Sozialklimas, das Ausgrenzung vermeidet und Anerkennung bietet, sind hier wichtige Instrumente.

11

Kommunale Gewaltprävention ist nicht nur eine Frage der „inneren Sicherheit". Wirtschaftliche und soziale Bedingungen des Lebens und soziale Missstände müssen mit in die Überlegungen einbezogen werden. Kommunale Gewaltprävention muss die spezifischen Gegebenheiten und Entwicklungen, die eine Kommune entfaltet, berücksichtigen und darf vor allem nicht nur von einzelnen Interessengruppen artikulierte Probleme aufgreifen, sondern muss die verschiedenen Dimensionen von Gewalt in der Stadt im Blickfeld haben. Sie basiert auf einem koordinierten, abgestimmten Vorgehen. Gerade die Verdichtung von Problemlagen in Städten und Kommunen (familiäre Gewalt, mangelnder Wohnraum, Ausgrenzung, Diskriminierung ganzer Bevölkerungsgruppen usw.) verdeutlicht, dass individuelle Strategien nur ein Teil kommunaler Gewaltprävention sein können. Durch sie allein können die Problemlagen, die z.B. durch städtebauliche Entscheidungen oder durch sozio-ökonomische Entwicklungen bedingt und immer neu produziert werden, nicht beseitigt werden. Effektive Strategien der Gewaltprävention müssen auch im kommunalen Bereich notwendigerweise Doppelstrategien sein, die am Verhalten und an den Verhältnissen ansetzen: Arbeit an den konkreten Gewaltorten (Individuum, Familie, Schule, Kommune usw.) und Schaffung von effektiven Rahmenbedingungen: Bekämpfung von Armut, Etablierung rechtlicher Regelungen usw. Gewaltprävention kommt ohne eine (kommunal)politische Dimension nicht aus. Partizipation und Mitbestimmung darf sich nicht nur auf die kleinräumige Beteiligung an der Umsetzung von Maßnahmen der Gewaltprävention beschränken, sondern muss auch zentrale Einflussbereiche der Politik im Sinne einer Basismobilisierung und Demokratisierung umfassen. Deshalb beinhaltet Gewaltprävention auch politische Bildung und Demokratieerziehung.

12

Anleitungen, Handlungskonzepte und Trainings für angemessene Reaktionen und Interventionen in Konflikt- und Gewaltsituationen sind
als Teil von Gewaltprävention zu verstehen, da dadurch Eskalationen
verhindert werden können. Erfahrungen zeigen, dass solches Verhalten gelernt werden kann. Umgang mit Aggression und Gewalt bedeutet im persönlichen Bereich das Erkennen und Beherrschen der eigenen aggressiven Impulse und Phantasien, die Reflexion des eigenen
Handelns in gewaltträchtigen Situationen sowie die Förderung eines
alternativen Verhaltensrepertoirs. Im institutionellen Bereich geht es
um das Erkennen und Beseitigen von aggressionsfördernden Organisationsbedingungen und Strukturen. Im gesellschaftlichen und internationalen Bereichen muss die eigene Reaktion auf gesellschaftliche
und staatliche Gewalt wahrgenommen und verstanden werden, müssen Mitgefühle mit den Opfern erlernt und praktiziert und damit verbunden die Folgen von Gewalt abgemildert bzw. behoben werden.

13

Aus den Erfahrungen und empirischen Befunden lassen sich allge-
meine Grundsätze der Gewaltprävention klar ableiten:
- Je früher eine Intervention erfolgt, desto größer sind die positiven
  Effekte.
- Programme, die mehrere Problembereiche gleichzeitig bearbei-
  ten, sind effektiver als solche, die nur einen Risikofaktor im Blick
  haben.
- Langfristig angelegte Programme zeigen mehr Effekte als Kurz-
  zeitprogramme.
- Programme, die vor der Adoleszenz einsetzen, sind erfolgreicher
  als andere.
- Je stärker verschiedene Personengruppen (Eltern, Peers, Lehrer,
  Schulleiter, Gemeinde) bei der Entwicklung und Implementierung
  von Maßnahmen einbezogen werden, desto effektiver sind die
  Maßnahmen.
- Je stärker ein Präventionsprogramm von allen Beteiligten getra-
  gen wird, desto besser sind die Erfolgsaussichten.

14

Gewaltprävention arbeitet (ob bewusst oder unbewusst) immer vor
dem Hintergrund normativer Vorstellungen, wie in der Zukunft Entwicklungen verlaufen sollen und welche Verhaltensweisen und Verhältnisse als erwünscht und „normal" und welche als unerwünscht

und problematisch eingestuft werden. Deshalb werden mit Gewaltprävention immer auch zentrale Fragen des Zusammenlebens und
der gesellschaftlichen Entwicklung angesprochen und bearbeitet.

5 Empfehlungen

GEWALT IDENTIFIZIEREN UND BENENNEN

Ein differenzierter Gewaltbegriff erlaubt es, vorhandene Gewaltstruk-
turen und Gewaltsituationen konkret wahrzunehmen und zu benennen, um mit den Betroffenen konkrete Handlungsmöglichkeiten zu
identifizieren. Dabei darf Gewalt nicht nur als „Außenphänomen"
betrachtet werden, das durch andere ausgeübt wird, sondern es ist
auch zu untersuchen, wo Organisationen (Organisationsformen) und
Hilfesysteme (Mitarbeiterinnen und Mitarbeiter) selbst zu Tätern werden. Nicht nur Personen, sondern auch Organisationen müssen sich
dem Gewaltphänomen stellen und sich auf Gewaltsituationen vorbereiten.

WISSENSCHAFTLICHE ERKENNTNISSE NUTZEN

Die Kluft zwischen Forschung und Praxis muss geschlossen werden.
Die Ergebnisse der Forschung gilt es systematisch auf ihre Praxisrelevanz zu prüfen. Ergebnisse der Sozialpsychologie zeigen gut dokumentierte und abgesicherte Erkenntnisse, die unmittelbar handlungsrelevant sind. Der Zusammenhang von Aggression und Strafe weist
u. a. auf die Notwendigkeit eines generellen Verbots (und dessen
Durchsetzung) der körperlichen Züchtigung durch Lehrer, Erzieher
und Eltern hin, verbunden mit entsprechenden unterstützenden Programmen. Ebenso müssen für delinquente Gruppen spezifische Programme entwickelt und zur Verfügung gestellt werden. Die Berücksichtigung der vielfältigen Funktionen und Botschaften von Gewalt
(u. a. Männlichkeitsbeweis oder Kommunikationsmittel) ermöglicht
es, diese im positiven Sinne aufzugreifen und alternative Rollenbilder
und Handlungsweisen anzubieten.

Die (schrittweise) Etablierung von Partizipation im formalen und
nonformalen Bildungsbereich stellt nicht nur einen Beitrag zur De-
mokratieförderung dar, sondern wirkt sich unmittelbar gewaltreduzierend aus, da der Zusammenhang von Aggression und Gehorsam
durchbrochen wird. Damit verbunden ist die Förderung zur Übernahme von Verantwortung für das eigene Verhalten und Handeln. Dies
beinhaltet auch die Unterstützung der Entwicklung von Ichstärke und
Selbständigkeit sowie von Zivilcourage. Die Erkenntnisse über die
Bedingungen und die Entwicklung von prosozialem Verhalten, auch
in einer feindlichen und bedrohlichen Umwelt, sollten systematisch
ausgewertet und für Bildungsprogramme nutzbar gemacht werden.
Dies gilt insbesondere auch für die Ergebnisse der Resilienzfor-

schung (mit Trainingsprogrammen für resilientes Verhalten), die für den Bereich der Gewaltprävention als besonders relevant betrachtet werden können. Die Überlegungen der UNICEF eine schützende Umwelt (protective environment) für Kinder zu entwickeln stellen hier einen produktiven Ansatz dar.

WISSEN GENERIEREN

Das Wissen über Gewalursachen und Verhinderungsstrategien ist immer noch sehr bruchstückhaft. Gewaltprävention kann nur in wenigen Bereichen auf empirisch gesicherte Ergebnissse zurückgreifen. Insbesondere der Bereich der Evaluation von Maßnahmen und Modellen der Gewaltprävention bedarf deshalb dringend der Ausweitung und Förderung. Pilotprojekte müssen initiiert und wissenschaftlich begleitet werden, um für die notwendigen Maßnahmen zur Gewaltprävention eine sichere Basis zu schaffen. Die Praxis der Gewaltprävention bedarf eines plausiblen theoretischen Hintergrunds und der wissenschaftlichen Begleitung. Die vorfindbare Praxis sollte systematisch überprüft und gegenenfalls neu ausgerichet werden.

ORGANISATIONEN ENTWICKELN

Es besteht heute weitgehend Übereinstimmung, dass Gewaltprävention nicht nur am Verhalten, sondern auch an den Verhältnissen ansetzen muss. Auf Organisationen (Familie, Schule, Kommune) bezogen bedeutet dies, dass gewaltfreie Grundformen des Zusammenlebens entwickelt, übernommen und gelebt werden müssen. Dies kann nur durch Einbeziehung der Betroffenen selbst geschehen. Für den Bereich der Schule muss gefragt werden, wie die Qualität der Schule (das Lehren und Lernen) verbessert werden kann? Denn die Verbesserung der Schulqualität, verbunden mit Schulentwicklung und Eigenverantwortung der Schule sowie dem Aufbau von Konfliktmanagementsystemen, scheint am besten dafür geeignet zu sein, Gewalt in der Schule zu begegnen. Wegen ihrer Schlüsselstellung im Rahmen von Gewaltprävention sollte auf die Unterstützung der Familie besonderer Wert gelegt werden. Familienbildungsprogramme, die problemnah ansetzen und begleitende Hilfen bereitstellen, sind hier besonders zu fördern.

GENDERSPEZIFISCHE ANSÄTZE

Genderspezifische Ansätze und Trainings sind notwendig, um der spezifischen Problematik und Themenstellung von Männern und Frauen im Kontext von Gewalt und Gewaltprävention Rechnung zu

tragen. Für die Entwicklungszusammenarbeit ergeben sich besondere Herausforderungen im Hinblick auf die Prävention von direkter,
struktureller und kultureller Gewalt gegen Frauen. Die präventiven
Maßnahmen müssen auf unterschiedlichen Ebenen ansetzen: Ein
gesetzlicher Rahmen entzieht der physischen wie auch der strukturellen Gewalt gegen Frauen den Legitimationsboden. Ein besonderer Fokus sollte auf das Hinterfragen kulturell überlieferter Muster
gerichtet werden. Dabei scheinen geschlechtsspezifische Angebote
sinnvoll, wenn nicht gar geboten.

QUALIFIZIERUNG VON MULTIPLIKATOREN

Die Ausbildung und Qualifizierung (von Eltern, Lehrerinnen und Lehrern, Fachberaterinnen und Fachberatern, Mediatorinnen und Mediatoren) sollte intensiviert und fundiert werden. Dabei erscheint es
notwendig, differenzierte Kenntnisse über die vielfältigen Zusammenhänge und Verbindungen, die Gewalt bedingen, unterstützen und
stabilisieren, stärker einzubeziehen, wissenschaftliche Ergebnisse zu
berücksichtigen und systemische Denk- und Handlungsweisen zur
Grundlage zu machen.

KONFLIKTBEARBEITUNGSKAPAZITÄTEN ENTWICKELN

Im Zentrum der Gewaltprävention sollte die Vermittlung von Fähigkeiten stehen, Konflikte (auf allen Ebenen) gewaltfrei auszutragen,
verbunden mit einer Kultur des Dialogs, die traditionelle Formen der
Konfliktvermittlung aufgreift und einbezieht. Konstruktive Konfliktbearbeitung als Gewaltprävention ist in allen Altersgruppen und gesellschaftlichen Bereichen anwendbar, stärkt gleichzeitig das Potential
für Demokratisierung und Partizipation und lässt die Verantwortung
für das Geschehen bei den Betroffenen. Die Übertragbarkeit und Adaption auf unterschiedliche Gesellschaften und Kulturen erscheint in
diesem Bereich am stärksten gegeben und am weitesten entwickelt.
Spezifische Kurssysteme und Materialien, die an Vorhandenem an-
knüpfen, sind für die jeweiligen Praxisfelder zu entwickeln und zu
implementieren. Auf der Grundlage vorhandener Trainings (z. B. in
den Bereichen Zivilcourage und gewaltfreier Konfliktbearbeitung)
sollten spezifische, standardisierte und übertragbare Basis-Trainings
mit modularem Aufbau entwickelt und erprobt werden.

VERHALTEN IN AKUTEN GEWALTSITUATIONEN VOR-BEREITEN

Obwohl es allgemeine „Basics" für das Verhalten in Gewaltsituation gibt – hierzu zählen u. a. die allgemeinen Verhaltensgrundsätze der Polizei – erscheint es unabdingbar, für spezifische Situationen, Berufsgruppen und Institutionen differenzierte Strategien zu entwickeln. Organisationen und Institutionen müssen ihre Mitarbeiter vor potentiellen Gewalttaten schützen und diese auf Verhalten in Problem- und Gewaltsituationen vorbereiten. Doch andererseits müssen auch Dritte vor möglichem Fehlverhalten, Übergriffen, Diskriminierungen oder gar Gewaltanwendungen von Mitarbeitern geschützt werden.

GEWALTPRÄVENTION ALS BEITRAG ZUR DEMOKRATIE-ENTWICKLUNG SEHEN

Die Diskussion um Gewaltprävention sollte im Kontext der Entwicklungszusammenarbeit in den Prozess der Friedens- und Demokratieentwicklung integriert werden. Demokratieerziehung, Menschenrechtserziehung und Friedenspädagogik bieten hierzu wichtige Zugänge. Friedenspädagogische Ansätze der Gewaltprävention, die eine ganzheitliche Vorgehensweise berücksichtigen, die gegenseitigen Abhängigkeiten der verschiedenen Formen von Gewalt im Blick haben und einen demokratisch-partizipatorischen Ansatz verfolgen, erscheinen dabei am erfolgversprechendsten. Gewaltprävention bedarf also der Entwicklung zivilgesellschaftlicher Voraussetzungen und trägt gleichzeitig zu deren Etablierung bei.

NEUE TECHNISCHE MÖGLICHKEITEN NUTZEN

Mit der Verbreitung der Neuen Medien (Internet) ergeben sich neue Möglichkeiten, Wissen systematisch zugänglich zu machen und Beratungsdienste anzubieten. Diese Möglichkeiten sollten offensiv für qualitativ hochwertige Angebote zur Gewaltprävention genutzt werden.

NETZWERKE FÖRDERN UND ETABLIEREN

Der Auf- und Ausbau funktionierender Netzwerke auf allen Ebenen erscheint unabdingbar, um Erfahrungen austauschen und Handlungsansätze gemeinsam entwickeln zu können. Maßnahmen müssen langfristig angelegt werden. Einen geeigneten Bezugsrahmen stellen die WHO-Kampagne zur Gewaltprävention (Violence Prevention Alliance) sowie die UN-Studie „Violence against Children" und die damit verbundenen Aktivitäten dar.

4 Literatur

Agency for Healthcare Research and Quality (Hrsg.): Counceling to Prevent Youth Violence. In: Guide to Clinical Preventive Services, Second Edition. O. O. o. J. http://www.ahrq.gov/clinic/cpsix.htm

Albrecht, Günther: Soziologische Erklärungsansätze individueller Gewalt und ihre empirische Bewährung. In: Wilhelm Heitmeyer / John Hagan: Internationales Handbuch der Gewaltforschung. Wiesbaden 2002, S. 763–818.

Albrecht, Peter-Alexis / Otto Backes (Hrsg.) Verdeckte Gewalt – Plädoyers für eine „Innere Abrüstung". Frankfurt / M. 1990.

Amendt, Gerhard: Mehr Respekt vor Kindern. Offener Brief an Christine Bergmann, Bundesministerin für Familie, Senioren, Frauen und Jugend. In: Leviathan. 1/2001.

Ammer, Andreas: Kommunale Kriminalprävention – Bestandsaufnahme und Perspektiven. In: Kriminalprävention in Rheinland-Pfalz. Zeitschrift des Landespräventionsrates Rheinland-Pfalz. 2/2004, S. 12–14.

Anderson, Mary B.: Do No Harm: How Aid Can Support Peace – or War. Boulder 1999.

Arbeitsgemeinschaft Kinder- und Jugendschutz (AJS) (Hrsg.): Materialien zum Thema Gewalt und Gewaltprävention. AJS. Köln 2000.

Arbeitsstelle Kinder- und Jugendkriminalitätsprävention (Hrsg.): Literaturdokumentation von Arbeitsansätzen der Kinder- und Jugendkriminalitätsprävention. Deutsches Jugendinstitut. München 1998.

Balser, Hartmut / Hartmut Schrewe / Nicole Schaaf (Hrsg.): Schulprogramm Gewaltprävention. Ergebnisse aktueller Modellversuche. Hermann Luchterhand. Neuwied 1997.

Balser, Hartmut / Hartmut Schrewe / Roland Wegricht (Hrsg.): Regionale Gewaltprävention. Strategien und Erfahrungen. Hermann Luchterhand. Neuwied 1997.

Bandura, Albert / Richard H. Walters: Der Erwerb aggressiver Verhaltensweisen durch soziales Lernen. In: A. Schmidt-Mummendey / H.-D. Schmidt (Hrsg.): Aggressives Verhalten. Neue Ergebnisse der psychologischen Forschung. München 1972.

Barchechat, Olivier / Sansfacon: Evaluating Prevention: Elements for an Alternative Approach. In: International Centre for the Prevention of Crime (Hrsg.): Comprehensive Community Initiatives' Evaluation Practice: Can It Work for Prevention? O. O 2003.

Bastine, Reiner / Claudia Theilmann: Mediation mit Familien. In: Frank Nestmann / Frank Engel / Ursel Sickendiek (Hrsg.): Das Handbuch der Beratung. Band 2. Tübingen 2004, S. 1029–1040.

Bauriedl, Thea: Wege aus der Gewalt. Analyse von Beziehungen. Herder. Freiburg 1992.

Bausch, Richard: Gewalt. Steidl. Göttingen 1993.

Beck, Detlef / Barbara Müller / Uwe Painke: „Man kann ja doch was tun!". Gewaltfreie Nachbarschaftshilfe – kreatives Eingreifen in Gewaltsituationen und gemeinschaftliche Prävention fremden- feindlicher Übergriffe. BSV. Minden 1994.

Berufsverband der Ärzte für Kinderheilkunde und Jugendmedizin Deutschlands e. V. / Landesverband Hessen (Hrsg.): Hessischer Leitfaden für Arztpraxen: Gewalt gegen Kinder. Was ist zu tun bei „Gewalt gegen Mädchen und Jungen". Unterstützt durch: Hes- sisches Ministerium für Umwelt, Energie, Jugend, Familie und Gesundheit Wiesbaden, Kassenärztliche Vereinigung Hessen, Landesärztekammer Hessen, Techniker Krankenkasse / Landes- verband Hessen. Wiesbaden 1998.

Besemer, Christoph: Mediation. Vermittlung in Konflikten. Karlsruhe Aufl. 4 1997.

Bierbraucher, Günter: Sozialer Einfluss und Gruppenprozess: In: Ders.: Sozialpsychologie. Stuttgart / Berlin 1996.

Bierhoff, Hans Werner / Ulrich Wagner (Hrsg.): Aggression und Ge- walt. Phänomene, Ursachen und Interventionen. Kohlhammer. Stuttgart/Berlin/Köln 1998.

Bierhoff, Hans-Werner / Renate Klein / Peter Kramp: Hemmschwel- len zur Hilfeleistung. Untersuchung der Ursachen und Empfehlung von Maßnahmen zum Abbau. Forschungsberichte der Bundesan- stalt für Straßenwesen. Aachen 1990.

Bittl, Karl-Heinz / Anne Schleiß / Gaby Wittmann: Methode: Bilder- buch. Gewaltpräventives und transkulturelles Arbeiten mit Kin- dern. City Verlag. Nürnberg 2004.

Bodin, Dominique u. a.: Violence at School. Background Paper. Regi- onal Consultation for the UN Study on Violence Against Children. 5–7. July 2005 Ljubljana.

Bohn, Irina / Dieter Kreft / Gerhard Segel (Hrsg.): Das Aktionspro- gramm gegen Aggression und Gewalt (AgAG). Band 5. Kommu- nale Gewaltprävention. Eine Handreichung für die Praxis. Münster 1997.

Böhnisch, Lothar: Ist Gewalt männlich? In: Hans Thiersch / Jürgen Wertheimer / Klaus Grunwald (Hrsg.): „… Überall in den Köpfen und Fäusten". Auf der Suche nach Ursachen und Konsequenzen von Gewalt. WBV. Darmstadt 1994, S. 103–113.

Böhnisch, Lothar: Männer als Opfer. Ein systematischer Versuch. In: Hans-Joachim Lenz (Hrsg.): Männliche Opfererfahrungen. Problemlagen und Hilfeansätze in der Männerberatung. Weinheim 2000.

Bonacker, Thorsten: Sozialwissenschaftliche Konflikttheorien. Eine Einführung. Wiesbaden 3. Aufl. 2005.

Brand, S. / R. Price: The Economic and Social Costs of Crime. Home Office Research Study 217. O. O 2000.

Breakwell, Glynis M.: Aggression bewältigen. Umgang mit Gewalttätigkeit in Schule, Klinik und Sozialarbeit. Hans Huber. Bern 1998.

Breyvogel, Wilfried (Hrsg.): Lust auf Randale. Jugendliche Gewalt gegen Fremde. J. H. W. Dietz Nachf. Bonn 1993.

Brinkmann, Nils: Suizid im Film – eine Herausforderung für den Jugendschutz. In: tv-diskurs. 4/2005.

Brock, Lothar: Vom „erweiterten Sicherheitsbegriff" zur globalen Konfliktintervention. Eine Zwischenbilanz der neuen Sicherheitsdiskurse. In: Wissenschaft & Frieden 4/2005.

Brosius, Hans-Bernd / Frank Esser: Eskalation durch Berichterstattung? Massenmedien und fremdenfeindliche Gewalt. Opladen 1995.

Bruhns, Kirsten: Gewaltbereitschaft von Mädchen und jungen Frauen. In: Frauke Kohner / Katharina Pühl (Hrsg.): Gewalt und Geschlecht. Konstruktionen, Positionen, Praxen. Opladen 2003: Leske+Budrich, S. 213–227.

Bruner, Claudia Franziska / Clemens Dannenbeck: Die aufgehobene Immunität – Mädchen und junge Frauen zwischen Gewalt, Rechtsextremismus und Rassismus. In: Claudia Henning (Hrsg.): Jugend und Gewalt. Informationszentrum Sozialwissenschaften. Bonn 1994.

Brunner, Ewald Johannes: Familieninteraktion / Familienerziehung. In: Detlef H. Rost (Hrsg.): Handwörterbuch Pädagogische Psychologie. Weinheim 2001.

Brzoska, Michal: Human Security – mehr als ein Schlagwort? In: Institut für Entwicklung und Frieden u. a. (Hrsg.): Friedensgutachten 2004. LIT-Verlag. Münster 2004, 156–164.

Buford, Bill: Geil auf Gewalt. Unter Hooligans. Hanser. München/ Wien 1992.

Bundesministerium des Innern / Bundesministerium der Justiz: Erster periodischer Sicherheitsbericht. Kurzfassung. Berlin 2001.

Bundesministerium für Familie, Senioren, Frauen und Jugend (BMFSJ): Gewalt gegen Männer. Personale Gewaltwiderfahrnisse von Männern in Deutschland – Ergebnisse der Pilotstudie. (Kurzfassung: http://www.bmfsfj.de/RedaktionBMFSFJ/Broschuerenstelle/Pdf-Anlagen/M_C3_A4nnerstudie-Kurzfassung-Gewalt,property=pdf.pdf)

Bundesministerium für Familie, Senioren, Frauen und Jugend (Hrsg.): Kriminalität im Leben alter Menschen. Kohlhammer. Stuttgart 1995.

Bundesministerium für Familie, Senioren, Frauen und Jugend: Erziehungsalltag wird gewaltfrei. Pressemitteilung. 22.03.2004.

Bundesministerium für Inneres (BMI): Der periodische Sicherheitsbericht 2001. Berlin.

Bundesverband der Unfallkassen (Hrsg.): Gewalt an Schulen. Ein empirischer Beitrag zum gewaltverursachten Verletzungsgeschehen an Schulen in Deutschland 1993–2003. München 2005.

Bund-Länder-Kommission für Bildungsplanung und Forschungsförderung (Hrsg.): Gewalt in der Schule. Fachtagung in Glienicke bei Berlin vom 24. – 26. März 1993. Eigenverlag. Bonn 1994.

Buono, Clarisse / Alexandra Poli /Nikola Tietze: Die Mediation. Ein europäischer Vergleich. Baume-les-Dames 2002.

Bush, Kenneth D. / Diana Salterelli: The Two Faces of Education in Ethnic Conflict: Towards a Peacebuilding Education for Children. UNICEF Innocenti Research Centre. Florence 2000.

Butterwegge, Christoph / Georg Lohmann (Hrsg.): Jugend, Rechtsextremismus und Gewalt. Analysen und Argumente. Leske+Budrich. Opladen 2000.

Büttner, Christian / Miriam Koschate: Westliche Psychologie gegen Jugendgewalt weltweit. Plädoyer für eine kultursensititve Anwendung. In: HSFK-Report. 5/2003.

Büttner, Christian: Fehlverhalten und der „code of conduct" in der polizeilichen Begegnung mit „ausländischen Mitbürgern." In: Karlhans Liebl (Hrsg.): Empirische Polizeiforschung V: Fehler und Lernkultur in der Polizei, Bd. 1. Frankfurt /M. 2004, S. 132–143.

Büttner, Christian: Wut im Bauch. Gewalt im Alltag von Kindern und Jugendlichen. Beltz. Weinheim/Basel 1993.

Caesar, Victoria: Verbreitung, Umsetzungspraxis und Wirksamkeit von Peer Mediation im Kontext schulischer Gewaltprävention. Köln 2003.

Calließ, Jörg (Hrsg.): Gewalt in der Geschichte. Beiträge zur Gewaltaufklärung im Dienste des Friedens. Pädagogischer Verlag. Düsseldorf 1983.

Campus Conflict Resolution Resources: Program Evaluation Tools for Campus Conflict Resolution and Mediation Programs. Overwiew. O. O. o. J. http://www.campus-adr.org/

Center for Mental Health in Schools at UCLA: An Introductory Packet on Violence Prevention and Safe Schools. Los Angeles 2004.

Center for the Study and Prevention of Violence: School Violence Fact Sheets. University of Colorado, Boulder o. J. http://www.colorado.edu/cspv/publications/factsheets/schoolviolence/

Centre for the Prevention of Youth Crime: Prevention of Youth Crime in Germany: Educational Strategies. Trends, Experiences and Approaches. In: Deutsches Jugendinstitut (Hrsg.): Arbeitsstelle Kinder- und Jugendkriminalitätsprävention 8. München 2004.

Cierpka, Manfred (Hrsg.): Familiendiagnostik. Berlin u. a. 1988.

Cierpka, Manfred: Faustlos. Wie Kinder Konflikte gewaltfrei lösen lernen. Herder. Freiburg/Basel/Wien 2005.

Claus, Thomas / Detlev Herter: Jugend und Gewalt. Ergebnisse einer empirischen Untersuchung an Magdeburger Schülern. In: Aus Politik und Zeitgeschichte. Beilage zur Wochenzeitung Das Parlament. 23. 9. 1994

Conduct Problem Research Group: Initial Impact of the Fast Track Prevention Trial for Conduct Problems: I. The High Risk Sample. Journal of Consulting and Clinical Psychology. 1999.

Constantino, C. / CH Merchant: Designing Conflict Management Systems. San Francisco 1996.

Council of Europe: Final Report of the Integrated Project „Respones to Violence in Everyday Life in a Democratic Society." (2002–2004). http://www.coe.int/T/E/Integrated_Projects/violence/

Cowie, Helen / Jennifer Dawn / Sonia Sharp: Tackling Violence in Schools: A Report from the UK. O. O. o. J. http://www.gold.ac.uk/connect/reportuk.html

Creighton, Allan / Paul Kivel: Die Gewalt stoppen. Ein Praxisbuch für die Arbeit mit Jugendlichen. Verlag an der Ruhr. Mülheim 1993.

Cuby, Felix von: Besiege deinen Nächsten wie dich selbst. Aggression im Alltag. Aktualisierte Neuausgabe. München/Zürich 3. Aufl. 1993.

Danesh, H.B.:The Violence-Free Family: Building Block of a Peaceful Civilization. O. O. o. J. http://www.efpinternational.org/publications/The_Violence-Free_Family.pdf

Davies, Lynn: Education and Conflict: Complexity and Chaos. London 2004.

Dedman, Bill: School May Miss Mark on Preventing Violence. In: Chicago Sun-Times. 16 Okt. 2000.

Deegener, Günther / Klaus Hurrelmann: Kritische Stellungnahme zum Triple P. o. O. 2002. Vgl. www.kinderschutzbund-bayern.de/triplep.pdf.

Delbert, S. Elliot / B.H. Hamburg / K.R. Wilimas (Hrsg.): Violence in American Schools. Cambridge 1998.

Department of Health and Human Services: Fact Sheet Violence Prevention. SHPPS 2000.

Derzon, James H. / Sandra Wilson / Jo Cunningham / A Carole: The Efffectiveness of School-Based Interventions for Preventing and Reducing Violence. Final Report. Nashville 1999.

Deutsch, Morton / Peter T. Coleman (Hrsg.): Handbook of Conflict Resolution. Theory and Practice. Jossey-Bass Publishers. San Francisco 2000.

Deutsche Unesco-Kommission (Hrsg.): Lernfähigkeit – unser verborgener Reichtum. UNESCO-Bericht zur Bildung für das 21. Jahrhundert. Neuwied 1997.

DeVoe, J. F. / K. Peter / P. Kaufman, / A. Miller, / M. Noonan / T. D. Snyder / K. Baum: Indicators of School Crime and Safety. U.S. Departments of Education and Justice. U.S. Government Printing Office. Washington 2004.

Die Freiburger Erklärung für Neue Städtische Wohngebiete. In: Innenministerium Baden-Württemberg (Hrsg.): Kommunale Kriminalprävention. Stuttgart 1996, S. 116 ff.

Diekmann, Andreas / Peter Preisendörfer: Wasser predigen, Wein trinken. Warum unser Engagement für die Umwelt oft nur ein Lippenbekenntnis ist. In: Psychologie heute. 5/1994, S. 24 ff.

Dietrich, A.: Zivilcourage: ein Basis-Training. In: Gerd Meyer / Ulrich Dovermann / Siegfried Frech / Günther Gugel (Hrsg.): Zivilcourage lernen. Analysen, Modelle, Arbeitshilfen. Tübingen/Bonn 2004.

Dinkmeyer, Don Sr. / Don Dinkmeyer Jr. / Gary McKay: Step Elternhandbuch: Grundkurs 1, deutsche Übersetzung von Trudi Kühn und Roxana Petcov. Beust 2001.

Doll, Bernd: Einführung. In: Innenministerium Baden-Württemberg (Hrsg.): Dokumentation des Fachkongresses „Kommunale Kriminalprävention – Netzwerk der Zukunft". Stuttgart 2002, S. 22 ff.

Dollard u. a.: Frustration und Aggression. Weinheim 1970.

Dreikurs, Rudolf / V. Sotz: Kinder fordern uns heraus. Wie erziehen wir sie zeitgemäß? Stuttgart Aufl. 9, 2001.

Drew, Naomi: Kinder lernen zusammen streiten und gemeinsam arbeiten. Ein Mediations- und Gewaltpräventionsprogramm. Verlag an der Ruhr. Mülheim 2000.

Drewermann, Eugen: Die Spirale der Angst. Der Krieg und das Christentum. Freiburg u. a. 1991.

Dulabaum, Nina L.: Mediation: Das ABC. Die Kunst, in Konflikten erfolgreich zu vermitteln. Weinheim und Basel 1998.

Düweke, Peter: Das Schweigen der Männer. In: Psychologie heute. 7/2004, S. 54 ff.

Dwyer, K. / D. Osher / C. Warger: Early Warning, Timely Response: A Guide to Safe Schools. U.S. Departments of Education and Justice. Washington D.C. 1998.

Dwyer, K. / D. Osher: Safeguarding our Children: An Action Guide. Implementing Early Warning. US Departments of Education and Justice. Washington D.C. 2000.

Ebadi, Shirin: Weltethosrede an der Universität Tübingen am 20. Oktober 2005. Vgl. http://www.weltethos.org

Eckert, Roland / Helmut Willems: Eskalation und Deeskalation sozialer Konflikte: Der Weg in die Gewalt. In: Wilhelm Heitmeyer / John Hagan (Hrsg.): Internationales Handbuch der Gewaltforschung. Wiesbaden 2002, S. 1457–1482.

Edelstein, Wolfgang / Peter Fauser: Demokratie lernen und leben. Bund Länder-Kommission für Bildungsplanung und Forschungsförderung. Materialien zur Bildungsplanung und Forschungsförderung. 96/2001.

Eibl-Eibesfeldt, Irenäus: Die Biologie des menschlichen Verhaltens. Grundriß der Humanethologie. Piper Verlag. München 1984.

Eisenberg, Götz / Reimer Gronemeyer: Jugend und Gewalt. Der neue Generationenkonflikt oder der Zerfall der zivilen Gesellschaft. Rowohlt. Hamburg 1993.

Eliasoy, Ninnette / Cheryl Frank: Crime and Violence in Schools in Transition: A Survey of Crime and Violence in Twenty Schools in the Cape Metropole and Beyond. Cape Town 2000.

Engert, I: Mediaton im Kontext Schule – Von der Euphorie zur Qualitätssicherung und Nachhaltigkeit. In: C. Simsa und W. Schubarth (Hrsg.): Konfliktmanagement an Schulen. Möglichkeiten und Grenzen der Schulmediation. Frankfurt / M. 2001, S. 221–231.

Erdelmann, Anna/ Inge Baumgarten: Gewalt gegen Mädchen und Frauen beenden. Abbau und Prävention geschlechtsspezifischer Gewalt als Beitrag zum Schutz der Menschenrechte und zur Entwicklung. GTZ. Eschborn 2002. http://www.gtz.de/de/dokumente/ de-rechtsberatung.pdf

Erdelmann, Anna: Die Ware Mensch. Kampf gegen Menschenhandel o. O. – eine Aufgabe auch für die Entwicklungspolitik. In: Entwicklungspolitik. 18/2005, S. 33–35.

Europarat: Empfehlung des Ministerkomitees an die Mitgliedstaaten über Familienmediation. (98) 1/1998.

Evang. Missionswerk in Deutschland (Hrsg.): Gewalt überwinden. Neuendettelsau 2000.

Ewald, Johannes: Familieninteraktion / Familienerziehung. In: Detlef H. Rost (Hrsg.): Handwörterbuch Pädagogische Psychologie. Weinheim 2001, S. 172 ff.

Fahrenhorst, Brigitte (Hrsg.): Die Rolle der Entwicklungszusammenarbeit in gewalttätigen Konflikten. Dokumentation einer Fachtagung in der TU Berlin vom 3.–5. 12. 1999. Society for International Development. Berlin 2000.

Faller, Kurt / Reinhard Hahn / Rainer Zeimentz (Hrsg.): Dem Hass keine Chance. Wie ist die Gewalt zu stoppen?. PapyRossa. Köln 1993.

Feltes, Thomas: Verhaltenssteuerung durch Prävention – Konsequenzen aus empirisch-kriminologischen Erfahrungen. Villingen-Schwenningen 1993.

Findeisen, Hans-Volckmar / Joachim Kersten: Der Kick und die Ehre. Vom Sinn jugendlicher Gewalt. Antje Kunstmann. München 1999.

Finke, Emanuela: Genitalverstümmelung als Ausdruck eines Machtverhältnisses. Überwindung von FGM durch Enttabuisierung, Aufklärung und Empowerment von Frauen. In: Entwicklungspolitik. 18/2005, S. 45–48.

Fisher, R. / W. Ury / B. Patton: Das Harvard-Konzept. Sachgerecht verhandeln, erfolgreich verhandeln. Frankfurt / M. 1995.

Forberg, Ekkehard / Ulf Terlinden: Hilfe die nicht vom Himmel fällt. Gewaltprävention in der Entwicklungszusammenarbeit von NGOS. LIT Verlag. Münster 2002.

Forschungsgruppe Schulevaluation: Gewalt als soziales Problem in Schulen. Opladen 1998.

Freie und Hansestadt Hamburg, Fachkreis Gewaltprävention und Behörde für Bildung und Sport (Hrsg.): Konflikte und Gewalt 2 – präventive Konzepte, praktische Hilfen, Adressen. Hamburg 2. Aufl. 2004.

Freud, Sigmund: Das Unbehagen in der Kultur. In: Gesammelte Werke, Bd. XIV, Werke aus den Jahren 1925–1931. Lingam Press (Raubdruck). O. O. 1974.

Friedrich-Ebert-Stiftung, Berliner Büro (Hrsg.): Ney York! New York? Kriminalprävention in den Metropolen. Berlin 1998.

Fromm, E.: Anatomie der menschlichen Destruktivität. Rowohlt. Reinbek 1996

Fromm, Erich: Beyond the Chains of Illusion. New York 1962.

Fromm, Suzette: Total Estimated Cost of Child Abuse and Neglect in the United States: Statistical Evidence. Prevent Child Abuse. O. O. 2001.

Fthenakis, W.E./ M.R. Textor (Hrsg.): Knaurs Handbuch Familie. Alles, was Eltern wissen müssen. Knaur. München 2004.

Funk, Rainer: Mut zum Menschen. Erich Fromms Denken und Werk. Stuttgart 1978.

Galtung, Johan: Die andere Globalisierung. Perspektiven für eine zivilisierte Weltgesellschaft im 21. Jahrhundert. Münster 1998.

Galtung, Johan: Gewalt ist kein Naturgesetz. In: Eirene Rundbrief. 3/2005, S. 3.

Galtung, Johan: Gewalt, Krieg und deren Nachwirkungen. Über sichtbare und unsichtbare Folgen der Gewalt. Polylog. Forum für interkulturelle Philosophie. 5/2004. http://them.polylog.org/5/fgj-de.htm

Galtung, Johan: Kein Zweifel: Gewaltlosigkeit funktioniert! Wirkungsweise und Aktualität gewaltlosen Widerstands. Heidelberg / Freiburg 1995.

Galtung, Johan: Kulturelle Gewalt. In: Landeszentrale für politische Bildungsarbeit Baden-Württemberg (Hrsg.): Der Bürger im Staat. (43) 2/1993.

Galtung, Johan: Strukturelle Gewalt. Reinbek 1975.

Gerd Meyer / Ulrich Dovermann / Siegfried Frech / Günther Gugel (Hrsg.): Zivilcourage lernen. Analysen, Modelle, Arbeitshilfen. Tübingen/Bonn 2004.

Gerler, Edwin R. jr. (Hrsg.): Handbook of School Violence. The Haworth Reference Press. New York u. a. 2004.

Gerster, Petra mit Michael Gleich: Die Friedensmacher. München 2005.

Gewalt in der Schule. Ständige Bedrohung. In: Der Überblick. 4/2002, S. 19 f.

Glasl Friedrich: Konfliktmanagement. Bern/Stuttgart 3. Aufl. 1992.

Gleich, Michael: Peace Economics – wie sich Frieden auszahlt. In: Petra Gerster mit Michael Gleich: Die Friedensmacher. München 2005.

Gordon, Thomas: Die neue Familienkonferenz. Heyne. München 1993.

Gordon, Thomas: Familienkonferenz in der Praxis. Heyne. München 1989.

Gordon; Thomas: Familienkonferenz. Heyne. München 1999.

Gottfredson, Denise: School-Based Crime Prevention. In: Lawrence W.

Sherman u. a. (Hrsg.): Preventing Crime: What works, What doesn't , What's promising. A Report to the United States Congress. Washington 1998.

Griffel, Rose: Power statt Gewalt. Prävention in der Arbeit mit gefährdeten Kindern. Georg Riederer Corona. Stuttgart 2000.

Grimm, Andrea (Hrsg.): Kriminalität und Gewalt in der Entwicklung junger Menschen. Forschungsbefunde – Praxiserfahrung – Politische Konzepte. Evangelische Akademie Loccum. Loccum 1999.

Gropper, Elisabeth / Hans-Michael Zimmermann (Hrsg.): Raus aus Gewaltkreisläufen! Präventions- und Interventionskonzepte. Aktion Jugendschutz, Landesarbeitsstelle Baden-Württemberg. Stuttgart 2000.

Grüner, Michael: Gewaltprävention in der Schule. Hamburg o. J.

Gugel, Günther / Siegfried Frech: Zivilcourage lernen. Modelle und Arbeitshilfen für die Praxis. In: Gerd Meyer / Ulrich Dovermann / Siegfried Frech / Günther Gugel (Hrsg.): Zivilcourage lernen. Analysen, Modelle, Arbeitshilfen. Tübingen/Bonn 2004, S. 198–203.

Gugel, Günther / Uli Jäger: Friedensgutachten 2004 – didaktisch. Tübingen 2004.

Gugel, Günther / Uli Jäger: Gewalt muß nicht sein. Eine Einführung in friedenspädagogisches Denken und Handeln. Verein für Friedenspädagogik. Tübingen 1996.

Gugel, Günther: Erziehung und Gewalt. Wie durch Familie, Schule, Fernsehen, Spielzeug und Jugendliteratur Aggression und Gewalt entstehen. Waldkircher Verlag. Waldkirch 1983.

Gugel, Günther: Gewaltfrei leben lernen. Was Sie über die Ursachen von Gewalt wissen sollten. Institut für Friedenspädagogik. Tübingen 2005.

Gugel, Günther: Wir werden nicht weichen. Erfahrungen mit Gewaltfreiheit. Eine praxisorientierte Einführung. Verein für Friedenspädagogik. Tübingen 3. Aufl. 2003.

Guggenbühl, Allan: Dem Dämon in die Augen schauen. Gewaltprävention in der Schule. Schweizer Spiegelverlag. Zürich 1996.

Guggenbühl, Allan: Die unheimliche Faszination der Gewalt. Denkanstösse zum Umgang mit Aggression und Brutalität unter Kindern. Schweizer Spiegel Verlag. Zürich 1993.

Hagedorn, Ortrud / AG Gewaltfreie Schulkultur: Von Fall zu Fall. Pädagogische Methoden zur Gewaltminderung. BiL. Berlin 2000.

Hahlweg, K: Bevor das Kind in den Brunnen fällt. Prävention von kindlichen Verhaltensstörungen. In: W. Detusch / M. Wenglorz (Hrsg.): Zentrale Entwicklungsstörungen bei Kindern und Jugendlichen. Stuttgart 2001.

Hahlweg, Kurt / Ivonne Miller: Erwiderung zur kritischen Stellungnahme zu Triple P von Deegener und Hurrelmann (2002). O. O. O. J.

Haid-Loh, Achim / Friedrich-Wilhelm Lindemann: Familienberatung. In: Frank Nestmann / Frank Engel / Ursel Sickendiek (Hrsg.): Das Handbuch der Beratung. Band 2. Tübingen 2004, S. 989–1004.

Haller, Birgit u. a.: Gewaltprävention in der Schule. Institut für Konflikt Forschung. Endbericht. Wien 2004.

Hamm, Brigitte / Jochen Hippler / Dirk Messner / Christoph Weller: Weltpolitik am Scheideweg. Policy Paper 19. Stiftung Entwicklung und Frieden. Bonn 2002.

Hammond, W. Rodney: American Psychological Association Monitor. July 1998.

Haubrich, Karin / Bernd Holthusen / Gerlinde Struhkamp: Evaluation – einige Sortierungen zu einem schillernden Begriff. In: DJI Bulletin 72 Plus, München 2005.

Heinemann, Evelyn / Udo Rauchfleisch / Tilo Grüttner: Gewalttätige Kinder. Psychoanalyse und Pädagogik in Schule, Heim und Therapie. Walter. Düsseldorf / Zürich 2003.

Heitmeyer, Wilhelm / Hagan, John: Vorwort. In: Dies. (Hrsg.): Internationales Handbuch der Gewaltforschung. Wiesbaden 2002, S. 11–14.

Heitmeyer, Wilhelm / Hans-Georg Soeffner (Hrsg.): Gewalt und seelische Verschüttung. Entwicklungen, Strukturen, Analyseprobleme. Suhrkamp. Frankfurt / M. 2004.

Heitmeyer, Wilhelm / Hagan, John: Internationales Handbuch der Gewaltforschung. Wiesbaden 2002.

Henning, Claudia: Jugend und Gewalt. Sozialwissenschaftliche Diskussion und Handlungsansätze. Eine Dokumentation. Informationszentrum Sozialwissenschaften. Bonn 1995.

Hentig, Hartmut von: Der Sokratische Eid. In: Friedrich Jahresheft 1992. Seelze 1992, S. 114 f.

Hermann, Corinna A.: Veranstaltungsbericht: „Resilienz – Gedeihen trotz widriger Umstände" – Internationaler Kongress vom 09.02. bis am 12.02.05 in Zürich. Vgl. http://www.systemagazin.de/berichte/hermann_resilienzkongress.php

Hermann, Dieter / Christian Laue: Kommunale Kriminalprävention. In: Der Bürger im Staat, 3/2003, S. 70 ff.

Hiller, Gotthilf Gerhard: Verletzliche Lernprozesse – Pädagogische Hilfen für junge Erwachsene: Protektion als pädagogische Aufgabe. In: Günther Opp / Michael Fingerle / Andreas Freytag (Hrsg.):

Was Kinder stärkt: Erziehung zwischen Risiko und Resilienz. Rein-hard Verlag. München/Basel 1999, S. 250–258.

Hoffmann, Arne: Häusliche Gewalt ist weiblich. O. O. o. J. http://www.novo-magazin.de/45/novo4522.htm

Holtappels, Heinz Günter / Wilhelm Heitmeyer / Wolfgang Melzer: Forschung über Gewalt an Schulen. Erscheinungsformen und Ur-sachen, Konzepte und Prävention. Juventa. Weinheim / München 1999.

Holtappels, Günter / Klaus-Jürgen Tillmann: Gewalt in der Schule: Über Ursachen und vorbeugende Möglichkeiten. In: Frankfurter Rundschau, 1. 2.1999,

Holzkamp, C / B. Rommelspacher: Frauen und Rechtsextremismus. In: Päd Extra & demokratische Erziehung. 1/1991, S. 36 f.

Hombrecher, Una: Häusliche Gewalt und kulturelle Identität. Interna-tionaler Austausch über Strategien zur Verhinderung von Gewalt. In: Entwicklungspolitik. 18/2005, S. 39–41.

Honkanen-Schoberth, P. / L. Jennes-Rosenthal: Elternkurs. Wege zur Problemlösung. Ein Handbuch für Multiplikatoren. Eigenverlag des DKSB. Hannover 2000.

Honkanen-Schoberth, P.: Starke Kinder brauchen starke Eltern. Der Elternkurs des Deutschen Kinderschutzbundes. Berlin 2. Aufl. 2003.

Horst, Christof / Christine Kulla / Erika Maaß-Keibel / Regina Raulfs / Rudolf Mazzola: Kess erziehen – Elternhandbuch. O. O. 2003.

Howe, Christian: Milliardengeschäft illegale Prostitution. Handel mit Frauen aus Osteuropa. In: Aus Politik und Zeitgeschichte. Beilage zur Wochenzeitung Das Parlament. 52–53/2004.

Hügli, Anton: Was verstehen wir unter Gewalt? Begriff und Erschei-nungsformen der Gewalt. In: Joachim Küchenhoff / Anton Hügli / Ueli Mäder (Hrsg.): Gewalt. Ursachen, Formen, Prävention. Psy-chosozial Verlag. Gießen 2005.

Huisken, Freerk: Sport und Gewalt. 5 Thesen zur Frage der Gewalt-prävention durch den Sport. O. O. o. J. Vgl. http://www.fhuisken.de/sport.htm

Human Security Centre: Human Security Report 2005. University of British Columbia 2005.

Hundsalz, Andreas: Erziehungs- und Familienberatung. In: Frank Nestmann / Frank Engel / Ursel Sickendiek (Hrsg.): Das Hand-buch der Beratung. Band 2. Tübingen 2004, S. 977–987.

Hurrelmann, Klaus / Christian Palentien / Walter Wilken (Hrsg.): Anti-Gewalt-Report. Handeln gegen Agressionen in Familie, Schule und Freizeit. Beltz. Weinheim / Basel 1995.

Hurrelmann, Klaus / Norbert Rixius / Heinz Schirp: Gewalt in der Schule. Ursachen, Vorbeugung, Intervention. Beltz. Weinheim / Basel 1999.

Imbusch, Peter: Der Gewaltbegriff. In: Wilhelm Heitmeyer / John Hagan (Hrsg.): Internationales Handbuch der Gewaltforschung. Wiesbaden 2002, S. 26–57.

INEE: Teacher's Code of Conduct. In: INEE: Minimum Standards for Education in Emergencies, Chronic Crises and Early Reconstruction. UNESCO. Paris 2004.

Informationszentrum Sozialwissenschaften Bonn / Claudia Hennig (Hrsg.): Jugend und Gewalt. Sozialwissenschaftliche Diskussion und Handlungsansätze. Eine Dokumentation. Informationszentrum Sozialwissenschaften. Bonn 1995.

Innenministerium Baden-Württemberg / Landeskriminalamt Baden-Württemberg (Hrsg.): Kommunale Kriminalprävention. Stuttgart 1996.

Institut des Rauhen Hauses für soziale Praxis u. a. (Hrsg.): Evaluation von Mediationsprogrammen an Schulen. Zwischenbericht. Hamburg 2004.

Institut für Friedenspädagogik (Hrsg.): Konflikte XXL / XXL_Global. Konstruktive Konfliktbearbeitung als Gewaltprävention. CD-ROM. Tübingen 2002.

Institut für Friedenspädagogik (Hrsg.): Konflikte XXL. CD-ROM. Tübingen 2004.

Institut für Friedenspädagogik (Hrsg.): X-Krisen. Gewaltprävention, Krisensituationen, Amokläufe. CD-ROM. Tübingen 2004.

Institut für konstruktive Konfliktaustragung und Mediation e. V. (Hrsg.): Gewaltprävention im sozialen Raum. Fachgespräche zum Umgang mit Gewalt und Konflikten. Hamburg 2005 (CD-ROM).

Inter-Agency Standing Committee: Task Force on Protection form Sexual Exploitation and Abuse in Humanitarian Crises. Plan of Action. O. O. o. J. http://www.humanitarianinfo.org/iasc/publications.asp

International Centre for the Prevention of Crime: Promoting Safety Schools: International Experience and Action. In: International Crime Prevention Series Bulletin. 3/2001.

International Secretariat of the Global Partnership for the Prevention of Armed Conflict, People Building Peace: A Global Action Agenda for the Prevention of Violent Conflict. Utrecht 2005.

Ising, Josef / Hans-Jürgen Ladinek: Deeskalationstraining. Handlungsorientierte Bausteine zur Gewaltprävention. BB Druck + Service. Ludwigshafen 2004.

Jäger, Th. / C. Bradley / M. Rasmussen (Hrsg.): Violence Prevention in School Using the Internet: A European Perspective. Verlag Empirische Pädagogik. Landau 2003.

Jahn, Walter / Klaus Ronneberger / Stephan, Lanz: Die Wiederkehr der gefährlichen Klassen. Frankfurter Rundschau. 24.1.2000, S. 10.

Jochheim, Gernot: Länger leben als die Gewalt. Der Zivilismus als Idee und Aktion. Edition Weitbrecht. Stuttgart 1986.

Kabs, Kai: Die Praxis der Prävention mit Jungen. Eine Standortbestimmung zu Theorie und Praxis der präventiven Arbeit mit Jungen. www.ajs-bw.de/00000176.html

Karnofsky, Eva: Schuften bis zum Umfallen. In: Entwicklungspolitik. 18/2005, S. 31.

Karstedt, Susanne: Prävention und Jugendkriminalität – welche Maßnahmen sind erfolgreich, welche nicht? In: ajs-informationen. 1/2001, S. 11–19.

Kasper, Horst: Konfliktmanagement in der Schule. In: Unterrichtspraxis. Beilage zu „bildung und wissenschaft!" der Gewerkschaft Erziehung und Wissenschaft Baden Württemberg. (38) 5/2004, S. 33–40.

Kerntke, Wilfried / Stadt Frankfurt am Main Dezernat für Schule, Bildung und Multikulturelle Angelegenheiten (Hrsg.): Zivilcourage und Gewaltprävention. Projekte an Frankfurter Schulen. Imbescheidt KG. Frankfurt/M. 1999.

Martin Killias / Henriette Haas: Waffen – Wieviele haben sie, wie gefährlich sind sie? In: CRIMISCOPE, IPSC – UNIL, Lausanne, 16/17, 2001.

Klewin, Gabriele / Klaus-Jürgen Tillmann / Gail Weingart: Gewalt in der Schule. In: W. Heitmeyer / J. Hagan (Hrsg.): Internationales Handbuch der Gewaltforschung. Wiesbaden 2002, S. 1078–1105.

Kols, Brigitte: Beim Völkermord in Ruanda fachten auch Frauen die Gewalt gegen Frauen an. O.O. o.J.
http://www.maennerrat.de/voelkermord.htm

Kooperationsgemeinschaft Colors of Respect (Hrsg.): Colors of Respect. Eine Selbstverpflichtung im Stadtteil. München 2005.

Korn, Judy / Thomas Mücke: Gewalt im Griff. Band 2. Deeskalations- und Mediationstraining. Beltz. Weinheim/Basel 2000.

Korte, Jochen: Lernziel Friedfertigkeit. Vorschläge zur Gewaltreduktion in Schulen. Beltz. Weinheim / Basel 1994.

Krafeld, Franz Josef: Mädchen – das übersehene Geschlecht in rechten Jugendszenen. In: DLZ. 16/1995 S. 9.

Krefft, Sacha: Austeilen oder einstecken? Wie man mit Gewalt auch anders umgehen kann. Kösel Verlag. München 2002.

Krumm, Volker: Methodenkritische Analyse schulischer Gewaltforschung. In: Heinz Günter Holtappels / Wilhelm Heitmeyer / Wolfgang Melzer (Hrsg.): Forschung über Gewalt an Schulen. Weinheim / München 1997, S 63–80.

Kühner, Angela: Kollektive Traumata. Annahmen, Argumente, Konzepte. Eine Bestandsaufnahme nach dem 11. September. Berghof Report Nr. 9. Berlin 2002.

Kunczik, Michael / Astrid Zipfel: Gewalttätig durch Medien? In: Aus Politik und Zeitgeschichte, (44) 2002.

Kunczik, Michael / Astrid Zipfel: Medien und Gewalt. Zum Forschungsstand. In: BPjS-Aktuell. 4/2002.

Lamnek, Siegfried / Manuela Boatca (Hg.): Geschlecht – Gewalt – Gesellschaft. Leske + Budrich. Opladen 2003.

Landesarbeitsgemeinschaft Kinder- und Jugendschutz Thüringen e. V. (Hrsg.): Aggression und Gewalt. Ursachen, Formen, Erklärungsansätze, Lösungsvorschläge. Landesarbeitsgemeinschaft Kinder- und Jugendschutz. Erfurt 1999.

Landeshauptstadt Düsseldorf (Hrsg.): Düsseldorfer Gutachten. Empirisch gesicherte Erkenntnisse über kriminalpräventive Wirkungen. Düsseldorf 2000.

Landeshauptstadt Düsseldorf (Hrsg.): Düsseldorfer Gutachten. Leitlinien wirkungsorientierter Kriminalprävention. Düsseldorf 2002.

Landesinstitut für Schule und Weiterbildung (Hrsg.): Reader. Aktuelle Gewaltentwicklungen in der Gesellschaft – Vorschläge zur Gewaltprävention in der Schule. Soester Verlagskontor. Soest 1994.

Landeswohlfahrtsverband Württemberg-Hohenzollern (Hrsg.): Gewalttendenzen unter Kindern und Jugendlichen. Stuttgart 1994.

Larson-Knight, Bonnie: Erziehungsziel: Respekt. Aufbau einer respektvollen Schulkultur – eine Hilfe gegen Gewalt. In: Pädagogik. 9/2004, S. 36–39.

Laue, Christian: Broken Windows und das New Yorker Modell – Vorbilder für die Kriminalprävention in deutschen Großstädten? In: Landeshauptstadt Düsseldorf (Hrsg.): Düsseldorfer Gutachten. Empirisch gesicherte Erkenntnisse über kriminalpräventive Wirkungen. Düsseldorf 2000.

Leithäuser, Thomas (Hrsg.): Arbeit und Politik. 24–25/1999: Sonderheft: Sicherheit im öffentlichen Raum. Alltägliche Gewalterfahrungen im Stadtteil.

Leithäuser, Thomas / Michael Exner / Renate Haack-Wegner (Hrsg.): Gewalt und Sicherheit im öffentlichen Raum. Eine sozialpsychologische Untersuchung. Psychosozial. Gießen 2002.

Lenz, Hans-Joachim (Hrsg.): Männliche Opfererfahrungen. Problemlagen und Hilfeansätze in der Männerberatung. Weinheim 2000.

Lenz, Hans-Joachim: Männer als Opfer von Gewalt. In: Apuz. 52–53/2004.

Leuze-Mohr, Marion: Häusliche Gewalt gegen Frauen – eine straffreie Zone. Nomos. Baden-Baden 2001.

Lin, Susanne: Vorurteile überwinden – eine friedenspädagogische Aufgabe. Beltz. Weinheim / Basel 1999.

Lindorfer, Simone: Erinnerungen heilen langsam ... Bericht über die Situation von psychosozialer Traumatisierung und Traumaarbeit in Rwanda und Burundi. Misereor. Aachen 2004.

Lorenz, Konrad: Das sogenannte Böse. Wien 16. Aufl. 1965.

Lösel, Friedrich / Thomas Bliesener: Aggression und Delinquenz unter Jugendlichen. Untersuchungen von kognitiven und sozialen Bedingungen. BKA-Studie. München/Neuwied 2003.

Lösel, Friedrich: Multimodale Gewaltprävention bei Kindern und Jugendlichen: Familie, Kindergarten, Schule. In: Wolfgang Melzer / Hans-Dieter Schwind (Hrsg.): Gewaltprävention in der Schule. Grundlagen – Praxismodelle – Perspektiven. Nomos. Baden-Baden 2004.

Ltané, Bibb / John Darley: Bystander „apathy". In: American Scientist. 57/1969, S. 244–268.

Luhmann, Niklas: Die Welt als Wille ohne Vorstellung. Sicherheit und Risiko aus Sicht der Sozialwissenschaften. In: Die politische Meinung. (229) 1986, S. 18–21.

Lüders, Christian / Viola Laux / Heiner Schäfer / Bernd Holthusen: Evaluation kriminalpräventiver Projekte. In: DJI Bulletin 72, München 2005.

Lünse, Dieter: Sicherheit im sozialen Raum. In: ikm: Gewaltprävention im sozialen Raum. Fachgespräche zum Umgang mit Gewalt und Konflikten. Hamburg 2004. (CD-ROM)

Lutterbeck, Bettina: Das andere Gesicht der Liebe. Eine Seifenoper gegen häusliche Gewalt. In: Entwicklungspolitik. 18/2005, S. 54–55.

Mahony, Liam / Luis Enrique Eguren: Gewaltfrei stören – Gewalt verhindern. The Peace Brigades International. Rotpunkt. Zürich 2002.

Mantell, David Mark: Familie und Aggression. Zur Einübung von Gewalt und Gewaltlosigkeit. Eine empirische Untersuchung. Frankfurt / M. 1978.

Maringer, Eva / Reiner Steinweg: GewaltAuswegeSehen. Anregungen für den Abbau von Gewalt. Verein für Friedenspädagogik. Tübingen 2002.

Martin, Lothar R.: Gewalt in Schule und Erziehung. Grundformen der Prävention und Intervention. Klinkhardt. Bad Heilbrunn 1997.

Mayer, Claude-Hélène / Christian Martin Boness: Interkulturelle Mediation und Konfliktbearbeitung. Bausteine deutsch-afrikanischer Wirklichkeiten. Waxmann. Münster u. a. 2004.

medico international (Hrsg.): Die Gewalt überleben. Psychosoziale Arbeit im Kontext von Krieg, Diktatur und Armut. Eigenverlag. Frankfurt / M. 2001.

Meeus, Wim / Quinten Raaljmakers: Autoritätsgehorsam in Experimenten des Milgram-Typs: Eine Forschungsübersicht. In: Zeitschrift für Sozialpsychologie. 1989, S. 70–85.

Melzer, Wolfgang / Frank Ehninger: Veränderung der Schulkultur als Ansatz schulischer Gewaltprävention. In: Aus Politik und Zeitgeschichte. (44) 2002.

Melzer, Wolfgang / Wilfried Schubarth / Frank Ehninger: Gewaltprävention und Schulentwicklung. Analysen und Handlungsmodelle. Klinkhardt. Bad Heilbrunn 2004.

Melzer, Wolfgang, u. a.: GewaltLösungen. Eberhard Friedrich Verlag. Seelze 1995.

Menge, Hans-Peter: Konfliktbearbeitung und demokratischer Umgang im Klassenrat. In: Thomas Schlag (Hrsg.): Mediation in Schule und Jugendarbeit. LIT. Münster 2004.

Mensching, Anja: Ist Vorbeugen besser als Heilen? In: Aus Politik und Zeitgeschichte. 46/2005, S. 17–23.

Meschkutat, B. / M. Stackelbeck / G. Langenhoff: Der Mobbing-Report. Eine Repräsentativstudie für die Bundesrepublik Deutschland. Schriftenreihe der Bundesanstalt für Arbeitschutz und Arbeitsmedizin. Dortmund / Berlin / Dresden. 3. Aufl. 2003.

Metzler Lexikon der Literatur- und Kulturtheorie. Herausgegeben von Ansgar Nünning. Stuttgart/Wismar 1998.

Meyer, Gerd / Angela Hermann: Zivilcourage im Alltag. Ergebnisse einer empirischen Studie. Aus Politik und Zeitgeschichte. Beilage zur Wochenzeitung das Parlament. 7–8/2000.

Meyer, Gerd: Was heißt mit Zivilcourage handeln. In: Gerd Meyer / Ulrich Dovermann / Siegfried Frech / Günther Gugel (Hrsg.): Zivilcourage lernen. Analysen, Modelle, Arbeitshilfen. Tübingen/Bonn 2004.

Meyer, Gerd: Lebendige Demokratie: Zivilcourage und Mut im Alltag. Forschungsergebnisse und Praxisperspektiven. Nomos, Baden-Baden 2004.

Meyer, Thomas: Politische Kultur und Gewalt. In: Wilhelm Heitmeyer / John Hagan (Hrsg.): Internationales Handbuch der Gewaltforschung. Wiesbaden 2002, S. 1195–1214.

Michel, Konrad u. a.: Richtlinien für das Verhalten in der Schule nach einem Suizid. Bern o. J.

Miller, TR./ DA. Fisher / MA. Cohen: Costs of Juvenile Violence: Policy Implications. Pediatrics. (107) 2001, S. 1–7.

Miller, TR/ MA. Cohen / B. Wiersema: Victim Costs and Consequences: a New Look. National Institute of Justice Research Report. Landover Maryland, National Institute of Justice, US Department of Justice, Office of Justice Programs. 1996.

Minelli, Michele: Endstation Schulausschluss? Über den Umgang mit schwierigen Schulkindern. Bern/Stuttgart/Wien 2003.

Ministerium für Kultus, Jugend und Sport Baden-Württemberg u. a. (Hrsg.): Aktiv gegen Gewalt. Gewaltprävention an Schulen. Stuttgart 2003.

Ministerium für Kultus, Jugend und Sport Baden-Württemberg, Innenministerium Ba-Wü / Sozialministerium Ba-Wü (Hrsg.): Aktiv gegen Gewalt. Gewaltprävention an Schulen. Schwabenverlag media gmbh. Ostfildern 2005.

Mirek, Holger: Deutsch-Französische Gemeindepartnerschaften. Ein Leitfaden für Praktiker. Kehl/Straßburg 1984.

Muller, Jean-Marie: Non-Violence in Education. UNESCO. Paris 2002.

National School Safety Center: Primary Strategies. O. O. o. J. http:// www.nssc1.org/

Neumann, Ulf / Muzaffer Perik / Wilhelm Schmidt: Gewaltprävention in Jugendarbeit und Schule. Konzepte – Praxis – Methoden. Schüren. Marburg 2002.

Nolting, Hans-Peter: Aggression ist nicht gleich Aggression: In: Der Bürger im Staat (43) 2/1993, S. 91–95.

Nolting, Hans-Peter: Lernschritte zur Gewaltlosigkeit. Ergebnisse psychologischer Friedensforschung: Wie kollektive Gewalt entsteht – was man dagegen tun kann. Rowohlt. Reinbeck bei Hamburg 1981.

Nuber, Ursula: Resilienz: Immun gegen das Schicksal? In: Psychologie heute. 9/2005, S. 21 f.

Oberbürgermeisterin der Stadt Heidelberg (Hrsg.): Der Heidelberger Kriminalitätsatlas – Kleinräumige Kriminalitätsentwicklung. Schriften der Stadtentwicklung. Heidelberg 2003.

Oertel, Frithjof (Hrsg.): Gewaltfreie Erziehung. Internationale Projektbeispiele zur Friedenserziehung. Schwann. Düsseldorf 1986.

Oertli, Susanna u. a.: Führungsproblematik aus angedrohter oder erlebter Gewalt an Mitarbeitenden im Berufsalltag. Luzern 1999.

Ohsako, Toshio: Violence at School: Global Issues and Interventions. International Bureau of Education. Paris 1997.

Oltmann, Hilke: „Siegen, kämpfen, durchgreifen lassen". Rechtsextremismus bei Mädchen. In: Widersprüche. (35) 1990, S. 41–44.

Olweus, Dan: Gewalt in der Schule. Was Lehrer und Eltern wissen sollten – und tun können. Huber. Bern / Göttingen / Toronto 1996.

Opp, Günther / Michael Fingerle / Andreas Freytag (Hrsg.): Was Kinder stärkt. Erziehung zwischen Risiko und Resilienz. Ernst Reinhardt Verlag. München / Basel 1999.

Orban, Peter: Sozialisation. Frankfurt / M. 1973.

Oser, Haim / Arist von Schlippe: Autorität ohne Gewalt. Coaching für Eltern von Kindern mit Verhaltensproblemen. Vandenhoeck & Ruprecht. Göttingen 2004.

Ostermann, Änne: Empathie und prosoziales Verhalten in einer Ellenbogengesellschaft? In: HSFK-Standpunkte. 4/2000.

Painke, Uwe: . Neighborhood Safety – Gewalt- und Kriminalprävention in West Philadelphia. Tübingen 1995.

Painke, Uwe: Ein Stadtteil macht mobil. Gemeinwesen gegen Gewaltkriminalität. LIT. Tübingen 1999.

Parlament der Weltreligionen: Erklärung zum Weltethos. Chicago 1993.

Pentz, Dietmar: Krisenmanagement. „Wenn das Unvorstellbare passiert …" zur Psychologie des Krisenmanagements. O. O. o. J. http://www.schulberatung.bayern.de/vpkri.htm

People Building Peace: A Global Action Agenda for the Prevention of Violent Conflict. Text version 9 June 2005 © Global Partnership for the Prevention of Armed Conflict:

Perrez M.: Implementierung neuen Erziehungsverhaltens: Interventionsforschung im Erziehungsstil-Bereich. In: K. A. Schneewind / P. Herrmann (Hrsg.): Erziehungsstilforschung. Huber/Bern 1980, S. 245–280.

Petermann Franz u. a.: Verhaltenstraining für Schulanfänger. Schöningh. Paderborn 2002.

Petermann, Franz / Ulrike Petermann: Training mit aggressiven Kindern. Einzeltraining, Kindergruppen, Elternberatung. Psychologie Verlags Union. Weinheim 1991.

Petermann, Franz u. a.: Sozialtraining in der Schule. Psychologie Verlags Union. Weinheim 2002.

Petri, Horst / Matthias Lauterbach: Gewalt in der Erziehung. Plädoyer zur Abschaffung der Prügelstrafe. Analysen und Argumente. Athenäum Fischer. Frankfurt / M. 1975.

Pfeiffer, Christian / Peter Wetzels / Dirk Enzmann: Innerfamiliäre Gewalt gegen Kinder und Jugendliche und ihre Auswirkungen. Kriminologisches Forschungsinstitut Niedersachsen e. V. Forschungsberichte Nr. 80. Hannover 1999.

Pfeiffer, Christian / Peter Wetzels: Kinder als Täter und Opfer. Eine Analyse auf der Basis der PKS und einer repräsentativen Opferbefragung. Kriminologisches Forschungsinstitut Niedersachsene. V. Hannover 1997.

Pfeiffer, Hartmut: Prävention in Kommune und Großstadt. Präventionsräte in Niedersachsen: Irrwege und Wege zum Erfolg. In: Friedrich Ebert Stiftung (Hrsg.): New York! New York? Kriminalprävention in den Metropolen. Berlin 1998, S. 215 ff.

Pfizer: Responding to the Global Public Health Challenge of Violence. The Pfizer Journal. Global Edition. (11) 1/2001.

Pilz, Gunter A.: Was leisten Fanprojekte? O. O. o. J. http://www.erz.uni-hannover.de/ifsw/start/Allgemeines/Personen/0#online-publikationen

Pinheiro, Paulo Sergio: Concept Paper for the Secretary-General's Study on Violence against Children. E/CN.4/2004/68. 7.7.2003.

Poland, Scott: Coping With Crisis. Lessons Learned. For Prevention and Intervention. School Crisis Consultant. Houston 2000.

Popp, Ulrike: Geschlechtersozialisation und schulische Gewalt. Geschlechtstypische Ausdrucksformen und konflikthafte Interaktionen von Schülerinnen und Schülern. Juventa. Weinheim / München 2002.

Posselt, Ralf-Erik / Klaus Schumacher: Projekthandbuch: Gewalt und Rassismus. Verlag an der Ruhr. Mühlheim an der Ruhr 1993.

Presse und Informationsamt der Bundesregierung (Hrsg.): Schlichten ist besser als Richten. Beratung und Vermittlung in Streitfällen. Bonn 8. Aufl. 1991.

Programm Polizeiliche Kriminalprävention Der Länder und des Bundes (Hrsg.): Abseits?! Medienpaket Gewaltprävention. Film und Unterrichtsmaterial für Schüler ab 9 Jahre. Eigenverlag. Stuttgart o. J.

Prutzman, Priscilla / Lee Stern / Leonard M. Burger: Das freundliche Klassenzimmer. Gewaltlose Konfliktlösungen im Schulalltag. Weber, Zucht & Co. Kassel 1996.

Qvarsell, Birgitta / Christoph Wulf (Hrsg.): Culture and Education. Waxmann. Münster 2003.

Rademacher, Helmolt: Der systemische Gedanke bei der Umsetzung von PiT. In: Dirk Friedrichs / Gert Herweg / Helmolt Rademacher (Hrsg.): PiT-Hessen, Prävention im Team, ein hessisches Gewaltpräventionsprogramm mit Teambildung von Schule, Polizei und Jugendhilfe. Frankfurt / M. 3. Erw. Auflage 2005, S. 21 ff.

Rademacher, Helmolt: Friedenserziehung in Deutschland – Peer-Mediation in Deutschland. Arbeitspapier. 7/2005.

Rademacher, Helmolt: Mediation und systemische Veränderungsprozesse am Beispiel Schule. In: Bundesverband Mediation: Vitamin M – Gesellschaftliche Relevanz von Mediation. Kassel 2004.

Rand Education: Issue Paper: School Violence. Prevalence, Fears, and Prevention. (219) 2001.

Razumovsky, Dorothea / Elisabeth Wätjen: Kinder und Gewalt in Südafrika. dtv. München 1988.

Reddy, Marisa / Randy Borum / John Berglund / Bryan Vossekuil / Robert Fein: Evaluating Risk for Targeted Violence in Schools: Comparing Risk Assessment, Threat Assessment, and other Approaches. In: Psychology in Schools. (38) 2/2001, S. 157–172.

Reemtsma, Jan Philipp: Die Gewalt spricht nicht. Drei Reden. Reclam. Stuttgart 2002.

Rehn, Elisabeth/ Ellen Johnson Sirleaf: Women, War and Peace: The Independent Experts' Assessment on the Impact of Armed Conflict on Women and Women's Role in Peace-building. United Nations Development Fund for Women. New York 2002.

Reiche, Dagmar: Prävention und Gesundheitsvorsorge – was steckt dahinter? O. O. o. J. http://www.gesundheit.de/medizin/vorsorge-nachsorge/praevention-und-gesundheitsvorsorge/

Reimann, Cordula: Gender als analytische Kategorie in der zivilen Konfliktbearbeitung. Werkstattbericht „Gender in der zivilen Konfliktbearbeitung". Berlin 2002. http://www.konfliktbearbeitung.net

Reimann, Cordula: Konfliktbearbeitung in Theorie und Praxis: Spielt „Gender" eine Rolle? Arbeitsstelle Friedensforschung Bonn. AFB-Texte 1/2000.

Reimann, Cordula: Wie können Genderaspekte in der Gewaltprävention im Kontext der Entwicklungszusammenarbeit berücksichtigt werden? Thesenpapier zum Fachgespräch „Gewaltprävention" am

Institut für Friedenspädagogik. Genf 2005.

Richter, Horst-Eberhard: Wer nicht leiden will muss hassen. Zur Epidemie der Gewalt. Hoffmann und Campe. Hamburg 1993.

Riel, Raphael van: Gedanken zum Gewaltbegriff. Drei Perspektiven. Universität Hamburg – IPW. Arbeitspapier. 2/2005.

Ropers, Norbert: Interkulturelle Mediation. Versprechen und Möglichkeit. In: epd-Entwicklungspolitik. 6/99, S. 36 ff.

Rosenberg, Marshall B.: Gewaltfreie Kommunikation. Aufrichtig und einfühlsam miteinander sprechen – Neue Wege in der Mediation und im Umgang mit Konflikten. Junfermann. Paderborn 2002.

Sandy, S.V. u. a.: Impact on Students: Conflict Resolution. Education's Proven Benefits for Students. In: T.S. Jones / D. Kmitta (Hrsg.): Does It Work? The Case for Conflict Resolution Education in Our Nations's Schools. Washington DC 2000.

Sartory, Gertrude / Thomas Sartory: Mahatma Gandhi. Gewalt überwinden – aus dem Geist handeln. Herder. Freiburg i. B. 2002.

Save the Children. For the United Nations Secretary General's Study on Violence Against Children. Questions and Answers. May 2005.

Schäfer, Mechthild / Dieter Frey (Hrsg.): Aggression und Gewalt unter Kindern und Jugendlichen. Hogrefe. Göttingen/Bern/Toronto/Seattle 1999.

Schäfer, Mechthild / Korn, Stefan: Maßnahmen gegen die Gewalt an Schulen: Ein Bericht aus Deutschland. O.O. 2002. www.gold.ac.uk/connect/greportsgermany.html

Schäfer, Rita: Neue Konzepte der Maskulinität. Strategien der Frauen-Rechtsorganisationen in Südafrika. In: Entwicklungspolitik. 18/2005, S. 49–50.

Schatz, Günther: Gewaltprävention. In: Ingeborg Becker-Textor / Martin R. Textor (Hrsg.): SGB VIII – Online-Handbuch. www.sgb-viii.de/S84.html

Schell-Faucon, Stephanie: Bildungs- und Jugendförderung mit friedenspädagogischer und konfliktpräventiver Zielsetzung. GTZ. Eschborn 2001.

Schiffer, Eckhard: Warum Hieronymus B. keine Hexe verbrannte. Gewaltbereitschaft bei Kindern und Jugendlichen erkennen – Gewalt vorbeugen. Beltz. Weinheim/Basel 1999.

Schmalstieg, H. In: Der Städtetag. 12/1986, S. 804.

Schneewind K.A. / P. Herrmann (Hrsg.): Erziehungsstilforschung. Huber/Bern 1980.

Schubarth, Wilfried / Wolfgang Melzer (Hrsg.): Schule, Gewalt und

Rechtsextremismus. Analyse und Prävention. Leske + Budrich. Opladen 1993.

Schubarth, Wilfried: Gewaltprävention in Schule und Jugendhilfe. Theoretische Grundlagen, empirische Ergebnisse, Praxismodelle. Hermann Luchterhand. Neuwied 2000.

Schuchardt, Erika: Krisen-Management und Integration. Doppelband mit DVD. Band 1: Biographisches Erfahrung und wissenschaftliche Theorie. Bielefeld 2003.

Schürholz, Franz-Hellmut: KKP – Erfahrungen und Perspektiven. In: Innenministerium Baden-Württemberg (Hrsg.): Dokumentation des Fachkongresses „Kommunale Kriminalprävention – Netzwerk der Zukunft". Stuttgart 2002.

Schüssler, Renate: Handreichung Schulenentwicklung. GTZ. Eschborn 2003.

Schwabe, Mathias: Eskalation und De-Eskalation in Einrichtungen der Jugendhilfe. Konstruktiver Umgang mit Aggression und Gewalt in Arbeitsfeldern der Jugendhilfe. IGfH – Eigenverlag. Frankfurt / M. 2002.

Schwartz, Shalom: Normative Influences on Altruism. In: Berkowitz (Hrsg.): Advances in Experimental Social Psychology. Bd. 10. New York 1977, S. 221–279.

Schwind, Hans-Dieter / Jürgen Baumann u. a. (Hrsg.): Ursache, Prävention und Kontrolle von Gewalt. Analysen und Vorschläge der unabhängigen Regierungskommission zur Verhinderung und Bekämpfung von Gewalt (Gewaltkommission), 4 Bde. Buncker & Humblot. Berlin 1989 ff.

Schwind, Hans-Dieter u. a.: Alle gaffen ... keiner hilft – Unterlassene Hilfeleistung bei Unfällen und Straftaten. Hützig Verlag, Heidelberg 1998.

Schwind, Hans-Dieter: Kriminologie. Eine praxisorientierte Einführung mit Beispielen. Heidelberg 2004.

Seitz, Klaus: Bildung und Konflikt. Die Rolle von Bildung bei der Entstehung, Prävention und Bewältigung gesellschaftlicher Krisen – Konsequenzen für die Entwicklungszusammenarbeit. GTZ. Eschborn 2004.

Senghaas, Dieter: Kultur des Friedens. In: Wolfgang R. Vogt / Eckhard Jung (Hrsg.): Kultur des Friedens. Darmstadt 1997, S. 24.

Senghaas, Dieter: Zum irdischen Frieden. Frankfurt / M. 2004.

Sherman, Lawrence W. u. a: A Report to the United States Congress, Prepared for the National Institute of Justice by Lawrence W. Sherman, Denise Gottfredson, Doris MacKenzie, John Eck,

Peter Reuter, Shawn Bushway.„Preventing Crime: What works, what doesn't, what's promising." Washington 1998. www.ncjrs. org/works/index.htm

Sherman, Lawrence W.: Preventing Crime: an Overview. O. O.o. J. Vgl. http://www.ncjrs.org/works/overview.htm.

Siebert, Karen: Genderstereotype im Kontext von Krieg und Frieden. Vorüberlegungen und Desiderate für eine gendersensible christliche Friedensethik. Unveröffentlichtes Manuskript. Bamberg 2004.

Simsa, C. / W. Schubarth (Hrsg.): Konfliktmanagement an Schulen. Möglichkeiten und Grenzen der Schulmediation. Frankfurt/M. 2001.

Singer, Kurt: Lehrer-Schüler-Konflikte gewaltfrei regeln. Beltz. Weinheim/Basel 1996.

Smaus, Gerlinda: Die Mann-von-Mann-Vergewaltigung als Mittel zur Herstellung von Ordnung. In: Siegfried Lamnek / Manuela Boatca (Hrsg.): Geschlecht – Gewalt – Gesellschaft. Leske + Budrich. Opladen 2003, S. 100–122.

Sölle, Dorothee: Gewalt. Ich soll mich nicht gewöhnen. Patmos. Düsseldorf 1994.

SOS-Rassismus-NRW (Hrsg.): Gewalt löst keine Probleme. Villigster Trainingshandbuch zur Deeskalation von Gewalt und Rassismus. SOS-Rassismus-NRW. Schwerte 2000.

Soul City: Institute for Health and Development Communication: Evaluation Soul City Series 6. Houghton 2005.

Späth, Karl: Das Recht auf gewaltfreie Erziehung. In: Familienhandbuch online. www.familienhandbuch.de

Spillmann, Kurt R.: Konfliktdynamik und Kommunikation. Strategien der De-Eskalation. In: Manfred Prisching / Gerold Mikula (Hrsg.): Krieg, Konflikt, Kommunikation. Der Traum von einer friedlichen Welt. Wien 1991.

Spittler, E. A.: Rechtsberatung durch ParajuristInnen in Senegal. Evaluierungsbericht zum Kooperationsprojekt der senegalesischen NRO „Comité Africain pour le Droit et le Développement" (CADD). GTZ. Wiesbaden 2000. http://www.gtz.de/de/dokumente/de-rechtsberatung.pdf

Splinter, Dirk: Gemeinwesenmediation. Projektlandschaft und State of the Art. In: Spektrum der Mediation. 19/2005, S. 14 ff.

Spröber; Nina: Einführung von Präventionsprogrammen. O. O. o. J. http://www.gewaltpraevention-tue.de/index.php?id=10158.

Stadt Frankfurt am Main, Dezernat für Schule, Bildung und Multikulturelle Angelegenheiten (Hrsg.):Zivilcourage und Gewaltprävention.

Projekte an Frankfurter Schulen. Frankfurt/M. 1999.

Stang, Bettina: „Tausche Hilfsgüter gegen Sex" – Die Lehren eines Skandals. In: Entwicklungspolitik. 18/2005, S. 28–30.

Staub, Ervin: Entwicklung prosozialen Verhaltens: zur Psychologie der Mitmenschlichkeit. München u. a. 1981.

Steinacher, Werner: Mediation im Prozess der Kodifizierung. In: perspektive mediation. 1/2005, S. 12 ff.

Steinweg, Reiner: Gewalt in der Stadt. Wahrnehmungen und Eingriffe. Das Grazer Modell. Münster 1994.

Steinweg, Reiner: Stadt ohne Gewalt. Verminderung, Vermeidung, Vorbeugung. Die Grazer Vorschläge. Münster 1994.

Strasser, Hermann / Henning van den Brink: Auf dem Weg in die Präventionsgesellschaft? In: Aus Politik und Zeitgeschichte. 46/2005, S. 3–7.

Struck, Peter: Zuschlagen, Zerstören, Selbstzerstören. Wege aus der Spirale der Gewalt. Wissenschaftliche Buchgesellschaft. Darmstadt 1995.

Sturzbecher, Dietmar / Andrea Kopp: Konflikterziehung und Partizipation als Präventionsstrategie. In: Deutsches Forum Kriminalprävention. Arbeitsgruppe: Primäre Prävention von Gewalt gegen Gruppenangehörige – insbesondere: junge Menschen. Materialsammlung, Tagungsband Symposium. Bonn 2003, S. 113–122

Tausch, R. / A. Tausch: Erziehungspsychologie. Göttingen 1991.

Taylor, T. K. / A. Biglan: Behavioral Family Interventions for Improving Childrearing: A Review of the Literatur for Clinicians and Policy Makers. Clinical Child and Familiy Psychology Review. 1998.

Tedeschi, James T.: Die Sozialpsychologie von Aggression und Gewalt. In: Wilhelm Heitmeyer / John Hagan (Hrsg.): Internationales Handbuch der Gewaltforschung. Wiesbaden 2002, S. 573–597.

Tennstädt, Kurt-Christian u. a.: Das Konstanzer Trainingsmodell. Neue Wege im Schulalltag: Ein Selbsthilfeprogramm für zeitgemäßes Unterrichten und Erziehen. Band 1: Trainingshandbuch. Bern u. a. 2. Aufl. 1990. Band 2: Theoretische Grundalgen, Beschreibung der Trainingsinhalte und erste empirische Überprüfung. Bern u. a. 1987.

Tetzlaff, Rainer: Afrika als Teil der Vierten Welt, der erodierenden Staatlichkeit – abgeschaltet von der Globalisierung. Ursachen und Hintergründe von Staatsverfall und Ent-Menschlichung (zivilisatorische Regression). Arbeitspapier 2003.

The Human Rights House Foundation (Hrsg.): Human Rights House Network. Annual Report 2004. Oslo o. J.

Thiersch, Hans / Jürgen Wertheimer / Klaus Grunwald (Hrsg.): „.. überall in den Köpfen und Fäusten". Auf der Suche nach Ursachen und Konsequenzen von Gewalt. Wissenschaftliche Buchgesellschaft. Darmstadt 1994.

Thornton, T. N. u. a.: Best Practices for Youth Violence Prevention. A Sourcebook for Community Action. Atlanta 2000.

Tillmann, Klaus-Jürgen / Birgit Holler-Nowitzki / Heinz Günter Holtappels: Schülergewalt als Schulproblem. Verursachende Bedingungen, Erscheinungsformen und pädagogische Handlungsperspektiven. Juventa. Weinheim / München 1999.

Train, Alan: Ablachen, Fertigmachen, Draufstiefeln. Strategien gegen die Gewalt an Schulen. Wie Erziehende Opfern und Tätern wirkungsvoll helfen können. Beust. München 1998.

Trenczek, Thomas: Alternatives Konfliktmanagement in der Bürgergesellschaft. In: Spektrum der Mediation. (19) 2005, S. 4 ff.

Tschöpe-Scheffler, Sigrid / Jochen Niermann: Evaluation des Elternkurskonzepts „Starke Eltern – starke Kinder" des Deutschen Kinderschutzbundes. Köln 2002.

Tschöpe-Scheffler, Sigrid: Elternkurse auf dem Prüfstand. Wie Erziehung wieder Freude macht. VS Verlag für Sozialwissenschaft. Wiesbaden 2003.

Tschöpe-Scheffler, Sigrid: Elternkurse im Vergleich. In: „Theorie und Praxis der Sozialpädagogik", Evangelische Fachzeitschrift für die Arbeit mit Kindern. 8/2004, Seite 8–13.

Tschöpe-Scheffler, Sigrid: Qualitätsanfragen an Elternkurse. Wie man Konzepte leichter beurteilen kann. In: TPS. Theorie und Praxis der Sozialpädagogik. 8/2004, S. 4–7. Vgl. http://www.gewaltpraevention-tue.de/index.php?id=10097.

U.S. Department of Education: Preventing Youth Hate Crime. A Manual for Schools and Communities. Washington o. J.

Ulrich, Susanne / Florian M. Wenzel: Partizipative Evaluation. Ein Konzept für die politische Bildung. Verlag Bertelsmann Stiftung, Gütersloh 2003.

UNESCO u. a.: Learning to Live Together. Good Practices in Schools. Selections from IBE's Related Databank. O. O. 2005.

UNESCO: Best Practices of Non-Violent Conflict Resolution in and out-of-school. Some Examples. Paris 2002.

Ungern-Sternberg, Sven von: Zehn Leitlinien für die Planung und Entwicklung eines neuen Stadtteils. In: Innenministerium Baden-Würtemberg (Hrsg.): Kommunale Kriminalprävention. Stuttgart 1996, S. 118 ff.

UNHCR / Save the Children-UK: Note for Implementing and Operational Partners by UNCHR and Save the Children-UK on Sexual Violence & Exploitation: The Experience of Refugee Children in Guinea, Liberia and Sierra Leone based on Initial Findings and Recommendations from Assessment Mission 22 October – 30 November 2001. Februar 2002. Vgl. http://www.reliefweb.int/rw/rwb.nsf/AllDocsByUNID/6010f9ed3c651c93c1256b6d00560fca

UNICEF: Violence against Children at Home and at School: Development of Indicator. Process Summary and Next Steps. Draft. Mai 2005.

United Nations General Assembly: Right of the Child. Report of the Independent Expert for the United Nations Study on Violence against Children. 19 August 2005.

United Nations Secretary General's Study on Violence Against Children. Pressemitteilung EURO/04/05. Kopenhagen / Genf 15. 3. 2005.

United Nations: Declaration on the Elimination of Violence against Women. 1993. http://www.un.org/documents/ga/res/48/a48r104.htm

VENRO: Mindeststandards für die Personalsicherheit in der humanitären Hilfe. O. O. o. J. www.venro.org.

Verein Männer gegen Männer-Gewalt Salzburg (Hrsg.): Gewaltberatung für Männer. Konzept und Beratungsangebot. Salzburg o. J.

Volkmann, Hans-Rüdiger: Wann ist ein Projekt ein kriminalpräventives Projekt? In: Neue Kriminalpolitik. 1/2002, S. 14–19.

Walker, Jamie: Gewaltfreie Konfliktlösung im Klassenzimmer. Eine Einführung. Pädagogisches Zentrum Berlin. Berlin 1991.

Wasmuht, Ulrike C.: Friedensforschung als Konfliktforschung. Zur Notwendigkeit einer Rückbesinnung aus den Konflikt als zentrale Kategorie. AFB-Texte. 1/1992.

Webster-Stratton, C. / L. Hancock: Training for Parents of Young Children with Conduct Problems: Content, Methods, and Therapeutic Processes. In: J. M. Briesmeister / C. E. Schaefer (Hrsg.): Handbook of Parent Training. New York, 1998, S. 98–152.

Wehrheim, Jan: Städte im Blickpunkt Innerer Sicherheit. In: Aus Politik und Zeitgeschichte. (44) 2005, S. 21 ff.

Weidner, Jens / Rainer Kilb / Dieter Kreft (Hrsg.): Gewalt im Griff. Band 1: Neue Formen des Anti-Agressivitäts-Trainings. Beltz. Weinheim / Basel 2000.

Weidner, Jens / Rainer Kilb / Otto Jehn (Hrsg.): Gewalt im Griff. – Band 3: Weiterentwicklung des Anti-Aggressivitäts- und Coolness-Trainings. Beltz. Weinheim / Basel/Berlin 2003.

Weidner, Margit: Erziehungsziel: Höflichkeit. Auf dem Weg zu einer sozialwirksamen Gemeinschaft. In: Pädagogik. 9/2004, S. 30–34.

Weißer Ring direkt (16) 3/2005.

Welzer, Harald: Täter. Wie aus ganz normalen Menschen Massenmörder werden. S. Fischer, Frankfurt/M. 2005.

Werner, Emmy: Lessons from the lives of individuals who thrived despite adversity. Vortrag gehalten auf dem Kongress „Resilienz. Gedeihen trotz widriger Umstände". Zürich, Februar 2005. In: Nuber, U.: Resilienz: Immun gegen das Schicksal? In: Psychologie heute. 9/2005, S. 22 f.

WHO Regionalbüro für Europa: Weltbericht Gewalt und Gesundheit. Zusammenfassung. Kopenhagen 2003.

WHO: „Explaining Away Violence" Poster Series. http://who.int/violence_injury_prevention/publications/violence/red/en.

WHO: Handbook for the Documentation of Interpersonal Violence Prevention Programms. Geneva 2004.

WHO: Mental Health in Emergencies. Mental and Social Aspects of Health of Populations Exposed to Extreme Stressors. Geneva 2003.

WHO: Preventing Violence. A Guide to Implementing the Recommendations of the World Report on Violence and Health. Geneva 2004.

WHO: The Economic Dimension of Interpersonal Violence. Geneva 2004.

WHO: Violence Prevention: An Important Element of a Health-Promoting School. In: WHO Information Series on School Health 3. Geneva 1999.

WHO: World Report on Violence and Health. Geneva 2002.

Wilms, Wolf Rüdiger: Erziehungskräfte stärken. In: Bildung & Wissenschaft. Juni 2004, S. 24–35.

Wimmer, Michael / Christoph Wulf / Bernhard Dieckmann (Hrsg.): Das zivilisierte Tier. Zur historischen Anthropologie der Gewalt. Fischer. Frankfurt/M. 1996.

Wolff-Jontofsohn, Ulrike: Erklärungsmodelle für Intergruppenkonflikte, Vorurteile und Einstellungsveränderungen. In: Dies.: Friedenspädagogik in Israel. Wochenschau Verlag. Schwalbach/Ts 1999, S. 203 ff.

Wolmerath, Martin: Mobbing im Betrieb. Baden-Baden 2004.

Wölte, Sonja: Die internationalen Menschenrechte von Frauen. Ein Überblick über die wichtigsten internationalen Konventionen und Instrumente ihrer Umsetzung. GTZ. Eschborn 2003. http://www2.gtz.de/dokumente/bib/04-0067.pdf

Wortberg, Christiane: Bye, bye Barbie. Körperbild und Körpersprache in der Gewaltpräventionsarbeit mit Mädchen. UNRAST. Münster 1997.

Youssef, R. M. / M. S. Attia / M. I. Kamel: Violence among Schoolchildren in Alexandria. In: Eastern Mediterranean Health Journal, (5) 2/1999, S. 282–298.

Zentrale Geschäftsstelle polizeiliche Kriminalprävention (Hrsg.): Herausforderung Gewalt. Programm Polizeiliche Kriminalprävention. Eigenverlag. Stuttgart o. J.

Zentrale Geschäftsstelle polizeiliche Kriminalprävention: Qualitätssicherung polizeilicher Präventionsprojekte. Eine Arbeitshilfe für die Evaluation. Eigenverlag. Stuttgart 2003.

Zilleßen, Horst (Hrsg.): Mediation. Opladen/Wiesbaden 1998.

Zimmer, Dieter E.: Hearing über die Wurzeln der Aggression. In: Die Zeit Nr.13 20. März 1987.

Zypries, Brigitte: Rede der Bundesjustizministerin Zypries bei den Osnabrücker Friedensgesprächen: Für Dramatisierung gibt es keinen Grund. http://www.bmj.bund.de/enid/November/Osnabrueck__20_11_2003_-_Gewaltpraevention_gm.html

5 Links zur Gewaltprävention

Agency for Healthcare Research and Quality
www.ahrq.gov/clinic/cpsix.htm

AKF, Arbeitsgemeinschaft für kath. Familienbildung e. V.
www.akf-bonn.de/kess.html

Aktionsgemeinschaft Dienst für den Frieden e. V.: Bietet u. a. einen
Qualifizierungsverbund für zivile, gewaltfreie Konfliktbearbeitung.
www.friedensdienst.de

Arbeitsgemeinschaft Friedenspädagogik e. V.: Projektarbeit zum
Themen Frieden, Gewaltminderung und Konfliktbearbeitung.
www.agfp.de und pro-streitkultur.de

Berliner Senatsverwaltung für Bildung, Jugend und Sport: Materialien
zum Thema Gewaltprävention an Schulen.
www.senbjs.berlin.de/schule/gewaltpraevention/gewalt/asp

Bullying Online: Vernetzung britischer Regierungsbehörden, Gesundheitsbehörden, Steuerungsräte und Polizeieinheiten zum Thema Bullying.
www.bullying.co.uk/

Bundeskriminalamt
www.bka.de

Bundesministerium der Justiz.
www.bmj.bund.de

Bürgermeister für den Frieden.
www.pcf.city.hiroshima.jp/mayors/english

Campus Conflict Resolution Resources: Bietet umfangreiche Werk-
zeuge zur Arbeit mit und zum Lernen von Konflikten im Kontext hö-
herer Bildung.
www.campus-adr.org/

Center for the Prevention of School Violence: Informationsquelle zum Thema Umgang mit Gewalt an Schulen und zur Gewährleistung sicherer Schulen.
www.ncsu.edu/cpsv

Center for the Prevention of Violence, Colorado University: Umfangreiche Quelle zum Thema Gewalt an Schulen.
www.colorado.educ/cspv

Centrale für Mediation
www.centrale-fuer-mediation.de

Child Rights Information Network. UN Study on Violence Civil Society Gateway.
www.crin.org/violence

Children and Armed Conflict: Die Webseite der Forschungs- und Arbeitsgruppe der University of Essex bietet aktuelle Informationen zu den Auswirkungen bewaffneter Konflikte auf Kinder und Jugendliche weltweit. Außerdem: umfangreiche Datenbank zum Thema.
www.essex.ac.uk/armedcon

Coalition to Stop the Use of Child Soldiers: vereint nationale, regionale und internationale Organisationen und Netzwerke in Afrika, Asien, Europa, Lateinamerika und dem Nahen Osten.
www.child-soldiers.org

Conflict Resolution Information Source: Informationssammlung zum Thema Conflict Resolution.
www.crinfo.org/

Connect: Initiative, die europaweit Praktiker und Wissenschaftler zum Thema Gewalt an Schulen vernetzt und Interventionsstrategien zur Verfügung stellt.
www.gold.ac.uk/connect

Council of Europe, Project Responses to Violence.
www.coe.int/T/E/Integrated_Projects/violence/

Das Online Familienhandbuch für Eltern, Erzieher/innen, Lehrer/innen, Familienbildner/innen und Fachleute, die sich mit Familien befassen.
www.familienhandbuch.de

Defence for Children International: Nichtregierungsorganisation zur Förderung praktischen, systematischen, gemeinsamen Handelns zur Sicherung der Rechte von Kindern.
www.defence-for-children.org

Der UN-Sonderbeauftragte für Kinder in bewaffneten Konflikten: Informationsseite.
www.un.org/special-rep/children-armed-conflict/

Deutsche Stiftung Weltbevölkerung.
www.dsw-online.de

Deutscher Kinderschutzbund, Bundesverband e.V., Elterntraining: Starke Eltern – starke Kinder.
www.starkeeltern-starkekinder.de

Deutscher Kinderschutzbund: Stellungnahme zur neuen RTL Reality-Serie die Super-Nanny.
www.kinderschutzbund-nrw.de/StellungnahmeSuperNanny.htm

Deutsches Forum für Kriminalprävention.
www.kriminalpraevention.de

Deutsches Jugendinstitut:
www.dji.de

Dokumente zu Menschenrechten von Frauen.
www.un.org/womenwatch

Economics of Conflict, Programm der Weltbank
http://econ.worldbank.org/external/default/main?menuPK=477971&pagePK=64168176&piPK=64168140&theSitePK=477960

European Centre for Conflict Prevention: Eine Nichtregierungsorganisation die Konfliktprävention und Peacebuilding Strategien fördert

und weltweit Menschen vernetzt, die sich für Frieden einsetzen.
www.conflict-prevention.net

European Observatory of Violence in Schools: Forschungszentrum zum Thema Gewalt an Schulen und urbaner Gewalt in Europa.
www.obsviolence.pratique.fr./indexgb.html

Forschungsverbund Desintegrationsprozesse – Integrationspotentiale moderner Gesellschaften.
www.soziale-desintegration.de

Forum Hilfe: Meinung zur RTL-Serie „Super Nanny".
www.forum-hilfe.de/viewtopic.php?t=4945

Gesundheit.de. Zum Thema Prävention aus medizinischer Sicht
www.gesundheit.de/medizin/vorsorge-nachsorge/praevention-und-gesundheitsvorsorge/

Gewaltprävention und Konfliktbearbeitung in Tübingen.
www.gewaltpraevention-tue.de/

Global Partnership for the Prevention of Armed Conflict: Internationales Netzwerk zivilgesellschaftlicher Organisationen, die sich für die Prävention von bewaffneten Konflikten einsetzen.
www.gppac.net

Gordon Familientraining.
www.gordonmodell.de/html/familientraining.html

Gesellschaft für Technische Zusammenarbeit GmbH (GTZ)
www.gtz.de

Hamilton Fish Institute: Vom U.S. Kongress eingesetztes Institut zur Überprüfung von Präventionsmethoden gegen Gewalt an Schulen.
www.hamfish.org

Harvard Youth Violence Prevention Center: Interdisziplinäres Zentrum zur Erforschung und Stärkung von Präventionsstrategien im kommunalen Raum.
www.hsph.harvard.edu/hicrc/prevention/html

Hessische Stiftung Friedens- und Konfliktforschung: Bereich Friedenspädagogik.
www.hsfk.de/project.php?id=125&language=de

Human Security Network: Bietet umfangreiche Informationen, Stellungnahmen, Texte und Links zu vielfältigen Themen im Bereich Sicherheit und Entwicklung.
www.humansecuritynetwork.org

Humanitarian Information Centres: Unterstützt die Koordination humanitärer Maßnahmen durch die Bereitstellung von Informationsmaterial und Dienstleistungen.
www.humanitarianinfo.org

Informationen zum Umgang mit Krisen und Krisenmanagement.
www.prof-schuchardt.de

Institut für Friedenspädagogik Tübingen e. V.
www.friedenspaedagogik.de
www.peace-education.net

Institute on Violence and Destructive Behavior: Unterstützt Schulen und soziale Dienstleister im Umgang mit gewalttätigem und zerstörerischem Verhalten.
http://darkwing.uoregon.edu/~ivdb/

Institut für konstruktive Konfliktaustragung und Mediation.
www.ikm-hamburg.de

Inter-Agency Network for Education in Emergencies: Informationen zu Bildung in Notfall- und Krisensituationen.
www.ineesite.org

International News Safety Institute: Nichtregierungsorganisation, die sich der Sicherheit von Journalisten widmet und gegen Verfolgungen von Journalisten antritt.
www.newssafety.com/

Internationale Konferenz zu von Krieg betroffenen Kindern. Hintergrundinformationen und Aktuelles zur Konferenz.
www.waraffectedchildren.gc.ca

Keys to Safer Schools: Unterstützung von an Jugendlichen orientierten Einrichtungen, um vor Gewalt sichere Räume zu schaffen.
http://keystosaferschools.com/CriticalTraining.htm

Kinderschutzzentren: Beratungsstelle mit Ziel Gewalt gegen Kinder,
Kindesmisshandlungen, -vernachlässigungen und sexuellen Missbrauch abzubauen, zu verhindern, und vorzubeugen. Dies soll durch
die Entwicklung, Anwendung und Weitervermittlung von speziellen,
an den Ursachen von Gewalt ansetzenden, Hilfsmaßnahmen erreicht
werden.
www.kinderschutz-zentren.org

Landeskommission Berlin gegen Gewalt.
www.berlin-gegen-gewalt.de/

Männerrat.de: Die etwas andere Informationsseite für Männer – Frau-
en und Geschlechterfragen.
www.maennerrat.de

National Association of Students Agains Violence Everywhere: Gewaltprävention durch Integration von Schülern in Kriminalitätspräven-
tionsmaßnahmen, Konfliktbearbeitung und Einsatz im kommunalen
Umfeld.
http://nationalsave.org

National Coalition to Abolish Corporal Punishment in Schools
(NCACPS). Argumente gegen körperliche Züchtigung in Schulen.
www.stophitting.com/disatschool/facts.php#Arguments%
20Against%20Corporal%20Punishment

National Criminal Justice Reference Service des U.S. Departments
of Justice.
www.ncjrs.org/works/index.htm

National School Safety Center: Fördert weltweit sichere Schulen und
Prävention von Kriminalität und Gewalt an Schulen.
www.nssc1.org/

Nationmaster: Umfangreiche ländervergleichende Datenbank zu vielfältigen Themen.
www.nationmaster.com/

October Center for the Study and Prevention of Youth Violence: Förderung kulturell sensitiver Strategien zur Gewaltprävention, Heilung
und zur Schaffung von gewaltfreien Lebensumfeldern.
www.octobercenter.vcu.edu/index.html

Oekumenischer Dienst Schalomdiakonat: vermittelt in Grund- und
Aufbaukursen sowie in Fachseminaren Kompetenzen in gewaltfreier / ziviler Konfliktbearbeitung.
www.shalomdiakonat.de

P.T.S.D: Ursprünglich eine Seite für britische Soldaten, die nach
ihrem Einsatz an Post Traumatic Stress Disorder (P.T.S.D.) leiden.
Bietet umfangreiche Informationen rund um P.T.S.D.
www.ptsd.org.uk

PART Professional Assault Response Training: Training zum professionellen Umgang mit Gewaltsituationen.
www.part2000.de

Peace Counts Project.
www.peace-counts.org

Pensinsula Conflict Resolution Center (CRISP): Conflict Resolution
in Schools Program: Konfliktlösungstrainings für ErzieherInnen, Eltern und Studenten.
www.pcrcweb.org/schools/crisp.jsp

Plattform zivile Konfliktbearbeitung: Info-Portal zu vielfältigen Themen aus dem Bereich der zivilen Konfliktbearbeitung.
www.konfliktbearbeitung.net

Portal VISIONARY zum Thema Gewalt, Mobbing und Bullying in der
Schule
www.gewalt-in-der-schule.info
www.bullying-in-school.info

Pressemitteilung BMFSFJ: Erziehungsalltag wird gewaltfrei.
www.bmfsfj.de/Kategorien/Presse/pressemitteilungen,
did=17392.html

Preventing Crime.
www.preventingcrime.org

Projekt „Schulqualität als Präventionsstrategie"
www.schuelerpartizipation.de

RAND Education. Daten und Analysen zu Bildungsmethoden. Analysen zu Gewaltprävention in der Schule.
www.rand.org/education

Reporters sans frontières.
www.rsf.org/rsf/uk/html/guidep/guidep.html

Save the Children. Weltweite Organisation für die Rechte von Kindern.
www.savethechildren.net

School Health. Zur Verbesserung der Gesundheit von Kinder im Schulalter.
www.schoolandhealth.org/

SHPPS: School Health Policies and Programs Study des National Center for Chronic Disease Prevention and Health Promotion.
www.cdc.gov/HealthyYouth/shpps/

Sicher-Stark-Team: Kinderpräventionskonzept gegen Gewaltverbrechen und sexuellen Missbrauch.
www.sicher-stark.de/

Sozialgesetzbuch – Online-Handbuch: Handbuch für Sozialpädagoginnen und Sozialpädagogen, Juristinnen und Juristen. Enthält Fachtexte zum Thema Kinder- und Jugendhilfe.
www.sgbviii.de

Staatsinstitut für Familienforschung an der Universität Bamberg.
Fit für´s Baby.
www.ifb-bamberg.de/forschungen/kulmbach.htm

STEP: Trainingsprogramm für Eltern mit Ziel eines kooperativen Familienlebens und tragfähigen Bindungen zu den Kindern.
www.instep-online.de

Stiftung Weltethos für interkulturelle und interreligiöse Forschung, Bildung und Begegnung.
www.weltethos.org

Swisspeace: Kompetenzzentrum Friedensförderung: Some General Dos & Don'ts on Gender and Peacebuilding.
http://www.swisspeace.org/koff/t_gender_dosanddonts.pdf

The Ohio Commission on Dispute Resolution & Conflict Management: Umfangreiche Ressourcensammlung.
http://disputeresolution.ohio.gov/

The Violence Prevention Internet Guide: Linksammlungen zu vielfältigen Gewaltformen u. a. Jugend- und Schulgewalt.
www.aast.org/VPG/

Transcend: Friedens- und Entwicklungsorganisation für Konflikttransformation mit friedlichen Mitteln.
www.transcend.org.

Traumapädagogik: Informationen zur Arbeit mit traumatisierten Kindern.
www.traumapaedagogik.de

Triple P Deutschland, PAG Institut für Psychologie AG.
www.triplep.de

U.S. Department of Education.
www.ed.gov

UCLA School Mental Health Project.
http://smhp.psych.ucla.edu

UN Secretary General's Study on Violence against Children.
www.violencestudy.org

UN-HABITAT: Siedlungsprogramm der Vereinten Nationen. Überwachung und Aufzeichnung sozialer Ungleichheit im Siedlungsbereich z. B. Zugang zu Grundversorgung oder Sicherheit.
www.unhabitat.org/programmes/guo/muip.asp

United Nations Development Fund for Women (UNIFEM): Spezielle Portale zu Themen wie „Violence Against Women", „Women, War and Peace", „Governance, Peace and Security".
www.unifem.org

University of Cape Town. Institute of Criminology. Social Justice Project.
http://web.uct.ac.za/depts/sjrp/

UN-Konvention über die Rechte der Kinder.
www.unis.unvienna.org/unis/de/library_2004kinderkonvention.html

Virginia Youth Violence Project: Zur Überprüfung effektiver Methoden und Richtlinien zur Gewaltprävention besonders im schulischen Kontext.
http://youthviolence.edschool.virginia.edu/

Volkswagen AG: Allgemeine Informationen zum Konzern, aber auch Informationen wie die Betriebsvereinbarung Partnerschaftliches Verhalten am Arbeitsplatz.
www.volkswagen.com

Waage Hannover e.V.: Verein für Konfliktschlichtung und Wiedergutmachung.
www.waage-hannover.de

Weibliche Genitalverstümmelung in Burkina Faso.
http://www2.gtz.de/fgm/deutsch/laender/bu-faso.htm

West Africa Network for Peacebuilding: Regionales Netwerk von Initiativen im Bereich Peacebuilding.
www.wanep.org/

WHO Fact Sheets from the World Report on Violence and Health.
www.who.int/violence_injury_prevention/violence/world_report/factsheets/en/index.html

WHO Injuries and Violence Prevention.
www.who.int/violence_injury_prevention/violence/global_campaign/en/index.html

WHO Publikationen zu Gewalt und Gewaltprävention.
www.who.int/violence_injury_prevention/publications/violence/en/

WSD Pro Child e. V.: Sicherheitskurse gegen sexuellen Missbrauch
bei Kindern.
www.wsd-prochild.de

Youth Violence Prevention Center: Center der Universität Michigan
zur Entwicklung, Implementierung und Überwachung von Präventionsstrategien im Bereich Jugendgewalt und zur Förderung gesunder
Entwicklung unter Einbeziehung von Gemeinden, Universitäten und
Gesundheitsbehörden.
www.sph.umich.edu/yvpc/index.shtml

8 Anmerkungen

[1] WHO Regionalbüro für Europa: Weltbericht Gewalt und Gesundheit. Zusammenfassung. Kopenhagen 2003. S. V.

[2] Vgl. Hans-Dieter Schwind / Jürgen Baumann u. a. (Hrsg.): Ursache, Prävention und Kontrolle von Gewalt. Analysen und Vorschläge der Unabhängigen Regierungskommission zur Verhinderung und Bekämpfung von Gewalt (Gewaltkommission), Band I. Buncker & Humblot. Berlin 1989.

[3] Vgl. ebd.

[4] Vgl. Thomas, Claus / Detlev Herter: Jugend und Gewalt. Ergebnisse einer empirischen Untersuchung an Magdeburger Schülern. In: Aus Politik und Zeitgeschichte. Beilage zur Wochenzeitung Das Parlament. 23.9.1994, S. 10–20, S. 11.

[5] WHO: Weltbericht Gewalt und Gesundheit, a.a.O, S. 6.

[6] Wie wirkt sich z. B. folgende Aussage auf das Verständnis von Gewaltprävention aus: „Auch wenn Gewalt letztlich gesellschaftliche Ursachen hat, ist sie im Kern ein Kommunikations- und Interaktionsproblem, das schon mit der Definition des Gewaltbegriffes beginnt." Wolfgang Melzer / Frank Ehninger: Veränderung der Schulkultur als Ansatz schulischer Gewaltprävention. In: Aus Politik und Zeitgeschichte. (44) 2002, S. 39.

[7] Bundesverband der Unfallkassen (Hrsg.): Gewalt an Schulen. Ein empirischer Beitrag zum gewaltverursachten Verletzungsgeschehen an Schulen in Deutschland 1993–2003. München 2005, S. 21.

[8] J. F. DeVoe / K. Peter / P. Kaufman / A. Miller / M. Noonan / T.D. Snyder / K. Baum: Indicators of School Crime and Safety. U.S. Departments of Education and Justice. U.S. Government Printing Office. Washington 2004, S. vii.

[9] Andreas Ammer: Kommunale Kriminalprävention – Bestandsaufnahme und Perspektiven. In: Kriminalprävention in Rheinland-Pfalz. Zeitschrift des Landspräventionsrates Rheinland-Pfalz. 2/2004.

[10] Department of Health and Human Services. Fact Sheet Violence Prevention. SHPPS 2000. Vgl. www.cdc.gov/shpps.

[11] Vgl. Nelson Mandela in WHO: Weltbericht Gewalt und Gesundheit, a. a. O., S. V.

[12] Vgl. Christian Büttner / Miriam Koschate: Westliche Psychologie gegen Jugendgewalt weltweit Plädoyer für eine kultursensitive Anwendung, HSFK-Report. 5/2003.

[13] WHO: World Report on Violence and Health. Geneva 2002, S. IX.

[14] Parlament der Weltreligionen: Erklärung zum Weltethos. Chicago 1993, S. 3. www.weltethos.org

[15] 5. Weltethos-Rede von Friedensnobelpreisträgerin Dr. Shirin Ebadi auf

Einladung der Stiftung Weltethos an der Universität Tübingen, 20. Oktober 2005. Vgl. www.weltethos.org

[16] Johan Galtung: Kein Zweifel: Gewaltlosigkeit funktioniert! Wirkungsweise und Aktualität gewaltlosen Widerstands. Heidelberg / Freiburg 1995, S. 16 f.

[17] WHO: The Economic Dimension of Interpersonal Violence. Geneva 2004.

[18] Es handelt sich dabei um eine Literaturauswertung von insgesamt 119 Studien über die ökonomischen Konsequenzen und Ursachen interpersoneller Gewalt aus dem Zeitraum zwischen Januar 1980 und Mai 2003.

[19] Der Focus der Untersuchung ist auf die Konsequenzen so genannter interpersoneller Gewalt – in Abgrenzung zu so genannter „self-directed Violence", sowie in Abgrenzung zu kollektiver Gewalt – gerichtet. Zur interpersonellen Gewalt werden folgende Formen der Gewalt gezählt: Kindesmissbrauch und Vernachlässigung; Gewalt zwischen Intimpartnern; Missbrauch von älteren Menschen (auf Grund schlechter Datenbasis aus der Studie genommen); sexuelle Gewalt; Gewalt am Arbeitsplatz; Jugendgewalt; andere Formen von Gewaltkriminalität.

[20] Michael Gleich: Peace Economics – wie sich Frieden auszahlt. In: Petra Gerster mit Michael Gleich: Die Friedensmacher. München 2005, S. 234 f.

[21] WHO: Economic Dimension, a. a. O., S. 6.

[22] Vgl. das Programm der Weltbank: The Economics of Conflict http://econ.worldbank.org/external/default/main?menuPK=477971&page PK=64168176&piPK=64168140&theSitePK=477960

[23] Ebd. S. 13 ff.

[24] Suzette Fromm: Total Estimated Cost of Child Abuse and Neglect in the United States: Statistical Evidence. Prevent Child Abuse. O. O. 2001.

[25] Ted R. Miller / Deborah A. Fisher / Mark A. Cohen: Costs of Juvenile Violence: Policy Implications. Pediatrics. (107) 2001, S. 1–7.

[26] Ted R. Miller / Mark A. Cohen / Brien Wiersema: Victim Costs and Consequences: a New Look. National Institute of Justice Research Report. Landover Maryland, National Institute of Justice, US Department of Justice, Office of Justice Programs. 1996.

[27] S. Brand / R. Price: The Economic and Social Costs of Crime. Home Office Research Study 217. O. O. 2000.

[28] Martin Wolmerath: Mobbing im Betrieb. Baden-Baden 2004, S. 57.

[29] B. Meschkutat / M. Stackelbeck / G. Langenhoff: Der Mobbing-Report. Eine Repräsentativstudie für die Bundesrepublik Deutschland. Schrfitenreihe der Bundesanstalt für Arbeitschutz und Arbeitsmedizin. Dortmund/Berlin/ Dresden. 3. Aufl. 2003.

[30] Notwendige Differenzierungen nach Alter, Geschlecht, Stellung im Betrieb, Branchen usw. sind in der Studie nachzulesen.

[31] Pfizer: Responding to the Global Public Health Challenge of Violence. The Pfizer Journal. Global Edition. (11) 1/2001.

[32] Im Weiteren sind die Vergleiche mit Industrieländern (high income countries) auf Grund der Tatsache, dass ökonomische Verluste im Verhältnis zur Produktivität in „lower income countries" dazu tendierten unterbewertet zu werden, da diese Verluste typischerweise auf festgelegten Gehältern und Einkommen basieren. Phillips (1998) kalkuliert die Kosten von Tötungsdelikten in der „Western Cape Metropolitan Area" in Südafrika. (discount rate 3 % – 5 %. Diese Kosten belaufen sich auf 31,6 Millionen. Pro Tötungsdelikt ergeben sich Kosten von 15 319 Dollar. Das ist signifikant niedriger als die in Neuseeland geschätzten Kosten von 829 000 Dollar.

[33] Vgl. WHO: Economic Dimension, a. a. O., S. 43.

[34] Unterschiede in den Schätzungen der Kosten von Gewalt können typischerweise nicht nur auf unterschiedliche Definitionen und/oder das Miteinbeziehen verschiedener Typen von Kosten zurückgeführt werden.
Im Weiteren sind die Studien, die sich mit den Kosten von interpersoneller Gewalt auseinandersetzen, methodologisch unterschiedlich ausgerichtet. Die Schätzungen beruhen etwa auf differenten Datenbasen. Die meisten beziehen sich auf Kriminalitätsreporte, Krankenhausberichte und/oder Haushaltsumfragen.

[35] Vgl. WHO: Economic Dimension, a. a. O., S. 9.

[36] Die WHO kommt zu dem Ergebnis, dass zukünftig ein großer Bedarf an systematischer Erforschung der Kosten von Gewalt besteht. Solche Untersuchungen sollten strikten methodologischen Richtlinien folgen, sowohl die direkten, als auch die indirekten Kosten berücksichtigen sowie – und diese ist möglicherweise der zentral Aspekt – internationale Vergleiche ermöglichen.
Die deutlichste Lücke besteht in der Notwendigkeit einer standardisierten Methodologie. Sie müsste
• die Parameter für Kategorien und Typen der Kosten (direkte und indirekte) welche mitberücksichtigt werden sollten angeben
• als auch einen Zeitrahmen für die Kalkulation vorgeben
• sowohl aus einer individuellen als auch aus einer gesellschaftlichen Perspektive kalkulieren
• einheitliche Raten für die Berechnung zukünftiger Kosten und Vorteile vorgeben
• sie sollte Mittel für einen Vergleich von durch interpersonelle Gewalt erzeugte Verluste bereitstellen über unterschiedlich entwickelte Länder hinweg anbieten

[37] Vgl. ebd., S. 28.

[38] Vgl. ebd., S. xi.

[39] Vgl. ebd., S. 30.

[40] Vgl. ebd., S. xi.

[41] Vgl. http://www.his-online.de

[42] International Secretariat of the Global Partnership for the Prevention of Armed Conflict, People Building Peace: A Global Action Agenda for the Prevention of Violent Conflict. Utrecht 2005, S. 2; Vgl. www.conflict-prevention.net.

[43] Günther Schatz: Gewaltprävention. In: Ingeborg Becker-Textor / Martin R. Textor (Hrsg.): SGB VIII – Online-Handbuch. Vgl. http://www.sgbviii.de/S84.html.

[44] Vgl. Zentrale Geschäftsstelle polizeiliche Kriminalprävention der Länder und des Bundes: Qualitätssicherung polizeilicher Präventionsprojekte. Eine Arbeitshilfe für die Evaluation. Eigenverlag. Stuttgart 2003, S. 95.

[45] WHO: Handbook for the Documentation of Interpersonal Violence Prevention Programms. Geneva 2004, S 7.

[46] WHO Regionalbüro für Europa: Weltbericht Gewalt und Gesundheit. Zusammenfassung. Kopenhagen 2003, S. 46.

[47] Lawrence W. Sherman u. a.: A Report to the United States Congress, Prepared fort he National Insitute of Justice by Lawrence W. Sherman, Denise Gottfredson, Doris MacKenzie, John Eck, Peter Reuter, Shawn Bushway. „Preventing Crime. What works, what doesn't, what promising." Washingston 1998, S. 2–3.

[48] Vgl. Peter-Alexis Albrecht / Otto Backes (Hrsg.) Verdeckte Gewalt – Plädoyers für eine „Innere Abrüstung". Frankfurt/M. 1990, S. 22.

[49] Vgl. z. B. die Gewaltwelle jugendlicher Migranten in den Vororten von Paris im November 2005. Vgl. www.spiegel.de.

[50] Thomas Feltes: Verhaltenssteuerung durch Prävention – Konsequenzen aus empirisch-kriminologischen Erfahrungen. Villingen-Schwenningen 1993, S. 17.

[51] Vgl. Hans-Rüdiger Volkmann: Wann ist ein Projekt ein kriminalpräventives Projekt? In: Neue Kriminalpolitik. 1/2002, S. 14–19. Zitiert nach: Anja Mensching: Ist Vorbeugen besser als Heilen? In: Aus Politik und Zeitgeschichte. 46/2005, S. 18.

[52] Eine andere Unterteilung der Präventionsformen nimmt Hahlweg vor: Er unterscheidet zwischen universeller, selektiver und indizierer Prävention. K. Hahlweg: Bevor das Kind in den Brunnen fällt. Prävention von kindlichen Verhaltensstörungen. In: W. Detusch / M. Wenglorz (Hrsg.): Zentrale Entwicklungsstörungen bei Kindern und Jugendlichen. Stuttgart 2001, S. 205 f.
Während die universelle Prävention noch keine speziellen Risikofaktoren fokussiert und damit für alle Bevölkerungsgruppen in Betracht kommt, zie-

len selektive Programme auf Individuen mit erhöhten Belastungen ab. Indizierte Programme haben demgegenüber Zielgruppen im Blick, die Frühsymptome von Auffälligkeiten zeigen.

[53] Diese Stufen werden im Bereich der Kriminalprävention ebenso angewendet wie im Gesundheitsbereich. Vgl. WHO: Handbook, S. 7.

Für den Gesundheitsbereich werden sie wie folgt definiert:

Primäre Prävention: Diese macht es sich zum Ziel, schädliche Faktoren auszuschalten, bevor sie überhaupt wirksam werden können. Damit sie zum Einsatz kommen kann, müssen deshalb nicht nur schädigende Einflüsse erforscht sein, sondern auch – z. B. in Aufklärungskampagnen – bekannt gemacht werden.

Sekundäre Prävention: Sie beinhaltet das Aufdecken von Krankheiten und deren Behandlung in möglichst frühen Stadien – ein Beispiel sind die Krebsvorsorgeuntersuchungen.

Tertiäre Prävention: Diese greift bei bereits eingetretener Krankheit und versucht, deren Verschlimmerung, Komplikationen und Folgeerkrankungen zu verhindern. Wichtiges Standbein dabei sind Rehabilitationsmaßnahmen. Vgl. Dagmar Reiche: Prävention und Gesundheitsvorsorge – was steckt dahinter? O. O. o. J. Vgl. http://www.gesundheit.de/medizin/vorsorge-nachsorge/praevention-und-gesundheitsvorsorge/.

[54] Vgl. Schatz, a. a. O.

[55] WHO: Weltbericht Gewalt und Gesundheit, a.a. O., S. 33.

[56] WHO: Handbook, a.a.O., S. 8.

[57] Rede der Bundesjustizministerin Zypries bei den Osnabrücker Friedensgesprächen: Für Dramatisierung gibt es keinen Grund. Vgl. http://www.bmj.bund.de/enid/November/Osnabrueck__20 11_2003_-_Gewaltpraevention_gm.html.

[58] WHO: Preventing Violence. A Guide to Implementing the Recommendations of the World Report on Violence and Health. Geneva 2004, S 3.

[59] Diese Unterscheidung wird im internationalen Bereich in der Diskussion um Sicherheit und Sicherheitskonzepte mit den Begriffen „Traditionelle Sicherheit", „Erweiterte Sicherheit" und „Menschliche Sicherheit" geführt. Vgl. Michael Brzoska: Human Security – mehr als ein Schlagwort? In: Institut für Entwicklung und Frieden u. a. (Hrsg.): Friedensgutachten 2004. LIT. Münster 2004. Vgl. www.humansecuritynetwork.org.

[60] WHO: Weltbericht Gewalt und Gesundheit, S. 23.

[61] Andreas Ammer: Kommunale Kriminalprävention – Bestandsaufnahme und Perspektiven. In: Kriminalprävention in Rheinland-Pfalz. Zeitschrift des Landspräventionsrates Rheinland-Pfalz. 2/2004, S. 12–13.

[62] Vgl. Landeshauptstadt Düsseldorf (Hrsg.): Düsseldorfer Gutachten. Leitlinien wirkungsorientierter Kriminalprävention. Düsseldorf 2002, S. 14.

[63] Ebd.

[64] Ammer, a. a. O.

[65] Ebd.

[66] WHO: Weltbericht Gewalt und Gesundheit, a. a. O. (Zum Ökologischen Modell, vgl. Kap. 1.9)

[67] Ebd., S. 38.

[68] Thomas Meyer: Politische Kultur und Gewalt. In: Wilhelm Heitmeyer / John Hagan (Hrsg.): Internationales Handbuch der Gewaltforschung. Wiesbaden 2002, S. 1196.

[69] Vgl. WHO-Regionalbüro für Europa: Weltbericht Gewalt und Gesundheit. Zusammenfassung. Kopenhagen 2003.
Der Human Security Report 2005 setzt sich ausführlich mit solchen Mythen, die kollektive Gewalt betreffen auseinander. Vgl. Human Security Centre: Human Security Report 2005. University of British Columbia 2005.

[70] Hans-Dieter Schwind / Jürgen Baumann u. a. (Hrsg.): Ursachen, Prävention und Kontrolle von Gewalt. Analysen und Vorschläge der unabhängigen Regierungskommission zur Verhinderung und Bekämpfung von Gewalt (Gewaltkommission) Bd. 1. Berlin 1989, S. 36.

[71] WHO: Weltbericht Gewalt und Gesundheit, S. 6.

[72] Council of Europe: Final Report of the Integrated „Respones to Violence in Everyday Life in a Democratic Society" (2002-04). Strasbourg, 11. Oktober 2004. Vgl. http://www.coe.int/T/E/Integrated_Projects/violence/.

[73] Vgl. Peter Imbusch: Der Gewaltbegriff. In: Wilhelm Heitmeyer / John Hagan (Hrsg.): Internationales Handbuch der Gewaltforschung. Wiesbaden 2002, S. 29 ff.

[74] Anton Hügli: Was verstehen wir unter Gewalt? Begriff und Erscheinungsformen der Gewalt. In: Joachim Küchenhoff / Anton Hügli / Ueli Mäder (Hrsg.): Gewalt. Ursachen, Formen, Prävention. Psychosozial Verlag. Gießen 2005, S. 21.

[75] „Nur wenn wir diese Deutungen kennen, sind wir überhaupt in der Lage, die Botschaften zu entziffern, die die verschiedenen Tötungs-, Verstümmelungs- und Foltermodalitäten enthalten, die jeweils zur Anwendung kommen." Ebd., S. 23.

[76] Dominique Bodin u. a.: Violence at School. Background Paper. Regional Consultation für the UN Studdy on Violence Against Children. 5–7. July 2005 Ljubljana.

[77] Vgl. Erich Fromm: Anatomie der menschlichen Destruktivität. Rowohlt, Reinbek 1996.

[78] Vgl. Johan Galtung: Strukturelle Gewalt. Reinbek 1975.
Johan Galtung: Kulturelle Gewalt. In: Landeszentrale für politische Bildungsarbeit Baden-Württemberg (Hrsg.): Der Bürger im Staat. (43) 2/1993.

[79] Johan Galtung: Gewalt ist kein Naturgesetz. In: Eirene Rundbrief. 3/2005, S. 3

[80] Johan Galtung: Gewalt, Krieg und deren Nachwirkungen. Polylog. Forum für interkulturelle Philosophie. 5/2004. Vgl. http://them.polylog.org/5/fgj-de.htm; Vgl. Galtung: Gewalt ist kein Naturgesetz. A. a. O.

[81] U. a. werden folgende Kritikpunkte am erweiterten Gewaltbegriff von Johan Galtung vorgebracht:

- Die „inflationäre Ausdehnung" des Gewaltbegriffs wird als unzulänglich angesehen, da jede Art Verhinderung von menschlichen Entfaltungsmöglichkeiten" als Gewalt eingestuft werden könne.
- Als „problematisch" und „unscharf" wird gesehen, dass Galtung „von ‚somatischer und geistiger Verwirklichung' spricht, als gäbe es einen objektiven Konsens darüber.
- Die Ausweitung des Gewaltbegriffs führe zu „Unschärfen", d. h. höchst unterschiedliche Sachverhalte und die verschiedenen Stufen der Gewalt würden leicht „verwischt". Es bestehe die Gefahr, dass „man gleichzeitig und vermischt von verschiedenen Ebenen und Handlungsweisen rede.
- Wegen seiner „mangelnden Präzision" und seinem normativen Bezugspunkt („verteilungstheoretisches Optimum auf einer sozialen Wohlfahrtsfunktion") könne der Gewaltbegriff von Galtung politisch instrumentalisiert werden.
- Da der Galtung'sche Gewaltbegriff nicht präzise und klar bestimmt sei, sei er in der Praxis nur bedingt anwendbar: er sei wissenschaftlich nicht zu operationalisieren und nicht zugänglich für die empirische Forschung.
- Aus feministischer Perspektive solle Galtungs Gewaltbegriff so reformuliert werden, dass er das „hierarchische Geschlechterverhältnis" berücksichtige und patriarchale Gewalt nicht ignoriere oder marginalisiere.

[82] Imbusch, a. a. O., S. 34.

[83] Imbusch, a. a. O., S. 53.

[84] WHO: Weltbericht Gewalt und Gesundheit, a. a. O., S. 6.

[85] Hügli, a. a. O., S. 26.

[86] Hügli plädiert für einen umfassenden Gebrauch: Gewalt übt aus, wer absichtlich, sei es als Selbstzweck oder als Mittel zum Zweck oder zumindest als voraussehbare Nebenfolge seines Handelns, andere Personen Gewalt erleiden lässt. Vgl. Hügli, a. a. O.

[87] Wilhelm Heitmeyer / John Hagan: Vorwort. In: Dies. (Hrsg.): Internationales Handbuch der Gewaltforschung. Wiesbaden 2002, S. 21.

[88] Vgl. Council of Europe, a. a. O., Pkt. 1.2.

[89] Sigmund Freud: Das Unbehagen in der Kultur. In: Gesammelte Werke, Bd. XIV, Werke aus den Jahren 1925–1931. Lingam Press (Raubdruck). 1974, S. 470 f.

90 In den Entwicklungsländern dagegen, so Christian Büttner und Miriam Koschate, liegen die psychologischen Probleme der Gewalt „eher auf dem Gebiet der Bandenkriminalität in den Armenvierteln, der Nachkriegsgewalt in den sozialen Gemeinschaften oder der Problematik der Kindersoldaten" Christian Büttner / Miriam Koschate: Westliche Psychologie gegen Jugendgewalt weltweit. Plädoyer für eine kultursensititve Anwendung. In: HSFK-Report. 5/2003, S. 6.

91 Vgl. Konrad Lorenz: Das sogenannte Böse. Wien 16. Aufl. 1965.

92 Vgl. Felix von Cuby: Besiege deinen Nächsten wie dich selbst. Aggression im Alltag. Aktualisierte Neuausgabe. München / Zürich, 3. Aufl. 1993.

93 Vgl. John Dollard u. a.: Frustration und Aggression. Weinheim 1970.

94 Vgl. G. Gugel: Erziehung und Gewalt. Wie durch Familie, Schule, Fernsehen, Spielzeug und Jugendliteratur Aggression und Gewalt enstehen. Waldkircher Verlag. Waldkirch 1983, S. 29 f.

95 Vgl. James T. Tedeschi: Die Sozialpsychologie von Aggression und Gewalt. In: Wilhelm Heitmeyer / John Hagan (Hrsg.): Internationales Handbuch der Gewaltforschung. Wiesbaden 2002, S. 575.

96 Albert Bandura / Richard H. Walters: Der Erwerb aggressiver Verhaltensweisen durch soziales Lernen. In: A. Schmidt-Mummendey / H.-D. Schmidt (Hrsg.): Aggressives Verhalten. Neue Ergebnisse der psychologischen Forschung. München 1972, S. 107.

97 Dieter E. Zimmer: Hearing über die Wurzeln der Aggression. In: Die Zeit, Nr. 13 20. März 1987.

98 Pressemitteilung vom 22.03.2004 des Bundesministerium für Familie, Senioren, Frauen und Jugend: Erziehungsalltag wird gewaltfrei. Die Bundesministerien für Familie, Senioren, Frauen und Jugend und der Justiz veröffentlichen Begleitforschung zum „Gesetz zur Ächtung der Gewalt in der Erziehung." Vgl. http://www.bmfsfj.de/Kategorien/Presse/pressemitteilungen,did=17392.html.

99 National Organizations Seeking Abolition of Corporal Punishment in Schools. Vgl. http://www.stophitting.com/disatschool/facts.php# Arguments %20Against%20Corporal%20Punishment.

100 Christian Pfeiffer / Peter Wetzels / Dirk Enzmann: Innerfamiliäre Gewalt gegen Kinder und Jugendliche und ihre Auswirkungen. Kriminologisches Forschungsinstitut Niedersachsen e. V., Forschungsberichte Nr. 80. Hannover 1999, S. 28.

101 Geschlecht wird in diesem Zusammenhang nicht als biologische Kategorie im Sinne des englischen „sex" verwendet, sondern als soziale Zuschreibung im Sinne des englischen „gender".

102 Vgl. C. Holzkamp / B. Rommelspacker: Frauen und Rechtsextremismus. In: Päd extra & demokratische Erziehung. 1/1991, S. 36 f.

[103] Vgl. Günter Bierbraucher: Sozialer Einfluss und Gruppenprozess: In: Ders.: Sozialpsychologie. Stuttgart / Berlin 1996.

Ulrike Wolff-Jontofsohn: Erklärungsmodelle für Intergruppenkonflikte, Vorurteile und Einstellungsveränderungen. In: Dies.: Friedenspädagogik in Israel. Wochenschau Verlag. Schwalbach/Ts 1999, S. 203 ff.

Susanne Lin: Vorurteile überwinden – eine friedenspädagogische Aufgabe. Beltz. Weinheim und Basel 1999.

[104] Eugen Drewermann: Die Spirale der Angst. Der Krieg und das Christentum. Freiburg u. a. 1991, S. 60 ff.

[105] Pfeiffer u. a., a. a. O., S. 39.

[106] Hans-Peter Nolting: Aggression ist nicht gleich Aggression: In: Der Bürger im Staat. (43) 2/1993, S. 91–95.

[107] Vgl. Stanley Milgram: Das Milgram-Experiment. Rowohlt, Reinbek 1997.

Wim Meeus / Quinten Raaljmakers: Autoritätsgehorsam in Experimenten des Milgram-Typs: Eine Forschungsübersicht. In: Zeitschrift für Sozialpsychologie. 1989, S. 70–85.

[108] Vgl. Nils Brinkmann: Suizid im Film – eine Herausforderung für den Jugendschutz. In: tv-diskurs. 4/2005, S. 64 ff.

[109] Hans-Dieter Schwind u. a. (Hrsg.): Ursachen, Prävention und Kontrolle von Gewalt. Analysen und Vorschläge der Unabhängigen Regierungskommission zur Verhinderung und Bekämpfung von Gewalt (Gewaltkommission). Berlin 1990, S. 96.

[110] Michael Kunczik / Astrid Zipfel: Medien und Gewalt. Zum Forschungsstand. In: BPjS-Aktuell. 4/2002, S. 8.

[111] Vgl. ebd., S. 9.

[112] Michael Kunczik / Astrid Zipfel: Gewalttätig durch Medien? In: Aus Politik und Zeitgeschichte. 44/2002, S. 35.

[113] Hans-Bernd Brosius / Frank Esser: Eskalation durch Berichterstattung? Massenmedien und fremdenfeindliche Gewalt. Opladen 1995.

[114] Vgl. Tedeschi, a. a. O, S. 573.

[115] Vgl. www.soziale-desintegration.de

[116] Peter Imbuch: Der Gewaltbegriff. In: Wilhelm Heitmeyer / John Hagan, a. a. O., S. 37.

[117] Irenäus Eibel-Eibesfeldt: Die Biologie des menschlichen Verhaltens. Grundriß der Humanethologie. Piper Verlag. München 1984, S. 549.

[118] Ebd., S. 557.

[119] Ebd., S. 556.

[120] WHO: World Report on Violence and Health. Geneva 2002, S 12.

[121] Krug EG u. a. (Hrsg.): World Report on Viiolence and Health. Geneva, World Health Organiszation, 2002, S. 12.

[122] WHO-Regionalbüro für Europa (Hrsg.): Weltbericht Gewalt und Gesund-

heit. Zusammenfassung. Kopenhagen 2003, S. 13f.

[123] Friedrich Lösel: Multimodale Gewaltprävention bei Kindern und Jugendlichen: Familie, Kindergarten, Schule. In: Wolfgang Melzer / Hans-Dieter Schwing (Hrsg.): Gewaltprävention in der Schule. Grundlagen – Praxismodelle – Perspektiven. Nomos. Baden-Baden 2004, S. 328.

[124] Ebd., S. 330.

[125] Harald Welzer: Täter. Wie aus ganz normalen Menschen Massenmörder werden. S. Fischer, Frankfurt/M. 2005.

[126] Vgl. zum Folgenden ebd, S. 14 ff.

[127] Vgl. Büttner und Koschate, a. a. O.

[128] „Grundannahme der Gender Studies ist, dass Gender nicht kausal mit dem biologischen Geschlecht verknüpft ist, sondern als eine kulturelle Interpretation des Körpers zu verstehen ist, die dem Individuum über eine Geschlechtsidentität und die Geschlechterrolle einen spezifischen Ort innerhalb der Geschlechterordnung zuweist. Als zugleich semiotische und soziokulturelle Kategorie meint Gender folglich die Bedeutung(en), die eine Kultur der Unterscheidung zwischen Mann und Frau verleiht und die sich mit anderen grundlegenden Sinnstiftungen überlagern bzw. sie stabilisieren kann", vgl. Metzler Lexikon der Literatur- und Kulturtheorie. Herausgeben von Ansgar Nünning. Stuttgart/Wismar 1998.

[129] Marion Leuze-Mohr: Häusliche Gewalt gegen Frauen – eine straffreie Zone. Nomos. Baden-Baden 2001, S. 336.

[130] United Nations: Declaration on the Elimination of Violence against Women 1993.

[131] Una Hombrecher: Häusliche Gewalt und kulturelle Identität. Internationaler Austausch über Strategien zur Verhinderung von Gewalt. In: Entwicklungspolitik. 18/2005, S. 39.

[132] WHO: Preventing Violence. A Guide to Implementing the Recommendations of the World Report on Violence and Health. Geneva 2004, S. 2. Die meisten Opfer tätlicher Angriffe sind mehrfach unterschiedlichen Formen der Gewalt ausgesetzt: In einer japanischen Untersuchung von 613 misshandelten Frauen wurde festgestellt, dass weniger als 10 Prozent nur Opfer rein physischer Gewalt waren. 57 Prozent dagegen hatten ihren Angaben zufolge, unter körperlicher, psychischer und sexueller Misshandlung zu leiden. Eine mexikanische Studie ermittelte, dass über die Hälfte der Frauen, die tätlich angegriffen worden waren, von ihren Partnern auch sexuell missbraucht wurden; vlg. WHO: Weltbericht Gewalt und Gesundheit. Zusammenfassung. Kopenhagen 2003, S. 10.

[133] Anna Erdelmann / Inge Baumgarten: Gewalt gegen Mädchen und Frauen beenden. Abbau und Prävention geschlechtsspezifischer Gewalt als Beitrag zum Schutz der Menschenrechte und zur Entwicklung. GTZ. Eschborn

2002, S. 9.

[134] WHO: World Report on Violence and Health. Geneva 2002, S. 98 f.; vgl. WHO: Weltbericht Gewalt und Gesundheit, a. a. O., S. 22.

[135] Erdelmann / Baumgarten, a. a. O., S. 7.

[136] „Sexuelle Gewalt umfasst eine „Vielzahl von Handlungen, darunter erzwungenen Geschlechtsverkehr in der Ehe und in anderen festen Beziehungen, Vergewaltigung durch Fremde, systematische Vergewaltigungen bei bewaffneten Auseinandersetzungen, sexuelle Belästigung (wozu auch sexuelle Dienste im Austausch gegen eine Anstellung oder bessere Zensuren in der Schule gehören), sexuellen Missbrauch von Kindern, erzwungene Prostitution und illegaler Frauenhandel, Kinderheiraten und Gewalttaten, die sich gegen die sexuelle Unversehrtheit von Frauen richten, u. a. genitale Verstümmelung und obligatorische Untersuchungen zur Feststellung der Jungfräulichkeit". Vgl. WHO: World Report on Violence and Health, a. a. O., S. 161; vgl. WHO 2003: Weltbericht Gewalt und Gesundheit, a. a. O., S. 24.

[137] WHO: World Report on Violence and Health, a. a. O., S. 149; vgl. WHO: Weltbericht Gewalt und Gesundheit, a. a. O., S. 23.

[138] WHO: World Report on Violence and Health, a. a. O., S. 161; vgl. WHO: Weltbericht Gewalt und Gesundheit, a. a. O., S. 24.

[139] WHO: World Report on Violence and Health. a. a. O., S. 64; vgl. WHO: Weltbericht Gewalt und Gesundheit, a. a. O., S. 21.

[140] Emanuela Finke: Genitalverstümmelung als Ausdruck eines Machtverhältnisses. Überwindung von FGM durch Enttabuisierung, Aufklärung und Empowerment von Frauen. In: Entwicklungspolitik. 18/2005, S. 45.

[141] Der vorzeitige Schulabbruch wird auf verschiedene Faktoren zurückgeführt: Gesundheitliche Probleme, Vorbereitung auf die Rolle der künftigen Ehefrau, die Eltern können nach einer teuren FGM-Zeremonie die Schulausbildung ihrer Töchter nicht mehr finanzieren; vgl. Finke, a. a. O., S. 47 f.

[142] Anna Erdelmann: Die Ware Mensch. Kampf gegen Menschenhandel – eine Aufgabe auch für die Entwicklungspolitik. In: Entwicklungspolitik. 18/2005, S. 33; Christian Howe: Milliardengeschäft illegale Prostitution. Handel mit Frauen aus Osteuropa. In: Aus Politik und Zeitgeschichte. Beilage zur Wochenzeitung Das Parlament. 52–53/2004.

[143] In diesem Zusammenhang sei auch auf die so genannten „verkauften Bräute" hingewiesen.

[144] Human Security Centre: Human Security Report 2005. University of British Columbia 2005.

[145] Vgl. Karen Siebert: Genderstereotype im Kontext von Krieg und Frieden. Vorüberlegungen und Desiderate für eine gendersensible christliche Friedensethik. Unveröffentlichtes Manuskript. Bamberg 2004.

[146] Elisabeth Rehn / Ellen Johnson Sirleaf: Women, War and Peace: The Independent Experts' Assessment on the Impact of Armed Conflict on Women and Women's Role in Peace-building. United Nations Development Fund for Women. New York 2002.

[147] WHO: World Report on Violence and Health, a. a. O., S. 219.

[148] Vgl. analog dazu die Vergewaltigungen in Südafrika im Besonderen zu Zeiten der Apartheid. Rita Schäfer: Neue Konzepte der Maskulinität. Strategien der Frauen-Rechtsorganisationen in Südafrika. In: Entwicklungspolitik. 18/2005, S. 49 f.

[149] WHO: World Report on Violence and Health, a. a. O., S. 93.

[150] WHO: World Report on Violence and Health, a. a. O., S. 127f.; vgl. WHO: Weltbericht Gewalt und Gesundheit, a. a. O., S. 23.

[151] Erdelmann / Baumgarten, a. a. O., S. 6.

[152] Vgl. z. B. Eva Karnofsky: Schuften bis zum Umfallen. In: Entwicklungspolitik. 18/2005, S. 31.

[153] Erdelmann / Baumgarten, a. a. O., S. 15 f.

[154] Ebd. S. 24.

[155] Ebd. S. 6.

[156] WHO: Weltbericht Gewalt und Gesundheit, a. a. O., S. 1.

[157] Lothar Böhnisch: Ist Gewalt männlich? In: Hans Thiersch / Jürgen Wertheimer / Klaus Grunwald (Hrsg.): „… Überall in den Köpfen und Fäusten". Auf der Suche nach Ursachen und Konsequenzen von Gewalt. WBV. Darmstadt 1994, S. 103–113.

[158] WHO: World Report on Violence and Health, a. a. O., S. 10.

[159] Bundesministerium für Familie, Senioren, Frauen und Jugend (BMFSJ): Gewalt gegen Männer. Personale Gewaltwiderfahrnisse von Männern in Deutschland – Ergebnisse der Pilotstudie. (Kurzfassung: http://www.bmfsfj. de/RedaktionBMFSFJ/Broschuerenstelle/Pdf-Anlagen/M_C3_A4nnerstudie-Kurzfassung-Gewalt, property=pdf.pdf, S. 6.

[160] Bundesministerium für Inneres (BMI): Der periodische Sicherheitsbericht 2001. Berlin, 493; zitiert nach Hans-Joachim Lenz: Männer als Opfer von Gewalt. In: Apuz. 52–53/2004.

[161] Lothar Böhnisch: Männer als Opfer. Ein systematischer Versuch. In: Hans-Joachim Lenz (Hrsg.): Männliche Opfererfahrungen. Problemlagen und Hilfeansätze in der Männerberatung. Weinheim 2000. S. 70; zitiert nach: Lenz, a. a. O., S. 13.

[162] WHO: World Report on Violence and Health, a. a. O., S. 10.

[163] Ebd., S. 154; vgl. WHO: Weltbericht Gewalt und Gesundheit, a.a.O, S. 23.

[164] Gerlinda Smaus: Die Mann-von-Mann-Vergewaltigung als Mittel zur Herstellung von Ordnung. In: Siegfried Lamnek / Manuela Boatca (Hg.): Geschlecht – Gewalt – Gesellschaft. Leske + Budrich. Opladen 2003, S.104:

„Bei den Vergewaltigungen handle es sich um Eroberung und Demaskulinisierung, um das Rauben der Eigenschaft „Mann". Die Vergewaltigung stellt die ultimative Erniedrigung eines bestimmten Mannes dar, der in die Rolle einer Frau gezwungen werde. Der Vergewaltigte muss fortan die Frauenrolle spielen, was impliziert, dass er sich als Eigentum und Sklave seines Eroberers betrachten muss."

[165] WHO: World Report on Violence and Health, a.a.O., S. 66; vgl. WHO: Weltbericht Gewalt und Gesundheit, a.a.O., S. 22.

[166] Arne Hoffmann: Häusliche Gewalt ist weiblich. O.O.o.J. Vgl. http://www.novo-magazin.de/45/novo4522.htm.

[167] Franz Petermann / Ulrike Petermann: Training mit aggressiven Kindern. Einzeltraining, Kindergruppen, Elternberatung. Psychologie Verlags Union. Weinheim 1991, S. 10.

[168] Claudia Henning: Jugend und Gewalt. Sozialwissenschaftliche Diskussion und Handlungsansätze. Eine Dokumentation. Informationszentrum Sozialwissenschaften. Bonn 1995, S. 13.

[169] BMFSJ: Gewalt gegen Männer, a.a.O., S. 7.

[170] WHO: Weltbericht Gewalt und Gesundheit, a.a.O., S. 22.

[171] WHO: World Report on Violence and Health, a.a.O., S. 67.

[172] Ulrike Popp: Geschlechtersozialisation und schulische Gewalt. Geschlechtstypische Ausdrucksformen und konflikthafte Interaktionen von Schülerinnen und Schülern. Juventa. Weinheim/München 2002, S. 17.

[173] Böhnisch: Ist Gewalt männlich? a.a.O., S. 103.

[174] Kirsten Bruhns: Gewaltbereitschaft von Mädchen und jungen Frauen. In: Frauke Kohner / Katharina Pühl (Hrsg.): Gewalt und Geschlecht. Konstruktionen, Positionen, Praxen. Leske + Budrich. Opladen 2003, S. 217.

[175] Vgl. Popp, a.a.O., S. 28: „Eine Untersuchung die sich thematisch mit Empathie und sozialen Kompetenzen der Geschlechter befasst, zeigt, dass Mädchen ein hohes Maß an sozialer Intelligenz besäßen und besser als Jungen auch nonverbale Signale decodieren könnten. Soziale Intelligenz führt einerseits dazu, dass Mädchen eher als Jungen friedliche Konfliktlösungsstrategien verfolgen. Zum anderen korreliert soziale Intelligenz gleichzeitig hoch mit indirekten Aggressionen."

[176] Vgl. dazu F. J. Krafeld: Mädchen – das übersehene Geschlecht in rechten Jugendszenen. In: DLZ. 16/1995, S. 9; C. Holzkamp / B. Rommelspacher: Frauen und Rechtsextremismus. In: Päd Extra & demokratische Erziehung. 1/1991, S. 36f.

[177] Hilke Oltmann: „Siegen, kämpfen, durchgreifen lassen". Rechtsextremismus bei Mädchen. In: Widersprüche. (35) 1990, S. 42; zitiert nach Claudia Franziska Bruner / Clemens Dannenbeck: Die Aufgehobene Immunität – Mädchen und Junge Frauen zwischen Gewalt, Rechtsextremismus und

Rassismus. In: Claudia Henning: Jugend und Gewalt. Informationszentrum Sozialwissenschaften. Bonn 1994, S. 70.

[178] Hans-Dieter Schwind: Kriminologie. Eine praxisorientierte Einführung mit Beispielen. Heidelberg 2004. S. 75.

[179] Bruhns, a.a.O., S. 217f.

[180] Böhnisch: Ist Gewalt männlich? a.a.O., S. 103.

[181] Cordula Reimann: Konfliktbearbeitung in Theorie und Praxis: Spielt „Gender" eine Rolle? Arbeitsstelle Friedensforschung Bonn. AFB-Texte 1/2000.

[182] Die Menschenrechtsorganisation African Rights brachte 1995 den umstrittenen Report „Wenn Frauen Killer werden" heraus. Junge Mädchen hätten als „Cheergirls" des Völkermords, Mordkommandos angefeuert, Leichen geplündert oder gar Verwundete, etwa in Krankenhäusern umgebracht, hieß es da.

Ausgerechnet die Familien- und Frauenministerin Pauline Nyiramasuhuko erklärte die systematische Vergewaltigung von Frauen zur Kommandosache und soll Hutu-Extremisten dazu angestiftet haben. Sie steht vor dem UN-Tribunal in Arusha – als erste Frau überhaupt, die vor einem internationalen Gerichtshof angeklagt ist wegen der Verbrechen der Vergewaltigung und des Völkermords, für die Männer ihr als Werkzeug dienten. Vgl. dazu: Brigitte Kols: Beim Völkermord in Ruanda fachten auch Frauen die Gewalt gegen Frauen an. O.O.o.J. vgl. http://www.maennerrat.de/voelkermord. htm.

[183] Cordula Reimann: Gender als analytische Kategorie in der zivilen Konfliktbearbeitung. Werkstattbericht „Gender in der zivilen Konfliktbearbeitung". Berlin 2002. S. 11; vgl. http://www.konfliktbearbeitung.net.

[184] Vgl. Siebert, a.a.O.

[185] Cordula Reimann: Wie können Genderaspekte in der Gewaltprävention im Kontext der Entwicklungszusammenarbeit berücksichtigt werden? Thesenpapier zum Fachgespräch „Gewaltprävention" am Institut für Friedenspädagogik Tübingen. Genf 2005.

[186] Böhnisch: Ist Gewalt männlich? a.a.O., S. 104.

[187] Lenz, a.a.O., S. 10.

[188] „Das tut ein Mädchen nicht" usw. Bei Jungen werden typischerweise lediglich die Hände über dem Kopf zusammengeschlagen, über die Wildheiten des Jungen. Man ist jedoch gleichermaßen stolz darauf.

[189] Böhnisch: Ist Gewalt männlich? a.a.O., 109

[190] Günther Albrecht: Soziologische Erklärungsansätze individueller Gewalt und ihre empirische Bewährung. In: Wilhelm Heitmeyer / John Hagan: Internationales Handbuch der Gewaltforschung. Wiesbaden 2002, S. 763–818.

[191] Ebd., S. 787.

[192] Erdelmann / Baumgarten, a.a.O., S. 28.

[193] Ein Überblick über die wichtigsten internationalen Konventionen gegen Gewalt und für die Rechte von Frauen findet sich bei Sonja Wölte: Die internationalen Menschenrechte von Frauen. Ein Überblick über die wichtigsten internationalen Konventionen und Instrumente ihrer Umsetzung. GTZ. Eschborn 2003, S. 18.

[194] Der Vertrag trat 1981 in Kraft und wurde bis heute (Stand März 2005) von insgesamt 180 Staaten unterzeichnet bzw. ratifiziert (dies entspricht in etwa 90 % der Mitgliedstaaten der Vereinten Nationen).

[195] Auch westliche Staaten äußerten Vorbehalte: so etwa England und Belgien die Thronfolge betreffend oder die Schweiz und Frankreich bezüglich der Gleichberechtigung im Namensrecht.

[196] Wölte, a.a.O., S. 18.

[197] E.A. Spittler: Rechtsberatung durch ParajuristInnen in Senegal. Evaluierungsbericht zum Kooperationsprojekt der senegalesischen NRO „Comité Africain pour le Droit et le Développement" (CADD). GTZ. Wiesbaden 2000.

[198] Shirin Ebadi: Weltethosrede an der Universität Tübingen am 20. Oktober 2005. Vgl. http://www.weltethos.org.

[199] Hombrecher, a.a.O., S. 41.

[200] Shirin Ebadi, a.a.O.

[201] Finke, a.a.O., S. 46.

[202] Ebd. S. 45.

[203] Weibliche Genitalverstümmelung in Burkina Faso. Vgl. http://www2.gtz.de/fgm/deutsch/laender/bu-faso.htm.

[204] Kai Kabs: Die Praxis der Prävention mit Jungen. Eine Standortbestimmung zu Theorie und Praxis der präventiven Arbeit mit Jungen. www.ajs-bw.de/00000176.html

[205] Hombrecher, a.a.O., S. 41.

[206] Ebd.

[207] Eine vollständigere Liste findet sich unter www.swisspeace.org/koff/t_gender_dosanddonts.pdf.

[208] Cordula Reimann: Wie können Genderaspekte in der Gewaltprävention im Kontext der Entwicklungszusammenarbeit berücksichtigt werden? Thesenpapier zum Fachgespräch „Gewaltprävention" am 5. Und 6. Oktober 2005 in Tübingen.

[209] Michael Brzoska: Human Security – mehr als ein Schlagwort? In: Institut für Entwicklung und Frieden u.a. (Hrsg.): Friedensgutachten 2004. LIT-Verlag. Münster, S. 156–164. Vgl. www.humansecuritynetwork.org

[210] Bundesministerium der Verteidigung: Prinzipien der deutschen Sicherheitspolitik. Zitiert nach: Michael Brzoska, a.a.O.

[211] Vgl. zum Folgenden Brzoska, a.a.O.

[212] Ebd.

[213] Günther Gugel / Uli Jäger: Friedensgutachten 2004 – didaktisch. Tübingen 2004, S. 15.

[214] Vgl. Lothar Brock: Vom „erweiterten Sicherheitsbegriff" zur globalen Konfliktintervention. Eine Zwischenbilanz der neuen Sicherheitsdiskurse. In: Wissenschaft & Frieden 4/2005.

[215] Vgl. Nelson Mandela in WHO: World Report on Violence and Health. Geneva 2002, S. V.

[216] Vgl. Dieter Senghaas: Zum irdischen Frieden. Frankfurt/M. 2004, S. 26 ff.

[217] Vgl. zum Folgenden ebd.

[218] Ebd. S. 37.

[219] Vgl. Rainer Tetzlaff: Afrika als Teil der Vierten Welt, der erodierenden Staatlichkeit – abgeschaltet von der Globalisierung. Ursachen und Hintergründe von Staatsverfall und Ent-Menschlichung (zivilisatorische Regression). Arbeitspapier 2003, S. 33 ff.

[220] Council of Europe: Final Report of the Integrated Project „Respones to Violence in Everyday Life in a Democratic Society." (2002–2004). Vgl. http://www.coe.int/t/e/Integrated_Projects/violence/09_Final_Report/ IP2%282004%2928ERevFinalReport.asp#P96_1652.

[221] Thomas Meyer: Politische Kultur und Gewalt. In: Wilhelm Heitmeyer / John Hagan (Hrsg.): Internationales Handbuch der Gewaltforschung. Wiesbaden 2002, S. 1203.

[222] Ebd., S. 1201.

[223] Dieter Senghaas: Kultur des Friedens. In: Wolfgang R. Vogt / Eckhard Jung (Hrsg.): Kultur des Friedens. Darmstadt 1997, S. 24.

[224] „Dazu gilt es, die Angst vor der Gewalt ebenso zu überwinden, wie die Angst, ohne Gewaltmittel hilflos zu sein, überwunden werden muss. Unsere Kirchen müssen Orte sein, an denen Christinnen und Christen mit ihrem Reden und Tun, ihrem Beten und Arbeiten Zeugnis geben, wie stark Gewaltlosigkeit ist. Menschen sollen nicht mehr wegsehen, wenn Gewalt unter uns geschieht. Sie sollen lernen, welche Möglichkeiten es für nicht unmittelbar betroffene Zeugen von Gewaltakten gibt, angemessen zu intervenieren. Unsere Gemeinden können Orte werden, an denen das geübt wird. Ich hoffe, dass viele Frauen und Männer diese Ökumenische Dekade mit Leben füllen. Die Zeit drängt!"
Manfred Kock, Vorsitzender des Rates der Evang. Kirchen in Deutschland. In: Evang. Missionswerk in Deutschland (Hrsg.): Gewalt überwinden. Neuendettelsau 2000, S. 2.

[225] Brigitte Hamm / Jochen Hippler / Dirk Messner / Christoph Weller: Weltpolitik am Scheideweg. Policy Paper 19. Stiftung Entwicklung und Frieden, Bonn 2002, S. 10.

[226] People Building Peace: A Global Action Agenda for the Prevention of Violent Conflict. Text version 9 June 2005, © Global Partnership for the Prevention of Armed Conflict. Vgl. www.gppac.net.

[227] Vgl. Ulrike C. Wasmuht: Friedensforschung als Konfliktforschung. Zur Notwendigkeit einer Rückbesinnung aus den Konflikt als zentrale Kategorie. AFB-Texte. 1/1992, S. 4 ff.

[228] Vgl. Thorsten Bonacker: Sozialwissenschaftliche Konflikttheorien – Einleitung und Überblick. In: Ders. (Hrsg.): Sozialwissenschaftliche Konflikttheorien. Eine Einführung. Wiesbaden, 3. Aufl. 2005, S. 13 f.

[229] Ebd. S. 16.

[230] Vgl. Kurt R. Spillmann: Konfliktdynamik und Kommunikation. Strategien der De-Eskalation. In: Manfred Prisching / Gerold Mikula (Hrsg.): Krieg, Konflikt, Kommunikation. Der Traum von einer friedlichen Welt. Wien 1991. S. 51.

[231] Roland Eckert / Helmut Willems: Eskalation und Deeskalation sozialer Konflikte: Der Weg in die Gewalt. In: Wilhelm Heitmeyer / John Hagan (Hrsg.): Internationales Handbuch der Gewaltforschung. Wiesbaden 2002, S. 1459.

[232] Vgl. Friedrich Glasl: Konfliktmanagement. Bern/Stuttgart, 3. Aufl. 1992, S. 34.

[233] Ebd., S. 215 ff.

[234] Vgl. Eckert, a. a. O., S. 1455.

[235] Ebd., S. 1462f.

[236] Es gibt allerdings Grenzsituation (z. B. bei sozialen Verteilungskonflikten), bei denen Eskalationsstrategien gezielt zur Herstellung von Öffentlichkeit und Medienberichterstattung nützlich erscheinen.

[237] Vgl. Roger Fisher / William Ury / Bruce Patton: Das Harvard-Konzept – Sachgerecht verhandeln – erfolgreich verhandeln. Frankfurt/M 1995.

[238] Vgl. Johan Galtung: Die andere Globalisierung. Perspektiven für eine zivilisierte Weltgesellschaft im 21. Jahrhundert. Münster 1998. www.transcend. org

[239] Vgl. Horst Zilleßen (Hrsg.): Mediation. Opladen/Wiesbaden 1998, S. 19.

[240] Werner Steinacher: Mediation im Prozess der Kodifizierung. In: perspektive mediation. 1/2005, S. 12.

[241] Vgl. Glasl, a. a. O.

[242] Nina L. Dulabaum: Mediation: Das ABC. Die Kunst, in Konflikten erfolgreich zu vermitteln. Weinheim und Basel 1998, S. 10.

[243] Christoph Besemer: Mediation. Vermittlung in Konflikten. Karlsruhe Aufl. 4 1997.

[244] Clarisse Buono / Alexandra Poli /Nikola Tietze: Die Mediation. Ein europäischer Vergleich. Baume-les-Dames 2002, S. 193 ff.

[245] Vgl. Ebd., S. 222f.

[246] Vgl. Günther Gugel: Politische Bildungsarbeit praktisch. Tübingen 2002, S. 37. ff.

[247] Marshall B. Rosenberg: Gewaltfreie Kommunikation. Aufrichtig und einfühlsam miteinander sprechen. Neue Wege in der Mediation und im Umgang mit Konflikten. Junfermann. Paderborn 2002.

[248] Steinacher, a. a. O., S. 12ff.

[249] Ebd., S. 14.

[250] Vgl. Presse und Informationsamt der Bundesregierung (Hrsg.): Schlichten ist besser als Richten. Beratung und Vermittlung in Streitfällen. Bonn 8. Aufl. 1991.

[251] Vgl. www.peace-education.net

[252] Vgl. Institut des Rauhen Hauses für soziale Praxis u. a. (Hrsg.): Evaluation von Mediationsprogrammen an Schulen. Zwischenbericht. Hamburg 2004, S. 103.

[253] Vgl. Victoria Caesar: Verbreitung, Umsetzungspraxis und Wirksamkeit von Peer Mediation im Kontext schulischer Gewaltprävention. Köln 2003, S. 122.

[254] Vgl. Institut des Rauhen Hauses, a.a.O, S. 102.

[255] Denise Gottfredson: School-Based Crime Prevention. In. Lawrence W. Sherman u. a. (Hrsg.): Preventing Crime: What works, What doesn't , What's promising. A Report to the United States Congress. Washington 1998.

[256] Vgl. Institut des Rauhen Hauses, a. a. O. S. 136.

[257] S.V. Sandy u. a.: Impact on Students: Conflict Resolution Education. Education's Proven Benefits for Students. In: T.S. Jones / D. Kmitta (Hrsg.): Does It Work? The Case for Conflict Resolution Education in Our Nations's Schools. Washington DC 2000, S. 15–31.

[258] Caesar, a.a.O., S. 150.

[259] Engert, I: Mediaton im Kontext Schule – Von der Euphorie zur Qualitätssicherung und Nachhaltigkeit. In: C. Simsa / W. Schubarth (Hrsg.): Konfliktmanagement an Schulen. Möglichkeiten und Grenzen der Schulmediation. Frankfurt/M. 2001, S. 221–231.

[260] Ebd., S. 224 f.

[261] Simsa, C. / W. Schubarth (Hrsg.): Konfliktmanagement an Schulen. Möglichkeiten und Grenzen der Schulmediation. Frankfurt/M. 2001, S. 6 f. Vgl. Caesar, a. a. O., S. 158 f.

[262] Helmolt Rademacher: Mediation und systemische Veränderungsprozesse am Beispiel Schule. In: Bundesverband Mediation: Vitamin M – Gesellschaftliche Relevanz von Mediation. Kassel 2004, S. 49 ff.
Helmolt Rademacher: Der systemische Gedanke bei der Umsetzung von

PiT. In: Dirk Friedrichs / Gert Herweg / Helmolt Rademacher (Hrsg.):: PiT-Hessen, Prävention im Team, ein hessisches Gewaltpräventionsprogramm mit Teambildung von Schule, Polizei und Jugendhilfe. Frankfurt/M., 3. erw. Auflage 2005, S. 21.

[263] Ebd.

[264] Helmolt Rademacher. Friedenserziehung in Deutschland – Peer-Mediation in Deutschland. Arbeitspapier. 7/2005.

[265] Rademacher in Pit, a. a. O., S. 23.

[266] Vgl. C. Constantino / Ch. Merchant: Designing Conflict Management Systems, San Francisco 1996.

[267] Europarat: Empfehlung des Ministerkomitees an die Mitgliedstaaten über Familienmediation. (98) 1/1998.

[268] Haid-Loh, a. a. O., S. 1038.

[269] Dirk Splinter: Gemeinwesenmediation. Projektlandschaft und State of the Art. In: Spektrum der Mediation. 19/2005, S. 14.

[270] Vgl. Ebd., S. 16.

[271] Vgl. Zilleßen, a. a. O., S. 34 ff.

[272] Frank Claus: Der Nutzen der (Umwelt)Mediation. Dortmund o. J., http://www.centrale-fuer-mediation.de/zkm.htm

[273] Vgl. Clarisse Buono u. a., a.a.O, S. 203.

[274] Norbert Ropers: Interkulturelle Mediation. Versprechen und Möglichkeit. In: epd-Entwicklungspolitik. 6/1999, S. 36.

[275] Vgl. zum Folgenden: Bundesministerium des Innern / Bundesministerium der Justiz: Erster periodischer Sicherheitsbericht Kurzfassung. Berlin 2001, S. 31–33. Vgl. http://www.bmi.bund.de.

[276] Landeswohlfahrtsverband Württemberg-Hohenzollern (Hrsg.): Gewalttendenzen unter Kindern und Jugendlichen. Stuttgart 1994, S. 49.

[277] Landeshauptstadt Düsseldorf (Hrsg.): Düsseldorfer Gutachten. Leitlinien wirkungsorientierter Kriminalprävention. Düsseldorf 2004, S. 29.

[278] Ebd. S. 30.

[279] Dagmar Oberlies: Entmündigung im Rahmen des Operschutzes. In: Frankfurter Rundschau 27.07.2000.

[280] Vgl. Ebd.

[281] Ebd.

[282] Thomas Trenczek: Alternatives Konfliktmanagement in der Bürgergesellschaft. In: Sepktrum der Mediation. (19) 2005, S. 4 ff.

[283] Vgl. Ropers, a. a. O.

[284] Ebd.

[285] Lawrence W. Sherman: A Report to the United States Congress, Prepared for the National Institute of Justice by Lawrence W. Sherman, Denise Gottfredson, Doris MacKenzie, John Eck, Peter Reuter, Shawn Bushway. „Pre-

venting Crime: What works, what doesn't, what's promising". Washington 1998. Vgl. http://www.ncjrs.org/works/index.htm.

Ausführliche Beschreibung und Auseinandersetzung im „Düsseldorfer Gutachten". Landeshauptstadt Düsseldorf (Hrsg.): Düsseldorfer Gutachten. Leitlinien wirkungsorientierter Kriminalprävention. Düsseldorf 2004, S. 47ff.

[286] Vgl. ebd., S. 202.

[287] Sherman, a.a.O., Preventing Crime: an Overview. Vgl. http://www.ncjrs.org/works/overview.htm.

[288] Düsseldorfer Gutachten, Leitlinien, S. 49.

[289] Landeshauptstadt Düsseldorf (Hrsg.): Düsseldorfer Gutachten: Empirisch gesicherte Erkenntnisse über kriminalpräventive Wirkungen. Düsseldorf 2002.

[290] Düsseldorfer Gutachten, Leitlinien, S. 23ff.

[291] Ebd. S. 24f.

[292] Ebd., S. 25.

[293] Ebd. S. 26, 31.

[294] Ebd.,S. 32.

[295] Paulo Sergio Pinheiro: Concept Paper for the Secretary-General's Study on Violence against children: E/CN.4/2004/68, 7.7.2003.

[296] www.violencestudy.org, www.childrenandvioilence.org, www.savethe-children.net.

[297] Save the Children. For the United Nations Secretary General's Study on Violence Against Children. Questions and Answers. May 2005.

[298] United Nations General Assembly: Right of the Child. Report of the Independent Expert for the United Nations Study on Violence against Children. 19 August 2005.

[299] Artikel 19 der Konvention über die Rechte der Kinder lautet:
„Die Vertragsstaaten treffen alle geeigneten Gesetzgebungs-, Verwaltungs-, Sozial- und Bildungsmaßnahmen, um das Kind vor jeder Form körperlicher oder geistiger Gewaltanwendung, Schadenszufügung oder Mißhandlung, vor Verwahrlosung oder Vernachlässigung, vor schlechter Behandlung oder Ausbeutung einschließlich des sexuellen Mißbrauchs zu schützen, solange es sich in der Obhut der Eltern oder eines Elternteils, eines Vormunds oder anderen gesetzlichen Vertreters oder einer anderen Person befindet, die das Kind betreut." Vgl. http://www.unis.unvienna.org/unis/de/library_2004kinderkonvention.html.

[300] UNICEF: Violence against Children at Home and at School: Development of Indicator. Process Summary and Next Steps. Draft, Mai 2005.

[301] WHO: World Report on Violence and Health. Geneva, World Health Organization, 2002.

http://www.who.int/violence_injury_prevention/violence/world_report/facts-heets/en/index.html.

[302] http://www.who.int/violence_injury_prevention/violence/global_campaign/en/index.html.

[303] WHO Violence Prevention Activities, 2000–2004. February 2005.
WHO Regionalbüro für Europa (Hrsg.): Weltbericht Gewalt und Gesundheit. Zusammenfassung. Kopenhagen 2003, S. 48ff.

[304] Ebd.

[305] http://www.who.int/violence_injury_prevention/publications/violence/economic_dimensions/en/index.html

[306] Vgl. WHO Regionalbüro für Europa, a. a. O.

[307] Vgl. Susanne Ulrich, Florian M. Wenzel: Partizipative Evaluaiton. Ein Kozept für die politische Bildung. Verlag Bertelsmann Stiftung, Gütersloh 2003.
Annette Scheunpflug: Evaluation entwicklungsbezogener Bildungsarbeit. Eine Handreichung. EED, Brot für die Welt, Stuttgart 2003.

[308] Vgl. Karin Haubrich / Bernd Holthusen / Gerlinde Struhkamp: Evaluation – einige Sortierungen zu einem schillernden Begriff. In: DJI Bulletin 72 Plus, S. 1 ff.

[309] Christian Lüders / Viola Laux / Heiner Schäfer / Bernd Holthusen: Evaluation kriminalpräventiver Projekte. In: DJI Bulletin 72, Herbst 2005, S. 9.

[310] Ebd. S. 8.

[311] Ebd., S. 9.

[312] Rede der Bundesjustizministerin Zypries bei den Osnabrücker Friedensgesprächen: Für Dramatisierung gibt es keinen Grund. Vgl. http://www.bmj.bund.de/enid/November/Osnabrueck__20_11 _2003_-_Gewaltpraevention_gm.html.

[313] WHO-Regionalbüro für Europa (Hrsg.): Weltbericht Gewalt und Gesundheit. Zusammenfassung. Kopenhagen 2003, S. 20ff.

[314] Ebd.

[315] Für Deutschland liegen nur wenige Datenerhebungen vor. Eine vom Kriminologischen Forschungsinstitut 1995 veröffentlichte und vom Bundesfamilienmisterium in Auftrag gegebene Untersuchung kommt zu folgenden Zahlen: Im Jahr 1991 wurden mindesten 246000 Frauen und 214 Männer zwischen 20 und 59 Jahren Opfer schwerer Gewalthandlungen in engen sozialen Beziehungen. Die Zahl der misshandelten Kinder lag bei 1,4 Millionen, die der misshandelten Senioren über 60 Jahre bei 172.000.
Bundesministerium für Familie, Senioren, Frauen und Jugend (Hrsg.): Kriminalität im Leben alter Menschen. Kohlhammer. Stuttgart 1995. Peter Düweke: Das Schweigen der Männer. In: Psychologie heute. 7/2004, S. 54.

Eine 2004 veröffentlichte Studie des Familienministeriums kommt zu folgenden Zahlen: 58 Prozent von 10.264 befragten Frauen waren nach eigenen Angaben bereits sexuell belästigt worden, 37 Prozent hatten körperliche Misshandlungen zu erleiden, und etwa 13 Prozent waren schon einmal vergewaltigt worden. In den rund 400 Frauenhäusern suchten jährlich bis zu 45.000 Frauen Schutz. In bis zu 95 Prozent der Fälle seien Frauen Opfer häuslicher Gewalt. Vgl. Das Parlament, 11.10.2004, S. 2.

[316] Vgl. The United Nations Secretary General's Study on Violence Against Children. Pressemitteilung EURO/04/05 Kopenhagen, Genf, 15.3.2005. Vgl. www.violencestudy.org/a105

[317] Vgl zum Folgenden: WHO: Weltbericht Gewalt und Gesundheit, a.a.O.

[318] Vgl. WHO: Weltbericht Gewalt und Gesundheit, a.a.O.

[319] Christian Pfeiffer / Peter Wetzels: Kinder als Täter und Opfer. Eine Analyse auf der Basis der PKS und einer repräsentativen Opferbefragung. Kriminologisches Forschungsinstitut Niedersachsen. Hannover 1997.

[320] Vgl. ebd.

[321] Die Struktur und die Aufgaben der Familien haben dabei in den letzten 50–100 Jahren einen enormen Wandel erfahren: von der Großfamilien zur Kernfamilie.

Neue Familienformen haben sich entwickelt, z.B. Adoptivfamilie, Ein-Eltern-Familie, Fortsetzungsfamilie, Großfamilie, Kernfamilie, Kleinfamilie, Kommune, Lebensabschnittspartnerschaften, Living-apart-together, Mehrgenerationenfamilie, nichteheliche Lebensgemeinschaften, Patchwork-Familie, Pflegefamilie, SOS-Kinderdorf-Familie, Stieffamilie, Wohngemeinschaft, Zweitfamilie, Zwei-Kern-Familien u.a.

Zu den Veränderungen vgl. www.familienhandbuch.de.

http://www.familienhandbuch.de/cmain/f_Fachbeitrag/a_Familienforschung/s_379.html.

[322] Vgl. Entwicklungspolitik 19/2005, S. 66.

[323] Manfred Cierpka (Hrsg.): Familiendiagnostik.Berlin u.a. 1988, S. 22.

[324] Ebd., S. 24.

[325] Erich Fromm: Beyond the Chains of Illusion. New York 1962.

Rainer Funk: Mut zum Menschen. Erich Fromms Denken und Werk. Stuttgart 1978, S. 182.

[326] Vgl. Peter Orban: Sozialisation. Frankfurt/M. 1973, S. 18.

[327] David Mark Mantell: Familie und Aggression. Zur Einübung von Gewalt und Gewaltlosigkeit. Eine empirische Untersuchung. Frankfurt/M. 1978.

[328] Vgl. Hans-Peter Nolting: Lernschritte zur Gewaltlosigkeit. Ergebnisse psychologischer Friedensforschung: Wie kollektive Gewalt entseht – was man dagegen tun kann. Rowohlt. Reinbek 1981, S. 97f.

[329] Mantell, a.a.O.

[330] R. Tausch / A. Tausch: Erziehungspsychologie. Göttingen 1991.
Ewald Johannes Brunner: Familieninteraktion / Familienerziehung. In: Detlef H. Rost (Hrsg.). Handwörterbuch Pädagogische Psychologie. Weinheim 2001, S. 172 ff.

[331] Christian Pfeiffer / Peter Wetzels / Dirk Enzmann: Innerfamiliäre Gewalt gegen Kinder und
Jugendliche und ihre Auswirkungen. Kriminologisches Forschungsinstitut Niedersachsen e. V. Hannover 1999, S. 38.

[332] Ebd., S 40.

[333] Ebd.

[334] Landeshauptstadt Düsseldorf (Hrsg.): Düsseldorfer Gutachten. Leitlinien wirkungsorientierter Kriminalprävention. Düsseldorf 2004, S. 20.

[335] Lawrence W. Sherman u. a.: A Report to the United States Congress, Prepared for the National Institute of Justice by Lawrence W. Sherman, Denise Gottfredson, Doris MacKenzie, John Eck, Peter Reuter, Shawn Bushway. „Preventing Crime: What works, what doesn't, what's promising." Washington 1998, S. 4–2.

[336] Schwind, Hans-Dieter / Jürgen Baumann u. a. (Hrsg.): Ursache, Prävention und Kontrolle von Gewalt. Analysen und Vorschläge der unabhängigen Regierungskommission zur Verhinderung und Bekämpfung von Gewalt (Gewaltkommission). Bd. 1. Buncker & Humblot. Berlin 1989, S. 157.

[337] Düsseldorfer Gutachten. Leitlinien, a. a. O., S. 25.

[338] Karl Späth: Das Recht auf gewaltfreie Erziehung. In: Familienhandbuch online. Vgl. www.familienhandbuch.de/cmain/f_Fachbeitrag/a_Rechtsfragen/s_125.html.

[339] Vgl. Das Parlament. 19. 7. 2004.

[340] Ebd.

[341] Hans-Dieter Schwind u. a.: Gewaltkommission. Bd. 1, a. a. O., S. 159 f.

[342] Vgl. Haim Oser / Arist von Schlippe: Autorität ohne Gewalt. Coaching für Eltern von Kindern mit Verhaltensproblemen. Vandenhoeck & Ruprecht. Göttingen 2004.

[343] Düsseldorfer Gutachten. Leitlinien, a. a. O., S. 23 ff.

[344] Gerhard Amendt: Mehr Respekt vor Kindern. Offener Brief an Christine Bergmann, Bundesministerin für Familie, Senioren, Frauen und Jugend. In: Leviathan. 1/2001.

[345] Vgl. http://www.friedenspaedagogik.de/service/publika/pub_ges.htm

[346] Kurt Hahlweg / Ivonne Miller: Erwiderung zur kritischen Stellungnahme zu Triple P von Deegener und Hurrelmann (2002). O. O. O.J, S. 6.

[347] Vgl. Forum Hilfe: http://www.forum-hilfe.de/viewtopic.php?t=4945.

[348] Deutscher Kinderschutzbund: Stellungnahme zur neuen RTL Reality-Serie die Super-Nanny. Vgl.

www.kinderschutzbund-nrw.de/StellungnahmeSuperNanny.htm.

[349] Bei einer Abstimmung im Oktober 2005, an der über 70.000 Zuschauer teilnahmen, wählten diese die RTL-Sendung „Die Super Nanny" zur „Unverschämtheit des Jahres" Vgl. Südwest Presse 25.10.2005.

[350] Soul City: Institute for Health and Development Communication: Evaluation Soul City Series 6. Houghton 2005, S. 23.

[351] Ebd.

[352] Bettina Lutterbeck: Das andere Gesicht der Liebe. Eine Seifenoper gegen häusliche Gewalt. In: Entwicklungspolitik. 18/2005, S. 54 ff.

[353] Ebd. S. 55.

[354] Inzwischen ist auch eine Buchausgabe erschienen: W.E. Fthenakis / M.R. Textor (Hrsg.): Knaurs Handbuch Familie. Alles, was Eltern wissen müssen. Knaur. München 2004.

[355] Vgl. Sigrid Tschöpe-Scheffler: Elternkurse im Vergleich. In „Theorie und Praxis der Sozialpädagogik", Evangelische Fachzeitschrift für die Arbeit mit Kindern. 8/2004, S. 8–13. Tschöpe-Scheffler, Sigrid: Elternkurse auf dem Prüfstand. Wie Erziehung wieder Freude macht. Verlag für Sozialwissenschaft. Wiesbaden 2003.

[356] Vgl. ebd.

[357] Vgl. zum Folgenden ebd.

[358] Triple P Deutschland vgl.: http://www.triplep.de.
Hahlweg, K.: Bevor das Kind in den Brunnen fällt. Prävention von kindlichen Verhaltensstörungen. Das Triple-P Elternarbeitsbuch. Stuttgart 2001.

[359] http://www.gordonmodell.de/html/familientraining.html
http://www.gordon.at
Thomas Gordon: Familienkonferenz. Heyne. München 1999.
Thomas Gordon: Familienkonferenz in der Praxis. Heyne. München 1989.
Thomas Gordon: Die neue Familienkonferenz. Heyne. München 1993.

[360] KAKF, Arbeitsgemeinschaft für kath. Familienbildung e.V., http://www.akf-bonn.de/kess.html.
Christof Horst; Christine Kulla; Erika Maaß-Keibel, Regina Raulfs; Rudolf Mazzola:
Kess erziehen – Elternhandbuch, 2003. Rudolf Dreikurs / V. Sotz: Kinder fordern uns heraus. Wie erziehen wir sie zeitgemäß?
Stuttgart Aufl. 9 2001.

[361] http://www.instep-online.de
Don Dinkmeyer Sr./ Don Dinkmeyer Jr./ Gary McKay: Step Elternhandbuch: Grundkurs 1, deutsche Übersetzung von Trudi Kühn und Roxana Petcov, Beust 2001.

[362] Deutscher Kinderschutzbund, Bundesverband e.V., http://www.starkeeltern-starkekinder.de

P. Honkanen-Schoberth / L. Jennes-Rosenthal: Elternkurs. Wege zur Problemlösung. Ein Handbuch für Multiplikatoren. Eigenverlag des DKSB. Hannover 2000.

Honkanen-Schoberth, P.: Starke Kinder brauchen starke Eltern. Der Elternkurs des Deutschen Kinderschutzbundes. Berlin 2. Aufl. 2003.

[363] Sigrid Tschöpe-Scheffler: Qualitätsanfragen an Elternkurse. Wie man Konzepte leichter beurteilen kann. In: TPS. Theorie und Praxis der Sozialpädagogik. 8/2004, S. 4–7. Vgl. http://www.gewaltpraevention-tue.de/index.php?id=10097.

[364] M. Perrez: Implementierung neuen Erziehungsverhaltens: Interventionsforschung im Erziehungsstil-Bereich. In: K.A. Schneewind / P. Herrmann (Hrsg.): Erziehungsstilforschung. Huber/Bern 1980, S. 245–280. Zitiert nach Hahlweg / Miller a.a.O., S. 3.

[365] T.K. Taylor / A. Biglan: Behavioral Family Interventions for Improving Childrearing: A Review of the Literatur for Clinicians and Policy Makers. Clinical Child and Familiy Psychology Review. 1/1998, S. 41–60.

[366] C. Webster-Stratton / L. Hancock: Training for Parents of Young Children with Conduct Problems: Content, Methods, and Therapeutic Processes. In: J.M. Briesmeister / C. E. Schaefer (Hrsg.): Handbook of Parent Training. New York, 1998, S. 98–152.

[367] Conduct Problem Research Group: Initial impact of the Fast Track Preventioin Trial for Conduct Problems: I. The High Risk Sample. Journal of Consulting and Clinical Psychologiy. 28/1999, S. 281–295.

[368] Hahlweg, a.a.O., S. 5.

[369] Das Programm „Starke Eltern – Starke Kinder(r)" wurde inzwischen von der Fachhochschule Köln wissenschaftlich evaluiert. Hierzu wurden Mütter und Väter zu Beginn und zum Ende des Kursbesuches schriftlich und per Interviews befragt. Der Kurs führte bei den teilnehmenden Eltern zu mehr Sicherheit im Umgang mit ihren Kindern, sie sind zufriedener mit sich und neigen signifikant weniger zu entwicklungshemmenden und gewalttätigen oder missachtenden Erziehungsmaßnahmen.

Auch das Programm „Triple P" wurde mehrfach empirisch untersucht. Die Ergebnisse weisen auf eine signifikante Reduzierung kindlichen Problemverhaltens hin. Vgl. K.A. Schneewind / P. Herrmann (Hrsg.): Erziehungsstilforschung. Huber/Bern 1980.

Dennoch gibt es auch Kritik an diesem Programm. Die Kritik an Triple P zielt jedoch weniger auf die Frage der Effizienz, sondern auf das implizite Menschenbild und Erziehungsverhalten: „Kritiker erkennen durchaus an, dass sich bei Triple P viele Inhalte finden, die im Prinzip weitgehend „positiv" bewertet und wohl auch sehr verbreitet Zustimmung finden werden. Sie sehen aber die Gefahr, dass grundsätzlich begrüßenswerte Inhalte leicht in das Gegenteil umkippen und dann rigide, beziehungslose, dressurmäßige Erziehungshandlungen begünstigen können. Bei so genanntem Fehlverhalten der Kinder wird ein sehr schemenhafter, aufeinander aufbauender Maßnahmen- beziehungsweise Strafenkatalog empfohlen, bei Wohlverhalten arbeitet „Triple P – ebenfalls sehr schemenhaften – Punktekarten. Aber nicht nur die Methoden, auch die Erziehungsziele von Triple P sind umstritten. Kindliches und völlig normales Verhalten wird zum Fehlverhalten deklariert, weil es die Eltern stören könnte: „Mit alberner Stimme sprechen", „Durch das Haus rennen" oder „Unruhig bei Tisch sein."

Günther Deegener / Klaus Hurrelmann: Kritische Stellungnahme zum Triple P. o. O. 2002, www.kinderschutzbund-bayern.de/triplep.pdf

http://www.wdr.de/tv/service/familie/inhalt/20030709/b_1.phtml

370 Vgl. Andreas Hundsalz: Erziehungs- und Familienberatung. In: Frank Nestmann / Frank Engel / Ursel Sickendiek (Hrsg.): Das Handbuch der Beratung. Band 2. Tübingen 2004, S. 977 ff.

371 Ebd., S. 984. Hundsalz kommt zu dem Schluss: „Weitergehende Untersuchungen über das unterschiedliche Erleben von Kindern, Müttern und Vätern ebenso wie über spezifische Wirkfaktoren in der Beratung fehlen überwiegend noch.", S. 985.

372 Achim Haid-Loh / Friedrich-Wilhelm Lindemann: Familienberatung. In: Frank Nestmann / Frank Engel / Ursel Sickendiek (Hrsg.): Das Handbuch der Beratung. Band 2. Tübingen 2004, S. 989ff., 989.

373 Reiner Bastine / Claudia Theilmann: Mediation mit Familien. In: Frank Nestmann / Frank Engel / Ursel Sickendiek (Hrsg.): Das Handbuch der Beratung. Band 2. Tübingen 2004, S. 1029.

374 Vgl. Fisher, R. / W. Ury u. a.: Das Harvard-Konzept. Sachgerecht verhandeln, erfolgreich verhandeln, Frankfurt/M. 1995.

Morton Deutsch / Peter T. Coleman (Hrsg): Handbook of Conflict Resolution. Theory and Practice. Jossey-Bass Publishers. San Francisco 2000.

375 Haid-Loh, a. a. O., S. 1038.

376 Vgl. das Verzeichnis deutscher Frauenhäuser: www.zif-frauen.de

377 Verein Männer gegen Männer-Gewalt Salzburg (Hrsg.): Gewaltberatung für Männer. Konzept und Beratungsangebot. Salzburg o. J., S. 3.

Vgl. www.gewaltberatung.org, www.männergewalt.ch.

378 Hier soll nicht diskutiert werden, wie die Voraussetzungen oder die Analyse dieses Konzeptes zu bewerten sind.

379 Weisser Ring direkt. (16) 3/2005, S. 1.

„Auf ihrer Haut sind neben frischen blau-roten Blutergüssen meist auch ältere grünlich, gelblich oder bräunlich gefärbte Hämatome zu sehen; mitunter gibt es darüber hinaus noch Narben oder verheilte Knochenbrüche. Solche Brüche haben andere Formen als Unfallverletzungen. Bei jedem zweiten Kind, das körperlich misshandelt wird, sind irgendwann einmal Knochen gebrochen.

[380] Berufsverband der Ärzte für Kinderheilkunde und Jugendmedizin Deutschlands e. V. / Landesverband Hessen (Hrsg.): Hessischer Leitfaden für Arztpraxen: Gewalt gegen Kinder. Was ist zu tun bei „Gewalt gegen Mädchen und Jungen". Unterstützt durch: Hessisches Ministerium für Umwelt, Energie, Jugend, Familie und Gesundheit Wiesbaden, Kassenärztliche Vereinigung Hessen, Landesärztekammer Hessen, Techniker Krankenkasse/ Landesverband Hessen. Wiesbaden 1998, S. 9–19.

[381] Fit für's Baby http://www.ifb-bamberg.de/forschungen/kulmbach.htm.

[382] Vgl. ebd.

[383] Vgl. Mantell, a. a. O.

[384] Düsseldorfer Gutachten. Leitlinien, a. a. O., S. 31.

[385] z. B. http://www.brigitte.de

[386] WHO: World Report on Violence and Health. Geneva 2002, S. 111.

[387] Ebd., S 110.

[388] Vgl. Günther Opp / Michael Fingerle / Andreas Freytag (Hrsg.): Was Kinder stärkt. Erziehung zwischen Risiko und Resilienz. Ernst Reinhardt Verlag. München / Basel 1999.

[389] Vgl. Corinna A. Hermann: Veranstaltungsbericht: „Resilienz – Gedeihen trotz widriger Umstände" – Internationaler Kongress vom 09. 02. bis am 12. 02. 05 in Zürich. Vgl. http://www.systemagazin.de/berichte/hermann_resilienzkongress.php.

[390] Vgl. Rosmarie Welter-Enderlin in: Psychologie heute, 9/2005, S. 26.

[391] Vgl. Ursula Nuber: Resilienz: Immun gegen das Schicksal? In: Psychologie heute. 9/2005, S. 21 f.

[392] Emmy Werner in: Psychologie heute. 9/2005, S. 22.

[393] Pschologie heute. 9/2005, S. 23.

[394] Sherman u. a., a. a. O., S. 4–29.
Vgl. auch: Landeshauptstadt Düsseldorf: Düsseldorfer Gutachten. Empirisch gesicherte Erkenntnisse über kriminalpräventive Wirkungen. Düsseldorf 2000, S. 220.

[395] Sherman u. a., a. a. O., S. 4-9.

[396] Friedrich Lösel: Multimodale Gewaltprävention bei Kindern und Jugendlichen: Familie, Kindergarten, Schule. In: Wolfgang Melzer / Hans-Dieter Schwind (Hrsg.): Gewaltprävention in der Schule. Grundlagen – Praxismodelle – Perspektiven. Nomos. Baden-Baden 2004, S. 338.

[397] Vgl. Sigrid Tschöpe-Scheffler / Jochen Niermann: Evaluation des Elternkurskonzepts „Starke Eltern – starke Kinder" des Deutschen Kinderschutzbundes. Köln 2002, S. 14.

[398] Vgl. International Centre for the Prevention of Crime: Promoting Safety

Schools: International Experience and Action. In: International Crime Prevention Series Bulletin. 3/2001.

Wolfgang Melzer / Wilfried Schubarth / Frank Ehninger: Gewaltprävention und Schulentwicklung. Analysen und Handlungsmodelle. Klinkhardt. Bad Heilbrunn 2004, S. 82.

[399] Bullying is one type of aggression especially common in schools, it is deeply embedded in peer culture and often under-reported. A widely used definition describes it as:
- an aggressive act
- with an imbalance of power
- some element of repetition
- which can be physical, verbal or indirect such as social exclusion.

International Centre for the Prevention of Crime, a.a.O., S. 7.

[400] Wolfgang Melzer u.a.: Gewaltprävention, a.a.O., S. 86.

[401] Volker Krumm: Methodenkritische Analyse schulischer Gewaltforschung. In: Holtappels, Heinz Günter / WilhelmHeitmeyer / Wolfgang Melzer (Hrsg.): Forschung über Gewalt an Schulen. Weinheim / München 1997, S. 63–80, 64.

[402] Mechthild Schäfer / Stefan Korn: Maßnahmen gegen die Gewalt an Schulen: Ein Bericht aus Deutschland. O.O. 2002. Vgl.: http://www.gold.ac.uk/connect/greportsgermany.html.

[403] Gabriele Klewin / Klaus-Jürgen Tillmann / Gail Weingart: Gewalt in der Schule. In: Wilhelm Heitmeyer / John Hagan (Hrsg.): Internationales Handbuch der Gewaltforschung. Wiesbaden 2002, S. 1079.

[404] Ebd., S. 1096

[405] Gewalt in der Schule. Ständige Bedrohung. In: Der Überblick 4/2002, S. 19.

[406] J.F. DeVoe / K. Peter / P. Kaufman, / A. Miller, / M. Noonan / T.D. Snyder / K. Baum: Indicators of School Crime and Safety. U.S. Departments of Education and Justice. U.S. Government Printing Office. Washington 2004.

[407] Bundesverband der Unfallkassen (Hrsg.): Gewalt an Schulen. Ein empirischer Beitrag zum gewaltverursachten Verletzungsgeschehen an Schulen in Deutschland 1993–2003. München 2005, S. 4.

[408] Vgl. Hans-Dieter Schwind / Jürgen Baumann u.a. (Hrsg.): Ursache, Prävention und Kontrolle von Gewalt. Analysen und Vorschläge der Unabhängigen Regierungskommission zur Verhinderung und Bekämpfung von Gewalt (Gewaltkommission), Band1. Buncker & Humblot. Berlin 1989.

[409] Schäfer / Korn a.a.O.
Bundesverband der Unfallkassen, a.a.O.

[410] Vgl. Krumm, a.a.O., S. 63 – 80.

[411] Vgl. Bundesverband der Unfallkassen, a.a.O., S. 5.

F. Lösel, F. / T. Bliesener: Aggression und Delinquenz unter Jugendlichen. Unersuchungen von kognitiven und sozialen Bedingungen. BKA-Studie. München/Neuwied 2003. Vgl. www.bka.de/pub/veroeff/band/index20.html. Schwind u. a.,.a. a. O., S. 89 f.

[412] Vgl. Verband der Unfallkassen, a. a. O.

[413] Vgl. Lösel u. a., a. a. O.

[414] Verband der Unfallkassen S. 21

Im Jahr 2003 waren 93.295 Unfälle eine Folge von aggressiven Verhaltensweisen zwischen Schülern. Dies sind 11 auf 1.000 Versicherte. Jungen waren zu 69 % an Tätlichkeiten mit Verletzungsfolgen beteiligt. 57 % der Unfälle finden während der Pausen, 22 % während des Sportunterrichts (und hiervon 44 % während des Fußballspiels) statt. Der Anteil der bei Raufereien involvierten ausländischen Schüler beträgt 5,1 % und liegt damit unter dem entsprechenden Prozentsatz in den Schulen (7,1 %). Das Aggressivitätspotential in Sonderschulen liegt erheblich über dem Durchschnitt. Auch in den Realschulen ist es überdurchschnittlich.

[415] Verband der Unfallkassen S. 21.

[416] DeVoe u. a., a.a.O, S. vii.

[417] Ebd.

[418] Ninnette Eliasov & Cheryl Frank: Crime and Violence in Schools in Transition: A Survey of Crime and Violence in Twenty Schools in the Cape Metropole and Beyond. Kapstadt 2000. Vgl. http://web.uct.ac.za/depts/sjrp/publicat/criviol.htm.

[419] Toshio Ohsako: Violence at School: Global Issues and Interventions. International Bureau of Education. Paris 1997, S. 11.

[420] International Centre for the Prevention of Crime, a. a. O., S. 4.

[421] S. Elliot Delbert / B.H. Hamburg / K.R. Wilimas (Hrsg.): Violence in American Schools. Cambridge 1998.

[422] Vgl. Klaus-Jürgen Tillmann / Birgit Holler-Nowitzki / Heinz Günter Holtappels: Schülergewalt als Schulproblem. Verursachende Bedingungen, Erscheinungsformen und pädagogische Handlungsperspektiven. Weinheim / München 2000.

[423] Gabriele Klewin u. a., a. a. O., S. 1089

[424] Dan Olweus: Gewalt in der Schule. Was Lehrer und Eltern wissen sollten – und tun können. Huber. Bern 1995, S. 48 f.

[425] Bei diesen Aussagen muss berücksichtigt werden, dass Olweus nicht alle Gewaltformen, sondern nur „Bullying" untersucht.

[426] Schäfer / Korn, a. a. O.

[427] Forschungsgruppe Schulevaluation: Gewalt als soziales Problem in Schulen. Opladen 1998.

[428] Klewin u. a., a. a. O., a. a. O., S. 1080.

[429] Friedrich Lösel u. a., a. a. O., S. 167.

[430] Vgl. Center for the Study and Prevention of Violence: Youth Violence: A Public Health Concern. School Violence Fact Sheeets 02.

[431] Denise C. Gottfredson: School-Based Crime Prevention. In: Lawrence W. Sherman u. a.: Preventing Crime. What works, what doesn't, what promising. Washington, 1998. Vgl. http://www.ncjrs.org/works/chapter5.htm.

[432] Ebd.

[433] Klaus Seitz: Bildung und Konflikt. Die Rolle von Bildung bei der Entstehung, Prävention und Bewältigung gesellschaftlicher Krisen – Konsequenzen für die Entwicklungszusammenarbeit. GTZ, Eschborn 2004, S. 49 ff.

[434] Hierzu gehören u. a. Katharina Rutschky mit ihrer 1977 veröffentlichten „Schwarzen Pädagogik."

[435] Sie „betrachtet Bildung (..) als eines der wichtigsten Mittel, um die Entwickung der Menschheit besser und in größerem Einklang zu fördern. Mit ihrer Hilfe können Armut, Ausgrenzung, Unwissenheit, Unterdrückung und Kriege verringert werden". Deutsche Unesco-Kommission (Hrsg.): Lernfähigkeit – unser verborgener Reichtum. UNESCO-Bericht zur Bildung für das 21. Jahrhundert. Neuwied 1997, S. 11.

[436] Vgl. Seitz, a. a. O.
Kenneth D. Bush / Diana Salterelli: The Two Faces of Education in Ethnic Conflict: Towards a Peacebuilding Education for Children. UNICEF Innocenti Research Centre. Florence 2000.

[437] Lynn Davies: Education and Conflict: Complexity an Chaos. London 2004.

[438] Vgl. Bush u. a., a. a. O., S. 16ff. Zitiert nach Seitz, a. a. O., S. 56.

[439] Center for Mental Health in Schools at UCLA. An Introductory Packet on Violence Prevention and Safe Schools. Los Angeles 2004. Vgl. http://smhp.psych.ucla.edu/pdfdocs/violence/violence.pdf.

[440] Ebd.

[441] Rand Education: Issue Paper: School Violence. (219) 2001.

[442] Vgl. Chicago Sun-Times, 16. Okt. 2000.

[443] Department of Health and Human Services: Fact Sheet Violence Prevention. SHPPS 2000. Journal of School Health. (71) 7/2001.

[444] Bill Dedman: School May Miss Mark on Preventing Violence. In: Chicago Sun-Times, 16. Okt. 2000.

[445] Vgl. Rand Education, a. a. O.
Vgl. Michele Minelli: Endstation Schulausschluss? Über den Umgang mit schwierigen Schulkindern. Bern/Stuttgart/Wien 2003.

[446] Vgl. Thomas Feltes: Verhaltenssteuerung durch Prävention – Konsequenzen aus empirisch-kriminologischen Erfahrungen. Villingen-Schwenningen 1993, S. 17.

[447] Ebd.

[448] International Centre for the Prevention of Crime, a. a. O.,

[449] Wie dies z. B. in Frankreich 1997 mit seinem landesweiten Plan zur Bekämpfung von Gewalt an Schulen der Fall war.

[450] Vgl. Klaus-Jürgen Tillmann u.a, a. a. O.

Vgl. Günter Holtappels / Klaus-Jürgen Tillmann: Gewalt in der Schule: Über Ursachen und vorbeugende Möglichkeiten. In: Frankfurter Rundschau, 1.2.1999.

[451] Wolfgang Melzer u. a., a. a. O., S. 145 f.

[452] Olweus, a. a. O., S. 69 ff.

[453] Vgl. Birgit Haller u. a.: Gewaltprävention in der Schule. Institut für Konflikt Forschung. Endbericht. Wien 2004.

Als Gründe für die Wirkungslosigkeit vermuten die Wissenschaftler und Wissenschaftlerinnen die kurze Dauer der Interventionen, die Art der Datenbeschaffung, den geringen Einsatz mancher Lehrerinnen und Lehrer, Kinder und Eltern sowie die Tatsache, dass das Programm nur in einzelnen Klassen durchgeführt worden war. Sie schlossen daraus, dass ein Anti-Gewalt-Interventionsprogramm die Unterstützung der Schulverwaltung benötige und mit einer Kampagne zur Täter-Opfer-Problematik verbunden werden müsse.

[454] Zusammenstellung: Nina Spröber. http://www.gewaltpraevention-tue.de/index.php?id=10115.

[455] Manfred Cierpka: Faustlos – Wie Kinder Konflikte gewaltfrei lösen lernen. Herder. Freiburg 2005.

[456] Franz Petermann u. a.: Verhaltenstraining für Schulanfänger. Schöningh. Paderborn 2002.

[457] Franz Petermann u. a.: Sozialtraining in der Schule. Psychologie Verlags Union. Weinheim 2002.

[458] Vgl. Nina Spröber: Einführung von Präventionsprogrammen. O. O. O. J. Vgl. http://www.gewaltpraevention-tue.de/index.php?id=10158.

[459] Vgl. T.N. Thornton u. a.: Best Practices for Youth Violence Prevention. A Sourcebook for Community Action. Atlanta 2000.

Spröber, a. a. O.

[460] Vgl. Rand Education, a. a. O.

[461] Vgl. Hans-Peter Menge: Konfliktbeareitung und demokratischer Umgang im Klassenrat. In: Thomas Schlag (Hrsg.): Mediation in Schule und Jugendarbeit. LIT. Münster 2004, S. 201 ff.

[462] Vgl. K. Dwyer / D. Osher / C. Warger,: Early Warning, Timely Response: A Guide to Safe Schools. U.S. Department of Education. Washington 1998.

K. Dwyer / D. Osher: Safeguarding our Children: An Action Guide. Implementing Early Warning. US Department of Education. Washington 2000.

[463] Dwyer u. a.: Safeguarding our Children, a. a. O.

[464] Vgl. Rand Education, a. a. O.

[465] Vgl. Kurt-Christian Tennstädt u. a.: Das Konstanzer Trainingsmodell. Neue Wege im Schulalltag: Ein Selbsthilfeprogramm für zeitgemäßes Unterrichten und Erziehen. Band 1: Trainingshandbuch. Bern u. a. 2. Aufl. 1990. Band 2: Theoretische Grundalgen, Beschreibung der Trainingsinhalte und erste empirische Überprüfung. Bern u. a. 1987.

[466] Diese Hausvereinbarungen wurden beschlossen von der Schulkonferenz der Schillerschule zu Frankfurt am Main am 5. Juni 1997. Stadt Frankfurt am Main, Dezernat für Schule, Bildung und Multikulturelle Angelegenheiten (Hrsg.): Zivilcourage und Gewaltprävention. Projekte an Frankfurter Schulen. Frankfurt/M. 1999.

[467] Helmolt Rademacher: Friedenserziehung in Deutschland – Peer-Mediaton in Deutschland. Arbeitspapier. 7/2005, S. 2.

[468] Vgl. Victoria Caesar: Verbreitung, Umsetzungspraxis und Wirksamkeit von Peer Mediation im Kontext schulischer Gewaltprävention. Köln 2003, S. 122.

[469] Sandy, S.V. u. a.: Impact on Students: Conflict Resolution Education's Proven Benefits for Students. In: T.S. Jones / D. Kmitta (Hrsg.): Does It Work? The Case for Conflikct Resolution Education in Our Nations's Schools. Washington, DC 2000, S. 15–31.

[470] Caesar, a. a. O., S. 150

[471] Lawrence W. Sherman u.a: A Report to the United States Congress, Prepared for the National Institute of Justice by Lawrence W. Sherman, Denise Gottfredson, Doris MacKenzie, John Eck, Peter Reuter, Shawn Bushway.„Preventing Crime: What works, what doesn't, what's promising." Washington 1998. Vgl. www.ncjrs.org/works/index.htm.
Landeshauptstadt Düsseldorf (Hrsg.): Düsseldorfer Gutachten. Leitlinien wirkungsorientierter Kriminalprävention. Düsseldorf 2002, S. 226.

[472] Ministerium für Kultus, Jugend und Sport Baden-Württemberg u. a. (Hrsg.): Aktiv gegen Gewalt. Gewaltprävention an Schulen. Stuttgart 2003, S. 21.

[473] Vgl. Renate Schüssler: Handreichung Schulentwicklung. GTZ. Eschborn 2003.

[474] Ministerium für Kultus, a. a. O.

[475] Wolfgang Edelstein / Peter Fauser: Demokratie lernen und leben. Bund Länder-Kommission für Bildungsplanung und Forschungsförderung. Materialien zur Bildungsplanung und Forschungsförderung. 96/2001, S. 20.

[476] International Centre for the Prevention of Crime, a. a. O., S. 25.

[477] WHO: Violence Prevention: An Important Element of an Health-Promoting School. In: WHO Information Series on School Health 3. Geneva 1999, S. 23. Vgl. http://www.schoolsandhealth.org/download%20documents. htm#WHO%20Information%20Series%20on%20School%20Health.

[478] WHO: Violence Prevention, a. a. O., S. 8.

[479] Ministerium für Kultus, Jugend und Sport Baden-Württemberg u. a., a. a. O., S. 29.

[480] Vgl. das Internetangebot des Runden Tisches Gewaltprävention Tübingen www.gewaltpraevention-tue.de.

[481] Klewin u. a., a. a. O., S. 1085.

[482] Vgl. Rand Education, a. a. O.

[483] James H. Derzon / Sandra Jo Wilson / Carole A. Cunningham: The Effectiveness of School-Based Interventions for Preventing and Reducing Violence. Final Report. Nashville 1999.

[484] Sherman u. a.: Shermanreport, a. a. O.
Vgl. auch: Landeshauptstadt Düsseldorf: Düsseldorfer Gutachten. Empirisch gesicherte Erkenntnisse über kriminalpräventive Wirkungen. Düsseldorf 2000, S. 227.

[485] Wilfried Schubart: Gewaltprävention in Schule und Jugendhilfe. Neuwied 2000, S. 185.

[486] International Centre for the Prevention of Crime, a. a. O., S. 22.
Ebd., S. 26.

[487] American Psychological Association Monitor, July 1998.
Center for Mental Health in Schools at UCLA, a. a. O., S. 31.

[488] International Centre for the Prevention of Crime, a. a. O., S. 22.

[489] Evaluations of School-Based Violence Prevention Programs FS-SV08. http://www.colorado.edu/cspv/publications/factsheets/schoolviolence/FS-SV08.html.

[490] Vgl., www.dsw-online.de/pdf/stadtbevoelkerung.pdf

[491] Vgl. Thomas Leithäuser (Hrsg.): Arbeit und Politik. 25/1999: Sonderheft: Sicherheit im öffentlichen Raum. Alltägliche Gewalterfahrungen im Stadtteil. S. 72 ff.

[492] Walter Jahn / Klaus Ronneberger / Stephan Lanz: Die Wiederkehr der gefährlichen Klassen. Frankfurter Rundschau. 24.1.2000, S. 10.
Vgl. Dieter Hermann / Christian Laue: Kommunale Kriminalprävention. In: Der Bürger im Staat, 3/2003, S. 70 ff.

[493] Jahn Wehrheim: Städte im Blickpunkt Innerer Sicherheit. In: Aus Politik und Zeitgeschichte. (44) 2005, S. 21ff, Auszüge.

[494] Ebd.

[495] Ebd., S. 24.

[496] Ebd.

[497] Vgl. Hermann, a. a. O.

[498] Vgl. Friedrich-Ebert-Stiftung, Berliner Büro (Hrsg.): Ney York! New York? Kriminalprävention in den Metropolen. Berlin 1998.

[499] Christian Laue: Broken Windows und das New Yorker Modell – Vorbilder

für die Kriminalprävention in deutschen Großstädten? In: Landeshauptstadt Düsseldorf (Hrsg.):Düsseldorfer Gutachten. Empirisch gesicherte Erkenntnisse über kriminalpräventive Wirkung. Düsseldorf 2002, S. 334 ff.

[500] Ebd., S. 422.

[501] Hans-Dieter Schwind: Kriminologie. Eine praxisorientierte Einführung mit
Beispielen. Heidelberg 2004, S. 355.

[502] Bernd Doll: Einführung. In: Innenministerium Baden-Württemberg (Hrsg.):
Dokumentation des Fachkongresses Kommunale Kriminalprävention –
Netzwerk der Zukunft". Stuttgart 2002, S. 22.

[503] Irina Bohn / Dieter Kreft / Gerhard Segel (Hrsg.): Das Aktionsprogramm
gegen Aggression und Gewalt (AgAG). Band 5. Kommunale Gewaltprävention. Eine Handreichung für die Praxis. Münster 1997, Auszüge.

[504] Hartmut Pfeiffer: Prävention in Kommune und Großstadt. Präventionsräte
in Niedersachsen: Irrwege und Wege zum Erfolg. In: Friedrich Ebert Stiftung (Hrsg.): New York! New York?. Kriminalprävention in den Metropolen.
Berlin 1998, S. 215 ff.

[505] Essentials der Landeskommission Berlin gegen Gewalt zur Gewalt- und
Kriminalitätsprävention in Berlin. Vgl. http://www.berlin-gegen-gewalt.de/

[506] Ebd.

[507] Vgl. Reiner Steinweg: Gewalt in der Stadt. Wahrnehmungen und Eingriffe.
Das Grazer Modell. Agenda. Münster 1994.
Ders.: Stadt ohne Gewalt. Verminderung, Vermeidung, Vorbeugung. Die
Grazer Vorschläge. Münster 1994.

[508] Schwind: Kriminologie, a. a. O., S. 352.

[509] Oberbürgermeisterin der Stadt Heidelberg (Hrsg.): Der Heidelberger Kriminalitätsatlas – Kleinräumige Kriminalitätsentwicklung. Schriften der Stadtentwicklung. Heidelberg 2003.

[510] Franz-Hellmut Schürholz: KKP – Erfahrungen und Perspektiven. In: Innenministerium Baden-Württemberg (Hrsg.): Dokumentation des Fachkongresses „Kommunale Kriminalprävention – Netzwerk der Zukunft". Stuttgart
2002, S. 22.

[511] Schwind: Kriminologie, a. a. O., S. 360.

[512] Institut für konstruktive Konfliktaustragung und Mediation e. V. (Hrsg.): Gewaltprävention im sozialen Raum. Fachgespräche zum Umgang mit Gewalt
und Konflikten. Hamburg 2005 (CD-ROM).

[513] WHO Regionalbüro für Europa (Hrsg.): Weltbericht Gewalt und Gesundheit. Zusammenfassung. Kopenhagen 2003.

[514] Landeshauptstadt Düsseldorf (Hrsg.): Düsseldorfer Gutachten. Leitlinien
wirkungsorientierter Kriminalprävention. Düsseldorf 2003, S. 23 ff.

[515] Vgl. WHO: Weltbericht Gewalt und Gesundheit, a. a. O.

[516] http://www.hsfk.de/project.php?id=125&language=de

[517] Christian Büttner, Fehlverhalten und der „code of conduct" in der polizeilichen Begegnung mit „ausländischen Mitbürgern". In: Karlhans Liebl (Hrsg.): Empirische Polizeiforschung V: Fehler und Lernkultur in der Polizei, Bd. 1. Frankfurt/M. 2004, S. 132–143.

[518] Lawrence W. Sherman: Communities and Crime Prevention. In: Lawrence W. Sherman u.a.: Preventing Crime. A Report to the United States Congress. National Institute of Justice, Washington 1998. Vgl. www.preventingcrime.org.

[519] Vgl. Arbeitsstelle Kinder- und Jugendkriminalitätsprävention (Hrsg.): Literaturdokumentation von Arbeitsansätzen der Kinder- und Jugendkriminalitätsprävention. Deutsches Jugendinstitut. München 1998, S. 77 ff.

[520] Vgl. Basler Zeitung, 7.3.2005. http://www.baz.ch/humanrights/index.cfm?startpage=1&ObjectID=7E049209-60CF-2062-F456377FC2AB7F34

[521] Martin Killias / Henriette Haas: Waffen – Wieviele haben sie, wie gefährlich sind sie? In: CRIMISCOPE, IPSC – UNIL, Lausanne, 16/17, 2001.

[522] Vgl. Sherman, a.a.O.

[523] Vgl. Gotthilf Gerhard Hiller: Verletzliche Lernprozesse – Pädagogische Hilfen für junge Erwachsene: Protektion als pädagogische Aufgabe. In: Opp/Fingerle/Freytag (Hrsg.): Was Kinder stärkt: Erziehung zwischen Risiko und Resilienz. Reinhard Verlag. München, Basel 1999, S. 250 ff.

[524] Vgl. www. neighbourhoodwatch.net".

[525] Sherman, a.a.O.

[526] Vgl. ebd.

[527] Frankfurter Rundschau, 22.3.99. www.aktion-noteingang.de

[528] Vgl. Thomas Trenczek: Alternative Konfliktmanagement in der Bürgergesellschaft. In: Spektrum der Mediation. 19/2005, S. 4 ff.

[529] Kooperationsgemeinschaft Colors of Respect (Hrsg.): Colors of Respect. Eine Selbstverpflichtung im Stadtteil. München 2005.

[530] Ebd.

[531] Vgl. WHO: Weltbericht Gewalt und Gesundheit, a.a.O.

[532] Sherman, a.a.O,

[533] http://www.unhabitat.org/programmes/guo/muip.asp

[534] Die Freiburger Erklärung für Neue Städtische Wohngebiete. In: Innenministerium Baden-Württemberg / Landeskriminalamt Baden-Württemberg (Hrsg.): Kommunale Kriminalprävention. Stuttgart 1996, S. 116.
Sven von Ungern-Sternberg: Zehn Leitlininen für die Planung und Entwicklung eines neuen Stadtteils In: Ebd, S. 118.

[535] Innenministerium Baden-Württemberg / Landeskriminalamt Baden-Württemberg, a.a.O., S. 112 ff.

[536] Edwin Kube: Fördert die Unwirtlichkeit unserer Städte Kriminalität? Städtebau und Kriminalität. In: Der Bürger im Staat, Heft 1/2003, S. 65.

[537] Ebd. S. 215.

[538] Vgl. Dieter Lünse: Sicherheit im sozialen Raum. In: ikm (Hrsg.): Gewaltprävention im sozialen Raum. Fachgespräche zum Umgang mit Gewalt und Konflikten. Hamburg 2004, (CD-ROM).

[539] H. Schmalstieg, Präsident des deutschen Städtetages in: Der Städtetag. 12/1986, S. 804.

[540] Vgl. Holger Mirek: Deutsch-Französische Gemeindepartnerschaften. Ein Leitfaden für Praktiker. Kehl/Straßburg 1984.

[541] Vgl. http://www.tuebingen.de/25_13005.html.

[542] http://www.pcf.city.hiroshima.jp/mayors/english/

[543] Düsseldorfer Gutachten: Leitlinien, a. a. O., S. 26.

[544] Sherman, a. a. O. Vgl. http://www.ncjrs.org/works/chapter3.htm.

[545] Gerd Meyer: Was heißt mit Zivilcourage handeln? In: Gerd Meyer / Ulrich Dovermann / Siegfried Frech / Günther Gugel (Hrsg.): Zivilcourage lernen. Analysen, Modelle, Arbeitshilfen. Tübingen/Bonn 2004, S. 27 ff.

[546] Vg. Günther Gugel: Wir werden nicht weichen. Erfahrungen mit Gewaltfreiheit. Tübingen 3.Aufl. 1996, S. 191 f.

[547] Vgl. Gerd Meyer / Angela Hermann: Zivilcourage im Alltag. Ergebnisse einer empirischen Studie. Aus Politik und Zeitgeschichte. Beilage zur Wochenzeitung das Parlament. 7/8 2000.

[548] Gerd Meyer: Zivilcourage lernen, a. a. O., S. 27.

[549] Vgl. Günther Gugel / Uli Jäger: Gewalt muss nicht sein. Eine Einführung in friedenspädagogisches Denken und Handeln. Tübingen 1996.

[550] Vgl. Ervin Staub: Entwicklung prosozialen Verhaltens: zur Psychologic der Mitmenschlichkeit. München u. a. 1981, S. 61 ff.

[551] Vgl. ebd., S. 55 ff.

[552] Ebd., S. 61 f.

[553] Änne Ostermann: Empathie und prosoziales Verhalten in einer Ellenbogengesellschaft? In: HSFK-Standpunkte. 4/2000.

[554] Vgl. Andreas Diekmann / Peter Preisendörfer: Wasser predigen, Wein trinken. Warum unser Engagement für die Umwelt oft nur ein Lippenbekenntnis ist. In: Psychologie heute. 5/1994, S. 24.

[555] Vgl. Psychologie heute. Februar 1994, S. 8.

[556] Vgl. Institut für Friedenspädagogik (Hrsg.): Konflikte XXL. CD-ROM. Tübingen 2004.

557Vgl. Hans-Dieter Schwind u. a.: Alle gaffen … keiner hilft − Unterlassene Hilfeleistung bei Unfällen und Straftaten. Heidelberg 1998.

[558] Vgl. Hans-Werner Bierhoff: Handlungsmodelle für die Analyse von Zivilcourage. In: Gerd Meyer u. a.: Zivilcourage lernen, a. a. O., S. 60 ff.

[559] Vgl. Bibb Ltané / John Darley: Bystander „Apathy". In: American Scientist. 57/1969, S. 244−268.

[560] Vgl. Shalom Schwartz: Normative Influences on Altruism. In: Berkowitz (Hrsg.): Advances in Experimental Social Psychology. Bd. 10. New York 1977, S. 221–279.

[561] Bierhoff, Hans-Werner / Renate Klein / Peter Kramp: Hemmschwellen zur Hilfeleistung. Untersuchung der Ursachen und Empfehlung von Maßnahmen zum Abbau. Forschungsberichte der Bundesanstalt für Straßenwesen. Aachen 1990.

[562] Vgl. Gerd Meyer u. a.: Zivilcourage lernen, a. a. O.
Gerd Meyer: Lebendige Demokratie: Zivilcourage und Mut im Alltag. Forschungsergebnisse und Praxisperspektiven. Nomos, Baden-Baden 2004.
Hans-Dieter Schwind / Karin Roitsch / Birgit Gielen / Martin Gretenkordt: Alle gaffen … keiner hilft. Unterlassene Hilfeleistung bei Unfällen und Straftaten. Hüthig Verlag, Heidelberg 1998.

[563] A. Dietrich: Zivilcourage: ein Basis-Training. In: Meyer u. a., Zivilcourage lernen, a. a. O., S. 292.

[564] Siegfried Frech / Günther Gugel: Zivilcourage lernen. Modelle und Arbeitshilfen für die Praxis. In: Meyer u. a., Zivilcourage lernen, a. a. O., S. 198 ff.

[565] Vgl. Günther Gugel / Uli Jäger: Gewalt muss nicht sein, a. a. O.

[566] Vgl. www.friedensdienst.de/konfliktbearb/

[567] So z. B. Die Konzepte „Sicher-Stark" http://www.sicher-stark.de/ und WSD Pro Child e. V. www.wsd-prochild.de oder für den Jugendhilfebereich: PART, www.part2000.de.

[568] So rät etwa Sacha Krefft in seinem Ratgeber: „Austeilen oder einstecken?" Wenn sie dich allerdings einfach mal so zusammenschlagen wollen, dann solltest du der Erste sein, der zuschlägt. Du kannst versuchen dem Leithammel die Nase zu brechen, indem du ihm mit der Faust schräg auf die Nase schlägst. Das tut tierisch weh, blutet ziemlich doll und sieht schlimm aus. Das schockt die anderen." Sacha Krefft: Austeilen oder einstecken? Wie man mit Gewalt auch anders umgehen kann. Kösel Verlag. München 2002, S. 97.

[569] www.polizei.rlp.de.

[570] http://www.friedenspaedagogik.de/themen/konflikt/bedroh/in_bedr.htm.

[571] http://www.rsf.org/rsf/uk/html/guidep/guidep.html.

[572] http://www.newssafety.com/.

[573] UNHCR / Save the Children-UK: Note for Implementing and Operational Partners by UNCHR and Save the Children-UK on Sexual Violence & Exploitation: The Experience of Refugee Children in Guinea, Liberia and Sierra Leone based on Initial Findings and Recommendations from Assessment Mission 22 October – 30 November 2001. Februar 2002. Vgl. http://www.reliefweb.int/rw/rwb.nsf/AllDocsByUNID/6010f9ed3c651c93c1256b6d00560fca.

[574] Vgl. SEZ Gruppe – Verhaltenskodex, www.sez.com.

[575] The Inter-Agency Standing Committee (IASC) is comprised of both members (FAO, OCHA, UNDP, UNFPA, UNICEF, UNHCR, WFP, WHO) and standing invitees (ICRC, ICVA, IFRC, InterAction, IOM, SCHR, RSG/IDPs, UNHCHR, and the World Bank). ICRC, a standing invitee, maintains its independence from policy statements issued by the IASC and its subsidiary bodies.

[576] www.humanitarianinfo.org/iasc/poasexualexploitation.doc.

[577] Zitiert nach: Bettina Stang: „Tausche Hilfsgüter gegen Sex" – Die Lehren eines Skandals. In: Entwicklungspolitik. 18/2005, S. 28f.

[578] INEE: Teacher's Code of Conduct. in: INEE: Minimum Standards for Education in Emergencies, Chronic Crises and Early Reconstruction. UNESCO. Paris 2004, S 70. Vgl. www.ineesite.org.

[579] Ebd.

[580] Vgl. VW-Betriebsvereinbarung „Partnerschaftliches Verhalten am Arbeitsplatz", www.volkswagen.com.

[581] Hartmut von Hentig: Der Sokratische Eid. In: Friedrich Jahresheft 1992. Seelze 1992, S. 114.

[582] Vgl. Erika Schuchardt: Krisen-Management und Integration. Doppelband mit DVD. Band1: Biographisches Erfahrung und wissenschaftliche Theorie. Bielefeld 2003, S. 25. Vgl. www.prof-schuchardt.de.

[583] VENRO: Mindeststandards für die Personalsicherheit in der humanitären Hilfe. o.O., o.J., S. 5. Vgl. www.venro.org.

[584] So hat z.B. die WHO Richtlinien für „Mental Health in Emergencies" entwickelt. WHO: Mental Health in Emergencies. Mental and Social Aspects of Health of Populations Exposed to Extreme Stressors. Geneva 2003.

[585] Susanna Oertli u.a.: Führungsproblematik aus angedrohter oder erlebter Gewalt an Mitarbeitenden im Berufsalltag, Luzern 1999.

[586] Scott Poland: Coping With Crisis. Lessons Learned. For Prevention and Intervention. School Crisis Consultant. Houston 2000.

[587] Dwyer, K. / D. Osher, D.: Safeguarding our Children: An Action Guide. Implementing Early Warning. U.S. Departments of Education and Justice. Washington D.C. 2000. Vgl. www.ed.gov/admins/lead/safety/actguide/action_guide.pdf.

[588] Z.B. für die Erstellung eines Sicherheitskonzeptes für Schulen in Bayern.

[589] Konrad Michel u.a.: Richtlinien für das Verhalten in der Schule nach einem Suizid. Bern o.J.

[590] www.ptsd.org.uk/what_is_ptsd.htm

[591] vgl. Simone Lindorfer: Erinnerungen heilen langsam … Bericht über die Situation von psychosozialer Traumatisierung und Traumaarbeit in Rwanda und Burundi. Misereor. Aachen 2004, S. 11f.

[592] Vgl. ebd.

[593] Angela Kühner: Kollektive Traumata. Annahmen, Argumente, Konzepte. Eine Bestandsaufnahme nach dem 11. September. Berghof Report 9. Berlin 2002

[594] Vgl. ebd.

[595] Vgl. Anja Mensching: Ist Vorbeugen besser als Heilen? In: Aus Politik und Zeitgeschichte. 46/2005, S. 17–23.

[596] Vgl. WHO (Hrsg.): World Report on Violence and Health. Geneva 2002.

[597] Möglichen Einwänden gegen eine solche Sichtweise, etwa dass Gewalt keine Krankheit ist, soll hier nicht nachgegangen werden.

[598] Vgl. Human Security Centre: Human Security Report 2005. University of British Columbia 2005.

[599] Niklas Luhmann: Die Welt als Wille ohne Vorstellung. Sicherheit und Risiko aus Sicht der Sozialwissenschaften. In: Die politische Meinung (1986) 229, S. 20 f.

[600] Vgl. Mensching, a. a. O.

[601] Vgl. Hermann Strasser / Henning van den Brink: Auf dem Weg in die Präventionsgesellschaft? In: Aus Politik und Zeitgeschichte. 46/2005, S. 4

[602] Ebd.

[603] Auf diese Notwendigkeit weist Klaus Seitz in seinem Beitrag zum Fachgespräch Gewaltprävention im Oktober 2005 hin. Vgl. Protokoll zum Fachgespräch Gewaltprävention. Tübingen 2005. Vgl. auch: Mary B. Anderson: Do No Harm: How Aid Can Support Peace – or War. Boulder 1999.